DCG

Diplôme de Comptabilité et Gestion

UE9

Comptabilité

Bertrand BERINGER
Hervé JAHIER
Hocine LAMMARI
Pascal LÉPINE

Conforme au programme de DCG BO N° 25 du 27/06/2019

RÉFORME PCG 2025 ANC 2022-06

• ÉDITION 2024 •

FontainePicard

Crédits photographiques :
Couverture : shutterstock_530217220 © Wright Studio.
p. 7 shutterstock_106288610 © Leszek Glasner - p. 29 shutterstock_234860119 © Leszek Glasner - p. 63 shutterstock_106288610 © Leszek Glasner.

Le contexte s'appuie sur une situation réelle d'organisation mais dont les données ont été simplifiées et adaptées pour les besoins de l'exercice. De ce fait et pour des raisons de confidentialité, les données chiffrées et les éléments de la politique de l'organisation ont pu être modifiés.

Pour d'éventuelles informations de votre éditeur

https://eqrco.de/a/XfeFFn

Maquettes (couverture et intérieure), mise en page : FontainePicard

ISBN : 978-2-7446-4984-4

Présentation de l'ouvrage

Ce livre de comptabilité tient compte de la réglementation comptable ANC 2022-06. En particulier, les nouveaux comptes prévus par ce règlement ont été intégrés dans les énoncés et les corrigés.

Cet ouvrage traite l'intégralité du programme (1re session 2020) de l'unité d'enseignement n° 9 Comptabilité, Diplôme de Comptabilité et Gestion (DCG), dans le cadre du cursus conduisant au Diplôme d'Expertise Comptable.

Les chapitres sont organisés de la façon suivante :

- exposé de l'essentiel des principes et règles comptables illustré par de nombreux exemples, tableaux et schémas, sous forme de fiches ressources ;
- série d'applications structurées de la façon suivante :
  - un contrôle de connaissances sous forme de questions, avec commentaires,
  - des applications de difficultés croissantes, accompagnées d'une estimation du temps nécessaire afin de favoriser l'apprentissage de la gestion du temps par l'étudiant,
  - pour certains chapitres, un ou plusieurs mini-cas de synthèse (avec une estimation du temps nécessaire) mettent en œuvre les compétences attendues à l'épreuve ;
- travaux comptables sur un même contexte à la fin de plusieurs chapitres, pour une mise en situation professionnelle.

La fin de l'ouvrage est consacrée à l'entraînement à l'épreuve avec :

- une liste des définitions essentielles à connaître ;
- des fiches méthodologiques pour se préparer à l'examen ;
- un cas format sujet d'examen, pour réviser l'ensemble du programme ;
- un second cas de synthèse est disponible sur le logiguide pour les prescripteurs.

La correspondance entre le programme et les chapitres de l'ouvrage est indiquée précisément en face de chaque point du programme, donnant les compétences attendues et les savoirs associés (cf. QR Code ci-dessous).

Correspondance de l'ouvrage avec le référentiel

https://eqrco.de/a/fLFehr

Bertrand Beringer
Agrégé d'économie et gestion
Professeur en classe préparatoire au DCG et au DSCG au lycée Camille SÉE de Colmar

Hervé Jahier
Agrégé d'économie et gestion
Diplômé Expert-comptable
Professeur en classe préparatoire au DCG et au DSCG à l'École Nationale de Commerce à Paris
Membre des commissions d'examen DCG et DSCG

Hocine Lammari
Agrégé d'économie et gestion
Docteur en didactique de l'informatique
Professeur en classe préparatoire au DCG à l'École Nationale de Commerce à Paris

Pascal Lépine
Agrégé d'économie et gestion
Diplômé Expert-comptable
Professeur en classe préparatoire au DCG et au DSCG au lycée Beau-Site de Nice

SOMMAIRE
UE9 – COMPTABILITÉ

PARTIE 4 : TRAVAUX D'INVENTAIRE

PARTIE 5 : COMPTABILITÉ ET ENVIRONNEMENT NUMÉRIQUE

PARTIE 6 : DOCUMENTS DE SYNTHÈSE

ENTRAÎNEMENT À L'ÉPREUVE

Contexte professionnel

Le contexte professionnel correspond aux conditions dans lesquelles l'étudiant va travailler et se projeter en tant que futur professionnel.

À la fin de certains chapitres de cet ouvrage, des travaux comptables liés à une même entreprise sont proposés. Cela permet à l'étudiant d'appréhender l'ensemble des tâches demandées à un collaborateur comptable.

La **SAS PRESTI'JARDINS** est spécialisée dans l'aménagement des espaces extérieurs pour les particuliers, les entreprises et les collectivités locales.

La SAS PRESTI'JARDINS exerce également une activité de négoce d'arbustes, de plantes, d'outillages et d'accessoires de jardin pour les clients s'occupant eux-mêmes des extérieurs.

Le taux normal de TVA de 20 % s'applique sur la majorité des opérations réalisées, certaines bénéficient cependant du taux réduit de 10 %.

La SAS PRESTI'JARDINS n'a exercé aucune option pour la gestion de la TVA sur son activité de prestataire de services.

La SAS PRESTI'JARDINS achète des plantes en Belgique et aux Pays-Bas. Les numéros de TVA intracommunautaire sont toujours échangés pour les opérations commerciales au sein de l'Union européenne.

Par ailleurs, pour l'achat de certains arbustes, la société s'approvisionne au Maroc. La TVA est autoliquidée pour les biens importés.

La société a réalisé un chiffre d'affaires de 2 400 000 € l'exercice précédent, dont 1 600 000 € pour l'activité de prestation de services.

La société embauche 38 salariés, dont 3 dans le domaine administratif.

L'exercice comptable débute le 1er janvier et se termine le 31 décembre.

Vous êtes embauché(e) en tant que collaborateur comptable au sein de la SAS PRESTI'JARDINS, sous la subordination du responsable comptable.

En règle générale, la société accorde des délais de paiement à 30 jours fin de mois pour son activité de prestataire de services. Ce délai peut être raccourci ou rallongé sur certains services.

Le manuel des procédures comptables de la société prévoit les règles de comptabilisation suivantes :

- les frais accessoires sur achats sont comptabilisés dans les comptes de charges par nature ;
- la société utilise le système de base prévu par le règlement comptable 2022-06, à savoir les comptes imprimés en caractères normaux, en retenant une longueur de 5 chiffres pour chaque compte. Pour les comptes ayant une longueur de moins de 5 chiffres dans le système de base, des zéros sont ajoutés à la fin du compte. Ainsi, par exemple, les ventes de marchandises sont enregistrées au crédit du compte 70700 « Ventes de marchandises » ;
- par exception, les comptes de TVA sont subdivisés en retenant les comptes en italique (comptes facultatifs) prévus dans la liste des comptes :
  - 44551 « État, TVA à décaisser »,
  - 44520 « État, TVA due intracommunautaire »,
  - 44562 « État, TVA déductible sur immobilisations »,
  - 44566 « État, TVA déductible sur autres biens et services »,
  - 44571 « État, TVA collectée »,
  - 44580 « État, TVA à régulariser ».

PARTIE 1 : INTRODUCTION

CHAPITRE 1 : HISTOIRE, DÉFINITION ET RÔLE DE LA COMPTABILITÉ

COMPÉTENCES ATTENDUES

- **Distinguer** les différentes dimensions de la comptabilité et exposer leurs liens avec la gestion.
- **Exposer** les relations de la comptabilité avec l'économie et les branches du droit dont le droit comptable.

1 - Histoire de la comptabilité

I. La comptabilité : une très vieille invention de l'humanité

1. De la Préhistoire à l'Antiquité

Il est très difficile de dater précisément l'apparition de la comptabilité. Il est probable qu'elle apparaît en même temps que l'écriture et l'usage des chiffres. On peut avancer l'idée que la pratique de l'entaille vieille d'au moins quarante millénaires est sans doute la première forme de comptabilité. Cette forme de comptabilité primitive peut aujourd'hui faire sourire, néanmoins, l'histoire nous apprend qu'elle a perduré jusqu'au XIXe siècle. Ainsi, l'écrivain Charles Dickens, critiquant la bureaucratie de son temps et plus particulièrement celle du ministère des Finances britannique, dénonçait le fait que, malgré la multitude des comptables qui étaient nés et morts, la pratique n'avait pas changé : les comptes publics étaient toujours tenus sur des bouts de bois appelés « taillies ». Les bâtons utilisés comme comptes ne disparurent qu'en 1826. Les grandes civilisations (babylonienne, égyptienne, crétoise, grecque, romaine...) ont, elles aussi, laissé des vestiges de comptabilités. Ainsi on a retrouvé des tablettes cunéiformes datant du roi Hammourabi de la dynastie fondatrice de Babylone qui contiennent les règles légales de tenue de comptes à l'intérieur du royaume.

2. La comptabilité au Moyen Âge

Cette période est caractérisée par l'autarcie des régimes féodaux. De grandes organisations, seigneuries et ordres religieux, sont devenues, pendant l'ère de l'économie domaniale, des puissances économiques et financières. La fonction essentielle de la comptabilité à cette époque était de justifier l'emploi des fonds confiés à un gestionnaire et de traduire les opérations avec les tiers. Par exemple, les seigneurs utilisaient la comptabilité pour contrôler l'emploi des fonds confiés aux régisseurs des domaines. Le régisseur devait « rendre compte » sous peine de sanctions. De même, l'ordre des Templiers, quand il fut chargé d'administrer le trésor royal, eut l'obligation de tenir des comptes. La pratique du « mémorial » se développe au cours de cette période. À l'origine, il s'agit d'un document très proche des comptes antiques, le registre unique, descriptif qui retrace essentiellement les opérations avec les tiers ; puis, avec le temps, on note des améliorations telles que le suivi d'une opération dans le temps ou la présentation d'un état récapitulant les recettes et les dépenses. Néanmoins, il s'agissait d'une comptabilité en partie simple : chaque opération ne donnait lieu qu'à une seule écriture soit en recettes, soit en dépenses.

Le mot « compter » apparaît pour la première fois dans la chanson de geste de Roland en 1080 par une modification du graphisme du mot « conter ». On distingue désormais le sens « calculer » de la variante sémantique « raconter » ; ainsi, dès l'origine, un lien existait entre la comptabilité et l'idée d'interprétation du réel et de communication. La généralisation des chiffres arabes à partir du XIIIe siècle allait faciliter les calculs. La comptabilité possédait désormais les supports techniques, l'instrument de calcul et le mode de raisonnement qui allait, au cours des XIVe et XVe siècles, faire d'elle une méthode scientifique.

II. Comptabilité et capitalisme

1. L'essor du capitalisme marchand et la naissance de la partie double

À la fin du Moyen Âge, au XIVe siècle, les villes de l'Italie du nord connaissent un essor économique important. Leurs marchands et leurs banquiers réalisent des opérations avec les pays de la Méditerranée et de l'Europe du nord. Le contrat de mandat et les associations de marchands se développent. Le besoin de gérer des affaires de plus en plus nombreuses et exigeant des capitaux de plus en plus importants se fait sentir. Ils cherchent à se doter d'une comptabilité plus ordonnée. Les premières comptabilités en partie double datent de cette époque.

Un ouvrage paru en 1494 à Venise, le plus ancien ouvrage de doctrine comptable imprimé qui nous est parvenu, présente le principe de la partie double et nous permet de faire le point sur l'évolution de la technique comptable. Il s'agit de *Summa de Arithemetica, Geomitria, proportionni et Proportionalita* de Luca Pacioli. C'est dans la *Summa* que se trouve la troisième partie consacrée à la comptabilité : *Tractatus XI particularis de computis et scripturis* (Traité particulier des comptes et des écritures). Modeste, il indique clairement les ouvrages mathématiques dont il s'est servi et précise qu'en l'absence de citation, c'est Léonard de Vinci qui l'a guidé.

Pour la première fois, les caractéristiques essentielles de la partie double sont explicitées.

L'apparition du compte de Pertes et profits, on utilise aujourd'hui l'expression compte de résultat, qui mesure l'activité de l'entreprise pendant une période de temps donnée appelée « exercice comptable », et le double enregistrement au journal et au grand-livre, constituent les autres progrès très importants de la technique comptable réalisés à cette époque. Le journal est le document qui récapitule chronologiquement l'ensemble des enregistrements comptables. Ces enregistrements sont ensuite reportés dans les comptes qui constituent le grand-livre.

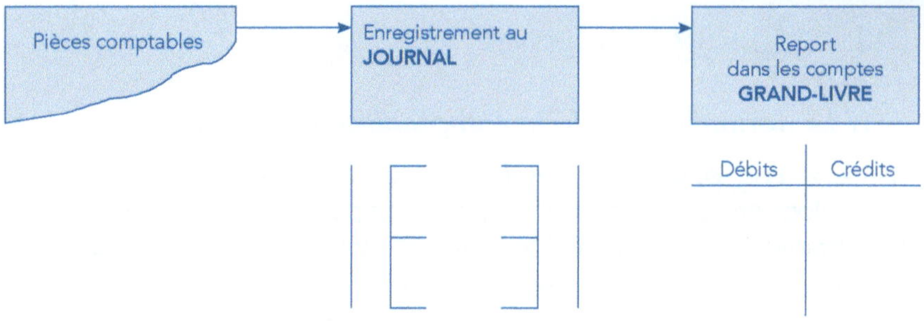

2. Le développement industriel et l'avènement de la comptabilité analytique d'exploitation

Au XVIIe siècle, l'ordonnance de Colbert sur le commerce de 1673, ancêtre du Code de commerce actuel, réglemente l'utilisation de la comptabilité comme moyen de preuve et comme moyen de protection des tiers. Elle impose aussi à l'aspirant marchand un minimum de formation à la comptabilité et à la gestion. L'article 4 du titre I prévoit ainsi que l'aspirant à la maîtrise du corps des marchands soit « interrogé sur les livres et registres à partie double et à partie simple, sur les billets de change, sur les règles d'arithmétique… ». Cette législation sur le commerce a été largement inspirée par un auteur célèbre, Jacques Savary, qui publia à partir de 1675 son ouvrage *Le parfait négociant*. L'innovation en matière comptable réside essentiellement dans la nécessité de présenter un inventaire annuel (obligatoire tous les deux ans selon l'ordonnance sur le commerce) et de construire une balance d'inventaire, c'est-à-dire un document récapitulant les comptes de l'entreprise après recensement des biens et des dettes, utilisée pour calculer le résultat de l'activité du commerçant entre deux inventaires.

Ce n'est qu'à la fin du XVIIIe siècle que la partie double se généralise en Europe. On peut se hasarder à citer Mathieu de la Porte qui, en 1712, avec son ouvrage *La science des négociants et teneurs de livres*, est probablement à l'origine d'un progrès considérable de la technique comptable.

En effet, ce livre expose :

- le principe du système centralisateur, qui permet une division du travail par la création de journaux auxiliaires qui sont ensuite centralisés au journal général ;
- une classification des comptes qui se rapproche de la nomenclature actuelle en distinguant :
  - ➢ des comptes de situation ou comptes de bilan qui reflètent à une date donnée le patrimoine de l'entreprise, c'est-à-dire la totalité des droits qu'elle possède (droits de propriété et droits de créance),

Exemple

Matériel industriel dont l'entreprise est propriétaire, somme d'argent due par un client (créance).
Ainsi que l'ensemble de ses dettes (obligations de la personne).

Exemple

Dette envers un fournisseur de marchandises, emprunt auprès d'une banque.

  - ➢ des comptes de pertes et profits appelés aujourd'hui comptes de gestion qui déterminent le résultat de l'entreprise, c'est-à-dire la variation positive (bénéfice) ou négative (perte) du patrimoine en enregistrant les charges (appauvrissements) et les produits (enrichissements) ;
- une présentation du bilan, différente de celle que nous connaissons aujourd'hui, avec à gauche le doit (les dettes), et à droite l'avoir (essentiellement les sommes dues par les clients) ;
- une énonciation du principe de la distinction entre le patrimoine de l'entreprise et le patrimoine personnel de l'exploitant (principe de l'entité). En effet, la comptabilité a pour objectif de présenter la situation du patrimoine non pas d'une personne physique dans son ensemble, mais uniquement la partie consacrée à une activité particulière telle que l'activité commerciale. On peut définir l'entité comme un ensemble de moyens qui dispose d'un centre de décision unique pour mener une mission, et donc comme une organisation spécifique pour laquelle on va tenir des comptes.

À partir du XIXe siècle, les entreprises mesurent périodiquement leur patrimoine avec le bilan et leurs revenus avec le compte de résultat. Le principe de spécialisation de l'exercice et d'annualité du résultat apparaît, ce qui permet de déterminer précisément dans le temps le bénéfice ou la perte de l'entreprise après enregistrement des mouvements uniquement sur la période concernée. Enfin, au cours de la deuxième moitié du siècle, certaines entreprises industrielles commencent, sous la pression de la concurrence, à calculer leurs coûts de revient afin de définir leurs prix de vente. Ainsi, à côté de la comptabilité générale se développe une comptabilité de gestion (appelée à l'époque comptabilité analytique), distinction qui perdure aujourd'hui.

III. L'époque moderne

1. La normalisation de la comptabilité générale

Même si l'on peut faire remonter la première réglementation comptable à l'ordonnance de Colbert, le développement de la normalisation comptable commence réellement au XXᵉ siècle. À l'origine, le rôle d'information de la comptabilité s'était limité à répondre à des besoins microéconomiques :

- besoin de gestion du commerçant ;
- besoin externe des associés et des apporteurs de capitaux ;
- besoin des tiers contractant avec l'entreprise.

Ce rôle d'information s'élargit au XXᵉ siècle à l'État. Plusieurs raisons sont à l'origine de ce phénomène :

- création de l'impôt sur le revenu en 1917 ;
- crise économique des années trente ;
- planification économique d'après-guerre ;
- nécessité de rendre l'information comptable fiable et comparable aux yeux du public.

Ces raisons font de la comptabilité un instrument privilégié d'orientation de la politique économique, et rendent nécessaires la normalisation comptable. Aujourd'hui les comptabilités sont normalisées, c'est-à-dire qu'elles s'appuient sur une terminologie commune, des principes et des règles comptables générales, et produisent des documents dont les présentations sont identiques d'une entreprise à l'autre. En France, la clé de voûte de la normalisation comptable est constituée par le Plan Comptable Général (PCG). Le premier date de 1947, révisé d'abord en 1957, puis en 1982 sous l'impulsion d'une directive européenne. En 1986, est introduite une méthodologie sur les comptes consolidés, c'est-à-dire les comptes de groupes de sociétés. Enfin en 1999, une nouvelle rédaction à droit constant, c'est-à-dire sans modification des règles juridiques essentielles, sous forme d'articles à l'image d'un code, consacre le PCG comme la base du droit comptable français.

2. La mondialisation et l'avènement de la comptabilité financière

L'époque contemporaine est marquée par un développement très important des marchés financiers. En moins de 20 ans, le nombre des actionnaires individuels a atteint 10 % de la population (près de 6 millions de personnes), la capitalisation boursière est passée de 6 % du produit intérieur brut (PIB) en 1982 à 94 % en 2002. L'actionnariat de l'État s'est considérablement réduit, et dans le même temps l'actionnariat étranger s'est considérablement accru, la part des actionnaires non résidents étant de l'ordre de 44 % dans le capital des entreprises du CAC 40. Tous ces éléments indiquent une profonde mutation de notre système financier. La normalisation comptable a donc évolué pour satisfaire les besoins du principal acteur : l'actionnaire.

La période actuelle est marquée par la recherche d'une harmonisation avec les normes comptables internationales IAS/IFRS *(International Accounting Standards/International Financial Reporting Standards)* aussi bien pour les comptes de groupe des sociétés cotées, que pour les autres entités, et ce, dans le but d'éviter une partition entre trois cadres conceptuels :

- le corps des normes IAS/IFRS pour les comptes de groupe des sociétés cotées (grands groupes européens) ;
- les US GAAP *(Generally Accepted Accounting Principles)* ou principes comptables généralement admis aux États-Unis pour les comptes de groupe des sociétés cotées aux USA ;
- le cadre français pour les comptes sociaux de toutes les entreprises et les comptes de groupe des sociétés non cotées.

De nombreuses divergences demeurent entre ces trois cadres conceptuels et conduisent à des évaluations d'entreprise tellement différentes qu'elles nuisent à la comparabilité des informations financières. La détermination du résultat est différente d'un cadre conceptuel à l'autre. Il est ainsi possible d'obtenir, dans certains cas et en choisissant un ensemble de pratiques spécifiques, un lissage du résultat (bénéfice ou perte). En effet, certaines pratiques permettent d'obtenir des résultats annuels qui présentent au cours du temps une fluctuation réduite.

2 - Synthèse de l'évolution historique de la comptabilité

Époque	Type d'entreprise	Type de comptabilité	Support technique	Objectifs de la comptabilité et rôle social
Antiquité (sumérienne, égyptienne...)	Domaine agricole	Système de dénombrement des biens	Entaille dans une pièce de bois, empreinte dans l'argile…	Quantifier et identifier les biens agricoles
Moyen Âge	- Seigneurie - Ordre religieux	- Partie simple - Recettes et dépenses	- Mémorial	- Confirmer l'ordre social - Responsabiliser les régisseurs et les intendants
Renaissance et capitalisme marchand	Association de marchands avec un projet unique et ponctuel	Système de la partie double	- Journal - Grand-livre	- Partage des biens à la fin du projet - Présentation d'un État de liquidation réelle de l'association
Capitalisme industriel	Société multi-associés avec pluralité de projets durables	- Comptabilité d'exercice - Consécration du bilan et du compte de pertes et profits (scission du compte pertes et profits en charges et produits) - Naissance de la comptabilité de gestion (comptabilité analytique)	Système centralisateur	- Moyen de preuve entre commerçants - Séparation du capital et du bénéfice et évaluation de la capacité à faire des bénéfices - Médiation entre les associés et les dirigeants (apparition de la relation d'agence)
Capitalisme de masse et de consommation	Organisation de la production sous forme de processus	- Le compte de résultat devient essentiel (le profit résulte de la différence entre les charges et les produits) - Normalisation de la comptabilité (création du plan comptable)	Mécanisation et informatisation progressive des comptabilités	- La comptabilité informe les acteurs du marché - L'organisation devient source de valeur
Époque contemporaine : économie financière et mondialisation de tous les échanges...	Élément des marchés financiers…	- Déconnexion de plus en plus nette entre le bilan et le compte de résultat - Normalisation internationale	- Apparition des bases de données multi-dimensionnelles et du système informatique intégré - Dématérialisation du support technique de plus en plus marquée…	- L'information comptable privilégie les besoins des investisseurs financiers - Lissage du résultat

FICHE RESSOURCES

3 - Rôle de la comptabilité

I. Définition de la comptabilité

Art, science ou technique, la comptabilité a pour objectif de constituer un système cohérent d'information et de communication au service des organisations, aussi bien sur le plan externe (comptabilité légale ou financière) que sur le plan interne (comptabilité de gestion).

Le Plan Comptable Général a défini la comptabilité financière de la façon suivante :

> *« La comptabilité est un système d'organisation de l'information financière permettant de saisir, classer, enregistrer des données de base chiffrées et présenter des états reflétant une image fidèle du patrimoine, de la situation financière et du résultat de l'entité à la date de clôture.*
>
> *La comptabilité permet d'effectuer des comparaisons périodiques et d'apprécier l'évolution de l'entité [...] » § 120-1*

Toute entreprise est tenue légalement de produire des documents comptables et financiers dont la complexité et la diversité varient avec la taille de l'entreprise. Mais ces informations ne peuvent à elles seules satisfaire tous les besoins de leurs utilisateurs. C'est pourquoi, en plus de la comptabilité financière, existent diverses formes de comptabilité de gestion.

Comptabilité financière	Comptabilité de gestion et budgétaire
Système d'information traitant des flux externes et ayant pour objectif d'élaborer des états et des documents financiers permettant de répondre aux obligations de communication financière aux tiers	Système d'information traitant des flux internes et ayant pour objectif d'élaborer des informations destinées aux gestionnaires permettant d'aider à la prise de décision
Vue synthétique et globale de l'entité comptable	Analyse détaillée de l'activité de l'entreprise : comptabilité analytique (calcul des coûts)
Tenue obligatoire	Tenue facultative
Normalisée	Spécifique à chaque entreprise
Champ temporel : exercice comptable	Période de calcul définie par l'entreprise
Informations historiques	Informations historiques ou prévisionnelles

II. La comptabilité : méthode d'observation des faits économiques

1. La comptabilité est un modèle

La comptabilité vise à rendre compte des transactions de l'entreprise, mais elle ne représente pas l'entreprise dans son ensemble. C'est un modèle, c'est-à-dire une représentation simplifiée d'une certaine réalité. Elle ne donne qu'une image de l'entreprise parmi plusieurs possibles. Ces images s'intitulent bilan, compte de résultat, tableau de flux de trésorerie... Ces images différentes répondent à des concepts, hypothèses et règles que l'on désignera par l'expression : « principes comptables ».

2. Les utilisateurs de la comptabilité

Les documents comptables de synthèse sont destinés à plusieurs catégories d'utilisateurs, soit par obligation légale, soit pour des besoins de gestion. Dans les entreprises de taille importante, la présentation et les commentaires de ces documents font partie intégrante de leur stratégie de communication interne et externe (voir application 1).

III. La comptabilité algèbre du droit

1. Les informations concernant le patrimoine

Le patrimoine d'une personne physique ou morale est défini par référence à des règles juridiques : c'est l'ensemble des droits et des obligations qui la concernent. Tout événement concernant son évolution entre dans le cadre de l'information comptable.

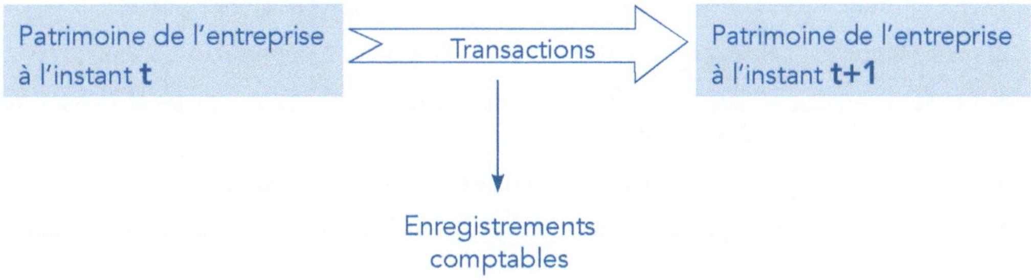

La technique comptable définit des processus normalisés permettant d'utiliser l'information comptable afin d'obtenir une vision exacte de l'évolution du patrimoine de l'entreprise. Ces processus doivent intégrer des contrôles, internes et externes, de manière à ce que les documents financiers reflètent une image fidèle de ce patrimoine.

2. La preuve en comptabilité

Une comptabilité régulière et sincère peut servir de moyen de preuve en matière de droit commercial. Pour permettre cet usage, la loi impose que les pièces justificatives et les documents comptables soient conservés durant dix ans.

IV. Comptabilité et gestion financière

La «gestion financière» est l'ensemble des pratiques qui visent à atteindre les objectifs d'équilibre et d'optimisation relatifs au circuit financier d'une entreprise. La gestion financière utilise des données informationnelles qui sont exclusivement monétaires. La comptabilité est donc une importante source d'informations pour élaborer les décisions financières de l'entreprise.

APPLICATIONS

CONTRÔLE DE CONNAISSANCES

Répondre par « oui » ou par « non » aux affirmations ci-dessous en donnant les explications nécessaires.

1. La comptabilité est un système d'organisation de l'information financière.
2. Luca Pacioli est l'auteur du premier ouvrage de doctrine comptable connu.
3. Le PCG regroupe l'essentiel des règles comptables françaises et peut donc être considéré comme la base du droit comptable.
4. Les normes IAS/IFRS constituent les normes comptables internationales.
5. La comptabilité patrimoniale, dite « comptabilité financière », permet de calculer les coûts de l'entreprise.
6. La comptabilité légale permet d'obtenir une vision exacte du patrimoine de l'entreprise.
7. Une connaissance exhaustive des informations signifie que celles-ci doivent être sélectionnées en fonction de leur importance.
8. Le mémorial est un document comptable tenu en partie double.
9. La partie double signifie, notamment, qu'à chaque mouvement débit dans un compte est associé un autre mouvement en crédit dans un autre compte.
10. La comptabilité financière est un moyen de preuve entre commerçants.

APPLICATION 1* : LES UTILISATEURS DE LA COMPTABILITÉ

15 Min

TRAVAIL À FAIRE

Indiquer dans le tableau les préoccupations principales des différents utilisateurs de la comptabilité.

Partenaires	Principales préoccupations
Propriétaire (entrepreneur individuel, associé)	
État	
Salarié	
Banquier	
Fournisseur	
Client	

APPLICATION 2** : COMMENTAIRE DE TEXTE

15 Min

TRAVAIL À FAIRE

1. Comment l'auteur définit-il la comptabilité ?
2. Relever dans le texte la définition du principe de l'entité.
3. Pourquoi le professionnel comptable ne peut-il limiter sa formation à la technique comptable ?

[...] Ici encore, plus que jamais, rappelons que la méthode est seulement une méthode d'observation, rien de plus.

La méthode a ses règles, qui ne doivent rien au sujet observé. Il n'y a pas, il ne peut y avoir de théorie économique de la comptabilité, pas plus que de théorie juridique...

Il y a la comptabilité, méthode d'observation.

Il y a les phénomènes économiques, sujets d'observation.

Et, comme toujours, il faut d'abord définir le champ d'observation.

Dans l'espace, ce peut être ici :
- une entreprise (comptabilité commerciale ou industrielle),
- un groupe d'entreprise (consolidation),
- une profession (sommation et comparaisons interentreprises)
- une nation (comptabilité économique nationale),
- les nations (comparaisons internationales).

Dans le temps, le champ peut être quelconque : l'année civile, ou mieux l'année économique, ou le cycle économique (...).

Les faits observés (ici encore dénommés faits comptables dès leur saisie), ce sont les phénomènes économiques : production, distribution, consommation de richesses, et échange des services... Le fait doit être étudié de multiples points de vue. Si les effets sur le patrimoine, la détermination du résultat, l'analyse des causes de ce résultat, sont toujours recherchés, et indispensables, d'autres études doivent être entreprises, et c'est à cette fin, qu'une fois de plus, dans son histoire, la comptabilité s'est perfectionnée pour servir l'économie, devenant, de double, multiple, et permettant toutes les analyses souhaitables...

ESPACE... TEMPS... VALEUR...

L'entreprise, l'exercice, la monnaie.

[...] La comptabilité, science qui a pour objet la numération des unités en mouvement, s'est donnée pour première tâche, combien ambitieuse, d'enregistrer et de mesurer les phénomènes que décrit la science économique, pour en permettre l'étude.

Il lui fallait un outil puissant et précis. Elle a choisi l'Algèbre. Elle est devenue l'Algèbre du droit, et plus encore l'Algèbre de l'Économie.

[...] Et, comme toutes les grandes conceptions humaines, elle est infiniment simple dans son principe et dans son expression.

Cette simplicité même des moyens qu'elle met en œuvre ne peut éliminer la complexité redoutable des problèmes de l'économie humaine. Bien des bons esprits s'y sont trompés, qui ont reproché à la comptabilité son obscurité : ils reprochent à leur miroir de leur montrer des rides.

La comptabilité n'est qu'un instrument, une parfaite méthode d'observation scientifique. Encore faut-il que l'observateur ait daigné apprendre à en user, et qu'il ait une connaissance suffisante des lois régissant les phénomènes qu'il prétend observer, des lois positives, Science juridique, des lois naturelles, Science économique. Le télescope peut être parfait. Il n'apprend rien au profane qui se place à l'oculaire.

Et pourquoi voudrait-on que ce même profane, ou son frère, puisse, sans plus d'efforts, comprendre et apprécier, par la lecture des comptes, la vie d'une entreprise ?

Pierre Garnier - La Technique comptable approfondie et les comptabilités spéciales - Dunod - 1978

APPLICATION 3*** : COMMENTAIRE DE TEXTE

15 Min

TRAVAIL À FAIRE

1. Indiquer les différents rôles de la comptabilité recensés par l'auteur du texte.
2. Définir la théorie de l'agence.
3. Rechercher dans une documentation la définition des expressions suivantes : ratio, variables de performance.
4. L'auteur indique « Les choix comptables ont ainsi un effet direct sur la mesure et la répartition des richesses... ». Ces choix peuvent-ils permettre un lissage des résultats ?

[...] 2.2. La pérennisation du pouvoir. Au centre de conflits, la **comptabilité constitue un enjeu social** ; cela rend nécessaire sa normalisation afin de conforter sa crédibilité.

2.2.1. Comptabilité et enjeu social

Historiquement, la comptabilité a été utilisée par les commerçants pour garder une trace écrite et chiffrée de leurs transactions. Son rôle était double, interne et externe : au nécessaire calcul périodique de la situation patrimoniale et du résultat s'ajoutait la recherche des moyens de preuve vis-à-vis des tiers.

L'aspect contractuel de l'information comptable (...) est très bien étudié par la théorie de l'agence qui considère la firme comme une fiction légale caractérisée par un ensemble de contrats, formels et informels, passés entre les agents économiques ; certains contrats concernent la firme et des tiers (achats, ventes, prêts, emprunts, etc.), d'autres sont relatifs à des relations internes (contrat de travail, contrat de gérance, etc.). La comptabilité est donc placée au cœur du processus de formation des contrats et de contrôle de leur exécution. Les choix comptables ont ainsi un effet direct sur la mesure et la répartition des richesses, et indirect sur l'interprétation de l'information.

L'information concernant les variables de performance présente la particularité de servir d'assiette à l'affectation des gains de la firme au profit de l'État (impôt sur les bénéfices), des actionnaires (dividendes) et des salariés (participation). Par le biais des décisions programmées concernant l'imposition, la distribution et la participation aux résultats, l'information comptable joue un rôle central dans la répartition des richesses.

À côté de cette influence directe - liée au fait que les droits des tiers s'exercent sur le résultat révélé par les états financiers - la comptabilité influe encore, mais de façon moins automatique, sur les structures et les performances de l'entreprise. Quelques décisions sont en effet prises par les utilisateurs à partir des documents comptables ; les normes bancaires en matière de crédit sont, par exemple, fondées sur des ratios issus du bilan et du compte de résultat. Les clauses annexes aux contrats fixent à l'entreprise des obligations à respecter, exprimées sous forme de ratios comptables servant donc de références...

Le mérite de la théorie de l'agence est de montrer que l'image comptable normalisée sert à réduire les coûts de mandat en limitant les contestations. Le choix des normes actuelles s'en trouve éclairé [...]

Pierre Gensse - Le modèle comptable français - article 66 - Encyclopédie de comptabilité, contrôle de gestion et audit, sous la direction de Bernard Colasse - Éditions Economica - 2000

CHAPITRE 2 : LA NORMALISATION ET LA RÉGLEMENTATION COMPTABLE

COMPÉTENCES ATTENDUES

- **Identifier et hiérarchiser** les sources de la réglementation comptable.
- **Justifier** l'intérêt de la normalisation comptable.
- **Expliquer** le rôle du recueil des normes comptables.

FICHE RESSOURCES

1 - Définitions

Les informations comptables intéressent un grand nombre d'utilisateurs et elles sont, pour une large part, destinées à être communiquées à l'extérieur de l'entité. La comptabilité financière représente donc un enjeu social, ce qui explique qu'elle soit aujourd'hui normée et réglementée dans la plupart des pays.

Normalisation comptable	Processus de production de normes comptables dans un espace géopolitique donné, tel que l'espace national ou mondial. L'objectif est d'harmoniser des pratiques autour d'une règle commune respectée par chacun.
Norme comptable	Obligation plus ou moins contraignante imposée à la pratique comptable. Il s'agit soit d'une convention, c'est-à-dire un usage ou une pratique qui permet aux utilisateurs de la comptabilité de prendre leurs décisions et d'agir, soit d'un raisonnement théorique ou d'un cadre conceptuel fixés a priori, qui a fait l'objet d'une reconnaissance institutionnelle.

2 - Intérêts et limites de la norme comptable

Intérêts

- Fournir des informations à l'État en matière de comptabilité nationale.
- Répondre à une information financière externe des tiers : créanciers, investisseurs, salariés...
- Être le support de la détermination du résultat fiscal.
- Répondre à des besoins du chef d'entreprise pour prendre ses décisions.
- Traduire dans un langage unique (principes et méthodes préalablement définis et acceptés par tous) de la réalité économique et juridique d'une organisation.
- Produire une information financière, sincère qui ne trompe pas les tiers.
- Faciliter la comparaison entre entreprises.

Limites

- Manque d'exhaustivité car elle omet de prendre en compte certains types d'opérations qui peuvent influer fortement sur la valeur d'une entreprise, notamment celles que l'on qualifie de « hors bilan ». Par exemple, une société peut se porter caution d'une société filiale. Cette information ne figure que dans l'annexe, même si l'impact potentiel sur le patrimoine de l'entité peut être très important.
- Les influences fiscales restent déterminantes lorsque la doctrine comptable n'est pas clairement exprimée.
- De nombreux choix comptables permettent de lisser le résultat de l'entreprise. On parle, à ce sujet, de « **comptabilité créative** ». C'est l'utilisation de nombreuses « options » comptables qui donne une représentation, une image, **la plus favorable possible** des performances et de la situation financière de l'entité. Ces « options » utilisent en toute légalité la flexibilité de la réglementation comptable. Le recours à une « option » est légal, mais l'accumulation de ces choix peut devenir nuisible à l'image fidèle fournie par les états financiers car elle s'oppose au concept de sincérité.
- Difficultés de traiter des innovations et des problèmes nouveaux tout en restant dans un cadre comptable bien établi.

La comptabilité financière qui constitue pour l'entreprise l'obligation de « rendre compte » ne peut être fiable et significative que dans la mesure où l'entreprise n'a pas la possibilité d'en infléchir le contenu. Il en résulte une mission sociale de la comptabilité qui doit être la source d'une information normalisée et vérifiable. Le lecteur des comptes doit être en mesure de supposer que les informations reflètent le résultat effectif des décisions des dirigeants et non pas simplement une description plus ou moins subjective des activités de l'entreprise.

FICHE RESSOURCES

3 - Les sources du droit comptable

La hiérarchie des sources du droit comptable est celle des autres branches du droit. Elle est, dans l'ordre descendant :

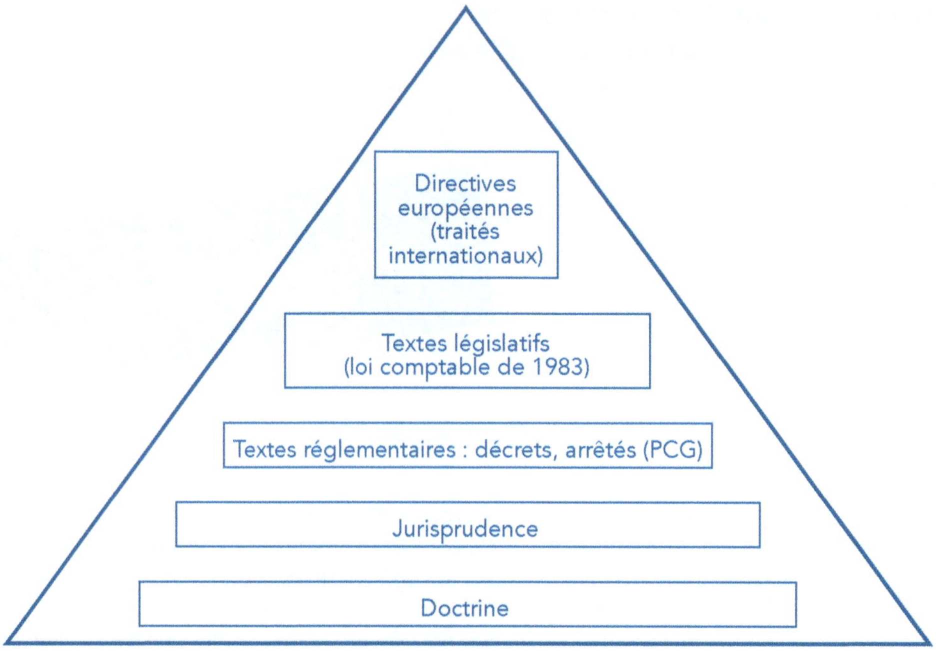

I. L'autorité des normes comptables

L'ordonnance du 22 janvier 2009 a créé l'Autorité des normes comptables (ANC), organe unique de normalisation comptable française issu de la fusion du Conseil national de la comptabilité (CNC) et du Comité de la réglementation comptable (CRC).

L'Autorité des normes comptables (ANC) exerce les missions suivantes :

1° - elle établit, sous forme de règlements, les prescriptions comptables générales et sectorielles que doivent respecter les personnes physiques ou morales soumises à l'obligation légale d'établir des documents comptables conformes aux normes de la comptabilité privée ;

2° - elle donne un avis sur toute disposition législative ou réglementaire contenant des mesures de nature comptable applicables aux personnes visées au 1°, élaborée par les autorités nationales ;

3° - elle émet, de sa propre initiative ou à la demande du ministre chargé de l'économie, des avis et prises de position dans le cadre de la procédure d'élaboration des normes comptables internationales ;

4° - elle veille à la coordination et à la synthèse des travaux théoriques et méthodologiques conduits en matière comptable ; elle propose toute mesure dans ces domaines, notamment sous forme d'études et de recommandations.

Les règlements adoptés par l'Autorité des normes comptables seront publiés au Journal officiel après homologation par arrêté du ministre chargé de l'Économie, après avis des ministres du Budget et de la Justice.

Jusqu'à leur abrogation par un règlement de l'ANC, les anciens textes du CNC et du CRC restent applicables.

II. Le recueil des normes comptables françaises

L'ANC a publié un recueil des normes comptables françaises regroupant l'ensemble des textes comptables réglementaires et non réglementaires (doctrine) relatifs à l'élaboration des comptes annuels, émis par les institutions en charge de la normalisation comptable.

Ce recueil vise à faciliter l'accès au droit comptable. Il présente deux niveaux de textes :

1° - les dispositions réglementaires issues du règlement 2014-03, c'est-à-dire le PCG (Plan Comptable Général) ;

2° - les dispositions issues des textes non réglementaires, telles que les recommandations de l'ANC, les anciens du CNC, les notes de présentation des avis et règlements de l'ANC et des notes d'information qui sont insérées sous forme de commentaires.

III. Les autres sources nationales du droit comptable (caractère non obligatoire)

1. La jurisprudence

Comme pour toutes les branches du droit, les tribunaux sont amenés à préciser l'application de la règle. La jurisprudence n'a pas un caractère obligatoire, mais pour une même question de droit, les tribunaux tendent à juger de manière identique. Leur interprétation de la règle comptable conduit très souvent, en pratique, à l'adopter comme une solution à un problème comptable qui leur est posé.

Exemple

Délit de présentation de comptes annuels ne présentant pas une image fidèle.

2. La doctrine

L'ensemble des commentaires, interprétations ou compléments des différents organismes chargés de la bonne application des règles comptables constitue la doctrine. En matière comptable elle est très abondante, signe probable à la fois de la gestation du droit comptable et du rôle prépondérant des professionnels dans sa formation. Les avis ou recommandations proviennent essentiellement des organismes suivants :

- le Conseil national de la comptabilité (CNC) (voir plus haut) ;
- l'Autorité des marchés financiers (AMF), dont les avis sont obligatoires pour les sociétés cotées ;
- la Compagnie nationale des commissaires aux comptes (CNCC) ;
- l'Ordre des experts-comptables (OEC), dont les recommandations sont obligatoires pour leurs membres.

4 - Les principes comptables

Selon le Code de commerce, des comptes annuels réguliers et sincères donnant une image fidèle du patrimoine, de la situation financière et du résultat de l'entreprise doivent être établis.

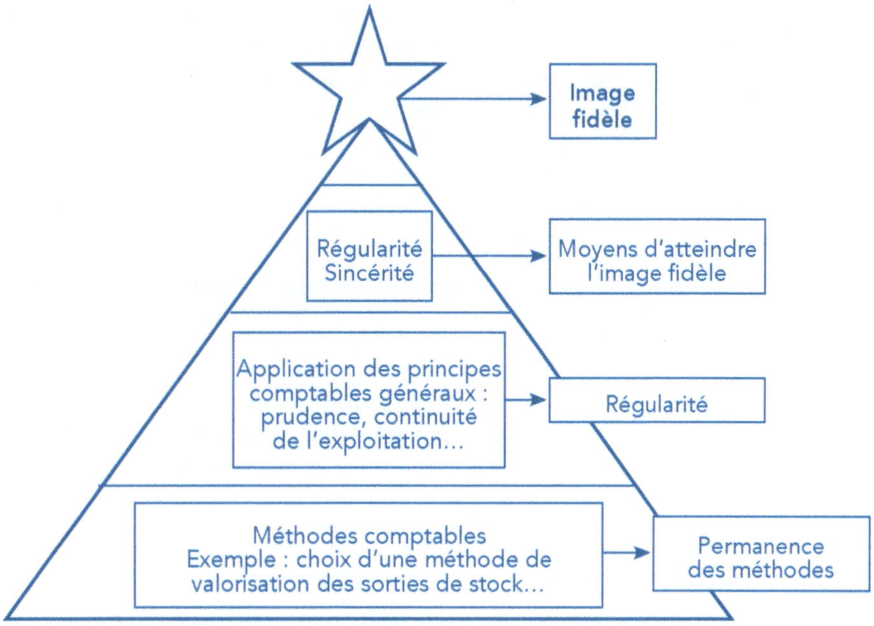

FICHE RESSOURCES

I. La fidélité : objectif suprême de la comptabilité financière

Aucune définition n'est fournie par les textes bien qu'il s'agisse de la clé de voûte du modèle comptable actuel. On peut cependant dire que l'image fidèle est l'objectif assigné aux comptes annuels.

L'Art. 121-1 du PCG intègre ce principe à la définition de la comptabilité financière : « la comptabilité est un système d'organisation de l'information financière permettant de saisir, classer, enregistrer des données de base chiffrées et présenter des états reflétant une image fidèle du patrimoine, de la situation financière et du résultat de l'entité à la date de clôture ».

Le dernier alinéa de l'article 123-14 du Code de commerce et l'article 121-3 du PCG marquent la primauté de l'image fidèle sur les règles comptables, puisqu'ils soulignent l'obligation de déroger à ces dernières lorsque l'application de l'une d'elles se révèle, dans un cas exceptionnel, de nature à ne pas donner l'image fidèle recherchée. Cette disposition ne doit pas s'entendre comme la liberté de ne pas appliquer une règle comptable dans un certain nombre de cas applicables à l'ensemble des entreprises. En effet, on pourrait alors se demander pourquoi les autorités comptables ne modifient pas cette règle. Cette disposition ne doit s'appliquer que dans des cas exceptionnels dans lesquels l'application d'une norme comptable serait trompeuse.

II. La sincérité et la régularité : les moyens d'obtenir l'image fidèle

Ces deux notions sont indiquées clairement dans le PCG – article 121-3 : « la comptabilité est conforme aux règles et procédures en vigueur qui sont appliquées avec sincérité afin de traduire la connaissance que les responsables de l'établissement des comptes ont de la réalité et de l'importance relative des événements enregistrés ».

On en conclura qu'une comptabilité est régulière dès lors qu'elle est conforme aux règles fixées par la loi, la jurisprudence, l'Autorité des normes comptables (ANC) et les organismes professionnels compétents et sincères si les responsables de l'établissement des comptes sont de bonne foi, c'est-à-dire s'ils n'ont pas l'intention de tromper le lecteur des comptes.

III. Les principes comptables fondamentaux

1. La continuité de l'exploitation

Le Plan Comptable Général énonce ce principe dans son article 121-2 : « la comptabilité permet d'effectuer des comparaisons périodiques et d'apprécier l'évolution de l'entité dans une perspective de continuité d'activité ». Ce postulat permet au comptable de résoudre un grand nombre de problèmes liés à l'évaluation des biens. Si ce postulat de la continuité d'exploitation n'existait pas, l'entité pourrait inscrire ses biens à une valeur très faible correspondant à une valeur de liquidation ou de mise au rebut. En effet, dans une optique de cessation d'activité, le patrimoine ne peut plus être évalué en valeurs actuelles susceptibles de générer des valeurs futures par synergie dans le cadre d'un ensemble coordonné. Si ce principe n'existait pas, la présentation du bilan serait ainsi très différente.

2. Le principe d'indépendance des exercices (ou de spécialisation des exercices)

L'objectif étant de calculer le résultat de la gestion passée de l'entreprise, il est nécessaire de découper la vie continue de celle-ci en périodes comptables. Ce principe implique donc que l'entreprise arrête ses comptes chaque année et qu'elle rattache à chaque exercice les charges et les produits qui s'y rapportent. Le PCG indique ainsi dans ses articles 511-3 et 512-4 que sont rattachées à l'exercice, les charges supportées par l'exercice et les produits acquis à cet exercice, auxquels s'ajoutent éventuellement les éléments supportés ou acquis à des exercices précédents mais qui, par erreur ou omission, n'ont pas alors fait l'objet d'un enregistrement comptable.

3. Le principe des coûts historiques (ou du nominalisme monétaire)

Cette règle figure dans l'article 213-1 du PCG, où il est stipulé « qu'à leur date d'entrée dans le patrimoine de l'entité, les biens acquis à titre onéreux sont enregistrés à leur coût d'acquisition [...] et les biens produits à leur coût de production ». Ce principe est très critiqué aujourd'hui. Il n'a pas été retenu par l'IASB dans son cadre conceptuel et l'article 33 de la 4e directive autorise les dérogations. En ce qui concerne les comptes annuels, la loi du 3 janvier 1985 a prévu une exception en autorisant la réévaluation libre du bilan sous certaines conditions.

4. Le principe de prudence

Cette règle comptable est définie par le PCG (article 121-4) de la manière suivante : « la comptabilité est établie sur la base d'appréciations prudentes pour éviter le risque de transfert, sur des périodes à venir, d'incertitudes présentes susceptibles de grever le patrimoine et le résultat de l'entité ». Cette convention est retenue par l'IASB avec la précision suivante : elle ne doit pas contribuer à la création de réserves latentes ou occultes. Cette règle comptable admet des exceptions importantes telles que la réévaluation, et la comptabilisation des contrats à long terme selon la méthode de l'avancement des travaux.

5. Le principe de permanence des méthodes

Ce principe figure dans l'article 121-5 du PCG : « la cohérence des informations comptables au cours des périodes successives implique la permanence dans l'application des règles et procédures. Toute exception à ce principe de permanence doit être justifiée par un changement exceptionnel dans la situation de l'entité ou par une meilleure information dans le cadre d'une méthode préférentielle ».

6. Le principe d'importance relative

Ce principe signifie essentiellement que seules les informations pertinentes et utiles sont nécessaires à l'établissement des documents de synthèse. Il s'applique particulièrement pour l'établissement de l'annexe dans les termes suivants : « l'annexe doit comporter toutes les informations d'importance significative sur la situation patrimoniale et financière et sur le résultat de l'entreprise » (art. 24 du décret du 29/11/1983). Ce principe rend nécessaire la hiérarchisation de l'information en privilégiant les informations qui sont pertinentes et donc en fixant éventuellement un seuil de signification dans le respect des obligations légales et réglementaires.

7. Le principe de non-compensation

Il est énoncé à l'article 123-19 du Code de commerce : « les éléments d'actif et de passif doivent être évalués séparément. Aucune compensation ne peut être opérée entre les postes d'actif et de passif du bilan ou entre les postes de charges et de produits du compte de résultat ». Toute compensation a en effet comme conséquence une perte d'information.

8. Le principe d'intangibilité du bilan d'ouverture

Le principe d'intangibilité du bilan d'ouverture est exposé clairement par les textes comptables : quatrième directive, Code de commerce, plan comptable. Le bilan d'ouverture d'un exercice correspond au bilan de clôture avant répartition de l'exercice précédent (Code de commerce article 123-19). En conséquence, le bilan de clôture d'un exercice doit rester intact lors de l'ouverture des comptes au premier jour de l'exercice suivant.

9. Le principe de prééminence de la réalité économique sur l'apparence juridique

Ce principe vise à privilégier l'aspect financier de l'analyse comptable au détriment de l'aspect strictement juridique. Ainsi, si pour une transaction ces deux approches coexistent, il convient de privilégier la première. En France, ce principe ne fait pas partie du droit positif. Cependant pour l'IASB (norme IAS1) : « les transactions et les autres événements de la vie de l'entreprise doivent être enregistrés et présentés conformément à leur nature et à la réalité financière sans s'en tenir uniquement à leur apparence juridique ».

FICHE RESSOURCES

5 - Présentation du PCG (Plan Comptable Général)

I. Définition

Le PCG est le document de caractère réglementaire qui constitue la clef de voûte de la normalisation comptable française. Les définitions et principes contenus dans le PCG s'imposent à toutes les entités tenues légalement de présenter des comptes. Des adaptations professionnelles, en fonction de l'activité de l'entreprise, sont possibles, mais elles doivent être adoptées dans les mêmes formes que le PCG et leur utilisation est mentionnée dans l'annexe. Le Plan Comptable Général est mis à jour de manière permanente, en fonction des nouveaux textes publiés par l'Autorité des normes comptables (ANC) et homologués par règlement ministériel.
Le règlement 2022-06 de l'ANC, homologué le 26 décembre 2023, modernise les états financiers et la nomenclature des comptes.
Ce règlement prévoit des nouveaux numéros de comptes, de nouveaux documents de synthèse et apporte des modifications dans les règles de comptabilisation.
Les dispositions de ce règlement ont été intégrées dans l'ensemble des chapitres de ce manuel.
Les nouvelles dispositions s'appliquent obligatoirement pour les exercices comptables ouverts à compter du 1er janvier 2025.
Son téléchargement est possible sur le site de l'ANC.

Je consulte le site web
https://eqrco.de/a/tGGZSa

II. Contenu

Le sommaire du Plan Comptable Général est le suivant :

- Titre I : « L'objet et les principes de la comptabilité » ;
- Titre II : « Définition des actifs, des passifs, des produits et des charges » ;
- Titre III : « Règles de comptabilisation et d'évaluation » ;
- Titre IV : « Tenue, structure et fonctionnement des comptes » ;
- Titre V : « Documents de synthèse ».

III. Le cadre comptable du Plan Comptable Général

Le Plan Comptable Général classe les comptes de l'entreprise en utilisant la codification décimale. Les opérations de l'entreprise sont enregistrées, en ce qui concerne :

- le bilan, dans les classes 1 à 5 :
  - classe 1 : comptes de capitaux
  - classe 2 : comptes d'immobilisations
  - classe 3 : comptes de stocks et d'en-cours
  - classe 4 : comptes de tiers
  - classe 5 : comptes financiers
- le résultat, dans les classes 6 et 7 :
  - classe 6 : comptes de charges
  - classe 7 : comptes de produits

IV. Le plan des comptes

1. Les comptes obligatoires et les comptes facultatifs

Le règlement comptable 2022-06 prévoit des comptes obligatoires, en caractère normal dans la liste des comptes, et des comptes facultatifs, en italique dans la liste des comptes.

Par exemple, les acquisitions de véhicules sont enregistrées soit dans le compte 218 « Autres immobilisations corporelles », soit facultativement dans le compte 2182 « Matériel de transport » si le responsable comptable estime que la subdivision du compte divisionnaire 218 « Autres immobilisations corporelles » en sous-comptes présente un intérêt.
Les comptes utilisés dans le système de base de présentation des comptes et dans le système abrégé de présentation des comptes sont identiques. Les regroupements de comptes dans un même poste seront plus importants dans le système abrégé de présentation des comptes (voir chapitre 24 sur la présentation des documents de synthèse).
Une subdivision des comptes plus détaillée que celle prévue dans la liste des comptes est possible, à la condition de respecter les chiffres au début du numéro de compte.

Avant l'entrée en vigueur du règlement comptable 2022-06, le PCG prévoyait trois systèmes de comptes (système de base, système abrégé et système développé) qui sont désormais supprimés.

2. La codification décimale

Le principe retenu est celui de la numérotation décimale. On considère qu'entre deux chiffres successifs d'un même niveau, il est possible d'intercaler 10 chiffres de niveau immédiatement inférieur.

Exemple

Classe 4 - Comptes de tiers :

- 40 Fournisseurs et comptes rattachés
- 41 Clients et comptes rattachés
- 42 Personnel et comptes rattachés
- 43 Sécurité sociale et autres organismes sociaux
- 44 État et autres collectivités publiques
- 45 Groupes et associés
- 46 Débiteurs et créditeurs divers
- 47 Comptes transitoires et d'attente
- 48 Comptes de régularisations
- 49 Dépréciation des comptes de tiers

Chaque compte à deux chiffres est ensuite subdivisé selon les besoins en 10 comptes à trois chiffres et ainsi de suite.

Exemple

Fournisseurs et comptes rattachés :

- 400 Fournisseurs et comptes rattachés
- 401 Fournisseurs
- 403 Fournisseurs – Effets à payer
- 404 Fournisseurs d'immobilisations
- 405 Fournisseurs d'immobilisations – Effets à payer
- 408 Fournisseurs – Factures non parvenues
- 409 Fournisseurs débiteurs

- **Les comptes à deux chiffres sont dits « comptes principaux ».**
- **Les comptes à trois chiffres sont dits « comptes divisionnaires ».**
- **Les comptes à plus de trois chiffres sont dits « sous-comptes ».**

3. Les particularités de la codification décimale dans le plan comptable

➢ Le compte à terminaison 0 est utilisé comme compte de regroupement des comptes de même niveau.

Exemple

- 631 Impôts, taxes et versements assimilés sur rémunérations (administration des impôts)
- 633 Impôts, taxes et versements assimilés sur rémunérations (autres organismes)
- 635 Autres impôts, taxes et versements assimilés (administration des impôts)
- 637 Autres impôts, taxes et versements assimilés (autres organismes)

Ces comptes sont regroupés dans : 630 « Impôts, taxes et versements assimilés »

➢ Le compte à terminaison 0 est utilisé aussi comme compte global, lorsqu'aucune analyse particulière n'est nécessaire pour les opérations à enregistrer dans le compte de niveau immédiatement supérieur.

Exemple

50 - Valeurs mobilières de placement → **500** - Valeurs mobilières de placement

➢ Signification de la terminaison 9 dans les comptes à trois chiffres et plus : le compte à terminaison 9 est souvent représentatif d'un compte avec solde de sens contraire à la normale.

Exemple

- 60 Achats
- 601 Achats stockés – matières premières (et fournitures)

…

- 609 Rabais, remises et ristournes obtenus sur achats

- Signification de la terminaison 9 dans les comptes à deux chiffres et plus : dans les comptes à deux chiffres, les comptes de bilan se terminant par 9 identifient les dépréciations de chaque classe correspondante : 29, 39, 49, 59.
- Une liaison a été établie entre les comptes d'amortissement : 28, les comptes de dépréciation 29, 39, 49, 59 et les comptes de dotations et de reprises correspondants au compte du compte de résultat (68,78), ainsi qu'entre certains comptes de charges et de produits.

Exemple

- 65 « Autres charges de gestion courante » et 75 « Autres produits de gestion courante »
- 66 « Charges financières » et 76 « Produits financiers »
- 67 « Charges exceptionnelles » et 77 « Produits exceptionnels »

6 - Les normes internationales IAS/IFRS

La période actuelle est marquée par la recherche de normes de convergence vers les normes IAS/IFRS, aussi bien pour les comptes consolidés des sociétés cotées que pour les autres entités. Les comptes consolidés sont les comptes présentés par les groupes de société. La France a fixé le champ d'application des normes internationales de la façon suivante.

	Comptes consolidés	Comptes individuels
Sociétés avec appel public à l'épargne	Normes IAS/IFRS obligatoires	Normes françaises (PCG) convergentes avec les normes de l'IASB
Sociétés non cotées consolidantes	Normes IAS/IFRS optionnelles	
Autres entités		

Les normes internationales ne distinguent pas comptes sociaux et comptes consolidés et s'appliquent aux deux indistinctement.

Les normes comptables internationales ont été adoptées pour répondre à la nécessité absolue pour les investisseurs sur un marché financier de pouvoir comparer les états financiers des entreprises. Il n'y a pas de comparaison possible si les normes comptables ne sont pas identiques. Par exemple, le résultat comptable peut varier de plusieurs millions selon le référentiel comptable adopté.

En outre, une société cotée sur plusieurs marchés financiers doit établir ses comptes selon des normes différentes, ce qui est coûteux et peut engendrer des confusions.

Principes essentiels du référentiel

- Objectif : « l'objectif des états financiers est de fournir des informations sur la situation financière, la performance et les variations de la situation financière d'une entreprise qui soient utiles à un large éventail d'utilisateurs pour prendre des décisions économiques » ;
- 7 catégories distinctes d'utilisateurs potentiels de l'information comptable : les investisseurs (classés en premier donc prioritaires), les membres du personnel, les prêteurs, les fournisseurs et autres créditeurs, les clients, les États et les organismes publics, le public.
- Caractéristiques qualitatives des états financiers classées en trois sous-ensembles :
  - les caractéristiques qualitatives fondamentales : image fidèle et prééminence de la substance sur la forme ;
  - les caractéristiques qualitatives dérivées : prudence, neutralité, importance relative, exhaustivité, non-compensation ;
  - les caractéristiques qualitatives de base : intelligibilité, pertinence, fiabilité et comparabilité.
- Principe de prééminence de la substance sur la forme (*substance over form*).

APPLICATIONS

CONTRÔLE DE CONNAISSANCES

Répondre par « oui » ou par « non » aux affirmations ci-dessous en donnant les explications nécessaires.

1. Le PCG est un texte d'origine réglementaire.
2. Le PCG doit respecter les principes énoncés dans le Code de commerce.
3. Les options prévues dans le PCG doivent s'utiliser dans le cadre de la permanence des méthodes.
4. Le principe de prudence autorise à comptabiliser de manière courante les plus-values latentes.
5. L'image fidèle implique le respect des principes comptables.
6. La norme comptable est soit une convention, soit un principe théorique.
7. Le principe de prééminence de la réalité économique sur l'apparence juridique figure dans le PCG.
8. Les normes IAS/IFRS sont obligatoires en France.
9. L'ANC est l'organisme de normalisation comptable français.
10. La comptabilité créative peut être définie comme l'utilisation de nombreuses options comptables qui donne une représentation du bilan et des résultats la plus favorable possible.
11. La sincérité peut se définir comme l'application de bonne foi des règles comptables.
12. Le principe d'intangibilité du bilan d'ouverture signifie qu'on ne peut pas le modifier à l'ouverture des comptes.
13. Le manque d'exhaustivité peut être considéré comme une limite de la normalisation comptable.
14. Les normes IAS/IFRS font explicitement référence à une approche juridique des traitements comptables.
15. Le plan de comptes proposé par le PCG a retenu le principe de la codification décimale.
16. Les textes approuvés par l'ANC ont automatiquement la force juridique d'un règlement.
17. La partie double constitue une norme comptable.
18. Le compte à terminaison 9 est souvent représentatif d'un compte avec un solde de sens contraire à la normale.
19. Les comptes à deux chiffres sont des comptes divisionnaires.
20. L'AMF a le pouvoir d'élaborer des normes comptables.

APPLICATION 1* : PRINCIPES COMPTABLES

10 Min

TRAVAIL À FAIRE

Compléter ce tableau en utilisant les références du cours.

Principes comptables	Articles du Code de commerce
➢ Intangibilité du bilan d'ouverture ➢ Continuité de l'exploitation ➢ Permanence des méthodes ➢ Prudence ➢ Non-compensation ➢ Coût historique	

APPLICATION 2** : PRINCIPES COMPTABLES

15 Min

TRAVAIL À FAIRE

Pour chaque problème posé, indiquer quel est le principe comptable mis en cause et préciser la solution préconisée.

M. Bonhoure, comptable de la SA COUVERTURE DE L'ALLIER, vous expose les problèmes suivants (l'exercice de la SA est clos en fin d'année civile) :

1. Le responsable de la comptabilité a constaté que l'ensemble des constructions de l'entreprise possède une valeur actuelle supérieure à 20 % de la valeur comptable inscrite au bilan. Il souhaite majorer le poste « Constructions » du bilan de 20 % afin de tenir compte de cette valeur qu'il considère plus représentative de la valeur économique.
2. La SARL DURALUMIN a vendu des plaques d'aluminium à la SA COUVERTURE DE L'ALLIER et au 31/12/N plusieurs factures ne sont pas encore réglées pour un total de 6465 €. De même, la SA COUVERTURE DE L'ALLIER a procédé à la réfection de la toiture d'un bâtiment appartenant à la SARL pour un montant de 4200 €. M. Bonhoure souhaite inscrire la dette envers ce fournisseur au passif du bilan pour un montant net de 2265 €.
3. La SA a emprunté 100000 € le 1er juillet N à un organisme financier à 4 %, remboursables (nominal et intérêts) le 1er juillet de l'année suivante. Aucune écriture n'a été enregistrée pour l'établissement du bilan.
4. Durant l'année, on a constaté une diminution importante de la rotation du stock de certaines matières premières et des cours très fluctuants. La direction de l'entreprise estime nécessaire de modifier la méthode d'évaluation du stock afin de comptabiliser un montant de stock plus proche de la réalité économique.

APPLICATION 3** : PLAN COMPTABLE GÉNÉRAL (NOMENCLATURE DES COMPTES DE BILAN)

10 Min

TRAVAIL À FAIRE

Pour chaque opération citée, à l'aide de la nomenclature du PCG, indiquer le numéro de compte (comptes d'utilisation obligatoire).

Opérations	Numéros de comptes
1. Achat d'un matériel industriel 2. Prélèvement de l'exploitant dans sa trésorerie 3. Versement d'un acompte à un fournisseur lors d'une commande 4. Emprunt auprès de la BNP-Paribas 5. Achat de titres de participation 6. Acquisition d'un immeuble 7. Achat d'actions en vue de réaliser un gain à brève échéance 8. Acquisition d'un micro-ordinateur 9. Prêt à un salarié 10. Acquisition d'un brevet	

APPLICATION 4** : PLAN COMPTABLE GÉNÉRAL (NOMENCLATURE DES COMPTES DE GESTION)

20 Min

TRAVAIL À FAIRE

Pour chaque opération citée, à l'aide de la nomenclature du PCG, indiquer le numéro de compte (comptes d'utilisation obligatoire).

Opérations	Numéros de comptes
1. Réception de la facture EDF 2. Achats de produits pour les revendre en l'état 3. Avis d'imposition à la taxe foncière 4. Encaissement des intérêts d'un prêt accordé à un salarié 5. Enregistrement de la fiche de paye du comptable 6. Enregistrement de la prime d'assurance multirisques 7. Encaissement de dividendes de valeurs mobilières de placement 8. Loyer du magasin 9. Facture de réparation d'un matériel industriel 10. Escompte accordé à un client sur une vente de marchandises 11. Achat d'une documentation technique 12. Facturation à un client de la réparation d'un matériel 13. Note d'honoraires de l'avocat 14. Déclaration de cotisations à l'Urssaf 15. Facture du cabinet de recouvrement des créances pour les clients litigieux 16. Billet d'avion pour un voyage professionnel 17. Facture de vente d'un élément de l'actif immobilisé adressé au cessionnaire 18. Facture de redevance de crédit-bail d'un matériel 19. Achats de fournitures de bureau non stockées 20. Encaissement de redevances sur un brevet	

PARTIE 2 : MÉTHODE COMPTABLE

CHAPITRE 3 : LA MÉTHODE COMPTABLE

COMPÉTENCE ATTENDUE

- **Exposer et justifier** les mécanismes constitutifs de la technique comptable.

Préliminaires

La comptabilité peut être définie comme l'ensemble des traitements permettant d'enregistrer les flux réels et monétaires d'un agent économique et de présenter les états financiers, bilan et compte de résultat, qui en découlent. Le bilan permet de donner une image du patrimoine de l'agent économique, c'est-à-dire une représentation de l'ensemble de ses biens et de ses dettes évaluables en argent. Les biens sont constitués des choses sur lesquelles on dispose d'un droit de propriété et des droits de créance ou droit de recevoir une somme d'argent d'une personne. À l'inverse, les dettes constituent l'obligation de verser une somme d'argent à une personne. Le compte de résultat indiquera si l'agent économique s'est enrichi (bénéfice) et donc s'il a accru son patrimoine, ou à l'inverse s'il s'est appauvri (perte) et donc s'il a diminué son patrimoine. On appellera « entité comptable » l'agent économique pour lequel on présente des comptes.

FICHE RESSOURCES

1 - Les flux

I. Définition

L'entreprise est un agent économique qui transfère en permanence des biens et des instruments monétaires vers d'autres agents économiques. Un flux économique est un mouvement de valeur.

II. Les différents flux économiques

Au cours de l'activité de l'entreprise avec ses partenaires, nous pouvons repérer trois grands types de flux.

1. Les flux monétaires (FM)

Ce sont les flux qui constatent des mouvements de monnaie et autres moyens de règlements.

2. Les flux réels (FR)

Ce sont les flux qui constatent des mouvements de biens et de services.

3. Les flux financiers (FF)

Ce sont les flux qui constatent la création et l'extinction des dettes et des créances.

Exemple

L'entreprise AUTHENTICA, spécialisée dans la production industrielle de matériel de fitness, achète au comptant par chèque bancaire à l'entreprise DURALUMIN des matières premières pour un montant de 1 000 €.

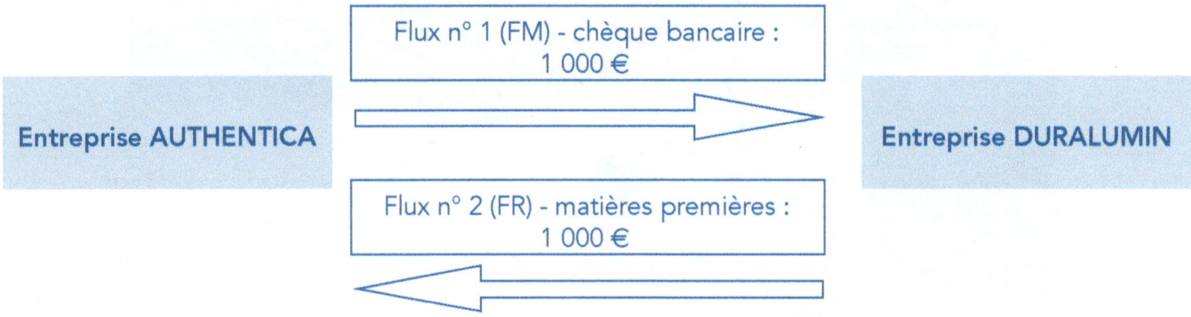

Les flux réels peuvent aussi désigner une augmentation ou une diminution d'un droit de créance ou d'une dette.

Exemple

L'entreprise AUTHENTICA règle une partie de sa dette envers le fournisseur LOGIKAL par chèque bancaire : 2 000 €.

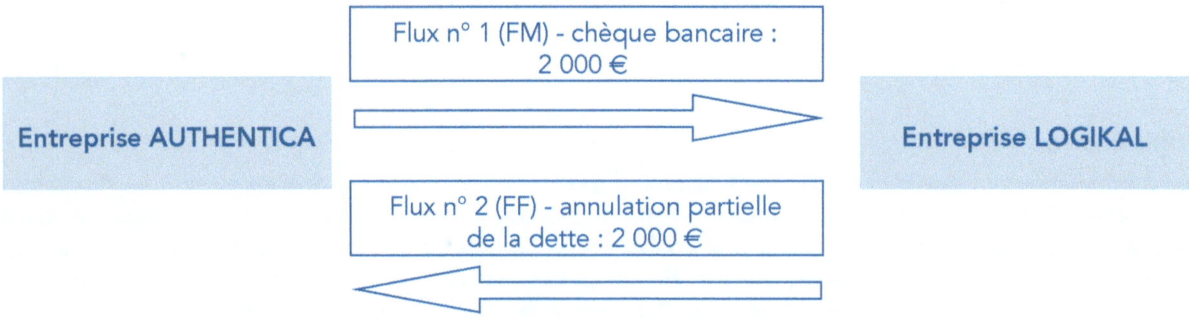

III. Origine de la ressource et emploi de la ressource

Dans l'exemple 1, on constate que le flux n° 1 (flux monétaire) a pour origine l'entreprise AUTHENTICA et pour destination l'entreprise DURALUMIN. Le flux n° 2 (flux réel) a pour origine l'entreprise DURALUMIN et pour destination l'entreprise AUTHENTICA. Chaque opération présente ainsi deux aspects qu'il est possible de mettre en évidence en posant successivement deux questions :

- d'où proviennent les moyens nécessaires pour réaliser l'opération ?
  - ➤ c'est l'origine de la ressource,
- dans quel but ces moyens sont-ils utilisés ?
  - ➤ c'est la destination que nous appellerons « emploi ».

Dans notre exemple 2, nous avons :

- ➤ origine de la ressource : retrait de la banque ;
- ➤ destination de la ressource ou emploi : règlement partiel de la dette du fournisseur LOGIKAL.

IV. Le tableau d'analyse des flux

Il est possible de résumer l'analyse des opérations dans un tableau ou l'on porterait, par convention, les emplois à gauche et les ressources à droite, ainsi que le signe de l'opération (moins « - », s'il s'agit d'une diminution, plus « + », s'il s'agit d'une augmentation de la valeur du patrimoine analysé).

Exemple

L'entreprise AUTHENTICA a réalisé les opérations suivantes :

1 - prélèvement sur le compte bancaire pour alimenter la caisse : 300 € ;
2 - encaissement de la facture du client ROUSSIN : 2 300 € ;
3 - paiement par chèque au fournisseur TROMBANI : 1 680 € ;
4 - versement en espèces d'un prêt à Gérard Manset, salarié de l'entreprise : 1 500 € ;
5 - emprunt auprès de la banque régionale des investissements : 10 000 €.

N°	Opérations	Emplois			Ressources		
		Élément	Signe	Montant	Élément	Signe	Montant
1	Prélèvement bancaire pour alimenter la caisse	Caisse	+	300	Banque	-	300
2	Encaissement de la facture du client ROUSSIN	Caisse	+	2 300	Client ROUSSIN	-	2 300
3	Paiement par chèque au fournisseur TROMBANI	Fournisseur TROMBANI	-	1 680	Banque	-	1 680
4	Versement en espèces d'un prêt au salarié Manset	Prêt	+	1 500	Caisse	-	1 500
5	Emprunt auprès de la banque régionale des investissements	Banque	+	10 000	Emprunt	+	10 000

2 - Le bilan

I. Définition

Le bilan est une image de l'entreprise sous forme d'un tableau représentatif de la situation patrimoniale à une date déterminée. Il présente la liste des biens et des dettes (patrimoine brut) et met en évidence les capitaux propres ou la situation nette (patrimoine net). Par opposition aux flux, on peut considérer que chaque élément du bilan est un stock. C'est-à-dire un niveau, résultant du décalage exprimé en délai, entre un flux d'entrée et un flux de sortie. Le bilan peut s'analyser sous deux angles différents :

- le passif du bilan qui présente l'origine du patrimoine ou les ressources financières ;
- l'actif du bilan qui retrace la composition du patrimoine ou les emplois de ces ressources. Ces éléments sont destinés à générer ou à produire d'autres ressources pour l'entreprise.

Patrimoine net = capitaux propres = situation nette = biens – dettes

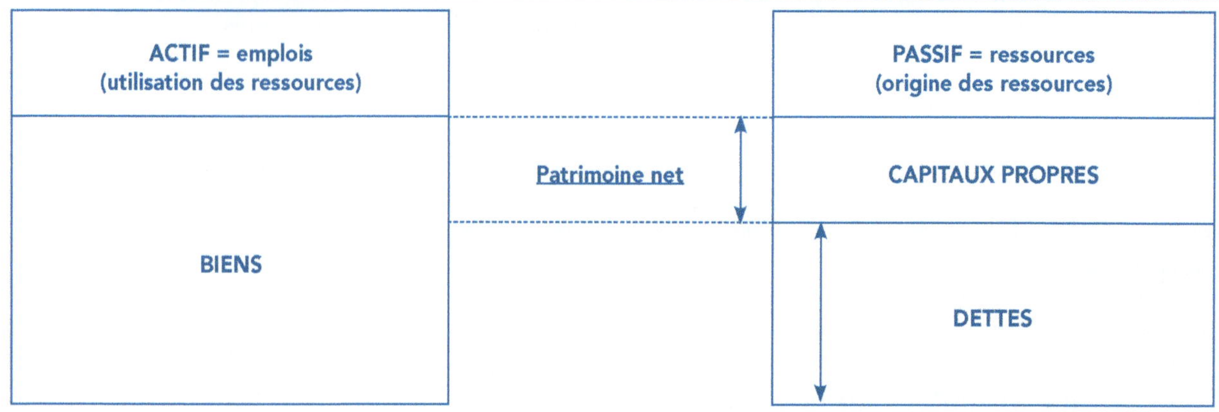

II. Présentation du bilan

1. L'actif

- L'actif est composé de l'actif immobilisé et de l'actif circulant.
- L'actif immobilisé est constitué des éléments que l'entreprise va utiliser durablement pour son activité économique, sans les transformer.
- L'actif circulant est constitué de biens et de créances qui se renouvellent généralement rapidement au cours du cycle d'exploitation de l'entreprise.

2. Le passif

- Le passif est composé des capitaux propres et des dettes.
- Les capitaux propres représentent la situation nette de l'entreprise. La situation nette au moment de la création de l'entreprise représente l'apport financier initial du propriétaire, c'est-à-dire la ressource financière qu'il a apportée pour créer son entreprise. Cette ressource initiale est appelée « **capital** ». La création d'une entreprise fait naître une entité comptable nouvelle, dont le patrimoine sera différent de celui du propriétaire. Cette création va se traduire par un transfert de fonds du propriétaire vers la trésorerie de l'entreprise. La contrepartie est une obligation envers le propriétaire proche d'une dette, mais juridiquement et économiquement très différente. Il s'agit d'un investissement en vue d'obtenir ultérieurement un revenu : le bénéfice qui constituera le résultat de l'entreprise.
- Les dettes ou le passif exigible représentent les obligations de verser des sommes d'argent à des personnes déterminées : banque, établissement de crédit, fournisseurs, État, personnel... Les dettes constituent les crédits accordés par des tiers.

FICHE RESSOURCES

Bilan

A C T I F **Emplois**	**ACTIF IMMOBILISÉ** Élément que l'entreprise conserve en général plusieurs années (terrains, constructions, matériels…)	**CAPITAUX PROPRES** **Capital** Situation nette : actif - dettes	**P A S S I F** **Ressources**
	ACTIF CIRCULANT Éléments provisoires appelés à se renouveler rapidement (stocks, créances, disponibilités)	**DETTES** **(passif exigible)** Obligations financières diverses de l'entreprise : envers les banques, l'État, les fournisseurs…	

Exemple

Bilan de l'entreprise BONHOURE.

M. Bonhoure crée son entreprise de menuiserie-ébénisterie le 3 janvier N. Il apporte les éléments suivants :

- Matériel de transport : 80 000
- Matériel et outillage : 30 000
- Emprunt bancaire : 85 000
- Stock de matières premières : 50 000
- Fonds déposés sur un compte bancaire : 20 000
- Espèces déposées dans la caisse : 5 000

➢ Les actifs sont les suivants :

- Matériel de transport : 80 000
- Matériel et outillage : 30 000
- Banque : 20 000
- Stock de matières premières : 50 000
- Caisse : 5 000

- Total des actifs : 185 000

➢ Le passif exigible est le suivant :

- Emprunt bancaire : 85 000

La différence entre les apports de l'actif et les apports du passif exigible constitue la situation nette ou le capital, c'est-à-dire le montant net apporté par l'entrepreneur M. Bonhoure.

Apports de l'actif :	185 000
– Apports du passif :	– 85 000
= Capital :	100 000

Présentation du bilan au 3 janvier N

Postes de l'actif	Montants	Postes du passif	Montants
Actifs immobilisés :		**Capitaux propres :**	
Matériel de transport	80 000	Capital	100 000
Matériel et outillage	30 000	**Situation nette**	**100 000**
Actifs circulants :			
Stock de matières premières	50 000	**Dettes :**	
Banque	20 000	Emprunt	85 000
Caisse	5 000		
	185 000		185 000

3 - Les variations du bilan : première approche du résultat de l'entreprise

Le résultat mesure la variation du patrimoine de l'entreprise, constatant soit un enrichissement, soit un appauvrissement.

I. Les opérations non génératrices de résultat

Les opérations non génératrices de résultat sont les opérations qui ne modifient pas la situation nette. Ces opérations ne sont à l'origine ni d'un enrichissement ni d'un appauvrissement du patrimoine de l'entreprise. Ces opérations ne concernent que les postes de l'actif du bilan ou du passif exigible.

Exemple

L'entreprise BONHOURE a réalisé deux opérations au cours du mois de janvier N.

- Opération 1 : elle achète le 6 janvier au comptant par chèque n° 787 une machine dégauchisseuse pour 1 500 €.
  Ressource : somme disponible sur le compte banque.
  Emploi : matériel et outillage.
  L'entreprise modifie la composition de son patrimoine en transformant un dépôt bancaire en outillage mais n'accroît pas sa valeur. L'opération n'est donc pas génératrice de résultat.
- Opération 2 : l'entreprise BONHOURE rembourse le 18 janvier une partie de son emprunt : 8 000 €.
  Ressource : retrait du compte banque.
  Emploi : règlement partiel de l'emprunt bancaire.
  L'entreprise modifie la composition de son patrimoine en utilisant un dépôt bancaire pour rembourser une partie de son emprunt. La diminution du compte banque a pour contrepartie une diminution de sa dette. L'opération n'est donc pas génératrice de résultat.

Après ces deux opérations sur la période 1, le bilan de l'entreprise se présente de la façon suivante :

Bilan au 31 janvier N

Postes de l'actif	Montants	Postes du passif	Montants
Actifs immobilisés :		**Capitaux propres :**	
Matériel de transport	80 000	Capital	100 000
Matériel et outillage (30 000 + 1 500)	31 500	**Situation nette**	**100 000**
Actifs circulants :			
Stock de matières premières	50 000	**Dettes :**	
Banque (20 000 − 1 500 + 8 000)	10 500	Emprunt (85 000 − 8 000)	77 000
Caisse	5 000		
	177 000		177 000

La situation nette n'a pas été modifiée et aucun résultat n'apparaît dans le bilan.

II. Les opérations génératrices de résultat

Les opérations génératrices de résultat modifient la situation nette de l'entreprise. Ce sont des opérations qui modifient l'actif ou le passif exigible et qui ne sont pas compensées par une variation équivalente du patrimoine. Elles sont donc à l'origine d'un enrichissement ou d'un appauvrissement du patrimoine de l'entreprise. On appellera « résultat » ces variations positives (bénéfice) ou négatives (perte) de la situation nette de l'entreprise.

Résultat =
Situation nette en fin de période − Situation nette en début de période

Les enrichissements du patrimoine constituent des ressources financières définitives et les appauvrissements correspondent à des emplois définitifs. Le résultat de l'entreprise est donc aussi égal à :

Enrichissements − Appauvrissements
Ou
Ressources définitives − Emplois définitifs

Exemple

L'entreprise BONHOURE a réalisé les deux opérations suivantes au cours du mois de février N.

- Opération 3 : règlement le 8 février au comptant par chèque n° 788 des honoraires de son expert-comptable : 1 700 €.

  Ressource : somme disponible sur le compte banque.

  Emploi : achat d'un service.

  L'entreprise règle une consommation due à son activité (les honoraires). Cette consommation constitue un emploi définitif de cette ressource, et a donc pour conséquence un appauvrissement définitif du patrimoine de l'entreprise.

- Opération 4 : vente au comptant réglée par chèque le 22 février d'une réparation d'un meuble ancien de style : 4 500 €.

  Ressource : activité de l'entreprise, prestation de services.

  Emploi : augmentation de l'avoir en banque.

  L'entreprise constate un enrichissement de son patrimoine ou une variation positive de sa situation nette. La ressource définitive provenant de la vente d'une prestation de services a permis un accroissement de l'actif (augmentation des fonds sur le compte bancaire).

Après les opérations 3 et 4, le bilan de l'entreprise se présente de la façon suivante au 28 février N :

Postes de l'actif	Montants	Postes du passif	Montants
Actifs immobilisés :		**Capitaux propres :**	
Matériel de transport	80 000	Capital	100 000
Mobilier de bureau	30 000	**Résultat (4 500 - 1 700)**	**+ 2 800**
Matériel et outillage	1 500		-------------
Actifs circulants :		**Situation nette =**	**102 800**
Stock de matières premières	50 000	**Dettes :**	
Banque (10 500 – 1 700 + 4 500)	13 300	Emprunt	77 000
Caisse	5 000		
	179 800		179 800

Nouvelle situation nette : Actifs - Passif exigible = 179 800 – 77 000 =	102 800
Ancienne situation nette :	– 100 000
Résultat :	2 800

Ou Ressource définitive - Emploi définitif = 4 500 – 1 700 = 2 800.

Le patrimoine net de l'entreprise s'est accru de 2 800.

4 - Le compte

Pour des raisons pratiques, il n'est bien sûr pas possible de présenter un bilan après chaque opération. On a donc créé une unité de base chargée d'enregistrer les différents flux en emploi ou ressource : le compte. Chaque poste du bilan agrégera ensuite un ensemble de comptes de même nature.

I. Définition

Le compte est un tableau qui, par convention, récapitule les emplois (à gauche) au débit et les ressources (à droite) au crédit.

II. Présentation schématique (compte en T)

Débit	N° INTITULÉ	Crédit
Emplois		Ressources

SOLDE

III. Les mouvements du compte

Un compte est débité s'il enregistre un emploi, et il est crédité s'il enregistre une ressource. L'enregistrement d'une somme dans un compte est appelé « imputation ».

Le solde résulte de la différence entre le total des débits et le total des crédits.

TOTAL DES DÉBITS > TOTAL DES CRÉDITS → SOLDE DÉBITEUR

TOTAL DES CRÉDITS > TOTAL DES DÉBITS → SOLDE CRÉDITEUR

Le solde, selon sa nature, caractérise la position du compte.

IV. Présentation détaillée : le compte à colonnes séparées

Le compte à colonnes séparées est un tableau qui se compose de deux parties identiques distinctes :

1. l'une, la partie gauche, est réservée aux emplois et est appelée « **débit** » ;
2. l'autre, la partie droite, est réservée aux ressources et est appelée « **crédit** ».

Chaque partie comprend la date et un libellé qui explique l'opération et donne le numéro de la pièce comptable. Lorsqu'un solde existe à l'ouverture du compte, il faut le reprendre comme première somme, au débit s'il est débiteur, au crédit s'il est créditeur.

Exemple

Compte banque de l'entreprise BONHOURE (reprise des opérations précédentes).

- Opération 1 : elle achète le 6 janvier au comptant par chèque n° 787 une machine dégauchisseuse pour 1 500 €.
- Opération 2 : l'entreprise BONHOURE rembourse le 18 janvier une partie de son emprunt : 8 000 €.
- Opération 3 : règlement le 8 février au comptant par chèque n° 788 des honoraires de son expert-comptable : 1 700 €.
- Opération 4 : vente au comptant réglée par chèque le 22 février d'une réparation d'un meuble ancien de style : 4 500 €.

Débit N°... **« Banque »** **Crédit**

Dates	Libellés	Sommes	Dates	Libellés	Sommes
3/01	Solde à nouveau	20 000	06/01	Chèque n° 787	1 500
22/02	Règlement client	4 500	18/01	Remboursement emprunt	8 000
			8/02	Chèque n° 788	1 700
				Solde débiteur	13 300
		24 500			24 500

V. Présentation détaillée : le compte à colonnes mariées

Le compte à colonnes mariées se présente avec une ou deux colonnes de soldes. Il a l'avantage de donner le solde après chaque opération, ce qui est très utile pour les comptes de trésorerie (banque et caisse) et les comptes de tiers (fournisseurs et clients).

N°... « Banque »

Dates	Libellés	Sommes		Soldes	
		Débit	Crédit	Débiteurs	Créditeurs
3/01	Solde à nouveau	20000		20000	
6/01	Chèque n° 787		1500	18500	
18/01	Remboursement emprunt		8000	10500	
8/02	Chèque n° 788		1700	8800	
22/02	Règlement client	4500		13300	

5 - La partie double

Chaque opération économique pouvant s'analyser en origine et emploi d'une ressource, pour toute opération résultant de l'activité d'une entité comptable, il est nécessaire :

- **de créditer un compte pour enregistrer l'origine de la ressource ;**
- **de débiter un compte pour enregistrer l'emploi de la ressource.**

Tout enregistrement comptable nécessite ce double mouvement et caractérise la comptabilité en partie double. Plusieurs comptes peuvent être débités ou crédités lorsqu'il y a plusieurs flux de même nature, mais un compte ne peut être débité sans contrepartie d'un compte crédité. **L'égalité suivante doit toujours être vérifiée :**

Débit = Crédit
(Emplois = Ressources)

Exemple

Reprenons les 4 opérations des exemples précédents.

Enregistrements de la période 1 :

Débit	Matériel et outillage	Crédit
Solde initial	30 000	
	1 500	
Total	31 500	Total 0

Solde débiteur : 31 500

Débit	Banque	Crédit
Solde initial	20 000	
		1 500
		8 000
Total	20 000	Total 9 500

Solde débiteur : 20 000 - 9 500 = 10 500

Débit	Emprunt	Crédit
		Solde initial 85 000
	8 000	
Total	8 000	Total 85 000

Solde créditeur : 85 000 - 8 000 = 77 000

Imputation de la période 1 (exemple 1) : 1 500 (crédit Banque → débit Matériel et outillage)

Imputation de la période 1 (exemple 2) : 8 000 (débit Emprunt → crédit Banque)

Soldes à la clôture de la période 1 (bilan au 31 janvier N)

Enregistrements de la période 2 :

Débit	Honoraires	Crédit
Solde initial	0	
	1 700	
Total	1 700	Total 0

Solde débiteur : 1 700

Débit	Banque	Crédit
Solde initial	10 500	
		1 700
	4 500	
Total	15 000	Total 1 700

Solde débiteur : 15 000 - 1 700 = 13 300

Débit	Prestations de services	Crédit
		Solde initial 0
		4 500
Total	0	Total 4 500

Solde créditeur : 4 500

Imputation de la période 2 (exemple 3) : 1 700 (crédit Banque → débit Honoraires)

Imputation de la période 2 (exemple 4) : 4 500 (crédit Prestations de services → débit Banque)

Soldes à la clôture de la période 2 (bilan au 28 février N)

6 - Schéma récapitulatif de la méthode comptable

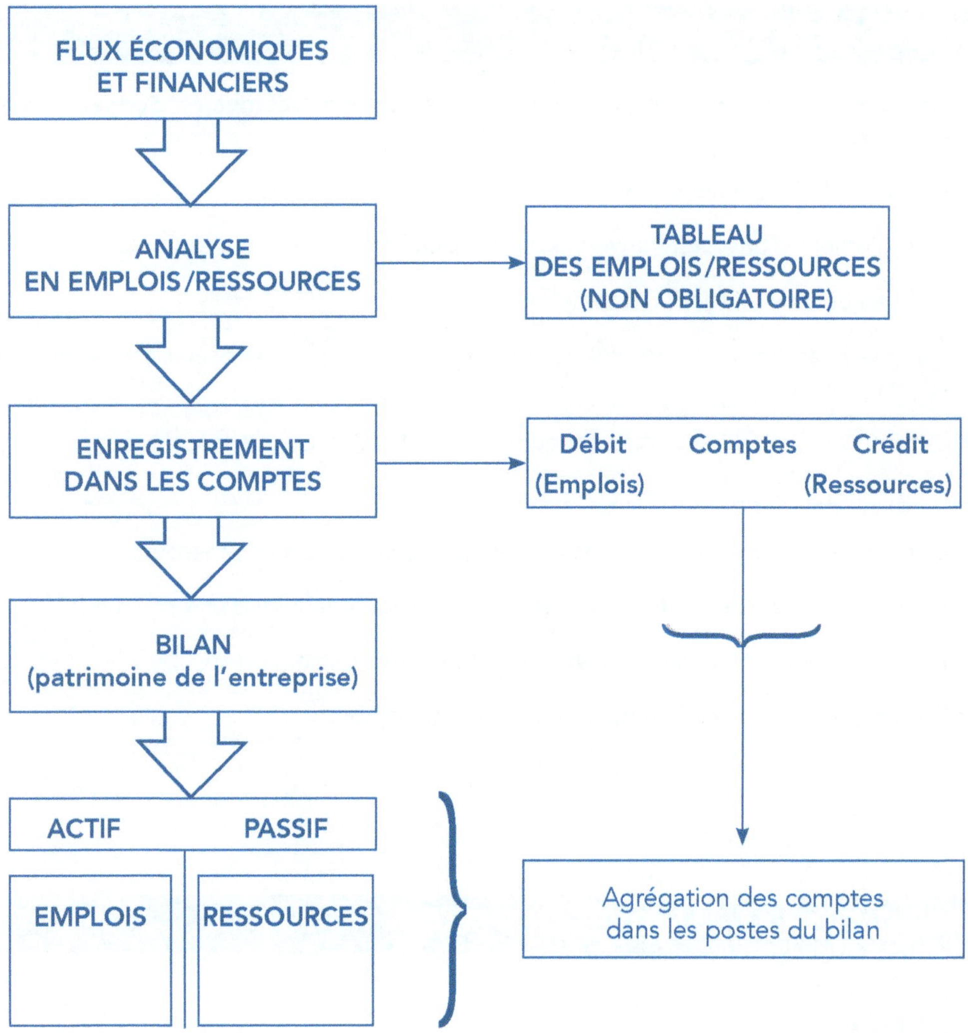

SITUATION NETTE = RÉSULTAT = RESSOURCES DÉFINITIVES – EMPLOIS DÉFINITIFS

APPLICATIONS

CONTRÔLE DE CONNAISSANCES

Répondre par « oui » ou par « non » aux affirmations ci-dessous en donnant les explications nécessaires.

1. Le flux réel désigne un mouvement de biens ou de services.
2. Le règlement d'une dette envers un fournisseur constitue une ressource.
3. Le bilan est une image du patrimoine de l'entreprise.
4. Chaque opération doit être analysée en origine de la ressource et en destination de la ressource (ou emploi).
5. L'apport du capital par l'entrepreneur individuel constitue une ressource.
6. Pour chaque opération emploi = ressource.
7. La réparation d'un matériel constitue l'emploi provisoire d'une ressource.
8. L'achat d'un matériel de transport constitue l'emploi définitif d'une ressource.
9. Le passif exigible est composé des dettes de l'entreprise.
10. Le retrait d'un compte banque représente un emploi.

APPLICATION 1* : ANALYSE DES FLUX

15 Min

TRAVAIL À FAIRE

Compléter le tableau suivant en indiquant l'identification et la nature du flux EMPLOI, ainsi que l'identification et la nature du flux RESSOURCES.

1) Achats d'instruments de musique, le paiement est effectué au comptant par virement bancaire.
2) Ventes d'instruments de musique, un délai de paiement de 10 jours est accordé aux clients.
3) Achats de timbres-poste, le paiement est effectué au comptant en espèces.
4) Achats d'instruments de musique, un délai de paiement de 20 jours est accordé par le fournisseur.
5) Emprunt d'une somme d'argent auprès de la banque, la somme sera remboursée dans 1 année.
6) Acquisition d'un véhicule, le paiement est effectué au comptant par chèque.
7) Achats de timbres fiscaux, le paiement est effectué par virement bancaire.
8) Travail effectué par les salariés au cours du mois, le paiement est effectué par virement bancaire.
9) Encaissement des ventes (opération 2), les clients paient par virement bancaire.
10) Paiement des dettes fournisseurs (opération 4), la dette est payée par chèque.

Opérations	FLUX EMPLOIS « dans quel but les moyens sont-ils utilisés »		FLUX RESSOURCES « d'où proviennent les moyens nécessaires pour réaliser l'opération »	
	Identification du flux	Nature du flux	Identification du flux	Nature du flux
1				
2				
3				
4				
5				
6				
7				
8				
9				
10				

APPLICATION 2** : ANALYSE DES FLUX ET COMPTE SCHÉMATIQUE

15 Min

TRAVAIL À FAIRE

1. Présenter le tableau d'analyse des flux (emplois/ressources).
2. Présenter le compte schématique banque, sachant que le solde débiteur au 01/09/N est de 22540 €.

L'entreprise EPSILON est spécialisée dans la réparation automobile. Elle a réalisé les opérations suivantes en septembre N :

- **08/09** facture de réparation : 6000 € encaissés au comptant par chèque bancaire ;
- **11/09** paiement en espèces d'un pourboire à un livreur : 15 € ;
- **15/09** facture de location d'un matériel payable le 30/10 : 14000 € ;
- **20/09** facture de réparation à crédit au client FOLET : 4800 € ;
- **27/09** règlement de 30 % par chèque bancaire du fournisseur SOLO sur une facture d'un montant total de 7000 €.

APPLICATION 3* : LE BILAN

10 Min

TRAVAIL À FAIRE

1. Déterminer la valeur des biens et du passif exigible. En déduire le montant du capital.
2. Présenter le bilan à la création de l'entreprise.

Le 1er janvier N, M. Benoît crée une librairie à l'enseigne du BATEAU-LIVRES. Il apporte les éléments suivants :

Clientèle et droit au bail :	150 000
Dettes envers les éditeurs :	18 000
Agencements du magasin :	20 000
Stock de marchandises :	34 000
Créances clients :	12 000
Dépôts sur un compte à la BNP :	5 400
Emprunt auprès d'un établissement de crédit :	43000

APPLICATION 4* : BILAN ET DÉTERMINATION DU RÉSULTAT

15 Min

TRAVAIL À FAIRE

1. Déterminer le résultat de l'entreprise.
2. Présenter le bilan.

Les postes du bilan de l'entreprise LEGENDRE sont les suivants :

Terrains	250000	Capital	750000
Avoir en caisse	2000	Titres immobilisés	28000
Constructions	420000	Dettes fiscales et sociales	451000
Stock de matières premières	34000	Créances diverses	112000
Créances clients	159000	Matériel de transport	87500
Matériel et outillage	85000	Dettes fournisseurs	145800
Dépôts sur un compte bancaire	304000	Avances et acomptes reçus des clients	3100

APPLICATION 5** : PRÉSENTATION DÉTAILLÉE D'UN COMPTE CAISSE

15 Min

TRAVAIL À FAIRE

Sachant que le 5 mars au matin, il y avait 1956 € dans la caisse.

1. Présenter le compte caisse détaillé à colonnes mariées avec une seule colonne de solde. Justifier l'inutilité de la 2e colonne de solde.
2. Déterminer le résultat de ces opérations.

L'entreprise SAUREL a réalisé, en espèces, les opérations suivantes :

- **5 mars :** achats de produits d'entretien (pièce de caisse n° 25) .... 88 €
- **9 mars** : ventes au comptant (pièce de caisse n° 26) .... 2457 €
- **12 mars :** versement sur le compte bancaire (pièce de caisse n° 27) .... 1500 €
- **19 mars** : achats de marchandises (pièce de caisse n° 28) .... 752 €
- **25 mars :** achat de timbres postaux (pièce de caisse n° 29) .... 50 €

APPLICATION 6** : PRÉSENTATION DÉTAILLÉE D'UN COMPTE BANQUE

15 Min

TRAVAIL À FAIRE

Sachant que le 11 octobre au matin, il y avait un avoir de 4355 € sur le compte bancaire (solde débiteur).

1. Présenter le compte banque détaillé à colonnes mariées.
2. Déterminer le résultat de ces opérations.
3. Dans quel poste du bilan au 31/10 serait placé ce compte banque ?

L'entreprise MOREL a effectué les opérations suivantes avec HSBC :

- **11 octobre :** chèque n° 211 pour achat d'un photocopieur au comptant .... 2852 €
- **19 octobre :** encaissement de chèques pour ventes au comptant .... 8211 €
- **23 octobre :** frais de tenue de compte (services bancaires) .... 65 €
- **27 octobre :** chèque n° 212 pour règlement partiel de la facture du fournisseur DUTILLEUIL ..... 9850 €
- **29 octobre :** chèque n° 213 pour règlement de la réparation d'une machine .... 785 €

APPLICATION 7** : PRÉSENTATION DÉTAILLÉE D'UN COMPTE CLIENT

15 Min

TRAVAIL À FAIRE

Présenter le compte client détaillé à colonnes séparées.

L'entreprise LUDOVIC vend un produit référencé 2 127 au prix de 86 € la pièce.

Au 1er novembre, le client doit la somme de 1 800 €. Au cours du mois de novembre, l'entreprise a réalisé les opérations suivantes avec le client XAVIER :

- **le 3 :** vente de 1 200 pièces ;
- **le 11 :** vente de 800 pièces ;
- **le 17 :** retour de 150 pièces défectueuses par le client ;
- **le 22 :** règlement de 92 000 € ;
- **le 25 :** vente de 500 pièces ;
- **le 30 :** règlement du client pour le solde.

APPLICATION 8** : PRÉSENTATION DÉTAILLÉE D'UN COMPTE FOURNISSEUR

15 Min

TRAVAIL À FAIRE

Présenter le compte détaillé à colonnes séparées arrêté au 31 décembre de chacun des fournisseurs.

L'entreprise SOLEIL est en relation avec deux fournisseurs : ALEXANDRE et BRADLEY. Le montant de la dette de l'entreprise avec ces deux fournisseurs se présente comme suit au 1er décembre N :

- ALEXANDRE : 147 890 € ;
- BRADLEY : 173 620 €.

L'entreprise achète au fournisseur ALEXANDRE une matière première W au prix de 210 € le kg et au fournisseur BRADLEY une matière consommable × au prix de 356 € le litre.

Les opérations du mois de décembre sont les suivantes :

- **le 8 :** achat de 145 kg W à ALEXANDRE ;
- **le 14 :** achat de 230 litres × à BRADLEY ;
- **le 17 :** retour à ALEXANDRE de 2 kg non conformes ;
- **le 21 :** règlement partiel adressé à BRADLEY : 112 000 € ;
- **le 23 :** retour à BRADLEY de 15 litres de mauvaise qualité ;
- **le 26 :** paiement pour le solde à ALEXANDRE.

APPLICATION 9** : ENREGISTREMENT D'OPÉRATIONS DANS DES COMPTES SCHÉMATIQUES

15 Min

TRAVAIL À FAIRE

1. Enregistrer ces opérations dans les comptes schématiques.
2. Déterminer le résultat de ces opérations.

L'entreprise CLAUDIUS a réalisé les opérations suivantes :

- **le 13 mars :** achat d'un mobilier de bureau réglé au comptant par chèque .... 1 950 €
- **le 19 mars :** ventes à crédit de marchandises .... 8 452 €
- **le 21 mars :** versement sur le compte bancaire .... 3 000 €
- **le 29 mars :** achats de marchandises à crédit .... 17 500 €
- **le 30 mars :** règlement d'un fournisseur par chèque bancaire .... 4 500 €
- **le 31 mars :** règlement de la prime d'assurance par chèque bancaire .... 1 600 €

MINI-CAS DE SYNTHÈSE

Compétences attendues
À partir d'un contexte professionnel, le candidat doit pouvoir analyser comptablement les échanges qu'une entité effectue avec son environnement. La mise en évidence de ces échanges doit permettre aux candidats de définir un flux, d'identifier les différents flux et d'opérer la distinction entre flux et stocks.
Le candidat doit également être capable pour un flux donné :
- **de justifier sa nature;**
- **d'identifier l'emploi et la ressource afin d'expliquer le mécanisme fondamental de la partie double et celui de la réciprocité des comptes;**
- **de procéder à la transcription des flux dans les comptes du PCG, et d'expliquer les termes de débit et de crédit.**

BILAN INITIAL, ANALYSE DES OPÉRATIONS, RÉSULTAT ET BILAN FINAL ★★★ 0h40

Le 3 juin N, M. Arthur Boregard crée son entreprise de transport de marchandises. Il apporte les éléments suivants :

Avoir en caisse	2000
Terrains	130000
Constructions	104000
Clientèle	85000
Dépôts sur un compte bancaire	5400
Matériel de transport	187500

Pour financer une partie des immobilisations, M. Boregard a emprunté 160000 € auprès d'un établissement bancaire.

Au cours du mois de juin N, M. Boregard a réalisé les opérations suivantes :

➔ 08/06 : transports facturés : 18000 € encaissés au comptant par chèque bancaire ;
➔ 11/06 : paiement de frais postaux en espèces : 110 € ;
➔ 18/06 : achat de gasoil à crédit auprès du fournisseur BONNETY : 6000 € ;
➔ 20/06 : règlement par chèque pour l'insertion d'une annonce publicitaire : 1250 € ;
➔ 22/06 : factures de transport adressées au client BATIPROMO : 45 000 € ;
➔ 23/06 : achat d'un camion de livraison à crédit auprès d'un concessionnaire : 22000 € ;
➔ 28/06 : règlement de 50 % du fournisseur BONNETY par chèque bancaire ;
➔ 30/06 : le client BATIPROMO règle sa créance.

MISSIONS

1. ***Présenter le bilan au 3 juin, à la création de l'entreprise.***
2. ***Présenter l'analyse des opérations dans un tableau des flux (emplois-ressources).***
3. ***Enregistrer les opérations dans les comptes schématiques et déterminer les soldes.***
4. ***Déterminer le résultat par différence entre les ressources définitives et les emplois définitifs.***
5. ***Présenter le bilan au 30 juin.***
6. ***Vérifier la détermination du résultat en calculant la variation de la situation nette entre le 3 juin et le 30 juin.***

CHAPITRE 4 : ORGANISATION ET CONTRÔLES COMPTABLES

COMPÉTENCES ATTENDUES

- **Décrire** le processus d'enregistrement des opérations comptables, depuis le journal jusqu'aux documents de synthèse.
- **Distinguer** les opérations affectant le patrimoine (bilan) de celles affectant l'activité (compte de résultat).
- **Analyser** les impacts de la tenue d'une comptabilité d'engagement sur les enregistrements comptables.
- **Passer** de la balance aux documents de synthèse.

FICHE RESSOURCES

1 - Classification et fonctionnement des comptes

I. Classification

1. Les comptes de bilan ou de situation

Ces comptes reflètent à une date donnée le patrimoine de l'entreprise. C'est à partir de leurs soldes que l'on établit le bilan.

1.1. Les comptes de l'actif

Ces comptes enregistrent les éléments du patrimoine de l'entreprise ayant une valeur économique positive. Ces éléments vont générer une ressource que l'entreprise contrôle et dont elle attend des avantages économiques futurs.

COMPTES DE L'ACTIF ➔ EMPLOIS ➔ SOLDES DÉBITEURS

Exemple

Matériel, stocks, créances, disponibilités (trésorerie).

1.2. Les comptes du passif

Ils comprennent les capitaux propres et les passifs externes. Les passifs externes, ou passif exigible, enregistrent les éléments du patrimoine ayant une valeur économique négative pour l'entreprise, c'est-à-dire une obligation à l'égard d'un tiers dont il est probable qu'elle provoquera une sortie de ressources au bénéfice de ce tiers, sans contrepartie au moins équivalente de celui-ci.

Exemple

Dettes financières, dettes fournisseurs, dettes fiscales et sociales.

Les comptes de capitaux propres enregistrent les ressources financières appartenant aux propriétaires de l'entreprise.

Exemple

Capital, résultat de l'exercice (bénéfice).

COMPTES DU PASSIF ➔ RESSOURCES ➔ SOLDES CRÉDITEURS

2. Les comptes de gestion (charges et produits)

Ces comptes enregistrent les appauvrissements et les enrichissements de l'entreprise. Le regroupement de ces comptes permet de déterminer le résultat de l'entreprise. Les comptes de gestion peuvent être considérés comme des subdivisions du compte de résultat.

2.1. Les comptes de produits

Ces comptes enregistrent les ressources internes définitives, correspondant aux enrichissements de l'entreprise, c'est-à-dire ce que l'entreprise a produit.

COMPTES DE PRODUITS → RESSOURCES → SOLDES CRÉDITEURS

Exemple

Ventes, produits financiers, produits exceptionnels.

2.2. Les comptes de charges

Ces comptes enregistrent les emplois définitifs, c'est-à-dire consommés, correspondant aux appauvrissements de l'entreprise.

COMPTES DE CHARGES → EMPLOIS → SOLDES DÉBITEURS

Exemple

Achats, autres charges externes, impôts et taxes, charges de personnel, charges financières, charges exceptionnelles.

II. Fonctionnement des comptes

1. Les comptes d'actifs et les comptes de charges

Règle : ils augmentent au débit et diminuent au crédit.

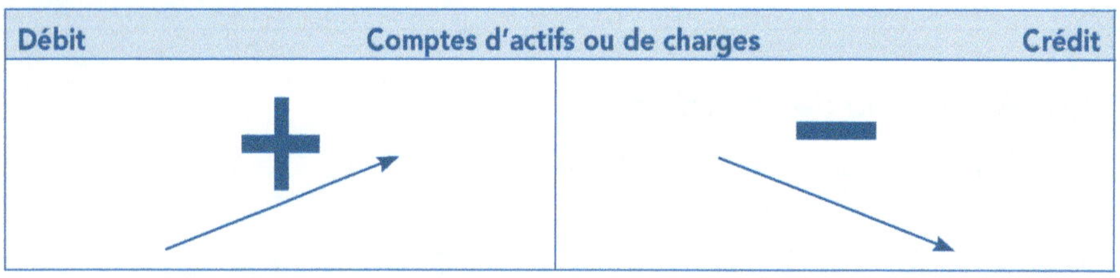

2. Les comptes de passifs et les comptes de produits

Règle : ils augmentent au crédit et diminuent au débit.

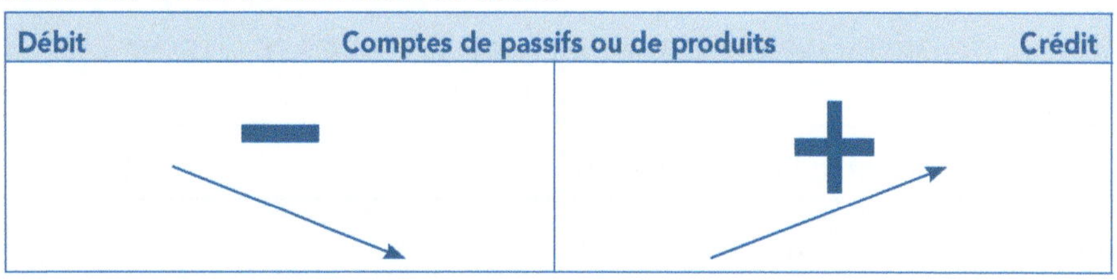

2 - Du journal à la balance

I. Le livre-journal

Au lieu d'être présentée en tableau, l'analyse des opérations de l'entreprise est généralement décrite de la manière suivante :

Exemple

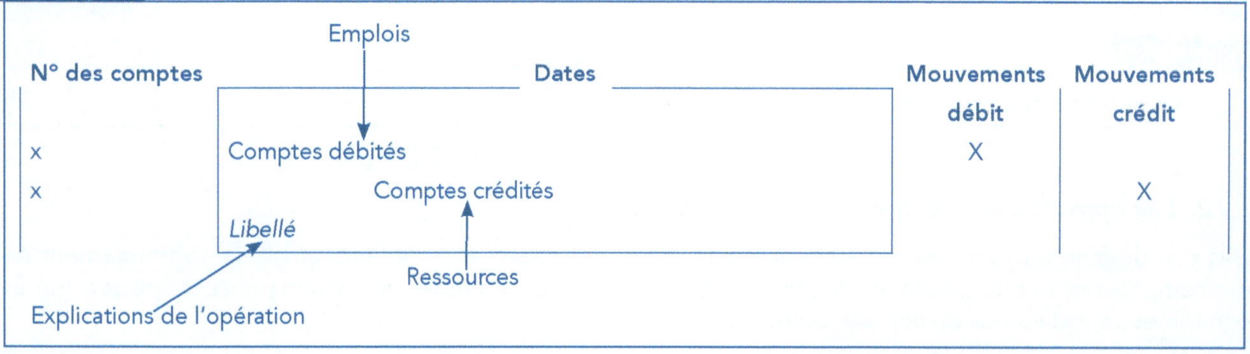

Ce tableau est appelé « livre-journal » ou « journal général ». Il s'agit d'un document légal obligatoire.

Exemple

Au cours du premier mois de sa création (1/05 au 30/05), l'entreprise AZEDINE a réalisé les opérations suivantes :

- 02/05 - Apport personnel sur un compte bancaire ouvert au nom de l'entreprise : 30 000 € ;
- 09/05 - Achat de marchandises au comptant par chèque : 4 250 € ;
- 13/05 - Achat d'un véhicule de livraison : 6 500 € ;
- 22/05 - Achat de marchandises à crédit au fournisseur LEROY : 2 800 € ;
- 29/05 - Règlement à LEROY de la moitié de sa dette : 1 400 € ;
- 30/05 - Vente de marchandises de la quinzaine au comptant par chèque : 9 000 €.

Le journal sera le suivant :

Exemple

	02/05/N		
512	Banque	30 000,00	
101	Capital		30 000,00
	Apport du compte bancaire personnel		
	09/05/N		
607	Achats de marchandises	4 250,00	
512	Banque		4 250,00
	Achat réglé par chèque		
	13/05/N		
2182	Matériel de transport	6 500,00	
512	Banque		6 500,00
	Véhicule réglé par chèque		
	22/05/N		
607	Achats de marchandises	2 800,00	
401	Fournisseur LEROY		2 800,00
	Achat à crédit à LEROY		
	29/05/N		
401	Fournisseur LEROY	1 400,00	
512	Banque		1 400,00
	Règlement partiel du fournisseur LEROY		
	30/05/N		
512	Banque	9 000,00	
707	Ventes de marchandises		9 000,00
	Vente de la quinzaine au comptant, par chèque		
	Totaux du journal	53 950,00	53 950,00

II. Le grand-livre

Une fois enregistrées au journal général de l'entreprise, les opérations sont ensuite reportées dans les comptes de l'entreprise. L'ensemble des comptes de l'entreprise constitue le grand-livre. Les comptes sont matériellement représentés par une fiche ou un folio qui peut être constitué par un fichier informatique.

Exemple

Dans le cas de l'entreprise AZEDINE, le grand-livre se présentera de la manière suivante :

GRAND-LIVRE

COMPTES DE BILAN

Comptes de l'actif

512 - Banque

D+	C-
30 000	4 250
9 000	6 500
	1 400
39 000	12 150

Solde débiteur = 26 850

2182 - Matériel de transport

D+	C-
6 500	
6 500	

Solde débiteur = 6 500

Comptes du passif

101 - Capital

D-	C+
	30 000
	30 000

Solde créditeur = 30 000

401 - Fournisseurs

D-	C+
1 400	2 800
1 400	2 800

Solde créditeur = 1 400

COMPTES DE GESTION

Comptes de charges

607 - Achats de marchandises

D+	C-
4 250	
2 800	
7 050	

Solde débiteur = 7 050

Comptes de produits

707 - Ventes de marchandises

D-	C+
	9 000
	9 000

Solde créditeur = 9 000

III. Le virement comptable

1. *Définition*

Le virement comptable est le transfert d'une somme ou de plusieurs sommes :
- du débit d'un compte au débit d'un autre compte (ou de plusieurs comptes) ;
- du crédit d'un compte au crédit d'un autre compte (ou de plusieurs comptes).

Il permet la correction d'erreurs, ou bien des travaux d'analyse ou de synthèse par le remplacement de comptes.

2. *Utilisation*

2.1. La correction d'erreurs

Exemple

Le client JOLIOT nous a remis un chèque de 135 € en règlement de sa facture. Le montant du chèque a été porté au débit du compte caisse. Le compte client a été crédité correctement.

Le compte caisse ayant été débité par erreur, il convient de le créditer pour annuler ce flux. Pour terminer cette correction d'erreur, il restera à débiter le compte correct : le compte banque.

530		Caisse	135,00	
	411	Client JOLIOT		135,00
		Écriture fausse		
512		Banque	135,00	
	530	Caisse		135,00
		Écriture de correction		

2.2. Le remplacement d'un compte unique par plusieurs comptes : les travaux d'analyse

Dans ce cas, le virement est utilisé pour réaliser l'éclatement d'un compte en plusieurs autres.

Exemple

Le compte « stock de marchandises » de 8 790 € d'une librairie-papeterie regroupe les éléments suivants :
- livres d'art anciens.................. 5 600 € ;
- livres neufs .... 2 540 € ;
- fournitures de bureau .... 650 €.

3701		Stock de marchandises - Livres d'art anciens	5 600,00	
3702		Stock de marchandises - Livres neufs	2 540,00	
3703		Stock de marchandises - Fournitures de bureau	650,00	
	370	Stock de marchandises		8 790,00

2.3. Le remplacement de plusieurs comptes par un seul : les travaux de synthèse

Le virement peut aussi être utilisé pour regrouper plusieurs comptes en un seul.

Exemple

Une entreprise possède deux terrains : un de 154 000 € situé à Fécamp, et un autre de 81 000 € situé à Rouen. Elle souhaite regrouper ces deux actifs en un compte unique.

210		Terrains	235 000,00	
	2101	Terrain Fécamp		154 000,00
	2102	Terrain Rouen		81 000,00

IV. Le contrôle de la partie double : la balance

Le contrôle de la partie double passe par la vérification des égalités suivantes :

Emploi = Ressource

ou

Débit = Crédit

1. *Définition*

La balance est un tableau récapitulatif et exhaustif des comptes de l'entreprise à une date donnée. Chaque compte est représenté par son numéro, son intitulé, son total débit, son total crédit, ainsi que son solde soit débiteur, soit créditeur. Cette balance est aussi appelée « balance cumulée ». Il est possible de limiter les montants aux soldes en présentant une balance par soldes. Elle est présentée périodiquement, par exemple mensuellement ou trimestriellement, et non quotidiennement, comme pour le journal. La balance est un moyen de contrôle des enregistrements comptables et un moyen de gestion.

2. *La balance : moyen de contrôle*

2.1. Premier contrôle

Total des mouvements débits = Total des mouvements crédits

Ce contrôle, permis par la balance, est issu directement du principe de double enregistrement dans les comptes pour chaque opération.

2.2. Deuxième contrôle

Total de la balance = Total du journal

Cette égalité permet de vérifier que toutes les écritures au journal ont bien été reportées dans les comptes du grand-livre qui figurent dans la balance.

2.3. Troisième contrôle

Total des soldes débiteurs = Total des soldes créditeurs

Il est possible de démontrer ce contrôle du calcul des soldes et de leur report correct dans la balance de la manière suivante :

La balance théorique suivante comporte 4 comptes, en supposant que les comptes 1 et 2 présentent un solde débiteur et, inversement, les comptes 3 et 4 présentent un solde créditeur.

Balance	Débits	Crédits	Soldes débiteurs	Soldes créditeurs
Compte n° 1	D1	C1	SD1 = (D1-C1)	
Compte n° 2	D2	C2	SD2 = (D2-C2)	
Compte n° 3	D3	C3		SC3 = (C3-D3)
Compte n° 4	D4	C4		SC4 = (C4-D4)

Si total des soldes débiteurs = total des soldes créditeurs on a :

(D1-C1) + (D2-C2) = (C3-D3) + (C4-D4)

d'où :

D1 + D2 + D3 + D4 = C1 + C2 + C3 + C4 → Totaux débits = Totaux crédits

Exemple

La balance de l'entreprise AZEDINE à partir du grand-livre se présente ainsi au 31 mai N :

Intitulés des comptes	Total débit	Total crédit	Soldes débiteurs	Soldes créditeurs
<u>Comptes de bilan</u> :				
Capital	-	30 000,00	-	30 000,00
Matériel de transport	6 500,00	-	6 500,00	-
Fournisseurs	1 400,00	2 800,00	-	1 400,00
Banque	39 000,00	12 150,00	26 850,00	-
<u>Comptes de gestion</u> :				
Achats de marchandises	7 050,00	-	7 050,00	-
Ventes de marchandises	-	9 000,00	-	9 000,00
Totaux	**53 950,00**	**53 950,00**	**40 400,00**	**40 400,00**

- Premier contrôle : total des mouvements débits = total des mouvements crédits = 53 950
- Deuxième contrôle : total du journal = total des mouvements de la balance = 53 950
- Troisième contrôle : total des soldes débiteurs = total des soldes créditeurs = 40 400

3. La balance : un moyen de gestion

La balance est aussi un moyen de gestion, car c'est un tableau de synthèse des comptes du grand-livre qui permet d'apprécier la situation de l'entreprise à une date donnée. Elle présente une classification des comptes en deux grandes catégories : les comptes de bilan et les comptes de gestion qui vont permettre d'établir les documents de synthèse et de déterminer le résultat de l'entreprise.

BILAN Comptes de bilan Classes 1 à 5		**Comptes de gestion (détermination du résultat) Classes 6 et 7**	
ACTIF	**PASSIF**	**CHARGES**	**PRODUITS**
Classe 2 : comptes d'immobilisations **Classe 3** : comptes de stocks **Classe 4** : comptes de tiers (créances) **Classe 5** : comptes financiers (disponibilités)	**Classe 1** : comptes de capitaux **RÉSULTAT** ← **Classe 1** : comptes de capitaux (dettes financières) **Classe 4** : comptes de tiers (dettes)	**Classe 6** **RÉSULTAT = Classe 7 – Classe 6** • Produits > Charges : bénéfice • Produits < Charges : perte	**Classe 7**

On peut schématiser la balance par soldes de la façon suivante :

Balance par soldes

Soldes débiteurs		Soldes créditeurs
Comptes d'actifs	Résultat	Comptes de passifs
Comptes de charges		Comptes de produits
Total des soldes des comptes d'actifs + de charges	=	Total des soldes des comptes de passifs + de produits

d'où

Résultat (bénéfice ou perte)
=

Total des soldes des comptes d'actifs — Total des soldes des comptes de passifs	Total des soldes des comptes de produits — Total des soldes des comptes de charges

3 - Première approche des documents de synthèse

L'application du principe de la partie double permet une double détermination du résultat, ce qui assure un contrôle efficace des enregistrements comptables. La détermination du résultat s'effectue en établissant le compte de résultat et le bilan.

I. Présentation du compte de résultat

Le résultat d'une entreprise est déterminé en comparant les charges et les produits d'une période ou d'un exercice comptable.

Résultat = Produits - Charges

Les soldes des comptes de charges et de produits font l'objet d'une inscription dans le compte « Résultat de l'entreprise » par une écriture de virement.

Le compte de résultat regroupe donc à son débit toutes les charges de la période, et à son crédit tous les produits de la période. Le sens du solde indique le résultat :

- solde débiteur : perte ;
- solde créditeur : bénéfice.

II. Présentation du bilan

Alors que le compte de résultat concerne une période, le bilan indique la situation de l'entreprise à une date donnée.

À l'actif du bilan sont portés les soldes débiteurs des comptes représentant le patrimoine de l'entreprise, et au passif du bilan, les soldes créditeurs des comptes représentatifs des dettes de l'entreprise. L'équilibre est réalisé en déterminant la situation nette. Par le jeu de la partie double, le résultat est celui obtenu dans le compte de résultat.

Exemple

La balance par soldes de l'entreprise DÉCOR se présente ainsi au 31décembre N :

Intitulés des comptes	Soldes débiteurs	Soldes créditeurs
Capital		269 250
Constructions	300 000	
Matériel de bureau	22 000	
Emprunt auprès des établissements de crédit		100 000
Fournisseurs		36 000
Banque	86 000	
Achats	2 500	
Autres charges externes	450	
Impôts, taxes et versement assimilés	800	
Charges de personnel	3 000	
Charges financières	700	
Charges exceptionnelles	100	
Ventes		10 000
Produits exceptionnels		300
Totaux	**415 550**	**415 550**

Présentation du compte de résultat au 31 décembre N :

D Achats	C
2 500	2 500

D Autres charges externes	C
450	450

D Impôts et taxes	C
800	800

D Charges de personnel	C
3 000	3 000

D Charges financières	C
700	700

D Charges exceptionnelles	C
100	100

D Ventes	C
10 000	10 000

D Produits exceptionnels	C
300	300

	D RÉSULTAT DE L'EXERCICE (Charges)	C (Produits)
	2 500	10 000
	450	300
	800	
	3 000	
	700	
	100	
	7 550	10 300
Solde créditeur (bénéfice) →	2 750	
Totaux	10 300	10 300

Compte de résultat

Charges	Montants	Produits	Montants
Achats	2 500,00	Ventes	10 000,00
Autres charges externes	450,00	Produits exceptionnels	300,00
Impôts, taxes et versement assimilés	800,00		
Charges de personnel	3 000,00		
Charges financières	700,00		
Charges exceptionnelles	100,00		
Solde créditeur	2 750,00		
	10 300,00		10 300,00

➢ **Présentation du bilan au 31 décembre N :**

Postes de l'actif	Montants	Postes du passif	Montants
ACTIFS IMMOBILISÉS :		CAPITAUX PROPRES :	
Constructions	300 000,00	Capital	269 250,00
Matériel de bureau	22 000,00	Résultat de l'exercice	2 750,00
ACTIFS CIRCULANTS :		DETTES :	
Banque	86 000	Emprunt	100 000,00
		Fournisseurs	36 000,00
	408 000,00		408 000,00

4 - Synthèse

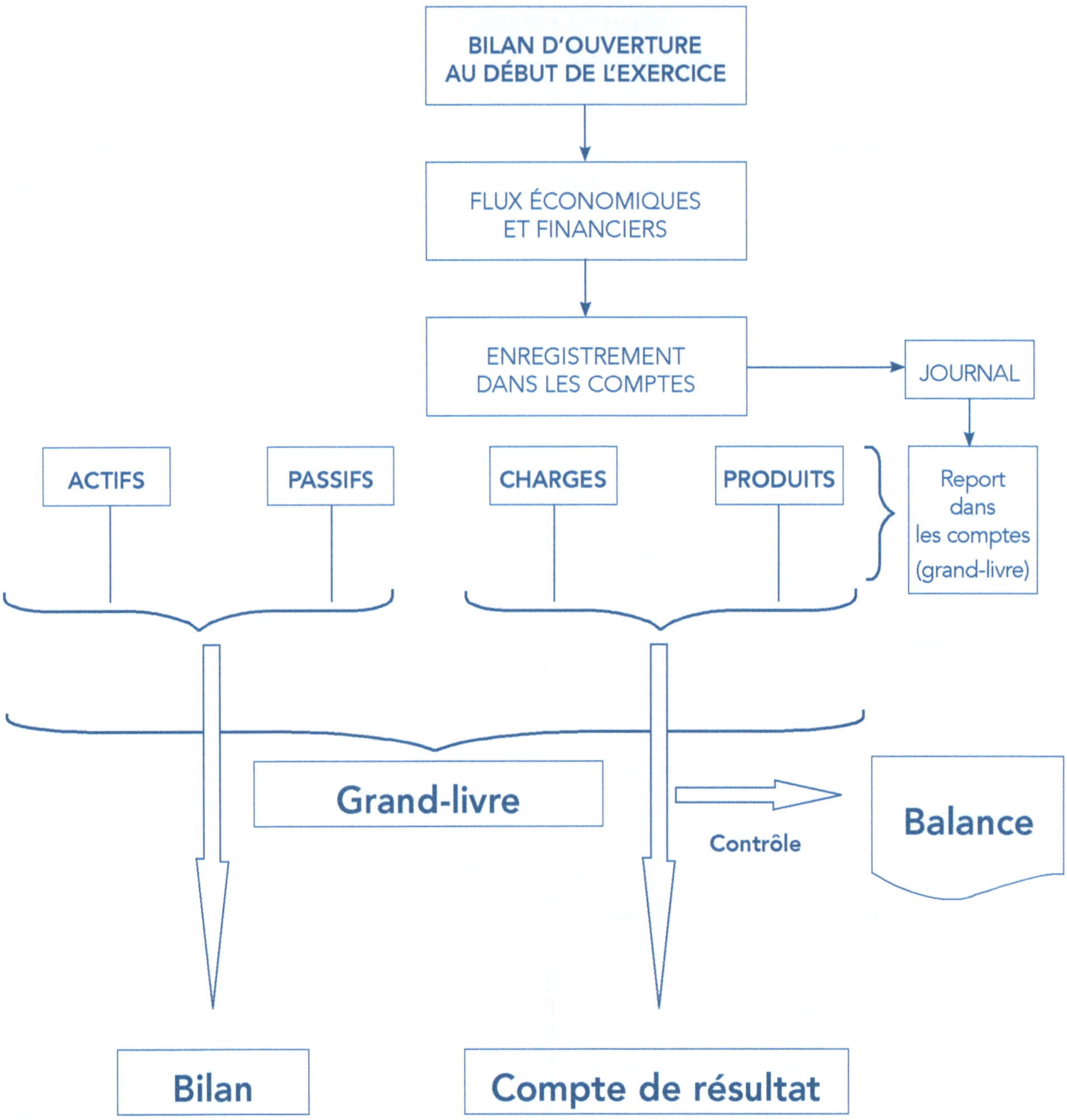
BILAN D'OUVERTURE
AU DÉBUT DE L'EXERCICE
FLUX ÉCONOMIQUES
ET FINANCIERS
ENREGISTREMENT
DANS LES COMPTES
JOURNAL
ACTIFS
PASSIFS
CHARGES
PRODUITS
Report
dans
les comptes
(grand-livre)
Grand-livre
Contrôle
Balance
Bilan
Compte de résultat

APPLICATIONS

CONTRÔLE DE CONNAISSANCES

Répondre par « oui » ou par « non » aux affirmations ci-dessous en donnant les explications nécessaires.

1. Les emplois de services constituent des consommations définitives à enregistrer en charges.
2. Les comptes de charges fonctionnent comme les comptes d'actifs.
3. Les comptes de charge augmentent toujours au débit.
4. En cas de diminution de produits, le compte intéressé doit être crédité.
5. Les comptes de produits fonctionnent comme les comptes de passifs.
6. Les comptes d'actifs ont un solde débiteur.
7. Les comptes de gestion regroupent les comptes de charges et de produits.
8. Le livre-journal enregistre opération par opération et jour par jour l'ensemble des opérations affectant le patrimoine de l'entreprise.
9. Le virement comptable est le transfert d'une somme du débit d'un compte au crédit d'un autre compte.
10. Le virement comptable permet uniquement de corriger des erreurs d'imputation.
11. Le total des crédits de la balance est égal au total des soldes créditeurs.
12. Le grand-livre regroupe l'ensemble des comptes de l'entreprise.
13. Les totaux débits et crédits du journal sont toujours égaux à ceux de la balance.
14. Lorsque le compte de résultat présente un solde créditeur, il s'agit d'un bénéfice.
15. La balance n'est qu'un instrument de contrôle des enregistrements.

APPLICATION 1* : CLASSIFICATION COMPTABLE

10 Min

TRAVAIL À FAIRE

Indiquer dans chaque cas s'il s'agit d'un actif, d'un passif, d'une charge ou d'un produit.

Le tableau suivant fourni un ensemble de comptes pour une entreprise industrielle.

Comptes	Actif	Passif	Charge	Produit
1. Prêts				
2. Ventes de déchets				
3. Achats de sous-traitance				
4. Matériel d'emballage				
5. Banque				
6. Acomptes versés par les clients				
7. Revenus des immeubles non affectés aux activités professionnelles				
8. Valeurs mobilières de placement				
9. Fournisseurs d'immobilisations				
10. Subvention d'exploitation				
11. Pénalités fiscales et sociales				
12. Maintenance				
13. Escomptes accordés				
14. Emprunt auprès des établissements de crédit				
15. Ventes de produits finis				

APPLICATION 2** : DU JOURNAL À LA BALANCE

20 Min

TRAVAIL À FAIRE

1. Enregistrer ces opérations au journal de l'entreprise.
2. Présenter schématiquement les comptes du grand-livre après avoir repris les soldes au 1er janvier.
3. Établir la balance au 31 janvier.

Les comptes de l'entreprise DESMAREZ présentent les soldes suivants à l'ouverture de son exercice comptable le 1er janvier.

Capital		200 000
Matériel industriel	70 000	
Stock de marchandises	55 000	
Fournisseur LOZIER		22 000
Client DUBREUIL	4 000	
Banque	92 000	
Caisse	1 000	
Totaux	222 000	222 000

Au cours du mois de janvier les opérations suivantes ont été réalisées :
1. retrait de 2 500 € de la banque pour alimenter la caisse ;
2. règlement de la dette envers le fournisseur LOZIER par chèque bancaire ;
3. achat au comptant par chèque d'un matériel industriel d'occasion pour 5 800 € ;
4. encaissement en espèces de la créance du client DUBREUIL ;
5. achats à crédit de marchandises auprès du fournisseur DUMONT : 8 700 € ;
6. ventes de marchandises :
   - au comptant par chèque : 6 500 € ;
   - à crédit au client LECERF : 4 750 €.

Une écriture de reprise des comptes a déjà été enregistrée au journal le 1er janvier, le report initial au journal est donc de 222 000.

APPLICATION 3*** : ENREGISTREMENT DANS DES SOUS-COMPTES

10 Min

TRAVAIL À FAIRE

Enregistrer ces opérations au 30 juin N au journal de l'entreprise (une écriture pour les clients abonnés et une écriture pour les clients divers).

La société LE RÊVE MUSICAL distribue des CD et des DVD musicaux. Sa clientèle est composée de deux catégories de clients :
- les clients abonnés : ces clients doivent acquérir une carte de fidélité pour bénéficier en échange de prix attractifs, de services et d'avantages commerciaux divers ;
- les clients non abonnés qualifiés de « divers ».

La société a réalisé les opérations suivantes au cours du mois de juin N :
- détail des recettes des clients abonnés :

	Espèces	Chèques	Cartes de crédit	À crédit
DVD	800	24 000	39 600	41 500
CD	4 600	38 200	52 000	28 300
Cartes de fidélité	200	820	1 020	340

- détail des recettes des clients divers :

	Espèces	Chèques	Cartes de crédit
DVD	810	8 430	17 840
CD	650	4 790	13 970

Les montants encaissés par cartes de crédit sont virés en banque en fin de période.

Afin de procéder à une analyse de gestion, la société utilise les comptes suivants :

- 4111. Clients abonnés ;
- 7071. Abonnés DVD ;
- 7072. Abonnés CD ;
- 7073. Divers DVD ;
- 7074. Divers CD ;
- 7061. Cartes de fidélité.

APPLICATION 4** : BALANCE, LIVRE-JOURNAL, GRAND-LIVRE

40 Min

TRAVAIL À FAIRE

1. Justifier le solde du compte « emprunt BRED » et les montants du total débit et du total crédit correspondant.
2. À quel type d'opération peut correspondre le crédit du compte « Achats de marchandises » ?
3. Retrouver le montant du capital de l'entreprise.
4. Présenter la balance complétée.
5. Enregistrer les écritures au journal.
6. Présenter le grand-livre au 30/09/N.
7. Présenter la balance au 30/09/N.

La balance de l'entreprise LEBRUN est présentée incomplète en annexe. Au cours du mois de septembre N, les opérations suivantes ont été réalisées :

- encaissement de chèques sur ventes de marchandises au comptant : 450 000 € (a),
- encaissement d'espèces sur ventes de marchandises au comptant : 179 200 € (b),
- règlements par chèques :
  - paiement de l'assurance du local commercial : 8 000 € (c),
  - paiement d'une annonce publicitaire : 7 200 € (d),
  - achats de marchandises : 420 000 € (e),
  - règlement de la taxe professionnelle : 3 400 € (f),
- règlements par espèces :
  - achats de marchandises : 60 000 € (g),
- encaissement d'un client par chèque : 42 000 € (h),
- opérations diverses :
  - dépôt d'espèces en banque : 74 000 € (i),
  - emprunt BRED : règlement par prélèvement bancaire 20 000 €, dont 3 000 € d'intérêts (j),
  - paiement par chèque du salaire d'un vendeur à temps partiel : 2 400 € (k),
  - retrait de M. Lebrun pour ses dépenses personnelles : 1 600 € (l).

Annexe Balance au 30/08/N

Intitulés des comptes	Total débit	Total crédit	Soldes débiteurs	Soldes créditeurs
Capital	......	......		
Emprunt BRED	40 000	200 000		
Matériel de transport	56 000			
Aménagements	70 000			
Matériel de bureau	84 000			
Clients	308 000	164 000		
Banque	205 000	42 000		
Caisse	4 000	2 160		
Achats de marchandises	650 000	6 000		
Fournitures d'entretien	2 000			
Charges financières	3 000			
Ventes de marchandises		975 800		
Produits financiers		7 240		
Totaux				

APPLICATION 5★★★ : RECONSTITUTION DE BILANS

15 Min

TRAVAIL À FAIRE

Présenter les bilans au début et à la fin de l'exercice, sachant que l'actif est composé de matériel et outillage et de la trésorerie dans le rapport 1/3 de trésorerie en début d'exercice et 1/5 de trésorerie en fin d'exercice.

À la fin de l'exercice comptable, l'actif de l'entreprise HAROCHE présente une augmentation de 120000 € par rapport au début de l'exercice, alors que les dettes ont diminué de la moitié de leur montant. Le bénéfice de l'exercice s'élève à 240 000 € et représente 1/5 de l'actif du début de l'exercice.

APPLICATION 6★★★ : CORRECTION D'ERREURS

15 Min

TRAVAIL À FAIRE

1. Enregistrer ces opérations au journal de l'entreprise.
2. Comparer vos écritures à celles du comptable et corriger les éventuelles erreurs sans annuler les écritures enregistrées.

Le comptable de l'entreprise SCARLA a enregistré les opérations suivantes au journal de son entreprise :

1. emprunt de 50000 € auprès de la société de crédit SUVELOR, déposé à la BNP ;
2. achats de marchandises à crédit auprès du fournisseur LELOUP : 2600 € ;
3. acquisition à crédit d'un camion : 31000 € ;
4. timbres postaux réglés en espèces : 80 €.

Les écritures enregistrées sont les suivantes :

	1		
164	Emprunt	50 000,00	
512	Banque		50 000,00
	Emprunt auprès de SUVELOR		
	2		
607	Achats de marchandises	2 600,00	
411	Client LELOUP		2 600,00
	LELOUP, sa facture n° …		
	3		
2154	Matériel et outillage	13 000,00	
512	Banque		13 000,00
	Acquisition d'un camion : facture n° …		
	4		
626	Frais postaux	800,00	
530	Caisse		800,00
	Timbres réglés en espèces		

APPLICATION 7** : BALANCE, COMPTE DE RÉSULTAT ET BILAN

30 Min

TRAVAIL À FAIRE

1. Établir la balance par soldes au 30/09/N.
2. Déterminer le solde du compte « Capital ».
3. Présenter le compte de résultat.
4. Présenter le bilan au 30/09/N.

Les comptes de l'entreprise GUALY, spécialisée dans le négoce des matériaux de construction, présentent les soldes suivants au 30/09/N :

Achats de marchandises	1 111 000
Capital	(à déterminer)
Terrains	250 000
Caisse	2 600
Produits exceptionnels	1 700
Impôts et taxes	8 750
Valeurs mobilières de placement	5 000
Charges financières	3 600
Fournisseurs	89 000
Constructions	236 000
Charges de personnel	99 000
Banque (découvert bancaire)	22 000
Produits financiers	1 845
Agencements, aménagements	44 700
Services extérieurs	38 700
Clients	165 000
Charges exceptionnelles	100
Ventes de marchandises	1 620 000

MINI-CAS DE SYNTHÈSE

Compétences attendues

À partir d'un contexte professionnel, il s'agit pour le candidat :

- **d'identifier et de définir la pièce comptable support de l'enregistrement;**
- **de justifier le choix de l'organisation comptable à mettre en place pour l'enregistrement des opérations;**
- **de citer et de distinguer les livres comptables obligatoires (livre-journal et grand-livre), ainsi que les documents facultatifs (grands-livres auxiliaires, balance générale et balances auxiliaires) nécessaires pour l'élaboration des documents de synthèse.**

Le candidat doit être capable de distinguer, lors des enregistrements, les comptes affectant le bilan (comptes de classe 1 à 5) des comptes affectant le compte de résultat (comptes de classe 6 et 7).

Le candidat doit non seulement connaître les règles comptables du PCG relatives aux savoirs associés au thème, mais pouvoir également :

- **expliquer la différence entre la comptabilité d'engagement et la comptabilité de trésorerie;**
- **maîtriser les écritures comptables qui découlent du choix d'appliquer une comptabilité d'engagement;**
- **distinguer l'inventaire permanent et l'inventaire intermittent;**
- **justifier le choix d'une entité d'appliquer au quotidien l'inventaire intermittent.**

Sur la base d'un contexte professionnel et à partir des comptes du grand-livre classés par ordre croissant de numérotation, il s'agit pour le candidat :

- **de justifier la nécessité de procéder à l'arrêté des comptes;**
- **d'établir l'instrument de contrôle et de gestion que représente la balance;**
- **de présenter le bilan et le compte de résultat.**

CAS N° 1 : PROBLÈME D'ENSEMBLE, JOURNAL, GRAND-LIVRE, BALANCE***

0h30

L'entreprise DISTRI-BURO est créée le 1er octobre N, avec comme objet la distribution de matériels divers de bureau. Le bilan d'ouverture se présente comme suit :

Postes de l'actif	Montants	Postes du passif	Montants
Banque LCL Caisse	1 130 000 150 000	Capital Emprunt Crédit PME	800 000 480 000
	1 280 000		1 280 000

Les opérations regroupées du mois d'octobre N sont les suivantes :

➔ encaissement de chèques sur ventes de marchandises : 439 000 € (a) ;

➔ encaissement d'espèces sur ventes de marchandises : 173 600 € (b) ;

➔ règlements par chèques :
- acquisition d'une camionnette de livraison : 9 000 € (c),
- aménagements du local commercial : 48 000 € (d),
- achats de matériels de bureau destinés à la revente : 310 000 € (e),
- achats de fournitures administratives : 1 160 € (f),

➔ règlements en espèces :
- achats de matériels de bureau destinés à la revente : 19 000 € (g),

➔ opérations diverses :
- dépôt d'espèces en banque : 300 000 € (h),
- remboursement de l'emprunt Crédit PME : 80 000 € (i).

MISSIONS

1. Enregistrer ces opérations au journal de l'entreprise.

2. Présenter le grand-livre au 30 octobre N.

3. Présenter la balance au 30 octobre N.

4. Présenter le compte de résultat au 30 octobre N.

5. Présenter le bilan au 30 octobre N.

MINI-CAS DE SYNTHÈSE

CAS N° 2 : ÉCRITURES AU JOURNAL – COMPTES DÉTAILLÉS BALANCE ★★★ 0h30

La SARL COULEURS 3000, 3 rue de la Bénédictine - 76400 Fécamp, est une société spécialisée dans la vente en gros et demi-gros de matériel pour artistes peintres. On vous communique les annexes suivantes :

- Annexe 1 : Factures reçues et envoyées
- Annexe 2 : Souches de chèques
- Annexe 3 : Pièces de caisse
- Annexe 4 : Remise de chèque
- Annexe 5 : Balance au 28/02/N

MISSION 1 **Enregistrer au journal de la société les documents figurant en annexes 1, 2, 3 et 4.**
Utiliser les comptes d'utilisation facultative à 4 chiffres.
Par exemple, les dettes fournisseurs sont enregistrées dans le compte 4011 « Fournisseurs - achats de biens et services ».
Si un compte d'utilisation facultative ne comprend que 2 ou 3 chiffres, il faut terminer le compte par des 0 pour atteindre les 4 chiffres.
Par exemple, le compte 5300 « Caisse ».

MISSION 2 ***Présenter les comptes détaillés suivants :***

- ***BNP-PARIBAS ;***
- ***Caisse ;***
- ***Clients ;***
- ***Fournisseurs.***

MISSION 3 ***Présenter la balance au 31/03/N (sans présenter le grand-livre).***

Annexe 1 Factures reçues et envoyées

Chanter l'ART
17 avenue Jeanne d'Arc
76000 Rouen

Double

SARL Couleurs 3 000
3 rue de la Bénédictine
76400 Fécamp

Facture n° 219 **03/03/N**

Réf.	Désignation	Qté	PU	Montant
28D	Châssis toilé	5	12,00	
82R	Vernis mat	4	26,00	
45P	Coffret tubes huile	2	57,00	

Règlement par chèque sous huitaine

Locat-Mat
Avenue Joliot
76000 Rouen

Double

SARL Couleurs 3 000
3 rue de la Bénédictine
76400 Fécamp

Facture n° 591 **8 mars N**

Désignation	Montant
Location d'un stand exposition des Artistes de Normandie	630,00

Règlement par chèque sous huitaine

Julien Lecompte
Expert-comptable
Rue du Centre
76400 Fécamp

Double

SARL Couleurs 3 000
3 rue de la Bénédictine
76400 Fécamp

Note d'honoraires n° 701 - 11/03/N

	Montant
Prestation du mois : Consultation au sujet de la mise en société de l'entreprise	845,00
Provision déjà versée : 145,00	

Solde à verser en retour chèque

Agence Louvier
Place du Général Leclerc
76400 Fécamp

SARL Couleurs 3 000
3 rue de la Bénédictine
76400 Fécamp

Avis d'échéance n° 1844 - 29 mars N

Loyer commercial mars N :
2 875,00

Règlement par chèque sous huitaine

SARL Couleurs 3 000
3 rue de la Bénédictine
76400 Fécamp

Facture n° 822

M. Jean Lebrun
Artiste peintre
18 rue du Port
76400 Fécamp

17/03/N

Réf.	Désignation	Qté	PU	Montant
Z47	Machine à biseaux	2	56,00	

Règlement par chèque sous 30 jours

SARL Couleurs 3 000
3 rue de la Bénédictine
76400 Fécamp

Facture n° 823

Mme Louise Valmor
Artiste peintre
47 rue d'Étretat
76400 Fécamp

22/03/N

Réf.	Désignation	Qté	PU	Montant
W9	Coffre acajou peinture huile extrafine	2	130,00	

Règlement par chèque sous huitaine

Annexe 2 Souches de chèques

BNP PARIBAS

n° 258 - 745545
11/03/N
Ordre : *Chanter l'art*
Montant : à déterminer

BNP PARIBAS

n° 258 - 745546
15/03/N
Ordre : *M. Julien Lecompte*
Montant : à déterminer

BNP PARIBAS

n° 258 - 745547
21/03/N
Ordre : *SNCF*
Billet de train pour exposition des Artistes de Normandie
Montant : 77,00 €

BNP PARIBAS

n° 258 - 745548
25/03/N
Ordre : *AXA*
Assurance local commercial
Montant : 230,00 €

Précision : les factures de la SNCF et d'AXA ont déjà été comptabilisées dans les charges.

Annexe 3 Pièces de caisse

Pièces de caisse
N° 0067 - 19/03/N

Recettes

Dépenses X

Pourboires livreur : 5 €

Pièces de caisse
N° 0068 - 31/03/N

Recettes X

Dépenses

Ventes du mois :
18 440 € (matériel)
8 960 € (fournitures)

Annexe 4 Remise de chèque

BNP PARIBAS

31/03/N
Remise de chèque :
Jean Lebrun : à déterminer

Annexe 5 Balance au 28/02/N

N°	Intitulés des comptes	Total débit	Total crédit	Soldes débiteurs	Soldes créditeurs
...	Capital, souscrit – appelé, versé		70 000,00		
...	Installations générales	127 855,00			
...	Matériel de bureau	41 000,00			
...	Fournisseurs		63 000,00		
...	Fournisseurs, avances et acomptes versés	145,00			
...	Clients	49 000,00			
...	BNP-PARIBAS	14 000,00	6 000,00		
...	Caisse	1 300,00	850,00		
6071	Achats de matériels de dessin	100 200,00	4 500,00		
6072	Achats de fournitures et accessoires	300 500,00			
...	Locations immobilières	17 000,00			
...	Fournitures administratives	3 800,00			
...	Charges d'intérêts	2 700,00			
7071	Ventes de matériels de dessin		155 000,00		
7072	Ventes de fournitures et accessoires		350 910,00		
...	Autres produits financiers		7 240,00		
	Totaux	657 500,00	657 500,00		

PARTIE 3 : ANALYSE COMPTABLE DES OPÉRATIONS COURANTES

CHAPITRE 5 : LES RELATIONS COMMERCIALES AVEC LES CLIENTS ET LES FOURNISSEURS

COMPÉTENCES ATTENDUES

- **Différencier** les pièces justificatives comptables des autres documents commerciaux.
- **Expliquer** le mécanisme de la TVA.
- **Évaluer et comptabiliser** les transactions courantes dans les comptes individuels.
- **Distinguer** les emballages ayant la nature de charge et ceux ayant la nature d'immobilisation.

1 - Les documents commerciaux

Les relations entre l'entreprise et ses partenaires commerciaux sont matérialisées par l'échange de documents commerciaux sous un format numérique ou papier.

I. Les documents liés à la commande

Le bon de commande est un document papier ou électronique à l'en-tête de l'acheteur qui exprime la volonté d'achat de biens ou de services. Ce document contient les références, les quantités souhaitées et les différents prix.

Le bulletin de commande est un document papier ou électronique à l'en-tête du vendeur qui contient les mêmes éléments que le bon de commande.

D'après le Code civil, la vente est établie dès l'échange des consentements entre le vendeur et l'acheteur, un document de commande valablement établi formalise donc une vente.

Le devis est un document établi par le vendeur en réponse à une demande spécifique d'un acheteur.

Les documents de commande ne s'enregistrent pas dans la comptabilité.

II. Les documents liés à la livraison

Le bon de livraison est un document papier ou électronique établi par le vendeur qui récapitule les biens transférés à l'acheteur.

Après vérification (conformité par rapport à la commande, contrôle du bon état des biens livrés) et acceptation de la commande, l'acheteur signe le bon de livraison qui sera alors appelé bon de réception.

Les documents de livraison ne s'enregistrent pas dans la comptabilité.

III. La facture

La facture est le document juridique récapitulant les conditions d'une vente et de son règlement.

C'est un document obligatoire pour les ventes entre professionnels.

La facture est le document support pour l'enregistrement des opérations commerciales.

À partir de 2023, les factures électroniques deviennent progressivement obligatoires (chapitre 22 sur la dématérialisation du traitement comptable).

La facture avoir, ou avoir, constate une dette du vendeur envers l'acheteur.

La facture pro-forma est un document informatif qui permet de visualiser les conditions d'une éventuelle vente.

La facture comporte les mentions obligatoires suivantes.

- **Le numéro de la facture :** nécessite d'avoir un numéro unique pour chaque facture, qui est basé sur une séquence chronologique et continue, et doit apparaître sans « trou », une facture ne pouvant être supprimée. La numérotation peut éventuellement se faire par séries distinctes (par exemple avec un préfixe par année), si les conditions d'exercice le justifient.
- **La date de la facture.**
- **L'identité du vendeur ou du prestataire de services :**
  - **la dénomination sociale** (ou le nom et prénom pour un entrepreneur individuel) ;
  - l'adresse du siège social et l'adresse de facturation (si différente) ;
  - le **numéro de Siren ou Siret, la forme juridique** et le **capital social** (pour les sociétés), le **numéro RCS** et **la ville du greffe d'immatriculation** (pour les commerçants), le **numéro au répertoire des métiers et le département d'immatriculation** (pour les artisans).
- **L'identité de l'acheteur ou du client :**
  - la **dénomination sociale** (ou nom pour un particulier) ;
  - **l'adresse du client** (sauf opposition pour un particulier) ;
  - **l'adresse de livraison** ;
  - **l'adresse de facturatio**n si différente.

- **Le numéro du bon de commande.**
- **Le numéro d'identification à la TVA.**
- **La désignation et le décompte des produits et services vendus : la nature, la marque et la référence des produits doivent être mentionnées, ainsi que les matériaux fournis et la main-d'œuvre pour les prestations. De même, la dénomination précise, la quantité, le prix unitaire hors taxes et le taux de TVA ajoutée, ainsi que les éventuelles remises et autres rabais doivent apparaître.**
- **Le prix catalogue.**
- **Le taux de TVA légalement applicable.**
- **L'éventuelle réduction de prix.**
- **La somme totale à payer hors taxes (HT) et toutes taxes comprises (TTC) ;**
- **Les informations sur le paiement :**
  - la **date à laquelle le paiement doit intervenir** ou le **délai de paiement** ;
  - les **conditions d'escompte** en cas de paiement anticipé ;
  - le **taux des pénalités** en cas de non-paiement.

Exemple

La facture de vente de l'entreprise DISTRIBURO à son client CALIO pour la vente de fournitures administratives.

FACTURE

DISTRIBURO

3 rue des chevaliers
68000 COLMAR
S.A.S.au capital de 50 000/
N° SIRET : 216 800 664 00014
N°TVA : FR 29 216 800 664
R.C.S. de Colmar
Téléphone 07.06.07.06.08
distriburo@ reef.fr

DATE : 16 mars 2023
N° FACTURE 100

Facturé à :
CALIO
2 rue des aulnes
68000 COLMAR

QUANTITÉ	Référence	DESCRIPTION	PRIX UNITAIRE	MONTANT
1000	CE4	Cartouches stylo à encre *Propen*	0,61	610,00
600	G4	Gommes *Efface plus* taille 4	1,02	612,00
300	G5	Gommes *Efface plus* taille 5	1,22	366,00
1000	CP78	Crayons à papier *Promine*	0,99	990,00
			SOUS-TOTAL	2 578,00
			REMISE DETAILLANT 10%	257,80
			NET COMMERCIAL	2 320,20
			PORTS	50,00
			BASE TVA	2 370,20
			TAUX DE TVA	20%
			MONTANT TVA	474,04
			NET T.T.C. A PAYER	2 844,24

L'échéance de la fature est le 30/04/2023.
Aucun escompte pour paiement anticipé.

MERCI DE VOTRE CONFIANCE !

2 - La taxe sur la valeur ajoutée TVA

La TVA **est un impôt indirect sur la consommation** supporté par **le consommateur final, elle n'est donc pas une charge pour l'entreprise,** sauf si les biens ou services acquis n'ouvrent pas droit à la déduction de TVA.

I. Le mécanisme de la TVA

Les transactions commerciales en France (B to B ou B to C) s'effectuent sur les montants TTC :
- la TVA encaissée sur les ventes est collectée, l'entreprise doit la reverser à l'administration fiscale ;
- la TVA décaissée sur les achats est déductible, l'entreprise peut la récupérer auprès de l'administration fiscale ;
- en pratique, seule la différence entre la TVA collectée et la TVA déductible fait l'objet d'un versement.

L'entreprise joue donc le **rôle de percepteur pour l'État**, elle doit reverser la différence entre la TVA qu'elle a encaissé des clients et la TVA qu'elle a décaissé aux fournisseurs.

La déclaration et le paiement de la TVA sont étudiés dans le chapitre 8.

II. Le fait générateur et l'exigibilité de la TVA

Les règles fiscales relatives à l'exigibilité de la TVA impactent le moment où la TVA est collectée et déduite pour une entreprise, elles doivent donc être maîtrisées pour éviter les erreurs dans les écritures comptables.

1. *Définition générale du fait générateur et de l'exigibilité*

- **Le fait générateur**

  « Le fait par lequel sont réalisées les conditions légales nécessaires pour l'exigibilité de la taxe. »

  Date correspondant à un événement qui génère un impôt et qui donne naissance pour l'État à une créance sur une entreprise.

  Au niveau de la TVA, le taux applicable est celui en vigueur au moment du fait générateur.

- **L'exigibilité**

  « Le droit que le Trésor public peut faire valoir, un moment donné, auprès du redevable pour obtenir le paiement de la taxe. »

  Date où l'État exige de recevoir le paiement de la créance fiscale.

  Au niveau de la TVA, la date d'exigibilité chez le vendeur correspond à la date où l'acheteur peut récupérer la TVA si l'achat ouvre droit à une déduction.

2. *Les règles applicables aux livraisons de biens*

Pour les ventes de biens meubles, le fait générateur et l'exigibilité coïncident, ils se situent au moment de la livraison du bien.

À compter du 1er janvier 2023, la TVA est exigible si l'entreprise perçoit un règlement avant la livraison du bien. L'entreprise percevant une avance ou un acompte devra donc collecter de la TVA sur le montant reçu.

3. *Les règles applicables aux prestations de services*

- **Les règles applicables sans l'option pour les débits du prestataire**

  Le fait générateur est déterminé par l'exécution totale de la prestation.

  L'exigibilité correspond au paiement de la prestation par le client.

  Si le paiement est fractionné, il y aura alors plusieurs dates d'exigibilité, notamment en cas de versements d'acomptes.

- **Les règles applicables avec l'option pour les débits du prestataire**

  Les prestataires de services peuvent opter pour les débits en faisant une **demande écrite à l'administration fiscale.**

En cas d'option pour les débits, la TVA est exigible à la date de la fin d'exécution des travaux et non plus à la date de paiement.

L'option pour les débits ne peut pas retarder la date d'exigibilité de la TVA. **Par conséquent, en cas d'acomptes, les montants reçus entraînent l'exigibilité sans attendre l'exécution de la prestation.**

L'option pour les débits n'est pas intéressante du point de vue de la trésorerie, car la TVA est toujours exigible plus tôt que dans le cadre du régime sur les encaissements.

Cette option facilite la gestion de la TVA, notamment pour les entreprises qui sont à la fois vendeuses de biens et prestataires de services. Cette option est également avantageuse pour les preneurs des services, car elle leur permet de déduire la TVA à la fin de la prestation de services.

III. L'assiette de la TVA

Article 266-1-a du CGI : la base d'imposition est constituée par le prix total, tous frais compris, du produit ou du service imposé.

1. Les réductions accordées

Les réductions commerciales et financières diminuent la base d'imposition à la TVA.

2. Les emballages

Les emballages consignés ne sont pas soumis à la TVA.

Les emballages facturés et les bonis sur la reprise des emballages sont soumis à la TVA.

3. Les impôts et taxes

Les frais fiscaux de toute nature et les droits de douanes rattachés à l'opération sont compris dans la base d'imposition à la TVA.

4. Remboursements de débours perçus

Les débours sont les sommes avancées par l'entreprise, le mandataire, pour le compte du client, le mandant, en vertu d'un contrat préalable et explicite. Ces sommes sont refacturées au client euro pour euro.

Le mandataire ne déduit pas la TVA lorsqu'il avance les fonds et ne la collecte par quand il perçoit le remboursement du client.

5. Les intérêts

Les intérêts facturés aux clients sont **exonérés de TVA** lorsqu'ils rémunèrent un crédit accordé par le vendeur.

6. Les dépôts et cautionnements

Les dépôts et cautionnements sont hors du champ d'application de la TVA.

FICHE RESSOURCES

3 - L'enregistrement des achats de biens et des prestations de services

Les dépenses portant sur un élément destiné à être consommé dans l'exercice constituent des charges.

Les dépenses portant sur un élément destiné à rester durablement dans le patrimoine de l'entreprise constituent des immobilisations (chapitre 10).

Les charges sont enregistrées au débit des comptes de classe 6, le choix du compte dépend de la nature de la charge.

I. Les achats de biens

1. L'imputation comptable des achats de biens

Le choix du compte d'achat dépend de l'affectation de la dépense.

- **601 « Achats stockés. Matières premières et fournitures » :** pour les achats de matières premières destinées à entrer dans la fabrication d'un produit fini. Ce compte est utilisé par les entreprises artisanales ou industrielles.
- **602 « Achats stockés. Autres approvisionnements » :** pour les achats d'emballages, de fournitures et d'autres approvisionnements.
- **605 « Achats de matériel, équipements et travaux » :** pour les achats de biens sous-traités qui seront incorporés dans les produits fabriqués par l'entreprise.
- **606 « Achats non stockés de matières et fournitures » :** pour les achats de matières et de fournitures non suivis par une fiche de stocks.
- **607 « Achats de marchandises » :** pour les achats de marchandises destinées à être revendues en l'état. Ce compte est utilisé par les entreprises commerciales.

La TVA facturée par le fournisseur est déductible au moment de la livraison du bien, l'entreprise peut donc la récupérer dès la réception de la facture d'achat en débitant le compte **44566 « État, TVA déductible sur autres biens et services »**.

Schéma type d'une écriture d'achats de biens

	xx/xx		
60	Achats	Montant HT	
44566	État, TVA déductible sur ABS	TVA	
40	Fournisseurs		Montant TTC
	Achats de biens		

2. Les réductions commerciales obtenues

On distingue trois types de réductions commerciales :

- **les rabais** sont des réductions accordées par le vendeur pour tenir compte de défauts de qualité, d'état ou de conformité à la commande des objets achetés ;
- **les remises** sont des réductions accordées par le vendeur en raison des quantités achetées, ou de relations régulières ou privilégiées avec le fournisseur ;
- **les ristournes** sont des réductions accordées par le vendeur sur l'ensemble des achats effectués sur une période selon une convention préalable.

Les réductions commerciales portées sur la facture ne sont pas comptabilisées dans des comptes spécifiques, les achats sont comptabilisés pour le montant du net commercial.

3. Les réductions financières

L'escompte est une réduction de prix obtenue en raison d'un paiement anticipé par rapport à l'échéance de la facture.

En règle générale, l'escompte est calculé en % du net commercial, de 0,5 % à 2 %.

L'escompte est un produit financier, il s'enregistre au crédit du compte **765 « Escomptes obtenus »**.

Le « net financier » est le montant obtenu après la déduction d'un escompte accordé.

4. L'enregistrement des frais accessoires sur achats

Une facture d'achat peut comporter des frais accessoires en supplément des matières, des marchandises ou des services principaux. Par exemple, des frais de transport sont facturés lors d'un achat de marchandises.

Ces frais accessoires peuvent s'enregistrer de **trois manières différentes.**

- **En règle générale, les frais accessoires sur achats sont enregistrés dans les comptes de charges correspondant à la nature de l'achat :**
  - les frais de transport sont enregistrés dans le compte 6241 « Transports sur achats » ;
  - les frais d'assurance sont enregistrés dans le compte 616 « Assurances ».
- D'après l'article 946-60 du PCG, **les entités ont la faculté de comptabiliser directement les frais accessoires d'achat** payés à des tiers, par exemple les transports, les commissions et les assurances, dans les comptes d'achats 601 à 607 et non **aux comptes de charges par nature,** lorsque ces charges peuvent être affectées de façon certaine à telle ou telle catégorie de marchandises ou d'approvisionnements.
- Toujours d'après l'article 946-60 du PCG, pour permettre aux entités de fournir plus facilement le détail des frais accessoires incorporés aux achats de l'exercice, **le compte 608** peut être utilisé pour regrouper ces frais par catégorie tout en maintenant dans des subdivisions de ce compte leur classement par nature.

  Par exemple, les frais accessoires sur achats de marchandises sont enregistrés dans le compte 6087 « Frais accessoires sur achats de marchandises »

II. Les achats de prestations de services

1. L'imputation comptable des achats de services

Le choix du compte d'achat dépend de l'affectation de la dépense :

- **604 « Achats d'études et de prestations de services » :** pour les achats de services confiés à des sous-traitants et contribuant à la production de l'entreprise ;
- **61 et 62 « Achats de services » :** pour les achats de services extérieurs.

2. L'enregistrement d'une facture d'achat de services sans option pour les débits

Avant l'enregistrement d'une facture de prestation de services, il faut analyser si le fournisseur a opté ou non pour les débits, cette option devant être mentionnée sur la facture.

En l'absence d'option pour les débits, le régime des encaissements prévoit que la TVA soit collectée par le prestataire et déduite chez le preneur au moment de l'encaissement de la prestation de services.

Ainsi, au moment de **l'enregistrement de la facture d'achat du service**, la TVA est en attente de déduction et doit être inscrite dans le compte **4458 « État, TVA à régulariser ».**

Au moment du paiement de la prestation de services, la TVA afférente au montant du paiement est déductible, elle est constatée en débitant le compte 44566 « État, TVA déductible sur ABS » et en créditant le compte 4458 « État, TVA à régulariser ».

3. L'enregistrement d'une facture d'achat de services avec l'option pour les débits

Si le prestataire de services opte pour les débits, la réglementation fiscale prévoit que la TVA soit collectée dès l'achèvement de la prestation de services. Dans cette situation, la TVA peut être déduite par l'acheteur du service dès la facturation.

Exemple

Le 23 mars, la société VERIFA a envoyé la facture n° 748 pour un montant HT de 1 000 € à l'échéance du 30 avril à son client MECA +.

Cette facture concerne la maintenance de l'ascenseur du siège social de la société MECA +.

La société MECA + effectue le virement n° 17 pour payer cette facture le 30 avril.

Hypothèse n° 1 : la société VERIFA n'a pas opté pour les débits

	23/03		
615	Entretien et réparations	1 000,00	
4458	État, TVA à régulariser	200,00	
401	Fournisseurs		1 200,00
	Facture n° 748		
	30/04		
401	Fournisseurs	1 200,00	
512	Banque		1 200,00
	Virement n° 17		
	30/04		
44566	État, TVA déductible sur ABS	200,00	
4458	État, TVA à régulariser		200,00
	Régularisation de la TVA suite au paiement de la facture n° 748		

Hypothèse n° 2 : la société VERIFA a opté pour les débits

	23/03		
615	Entretien et réparations	1 000,00	
44566	État, TVA déductible sur ABS	200,00	
401	Fournisseurs		1 200,00
	Facture n° 748		
	30/04		
401	Fournisseurs	1 200,00	
512	Banque		1 200,00
	Virement n° 17		

4 - L'enregistrement des ventes de biens et de prestations de services

I. Les ventes de biens

1. L'imputation comptable des ventes de biens

Le choix du compte dépend de la nature de la vente.

- **701 « Ventes de produits finis » :** pour les ventes de produits obtenus après la transformation de matières premières. Ce compte est utilisé par les entreprises industrielles et artisanales.
- **702 « Ventes de produits intermédiaires » :** pour les ventes de produits destinés à entrer dans une nouvelle phase du cycle de production. Ce compte est utilisé par les entreprises industrielles et artisanales.
- **703 « Ventes de produits résiduels » :** pour les ventes de déchets et de rebuts de production.
- **707 « Ventes de marchandises » :** pour les ventes de produits revendus en l'état. Ce compte est utilisé par les entreprises commerciales.

La TVA est collectée au moment de la livraison et est enregistrée au crédit du compte **44571 « État, TVA collectée »**.

Schéma type d'une écriture de ventes de biens

	xx/xx		
411	Clients	Montant TTC	
70	Ventes		Montant HT
44571	Fournisseurs		TVA collectée
	Ventes		

2. Les réductions commerciales accordées

Les réductions commerciales accordées aux clients **ne sont pas comptabilisées dans des comptes spécifiques, les ventes sont comptabilisées** pour le montant du net commercial.

3. Les réductions financières accordées

Les escomptes accordés par l'entreprise sont enregistrés dans le compte de charge financière **665 « Escomptes accordés »**.

4. Les frais de transport facturés

- **Vente « conditions arrivée »**

  Le transport de propriété a lieu au moment de l'arrivée des biens chez le client.

  Les frais de transport n'apparaissent pas sur la facture de vente, le montant est inclus dans le prix de vente des biens.

- **Vente « conditions départ »**

  Le transport de propriété a lieu au moment du départ des biens depuis les entrepôts du vendeur.

  Plusieurs situations sont possibles dans les ventes « conditions départ ».

  - Le transport est assuré par le vendeur
    Les frais de transport constituent un produit accessoire pour l'entreprise vendeuse, les frais facturés au client sont donc enregistrés au crédit du compte **7085 « Ports et frais accessoires facturés »**.
  - Le transport est assuré par un tiers
    Dans cette situation, les marchandises sont livrées par un transporteur indépendant.

FICHE RESSOURCES

Cas n° 1 : le vendeur agit dans un contrat de mandat

Dans cette situation, par rapport aux frais de transport, le vendeur est un « intermédiaire » entre le transporteur et l'acheteur.

L'acheteur mandate le vendeur pour payer à sa place le transporteur et s'engage à lui reverser le montant des frais de transport par la suite.

Le vendeur avance donc les sommes pour le compte du client et lui demande le remboursement par la suite, la notion de **« débours »** est utilisée.

Les débours sont des factures adressées au nom du client par le transporteur, ces factures sont payées par le vendeur qui demande ensuite la somme euro pour euro à l'acheteur.

Les débours n'entrent pas dans les charges et les produits du vendeur, ils sont enregistrés en comptabilité dans le compte **467 « Autres comptes débiteurs »**.

Les comptes de TVA ne sont pas mouvementés en cas de débours :

- **les frais TTC** facturés par le transporteur au vendeur sont enregistrés au débit du compte **467 « Autres comptes débiteurs »** ;
- le compte **467 « Autres comptes débiteurs »** est crédité lorsque les frais sont refacturés au client.

Cas n° 2 : le vendeur agit sans contrat de mandat

L'acheteur ne mandate pas le vendeur pour payer à sa place le transporteur. Le transporteur adresse une facture de transport au vendeur et le vendeur refacture ensuite les frais de transport à son client.

La facture du transporteur est enregistrée dans les charges de l'entreprise dans le compte 6242 « Transports sur ventes », la TVA facturée par le transporteur est déductible.

Les frais sont ensuite refacturés au client. Deux méthodes sont prévues par le PCG pour le traitement de ces frais de transport :

- **créditer le compte 7085 « Ports et frais accessoires factures » et le compte 44571 « État TVA collectée »** pour la TVA sur ses frais ;
- créditer le compte **6242 « Transports sur ventes » et le compte 44566 « État TVA déductible sur ABS »** pour la TVA sur ces frais.

II. Les ventes de services

1. *L'imputation comptable des ventes de services*

Le choix du compte dépend de la nature de la prestation de services.

- **704 « Travaux » :** pour les travaux dans le domaine du BTP.
- **705 « Études » :** pour les études, les analyses, les projets dans le domaine du tertiaire.
- **706 « Prestations de services » :** pour les services facturés dans le cadre de l'activité principale de l'entreprise. Ce compte est utilisé par défaut si les comptes **704 « Travaux » et 705 « Études »** ne sont pas utilisés.
- **708 « Produits des activités annexes » :** pour les services facturés en dehors de l'activité principale de l'entreprise.

2. *L'enregistrement d'une facture de vente de services sans option pour les débits*

En l'absence d'option pour les débits, le régime des encaissements prévoit que la TVA soit collectée par le prestataire au moment de l'encaissement de la prestation de services.

Ainsi, au moment de **l'enregistrement de la facture de vente du service**, la TVA est en attente de collecte et doit être inscrite dans le compte **4458 « État, TVA à régulariser »**.

Au moment de **l'encaissement de la prestation de services**, la TVA afférente au montant de l'encaissement est collectée, elle est constatée en créditant le compte 44571 « État, TVA collectée » et en débitant le compte 4458 « État, à régulariser ».

3. *L'enregistrement d'une facture de vente de services avec l'option pour les débits*

Si le prestataire de services opte pour les débits, la réglementation fiscale prévoit que la TVA soit collectée dès l'achèvement de la prestation de services. Dans cette situation, la TVA est collectée par le prestataire de services dès la facturation.

Exemple

Le 23 mars, la société VERIFA a envoyé la facture n° 748 pour un montant HT de 1 000 € à l'échéance du 30 avril à son client MECA +.

Cette facture concerne la maintenance de l'ascenseur du siège social de la société MECA +.

La société MECA + effectue le virement n° 17 pour payer cette facture le 30 avril.

Hypothèse n° 1 : la société VERIFA n'a pas opté pour les débits

	23/03		
411	Clients	1 200,00	
706	Prestations de services		1 000,00
4458	État, TVA à régulariser		200,00
	Facture n° 748		
	30/04		
512	Banque	1 200,00	
411	Clients		1 200,00
	Virement n° 17		
	30/04		
4458	État, TVA à régulariser	200,00	
44571	État, TVA collectée		200,00
	Régularisation de la TVA suite à l'encaissement de la facture n° 748		

Hypothèse n° 2 : la société VERIFA a opté pour les débits

	23/03		
411	Clients	1 200,00	
706	Prestations de services		1 000,00
44571	État, TVA collectée		200,00
	Facture n° 748		
	30/04		
512	Banque	1 200,00	
411	Clients		1 200,00
	Virement n° 17		

5 - Les factures d'avoir

I. Les avoirs pour retour de marchandises

Les retours de marchandises sont enregistrés en contre-passant l'écriture de vente initiale.

Les retours de marchandises tiennent compte des réductions (réductions commerciales, escomptes) accordées sur la facture initiale. Ainsi, si un bien a bénéficié d'une réduction sur la facture de vente, il sera repris au même prix net par le vendeur.

Une TVA, déterminée au même taux que la vente initiale, doit être calculée sur le montant net HT de l'avoir. Les comptes de tiers sont mouvementés pour le montant TTC.

II. Les avoirs pour réductions supplémentaires

Une réduction supplémentaire peut être accordée au client postérieurement à la vente initiale.

Une TVA, déterminée au même taux que la vente initiale, doit être calculée sur le montant net HT de l'avoir. Les comptes de tiers sont mouvementés pour le montant TTC.

1. Les réductions commerciales

Les **réductions commerciales** supplémentaires accordées sur un avoir s'enregistrent dans des comptes spécifiques :

- en créditant **le compte 609 « RRR obtenues sur achats »** pour les réductions obtenues des fournisseurs ;
- en débitant **le compte 709 : « RRR accordées »** pour les réductions accordées aux clients.

Le chiffre 9 en 3e position signifie que le mouvement naturel du compte est inversé (le compte de charge est crédité et le compte de produit est débité).

2. Les réductions financières

L'escompte est accordé au client qui paye rapidement la facture. En règle générale, le règlement est effectué après la facture et un avoir doit donc être déterminé pour le montant de l'escompte.

Les escomptes accordés sur les factures d'avoir s'enregistrent dans des comptes financiers :

- en créditant le **compte 765 « Escomptes obtenus » :** pour les escomptes obtenus des fournisseurs ;
- en débitant le **compte 665 « Escomptes accordés » :** pour les escomptes accordés aux clients.

3. Les avances, les acomptes et les arrhes

- **Avances :** demande d'une somme avant la réalisation d'une commande.
- **Acomptes :** demande d'une somme à la réalisation partielle d'un travail (fréquent dans le domaine du BTP).
- **Arrhes :** demande d'une somme pour une réservation, cette somme est a priori non remboursable.

Le fournisseur doit établir un avoir qui constate le versement du client au moment où il reçoit la somme d'argent.

Les acomptes versés à un fournisseur sont comptabilisés en débitant le compte **4091 « Fournisseurs, avances et acomptes versés sur commandes »**.

Les acomptes reçus d'un client sont comptabilisés en créditant le compte **4191 « Clients, avances et acomptes reçus sur commandes »**.

Le droit fiscal impose à l'entreprise percevant l'acompte de collecter de la TVA sur la somme perçue, cette TVA est déductible pour l'entreprise versant l'acompte.

La TVA collectée ou déduite au moment de l'acompte est régularisée par la suite.

Le montant de l'acompte est TTC et le montant de la TVA est calculé sur une base HT, il est donc nécessaire de déterminer le montant HT de l'acompte pour le calcul de la TVA.

$$TVA = \frac{Acompte\ perçu}{(1+taux\ de\ TVA)} \times Taux\ de\ TVA$$

Les comptes tiers d'acomptes sont soldés au moment de la facture, ils viennent alors diminuer le montant restant dû.

Exemple

La société PROANALYSE a effectué une étude de marché pour la société CHAUSSBÉBÉ sur la faisabilité de l'implantation d'un magasin de chaussures pour bébé dans la ville d'Aubagne.

Le montant de l'étude de marché est de **10 000 € HT**.

Le taux de TVA applicable sur cette étude de marché est de 20 %.

La société PROANALYSE a exercé l'option pour les débits pour la gestion de sa TVA.

Le contrat prévoit les conditions suivantes :

- 30 % de la somme est versé au moment de la signature du contrat, le 16 janvier (virement n° 17) ;
- l'étude de marché est terminée le 16 août et la facture est éditée à cette date (facture n° F4785) ;
- 70 % de la somme est versé 30 jours après la facture, le 16 septembre (virement n° 18).

Enregistrements comptables chez PROANALYSE

	16/01		
512	Banque	3 600,00	
4196	Clients, avances et acomptes reçus sur commandes		3 600,00
	Virement n° 17 reçu – 10 000 x 1,2 x 0,3		
	16/01		
4458	État, TVA à régulariser	600,00	
44571	État, TVA collectée		600,00
	Régularisation de la TVA de l'acompte perçu		
	16/08		
411	Clients	8 400,00	
4196	Clients, avances et acomptes reçus sur commandes	3 600,00	
706	Prestations de services		10 000,00
4458	État, TVA à régulariser		600,00
44571	État, TVA collectée		1 400,00
	Facture n° F4785 – La TVA non collectée à l'acompte doit être collectée à la facturation avec l'option pour les débits *Solde de TVA à collecter : 12 000 x 0,2 - 600*		
	16/09		
512	Banque	8 400,00	
411	Clients		8 400,00
	Virement n° 17 reçu – 10 000 x 1,2 x 0,7		

→

Exemple *(suite)*

En l'absence de l'option pour les débits, la TVA non collectée à la facturation aurait été collectée au moment de l'encaissement du solde de l'opération, le 16 septembre.

Enregistrements comptables chez CHAUSSBÉBÉ

	16/01		
4096	Fournisseurs, avances et acomptes versés sur commandes	3 600,00	
512	Clients, avances et acomptes reçus sur commandes		3 600,00
	*Virement n° 17 envoyé – 10 000 *1.2 *0.3*		
	16/01		
44566	État, TVA déductible sur ABS	600,00	
4458	État, TVA à régulariser		600,00
	Régularisation de la TVA sur l'acompte décaissé		
	16/08		
6226	Honoraires	10 000,00	
4458	État, TVA à régulariser	600,00	
44566	État, TVA déductible sur ABS	1 400,00	
4096	Fournisseurs, avances et acomptes versés sur commandes		3 600,00
401	Fournisseurs		8 400,00
	Facture n° F4785 – La TVA non déduite à l'acompte doit être déduite à la facturation avec l'option pour les débits *Solde de TVA à déduire : 12 000 x 0,2 - 600*		
	16/09		
401	Fournisseurs	8 400,00	
512	Banque		8 400,00
	Virement n° 17 envoyé – 10 000 x 1,2 x 0,7		

6 - Les emballages

I. Les différents types d'emballages

Lors de l'achat des emballages, l'imputation comptable dépend de l'utilisation prévue par l'entreprise.

1. Emballages perdus

Ces emballages sont perdus, ils ne sont pas récupérés par l'entreprise.
Ils sont imputés au débit du compte **60261 « Emballages non récupérables »**.

2. Emballages récupérables non identifiables

Ces emballages sont consignés aux clients contre une somme d'argent et récupérés par la suite.
Ces emballages ne sont pas identifiés les uns des autres, ils sont interchangeables.
Ils sont imputés au débit du compte **60265 « Emballages non identifiables »**.

3. Emballages à usage mixte

Ces emballages sont non identifiables et ils peuvent être vendus ou consignés aux clients.
Ils sont imputés au débit du compte **60267 « Emballages à usage mixte »**.

4. Emballages récupérables identifiables

Ces emballages sont identifiables les uns des autres.
Ces emballages sont consignés aux clients contre une somme d'argent et récupérés par la suite.
Ils sont imputés au débit du compte **2186 « Emballages identifiables »**.

II. La consignation des emballages

1. Cadre juridique

La consignation constitue un **prêt d'emballage** en échange d'une garantie financière : **le prix de consignation** facturé au client.

Le prix de consignation est restitué au client au moment où il restitue les emballages.

Dans certains cas, l'entreprise ne restitue pas la totalité du prix, elle conserve un **boni sur emballage (mali pour l'entreprise qui subit la perte)**.

Si le client ne restitue pas les emballages, le prix de consignation est conservé et **l'emballage est considéré comme vendu.**

La **consignation d'emballages n'est pas soumise à la TVA, car aucun gain n'est encore réalisé.**

La cession des emballages et les bonis sur reprises d'emballages sont soumis à la TVA, car un gain est réalisé par l'entreprise vendeuse.

2. Le traitement comptable

Le traitement comptable est basé sur l'exemple suivant.

L'entreprise BRICE a acheté des marchandises livrées sur palettes et a reçu la facture suivante de l'entreprise MULLER.

Société MULLER		**Entreprise BRICE**
Facture 495		07-oct
	Montant HT	5 000,00
	TVA à 20 %	1 000,00
	Net TTC	6 000,00
	Consignation 5 palettes	100,00
	Net à payer	**6 100,00**

FICHE RESSOURCES

Remarques sur les conditions de consignation :

- en cas de non-retour des emballages, le prix de vente HT d'une palette est de 20 € ;
- en cas de retour d'une palette abîmée, le prix de reprise est de 18 €, l'entreprise LAFORÊT réalise donc un bénéfice de 2 € HT.

Le 10 octobre l'entreprise BRICE restitue deux palettes qui sont reprises au prix de consignation (avoir A457).

Société MULLER	Client	**Entreprise BRICE**
Avoir A 457		10-oct
	Palettes déconsignées (valorisées prix de consigne)	40,00
	Net à votre crédit	**40,00**

Le 13 octobre l'entreprise BRICE restitue deux palettes qui sont reprises au prix de 18 € HT (avoir A458).

Société MULLER	Client	**Entreprise BRICE**
Avoir A 458		13-oct
	Palettes déconsignées (valorisées prix de consigne)	40,00
	Boni sur emballages HT	4,00
	TVA sur boni	0,80
	Net à votre crédit	**35,20**

Le 20 octobre l'entreprise BRICE indique au fournisseur MULLER son intention de conserver la dernière palette, la facture de vente 499 est établie.

Société MULLER	Client	**Entreprise BRICE**
Facture 499		20-oct
	Palettes déconsignées	20,00
	Vente de palettes HT	20,00
	TVA sur la vente	4,00
	Net dû	**4,00**

- **La consignation des emballages**

Le montant des emballages consignés apparaît sur la facture de vente et augmente la créance sur le client.

Enregistrement chez le fournisseur MULLER

	07/10		
411	Clients	6 100,00	
707	Ventes de marchandises		5 000,00
44571	TVA collectée		1 000,00
4196	Clients dettes pour emballages et matériels consignés		100,00
	Facture 495		

Enregistrement chez le client BRICE

	07/10		
607	Achats de marchandises	5 000,00	
44566	TVA déductible/ABS	1 000,00	
4096	Fournisseurs créances pour emballages et matériels à rendre	100,00	
401	Fournisseurs		6 100,00
	Facture 495		

- **La restitution des emballages au prix de consignation**

Le retour d'emballage est constaté par un **avoir établi par le fournisseur.**

Enregistrement chez le fournisseur MULLER

	10/10		
4196	Clients dettes pour emballages et matériels consignés	40,00	
411	Clients		40,00
	Avoir A457		

Enregistrement chez le client BRICE

	10/10		
401	Fournisseurs	40,00	
4096	Fourn. créan. emb. & mat. à rendre		40,00
	Avoir A457		

➢ **La restitution des emballages à un prix inférieur au prix de consignation**

Le vendeur réalise un boni sur emballage qui doit être constaté dans un compte de produit.

Enregistrement chez le fournisseur MULLER

	13/10		
4196	Clients dettes pour emballages et matériels consignés	40,00	
7086	Bonis sur reprises emball. consignés		4,00
44571	TVA collectée		0,80
411	Clients		35,20
	Avoir A458		

Enregistrement chez le client BRICE

	13/10		
6136	Malis sur emballages	4,00	
44566	TVA déductible/ABS	0,80	
401	Fournisseurs	35,20	
4096	Fourn. créan. emb. & mat. à rendre		40,00
	Avoir A458		

➢ **La vente des emballages**

Une vente d'emballage doit être constatée chez le vendeur et un achat d'emballage doit être constaté chez l'acheteur.

Enregistrement chez le fournisseur MULLER

	20/10		
4196	Clients dettes pour emballages et matériels consignés	20,00	
411	Clients	4,00	
7088	Autres produits activités annexes		20,00
44571	TVA collectée		4,00
	Facture 499		

Enregistrement chez le client BRICE

	20/10		
6026	Emballages	20,00	
44566	TVA déductible/ABS	4,00	
401	Fournisseurs		4,00
4096	Fourn. créan. emb. & mat. à rendre		20,00
	Facture 499		

7 - Les opérations avec les fournisseurs et les clients étrangers

Le traitement des factures libellées en devises étrangères est abordé au chapitre 14.

En vue de l'enregistrement comptable des factures impliquant des tiers étrangers, l'opération doit être analysée et **quatre situations sont à distinguer** :

- les achats en provenance d'un pays de l'Union européenne : **les acquisitions intracommunautaires** ;
- les achats en provenance d'un pays extérieur à l'Union européenne : **les importations** ;
- les ventes vers un pays de l'Union européenne : **les livraisons intracommunautaires** ;
- les ventes vers un pays extérieur à l'Union européenne : **les exportations**.

I. Les règles fiscales régissant la TVA sur les opérations avec les tiers étrangers

	Règles fiscales concernant la TVA
Acquisitions intracommunautaires	Les acquisitions intracommunautaires sont soumises à la TVA française si les numéros de TVA intracommunautaire sont communiqués. L'acheteur doit alors autoliquider la TVA. Si les numéros de TVA intracommunautaire ne sont pas communiqués, le vendeur doit facturer la TVA de son pays. Cette TVA est non déductible.
Importations	Les importations sont soumises à la TVA française, l'acheteur doit alors autoliquider la TVA.
Livraisons intracommunautaires	Les livraisons intracommunautaires sont exonérées de la TVA française si les numéros de TVA intracommunautaire sont communiqués. Si les numéros de TVA intracommunautaire ne sont pas communiqués, le vendeur doit facturer la TVA française qui sera non déductible pour l'entreprise acheteuse.
Exportations	Les exportations sont exonérées de la TVA française.

II. L'enregistrement comptable des opérations avec les tiers étrangers

1. Les acquisitions intracommunautaires

Si les numéros de TVA intracommunautaire sont échangés, le vendeur établit une facture sans la TVA et l'acheteur doit autoliquider la TVA (l'autoliquidation implique un calcul de la TVA par l'acheteur, au taux de la TVA applicable dans son pays). La TVA autoliquidée est collectée et déductible si le bien ou le service acheté ouvre droit à une déduction de la TVA.

Si les numéros de TVA intracommunautaire ne sont pas échangés, le vendeur établit une facture avec la TVA applicable dans son pays. Elle est non déductible pour l'acheteur et vient augmenter le coût d'acquisition.

Exemple

Une entreprise française achète des marchandises auprès d'un fournisseur allemand pour un montant de 10 000,00 € le 8 mars.

Hypothèse n° 1 : les numéros de TVA intracommunautaire sont échangés

Le vendeur allemand établit une facture exonérée de la TVA, la TVA est autoliquidée au taux de 20 %.

	08/03		
607	Achats de marchandises	10 000,00	
44566	État, TVA déductible sur autres biens et services	2 000,00	
401	Fournisseurs		10 000,00
4452	État, TVA due intracommunautaire		2 000,00
	Acquisition intracommunautaire		

Exemple *(suite)*

Hypothèse n° 2 : les numéros de TVA intracommunautaire ne sont pas échangés

Le vendeur allemand établit une facture avec de la TVA allemande au taux de 19 % (taux applicable en Allemagne).

	08/03		
607	Achats de marchandises	11 900,00	
401	Fournisseurs		11 900,00
	Acquisition intracommunautaire		

2. *Les importations*

La TVA est autoliquidée par l'acheteur dans le mois de l'importation. En pratique, l'autoliquidation de la TVA est constatée simultanément à l'enregistrement de la facture.

Les éventuels droits de douane à verser au moment du dédouanement viennent augmenter le coût d'acquisition du bien.

Si l'entreprise fait appel à un transitaire, sa rémunération est inscrite au débit du compte **6224 « Rémunérations des transitaires ».**

Exemple

Une entreprise française achète des marchandises auprès d'un fournisseur américain pour un montant de 10 000,00 € le 8 mars.

	08/03		
607	Achats de marchandises	10 000,00	
44566	État, TVA déductible sur autres biens et services	2 000,00	
401	Fournisseurs		10 000,00
44571	État, TVA collectée		2 000,00
	Importation		

3. *Les livraisons intracommunautaires*

Si les numéros de TVA intracommunautaire sont échangés, les livraisons intracommunautaires sont exonérées de la TVA française.

Si les numéros de TVA intracommunautaire ne sont pas échangés, les livraisons intracommunautaires sont soumises à la TVA française. Le vendeur établit alors une facture avec la TVA française, celle-ci est non déductible pour l'acheteur.

Exemple

Une entreprise française vend des marchandises auprès d'un client allemand pour un montant de 10 000,00 € le 8 mars.

Hypothèse n° 1 : les numéros de TVA intracommunautaire sont échangés

Le vendeur français établit une facture exonérée de la TVA.

	08/03		
411	Clients	10 000,00	
707	Ventes de marchandises		10 000,00
	Livraison intracommunautaire		

→

Exemple *(suite)*

Hypothèse n° 2 : les numéros de TVA intracommunautaire ne sont pas échangés

Le vendeur français établit une facture avec de la TVA française au taux de 20 %.

		08/03		
411		Clients	12 000,00	
	707	Ventes de marchandises		10 000,00
	44571	État, TVA collectée		200,00
		Livraison intracommunautaire		

4. Les exportations

Les exportations sont exonérées de la TVA française, le vendeur établit alors une facture sans la TVA.

Exemple

Une entreprise française vend des marchandises auprès d'un client américain pour un montant de 10 000,00 € le 8 mars.

		08/03		
411		Clients	10 000,00	
	707	Ventes de marchandises		10 000,00
		Exportation		

APPLICATIONS

CONTRÔLE DE CONNAISSANCES

Répondre par « oui » ou par « non » aux affirmations ci-dessous en donnant les explications nécessaires.

1. La TVA est un impôt supporté par le consommateur final.
2. L'entreprise doit collecter de la TVA sur les emballages consignés aux clients.
3. Les avances et les acomptes obligent l'entreprise encaissant le montant à collecter de la TVA.
4. Les remises commerciales accordées sur une facture de vente s'enregistrent au débit du compte 709 « RRR accordés par l'entreprise ».
5. L'option pour les débits peut être exercée par les entreprises qui vendent des biens.
6. Les livraisons intracommunautaires sont toujours exonérées de la TVA.
7. Un achat de marchandises auprès d'une entreprise anglaise est une acquisition intracommunautaire.
8. Les droits de douane s'enregistrent dans des comptes spécifiques.
9. Un escompte accordé diminue le montant de la TVA collectée.
10. Un escompte obtenu est enregistré dans les produits d'exploitation.
11. Une remise est une réduction accordée en raison de défauts liés au produit vendu.
12. Les importations de biens sont exonérées de la TVA française.
13. L'option pour les débits exonère les prestations de services de la TVA.
14. Les frais de transport facturés par les fournisseurs sont toujours enregistrés au débit du compte 624 « Transports ».

APPLICATION 1* : LE MÉCANISME DE LA TVA

20 Min

Vous êtes chargé(e) d'étudier l'ensemble des échanges entre les intervenants de la filière de la chaussure pour comprendre le mécanisme de la TVA.

Hypothèse : tous les achats et toutes les ventes sont soumis à la TVA au taux de 20 %.

Acteur de la filière	Prix achat des matières premières (HT)	Prix de vente des produits finis (HT)
Tanneur	0	1 000
Bottier (fabricant de chaussures)	1 000	3 000
Grossiste en chaussures	3 000	6 000
Boutique de chaussures	6 000	11 000

Les chiffres du tableau portent sur une centaine de paires de chaussures.

Par simplification, le tanneur, 1er acteur de la filière, n'a pas d'achat de matières premières.

TRAVAIL À FAIRE

1. Qu'est-ce que la valeur ajoutée ? Déterminer le montant de la valeur ajoutée de chaque intervenant de la filière de la chaussure.
2. Présenter les notions de TVA collectée, de TVA déductible et de TVA à reverser à l'État de manière générale.
3. Déterminer pour chaque acteur de la filière de la chaussure :
   - le montant de la TVA déductible ;
   - le montant de la TVA collectée ;
   - le montant de la TVA reversée à État.

   La réponse doit être présentée dans un tableau.
4. Quel est le montant de la TVA payée par le consommateur final ?
5. À quel moment et par quel mécanisme l'État encaisse-t-il la TVA payée par le consommateur final ?

APPLICATION 2* : LES ACHATS DE BIENS AVEC RÉDUCTIONS COMMERCIALES ET FINANCIÈRES

20 Min

La société BROWN est un revendeur d'instruments de musique, elle est assujettie à la TVA sur l'ensemble de son activité.

Le manuel des procédures comptables prévoit la comptabilisation des frais accessoires sur achats dans les comptes de charges par nature.

TRAVAIL À FAIRE

1. Reconstituer les factures du 3 septembre et du 21 septembre.
2. Comptabiliser les écritures du mois de septembre.

03 septembre : Facture F123 reçue de la société MULLER.
- 10 guitares au prix unitaire de 200,00 € HT.
- 5 batteries au prix unitaire de 600,00 € HT.
- Frais de port pour un montant de 100 € HT.
- TVA applicable au taux de 20 %.
- L'échéance de la facture est le 30 septembre.

10 septembre : Facture F478 reçue de la société LOYD.
- 1 piano au prix unitaire de 5 000,00 € HT.
- Remise de 10 % sur le piano.
- TVA applicable au taux de 20 %.
- L'échéance de la facture est le 30 novembre.

12 septembre : Facture F698 reçue de la société BRICOM.
- Produits d'entretien pour un montant de 500 € HT.
- TVA applicable au taux de 20 %.
- La facture a été payée au comptant par le chèque bancaire n° 5899.

21 septembre : Facture F78 reçue de la société MOZART.
- Deux violons pour un prix unitaire de 10 000 € HT.
- Escompte de 1 % appliqué sur le montant du net commercial.
- TVA applicable au taux de 20 %.
- La facture a été payée au comptant par le virement bancaire n° 3689.

30 septembre : Chèque n° 5900.
- Paiement de la facture du 03 septembre, le chèque n° 5900 est envoyé à MULLER.

APPLICATION 3* : LES ACHATS DE BIENS ET SERVICES

20 Min

La SAS MAX évolue dans le domaine du BTP, elle est assujettie à la TVA au taux normal sur l'ensemble de son activité.

La SAS MAX exerce également une activité de négoce de matériaux de construction.

La SAS MAX n'a pas opté pour les débits pour la gestion de sa TVA sur les prestations de services.

Le manuel des procédures comptables prévoit la comptabilisation des frais accessoires sur achats dans les comptes d'achats.

TRAVAIL À FAIRE

1. Rappeler les règles fiscales de l'exigibilité de la TVA sur les achats de biens et les achats de prestations de services.
2. Comptabiliser les écritures du mois d'octobre.

03 octobre : Note d'honoraires n° 488 reçue du cabinet d'expertise-comptable CALCULUS.
- Expertise de gestion : 1 000 € HT.
- TVA applicable au taux de 20 %.
- Le cabinet d'expertise-comptable CALCULUS n'a pas exercé l'option sur les débits.
- L'échéance de la facture est le 30 octobre.

10 octobre : Facture n° 457 reçue du fournisseur MATERIOPLUS.
- 100 sacs de ciment au prix unitaire de 5 € HT.
- 20 plaques de plâtre au prix unitaire de 10 € HT.
- Frais de port 100 € HT.
- Réduction de 10 % sur le montant des matériaux achetés.
- TVA applicable au taux de 20 %.
- L'échéance de la facture est le 31 octobre.
- Ces matériaux sont utilisés dans les chantiers réalisés par l'entreprise MAX.

12 octobre : Note d'honoraires n° 78978 reçue de l'architecte MIRO, sous-traitant de l'entreprise MAX pour le traçage de plans.
- Plans d'une construction : 2 000 € HT.
- TVA applicable au taux de 20 %.
- L'architecte MIRO a exercé l'option sur les débits.
- L'échéance de la facture est le 30 octobre.

29 octobre : Chèque n° 5914.
- Paiement de la note d'honoraires du 3 octobre, le chèque est envoyé à CALCULUS.

30 octobre : Chèque n° 5915.
- Paiement de la note d'honoraires du 12 octobre, le chèque est envoyé à MIRO.

APPLICATION 4★ : LES VENTES DE BIENS AVEC RÉDUCTIONS COMMERCIALES ET FINANCIÈRES

15 Min

La société BROWN (déjà présentée dans l'application 1) est un revendeur d'instruments de musique, elle est assujettie à la TVA sur l'ensemble de son activité.

TRAVAIL À FAIRE

Comptabiliser les écritures du mois de septembre.

9 septembre : Facture 129 envoyée au client THOMAS.

- 1 guitare au prix unitaire de 350,00 € HT.
- TVA applicable au taux de 20 %.
- La facture est réglée au comptant par le chèque bancaire n° 47897.

15 septembre : Facture 130 envoyée au client CALO.

- 1 piano au prix unitaire de 8 000,00 € HT.
- Remise de 5 % sur le piano.
- TVA applicable au taux de 20 %.
- L'échéance de la facture est le 31 octobre.

18 septembre : Facture 131 envoyée au client FRITZ.

- 4 guitares au prix unitaire de 500,00 € HT.
- Réduction commerciale de 10 %.
- Ports forfaitaires facturés : 200,00 €.
- Escompte de règlement de 1 % calculé sur le net commercial.
- TVA applicable au taux de 20 %.
- La facture a été payée au comptant par le virement n° 78.

APPLICATION 5★★ : LES ACHATS DE BIENS ET SERVICES, LES PRESTATIONS FACTURÉES, LES FRAIS ACCESSOIRES SUR VENTES

30 Min

La SAS MAX (déjà présentée dans l'application 3) évolue dans le domaine du BTP, elle est assujettie à la TVA au taux normal sur l'ensemble de son activité.

La SAS MAX n'a pas opté pour les débits pour la gestion de sa TVA sur les prestations de services.

Le manuel des procédures comptables prévoit la comptabilisation des frais accessoires sur achats dans les comptes d'achats.

La SAS MAX exerce également une activité de négoce de matériaux de construction.

Pour les livraisons lointaines, la SAS MAX fait appel à un transporteur pour livrer les matériaux de construction vendus dans son activité de négoce. Un contrat de mandat lie le transporteur et la société MAX.

TRAVAIL À FAIRE

Comptabiliser les écritures du mois de novembre. Les calculs « élaborés » doivent être expliqués dans le libellé de l'écriture.

3 novembre : Facture n° F44 reçue du fournisseur BIGMATT.

- Matériaux de construction pour un montant brut de 50 000,00 € HT.
- Frais de port 1 000,00 € HT.
- Assurance de 100,00 € (non soumis à la TVA) pour garantir le transport.
- Réduction de 20 % sur le montant brut des matériaux achetés.
- TVA applicable au taux de 20 %.
- L'échéance de la facture est le 31 décembre.
- Ces matériaux sont destinés à être revendus dans le cadre de l'activité de négoce.

06 novembre : Appel de frais n° 4787 du transporteur SPEED pour la livraison de matériaux.

- Transport des matériaux de construction au client RON pour un montant de 1 200,00 € TTC, le transporteur transmet la facture pro-forma destinée au client RON.
- L'échéance de l'appel de frais est le 30 novembre.

15 novembre : Facture n° 101 adressée au client RON.
- Matériaux de construction pour un montant brut de 12 000,00 € HT.
- Réduction financière de 1 % calculée sur le net commercial accordée pour règlement comptant.
- Frais du transporteur SPEED demandés en supplément « euro pour euro ».
- Règlement comptant reçu par virement bancaire n° 14.

18 novembre : Facture n° 102 adressée à la MAIRIE DE SÉLESTAT.
- Rénovation du hall de la mairie : 15 000,00 € HT.
- L'échéance de la facture est le 30 novembre.

25 novembre : Facture n° F77 de l'entreprise VERIF+.
- Vérification de la conformité à la réglementation des grues utilisées sur les chantiers.
- Montant des honoraires : 4 000,00 € HT.
- TVA applicable au taux de 20 %.
- La société VERIF+ n'a pas opté pour les débits.
- L'échéance de la facture est le 31 décembre.

28 novembre : Devis n° 47874 adressé au client MILAS.
- Construction d'un entrepôt pour un montant de 38 000,00 € HT.
- Détail du devis : 10 000 € HT de matériaux et 28 000,00 € HT de main-d'œuvre.

30 novembre : Chèque n° 5916 au transporteur SPEED.
- Paiement de l'appel de frais du 6 novembre.

30 novembre : Virement n° 4 reçu de la MAIRIE DE SÉLESTAT.
- Encaissement de la facture n° 102.

APPLICATION 6** : LES ACHATS ET LES VENTES, LES FRAIS ACCESSOIRES, LES AVOIRS

30 Min

La société BROWN (déjà présentée dans l'application 1) est un revendeur d'instruments de musique, elle est assujettie à la TVA sur l'ensemble de son activité.

Le manuel des procédures comptables prévoit la comptabilisation des frais accessoires sur achats dans les comptes de charges par nature.

TRAVAIL À FAIRE

Comptabiliser les écritures du mois de décembre. Les calculs « élaborés » doivent être expliqués dans le libellé de l'écriture.

3 décembre : Avoir A47 reçu du fournisseur GUITAERO.
- Avance de 10 % sur une commande de guitares, la commande porte sur un montant de 10 000,00 € HT.
- TVA applicable au taux de 20 %.
- L'avance est payée par le virement n° 8 le jour même.

6 décembre : Avoir A12 envoyé au client CALO.
- Retour d'un piano vendu en septembre pour 8 000,00 € HT, il présente un défaut de fabrication.
- Une remise de 5 % avait été octroyée au moment de la vente.

7 décembre : Facture 129 envoyée au client JERRY.
- 1 batterie au prix unitaire de 1 500,00 € HT.
- Remise commerciale de 10 %.
- Ports forfaitaires facturés : 50,00 € HT.
- L'échéance de la facture est le 31 décembre.

12 décembre : Avoir A13 envoyé au client JERRY.
- La batterie vendue le 7 décembre est légèrement rayée, le client JERRY la conserve en l'état et un rabais de 100,00 € HT est accordé en compensation.

15 décembre : Facture F784 reçue du fournisseur GUITAERO.
- 10 guitares pour un montant total de 10 000,00 € HT.
- Ports forfaitaires facturés : 200,00 € HT.
- Une avance a été versée le 3 décembre.
- L'échéance de la facture est le 31 janvier.

15 décembre : Facture d'avoir A74 reçue du cabinet d'architecte ARCO.
- Avance de 2 000,00 € HT pour la réalisation de plans pour le nouveau magasin.
- Le cabinet d'architecte n'a pas opté pour les débits pour la TVA.
- TVA applicable au taux de 20 %.
- L'avance est payée par le virement n° 9.

30 décembre : Chèque n° 784 du client JERRY.
- Chèque reçu en règlement de la facture F129 et de l'avoir A13.
- Montant à déterminer.

30 décembre : Note d'honoraires n° NO74 du cabinet d'architecte ARCO.
- Plans pour le nouveau magasin pour un montant de 6 000,00 € HT.
- Le cabinet d'architecte n'a pas opté pour les débits pour la TVA.
- TVA applicable au taux de 20 %.
- Une avance a été versée le 15 décembre.
- L'échéance de cette note d'honoraires est le 8 février.

31 décembre : Avoir A50 du fournisseur GUITAERO.
- Ristourne annuelle de 900,00 € HT.

APPLICATION 7** : LES ACHATS DE BIENS ET SERVICES, LES EMBALLAGES CONSIGNÉS

40 Min

La SAS MAX (déjà présentée dans l'application 3) évolue dans le domaine du BTP, elle est assujettie à la TVA au taux normal sur l'ensemble de son activité.

La SAS MAX n'a pas opté pour les débits pour la gestion de sa TVA sur les prestations de services.

Le manuel des procédures comptables prévoit la comptabilisation des frais accessoires sur achats dans les comptes d'achats.

La SAS MAX exerce également une activité de négoce de matériaux de construction.

Dans le cadre de son activité de négoce, des palettes sont utilisées pour la manutention des matériaux de construction.

TRAVAIL À FAIRE

1. Reconstituer les factures du 14 janvier et du 18 janvier.
2. Comptabiliser les écritures du mois de janvier. Les calculs « élaborés » doivent être expliqués dans le libellé de l'écriture.

3 janvier : Facture n° F787984 reçue du fournisseur PALIS.
- 100 palettes au prix unitaire de 20,00 € HT.
- Les palettes sont achetées pour être consignées aux clients.
- Escompte de 2 % obtenu pour paiement au comptant de la facture le jour même.
- TVA applicable au taux de 20 %.
- Paiement immédiat de la facture par le virement n° 13.

14 janvier : Facture n° 102 adressée au client LEON.
- 500 plaques de plâtre au prix unitaire de 10,00 € HT.
- 1 000 rails de métal au prix unitaire de 2,00 € HT.
- 20 boîtes de vis au prix unitaire de 20,00 € HT.
- Réduction commerciale accordée de 10 %
- Ports forfaitaires facturés de 100,00 € HT.
- Les matériaux sont livrés sur 10 palettes, le prix de consigne d'une palette est de 20,00 €.
- L'échéance de la facture est le 31 janvier.

18 janvier : Avoir n° A78 adressé au client LEON.
- L'avoir traite des 10 palettes consignées le 14 janvier.
- 6 palettes sont reprises au prix de consignation.
- 3 palettes sont reprises au prix unitaire de 16,00 €.
- 1 palette est détruite et est facturée au prix de 20,00 € HT.

25 janvier : Facture n° 99 du fournisseur PLATI+.
- 1 000 plaques de plâtre au prix unitaire de 8,00 € HT.
- 800 plaques sont destinées à être revendues en l'état et 200 plaques sont destinées à des chantiers.
- Réduction commerciale de 5 % liée à la quantité achetée.
- Les matériaux sont livrés sur 20 palettes consignées au prix unitaire de 25,00 €.
- L'échéance de la facture est le 31 mars.

28 janvier : Avoir n° 103 du fournisseur PLATI+.
- L'avoir traite des 20 palettes consignées le 25 janvier.
- 15 palettes sont reprises au prix unitaire de 20,00 €.
- 5 palettes sont conservées et considérées comme vendues au prix unitaire de 25,00 € HT.

31 janvier : Chèque n° 5918 reçu du client LEON.
- Encaissement des opérations réalisées en janvier.

APPLICATION 8** : LES OPÉRATIONS COMMERCIALES AVEC LES TIERS ÉTRANGERS

40 Min

La société BROWN (déjà présentée dans l'application 1) est un revendeur d'instruments de musique, elle est assujettie à la TVA sur l'ensemble de son activité.

Le manuel des procédures comptables prévoit la comptabilisation des frais accessoires sur achats dans les comptes de charges par nature.

TRAVAIL À FAIRE

1. Rappeler les règles relatives à la TVA :
   - concernant les achats de biens en provenance de l'Union européenne et du reste du monde ;
   - concernant les ventes dans l'Union européenne et le reste du monde ;
   - rappeler les obligations de l'entreprise dans le cadre du régime intracommunautaire. Indiquer également les conséquences du non-respect des obligations du régime intracommunautaire pour le vendeur et pour l'acheteur.
2. Comptabiliser les écritures du mois de janvier. Les calculs « élaborés » doivent être expliqués dans le libellé de l'écriture.

3 janvier : Fattura (facture) n° I745 du fournisseur italien STRADIVERDI.
- 10 violons au prix unitaire de 2 400,00 €.
- Les numéros de TVA intracommunautaire ont été échangés.
- L'échéance de la facture est fixée au 31 janvier.

7 janvier : Facture 132 envoyée au client allemand MEYER.
- 10 batteries au prix unitaire de 1 400,00 €.
- Ports forfaitaires facturés : 50,00 €.
- Les batteries sont protégées dans 10 caisses en bois consignées au prix unitaire de 50,00 €.
- Les numéros de TVA intracommunautaire ont été échangés.
- L'échéance de la facture est le 31 janvier.

10 janvier : Invoice (facture) n° US454 du fournisseur américain LOPEZ basé à Austin dans l'État du Texas.
- 15 guitares électriques au prix unitaire de 1 000,00 €.
- Les droits de douane s'élèvent à 10 % de la valeur des marchandises.
- La TVA est autoliquidée sur les marchandises importées.
- L'échéance de la facture est fixée au 28 février.
- Les droits de douane ont comme échéance le 15 janvier.

15 janvier : Virement n° 45 aux douanes françaises.
- Paiement des droits de douane liés à l'importation du 10 janvier.

18 janvier : Avoir n° A17 adressé au client MEYER.
- L'avoir traite des 10 caisses consignées le 7 janvier.
- 8 caisses sont reprises au prix de consignation.
- 2 caisses sont reprises à un prix unitaire de 40,00 €.
- Les numéros de TVA intracommunautaire ont été échangés.

→

→ **20 janvier :** Invoice (facture) n° GB478 du fournisseur anglais JONES basé à Londres.
- 10 synthétiseurs au prix unitaire de 3 000,00 €.
- La TVA est autoliquidée sur les marchandises importées.
- Les marchandises sont acheminées en France par un transitaire.

25 janvier : Facture n° 475 du transitaire SIEGLER.
- Rémunérations du transitaire pour l'opération du 20 janvier : 1 000,00 € HT.
- Le transitaire n'a exercé aucune option pour la gestion de sa TVA.
- L'échéance de la facture est fixée au 28 février.

31 janvier : Virement n° 46 au fournisseur STRADIVERDI.
- Paiement de la facture du 3 janvier.

31 janvier : Virement n° 7487 reçu du client allemand MEYER.
- Ce virement est reçu en paiement des factures du mois de janvier.

CONTEXTE PROFESSIONNEL PRESTI'JARDINS

Compétences attendues

À partir de la description d'opérations effectuées par une entité, il peut être demandé aux candidats de distinguer les pièces comptables qui conduisent à constater des droits et/ou des obligations chiffrées, générées par l'activité économique de l'entité, de celles qui ne conduisent à aucun enregistrement lors de leur réception ou émission.

Le candidat doit connaître les règles comptables du PCG relatives aux savoirs associés qui concernent les achats et ventes de biens et services en France, dans les états de la zone euro et dans les états où les échanges sont libellés en monnaies étrangères.

Ces opérations qui donnent lieu à l'établissement de factures, exigent des candidats la maîtrise de l'ensemble des écritures qui en résultent. Le candidat doit, à ce titre, non seulement être capable de définir toutes les mentions (y compris les mentions légales obligatoires) qui figurent sur une facture initiale ou sur une facture d'avoir (réductions à caractères commercial et financier, frais accessoires, avances et acomptes, retours sur achats et sur ventes, emballages, TVA, modalités de règlement, y compris les règlements en devises), mais également être capable de comptabiliser ces opérations de gestion courante.

L'ENREGISTREMENT DES OPÉRATIONS COURANTES DE LA SAS PRESTI'JARDINS

À partir des caractéristiques de la SAS PRESTI'JARDINS et de son manuel des procédures comptables présentés en page 6, vous êtes en charge du traitement des opérations courantes du mois de mars.

Pour rappel, le manuel des procédures comptables prévoit l'utilisation des comptes obligatoires à 5 chiffres, hormis pour la TVA où le système facultatif à 5 chiffres est préconisé.

MISSION 1 ***Reconstituer la facture n° 4785 du 10 mars, l'avoir n° A789 du 20 mars et la facture n° 143 du 25 mars.***

MISSION 2 ***Comptabiliser les opérations du mois de mars. Les calculs « élaborés » doivent être expliqués dans le libellé de l'écriture.***

3 mars : Facture n° 141 envoyée à la société MICRO.
- Travaux d'élagage pour un montant brut de 2000,00 € HT.
- TVA de 20 % applicable.
- L'échéance de la facture est le 31 mars.

4 mars : Facture d'avoir n° A15 reçue du fournisseur PLANTI.
- Versement d'une avance de 1 100,00 € TTC sur une commande de plantes non transformées destinées à la revente.
- TVA de 10 % applicable.

5 mars : Devis n° 78 adressé à la MAIRIE DE REIMS.
- Aménagement des espaces verts de la rue de la poudrière pour 6 500,00 € HT.
- Réduction commerciale de 10 % applicable pour les prestations de services pour les collectivités.
- TVA de 20 % applicable.

→

→ **10 mars :** Facture n° 4785 du fournisseur belge ARO.
- Plantes non transformées destinées à la revente pour 10 000,00 € HT.
- Réduction commerciale de 5 %.
- Ports pour un montant de 400,00 € HT.
- 5 palettes consignées pour le transport au prix unitaire de 20 €.
- Les ventes de plantes sont soumises à un taux de 10 % en France.
- L'échéance de la facture est le 30 avril.

11 mars : Note d'honoraires n° 785 du cabinet d'expertise-comptable COMT+.
- Travaux comptables pour la période du 1er janvier au 28 février pour 2 500,00 € HT.
- Le cabinet d'expertise-comptable COMT+ a opté pour les débits.
- TVA de 20 % applicable.
- L'échéance de la facture est le 10 avril.

11 mars : Facture n° 478 du fournisseur EMBALL+.
- Films plastiques et cartons destinés à l'emballage des plantes revendues dans le magasin pour 500,00 HT.
- TVA de 20 % applicable.
- La facture est payée au comptant en espèces.

14 mars : Facture n° 142 au client MULLER.
- Outillages de jardin spécifiques pour un montant de 2 000,00 € HT.
- Une avance de 10 % du montant TTC a été versée au moment de la commande du client au mois de janvier.
- TVA de 20 % applicable.
- La facture est payée au comptant par le chèque n° 7897.

20 mars : Avoir n° A789 du fournisseur belge ARO.
- L'avoir traite des 5 palettes de l'achat du 11 mars.
- 4 palettes sont reprises par le fournisseur au prix de consignation.
- 1 palette est conservée pour être réutilisée, elle est facturée au prix unitaire de 25,00 €.
- TVA de 20 % applicable.

25 mars : Facture n° 143 au client RIBOFLEURS.
- 100 plantes non transformées au prix unitaire de 10,00 € HT.
- 20 petits outillages de jardin au prix unitaire de 50,00 € HT.
- Réduction commerciale de 10 % applicable sur les achats de plantes.
- Escompte de règlement de 1 % applicable sur le net commercial.
- TVA de 10 % applicable sur les plantes et de 20 % sur les outillages.
- La facture est payée au comptant par le virement n° 748.

28 mars : Avoir n° 784 du fournisseur OUTIL+.
- Ristourne annuelle pour un montant de 400,00 € HT.
- TVA de 20 % applicable.

31 mars : Chèque n° 112245 du client MICRO.
- Encaissement de la facture du 3 mars.

CHAPITRE 6 : LES MOYENS DE PAIEMENT

COMPÉTENCE ATTENDUE

Citer les différentes modalités de règlement des dettes et créances, les comptabiliser.

FICHE RESSOURCES

1 - *Les moyens de règlement au comptant*

I. Les espèces

Le paiement en espèces est soumis à **des plafonds** :

- **le paiement en espèces entre particuliers** (achat d'une voiture ou d'un tableau par exemple) n'est pas limité. Un écrit est nécessaire au-delà de 1 500 € ;
- **le paiement en espèces des impôts et taxes** au guichet des centres des finances publiques est limité à 300 € ;
- **le paiement en espèces entre professionnels** est autorisé jusqu'à 1 000 €.

Le compte 53 « Caisse » est utilisé par les entreprises ayant recours aux espèces comme moyen de paiement.

II. Les cartes bancaires

Les cartes bancaires permettent de réaliser des retraits dans les distributeurs automatiques de billets DAB et d'effectuer des paiements.

Le commerçant doit être muni d'un terminal de paiement électronique TPE pour recevoir un paiement par carte.

La banque prélève des commissions (environ 0,5 % du paiement) qui apparaissent sur le relevé bancaire du commerçant.

III. Les chèques

Le chèque est un titre de paiement par lequel le tireur, qui possède un compte, donne l'ordre à une banque, le tiré, de payer une somme d'argent au profit d'un bénéficiaire.

Le compte du tireur doit être approvisionné au moment où le chèque est établi.

Le bénéficiaire dispose d'un **délai d'une année et 8 jours** pour déposer le chèque à la banque.

Si le chèque est barré, il peut uniquement être encaissé par l'intermédiaire d'une banque.

IV. Les virements

Le virement est un moyen de paiement dématérialisé par lequel le tireur, le bénéficiaire du compte, donne l'ordre au tiré, une banque, d'effectuer un paiement au profit d'un bénéficiaire.

V. Les prélèvements bancaires

Le prélèvement est effectué, après accord du titulaire du compte, par la personne qui reçoit l'argent.

Le transfert d'argent peut être ponctuel, c'est-à-dire effectué pour une transaction unique, ou permanent (ou automatique) s'il est répété à fréquence régulière.

Le transfert d'argent peut être réalisé en euro ou dans une autre monnaie.

FICHE RESSOURCES

2 - Les effets de commerce

I. Présentation des lettres de change et des billets à ordre

Une lettre de change est un effet de commerce (papier ou dématérialisé) sur lequel une personne, appelée le tireur (le fournisseur), donne à son débiteur, appelé le tiré (le client), l'ordre de lui payer une somme d'argent déterminée à une date déterminée.

Avec la normalisation de sa présentation, la lettre de change est devenue la **lettre de change relevé ou LCR.**

La LCR est rarement utilisée pour des ventes à des particuliers ou à des collectivités publiques. Elle concerne essentiellement des transactions commerciales entre professionnels ou entreprises.

Un billet à ordre est un effet de commerce sur lequel le client (le débiteur) reconnaît sa dette et s'engage à la payer à une date donnée, en remplissant lui-même l'effet de commerce qu'il remet à son fournisseur (le créancier).

Comme pour la LCR, le billet à ordre peut être dématérialisé.

La provision de la LCR ne doit pas obligatoirement être constituée au moment de son émission, elle devra être disponible au moment de son échéance.

II. Intérêts des effets de commerce

Les effets de commerce présentent plusieurs avantages pour la gestion des créances clients :

- ils permettent de regrouper plusieurs factures pour faciliter le suivi des comptes clients ;
- en cas de besoin de trésorerie, ils peuvent être escomptés avant la date d'échéance auprès d'une banque pour obtenir une avance de trésorerie (chapitre 7 sur les opérations de trésorerie) ;
- ils peuvent être endossés au profit des créanciers de l'entreprise pour le paiement de dettes. L'endossement désigne l'opération par laquelle l'effet de commerce change de propriétaire.

III. La comptabilisation des effets de commerce

La création des LCR et des billets à ordre en format papier doit être enregistrée dans des comptes spécifiques de créances et de dettes au moment de l'acceptation par le client :

- compte 413 « Clients – Effets à recevoir » ;
- compte 403 « Fournisseurs – Effets à payer ».

La remise à l'encaissement des effets de commerce clients est comptabilisée dans le compte **511 « Valeurs à l'encaissement ».**

Le compte 511 « Valeurs à l'encaissement » est soldé au moment où la banque verse les fonds sur les comptes bancaires de l'entreprise.

Les LCR et les billets à ordre magnétiques ne sont pas comptabilisés dans des comptes spécifiques, les créances et les dettes restent inscrites dans les comptes de tiers classiques jusqu'au paiement.

La remise à l'escompte des effets de commerce est présentée dans le chapitre 7 sur les opérations de trésorerie.

Exemple

L'entreprise MATHIEU dispose d'une créance de **1 500,00 €** sur l'entreprise KARL.
L'entreprise MATHIEU a envoyé au client KARL la LCR papier n° 74 pour un montant de **1 500,00 €** à l'échéance du 31 décembre. Cette LCR a été acceptée par KARL le 24 novembre.
Le 29 décembre, l'entreprise MATHIEU dépose la lettre de change papier à sa banque pour encaissement, bordereau n° 778.
Le 31 décembre, la banque de MATHIEU verse les fonds sur les comptes de l'entreprise, elle prélève une commission de 10,00 € HT, avis de crédit n° 12.
Les fonds ont été prélevés sur le compte de l'entreprise KARL le même jour, avis de débit n° 679.

→

Exemple *(suite)*

Enregistrement comptable chez MATHIEU (créancier)

	24/11		
413	Clients – effets à recevoir	1 500,00	
411	Clients		1 500,00
	Création de la LCR n° 74		
	29/12		
5113	Effets à l'encaissement	1 500,00	
413	Clients – effets à recevoir		1 500,00
	Bordereau n° 778		
	31/12		
512	Banque	1 488,00	
6275	Frais sur effets	10,00	
44566	État, TVA déductible sur ABS	2,00	
5113	Effets à l'encaissement		1 500,00
	Avis de crédit n° 12		

Enregistrement comptable chez KARL (débiteur)

	24/11		
401	Fournisseurs	1 500,00	
403	Fournisseurs – effets à payer		1 500,00
	Création de la LCR n° 74		
	31/12		
403	Fournisseurs – effets à payer	1 500,00	
512	Banque		1 500,00
	Avis de débit n° 679		

➡ APPLICATIONS

CONTRÔLE DE CONNAISSANCES

Répondre par «oui» ou par «non» aux affirmations ci-dessous en donnant les explications nécessaires.

1. Le paiement d'une dépense en espèces est enregistré au débit du compte 53 « Caisse ».
2. Le virement reçu d'un client est enregistré au débit du compte 512 « Banque ».
3. Un prélèvement automatique des impôts est enregistré au crédit du compte 53 « Caisse ».
4. Un chèque reçu d'un client peut être endossé pour le paiement d'une dette à un fournisseur.
5. Toutes les entreprises mouvementent le compte 53 « Caisse ».
6. L'acceptation d'une lettre de change magnétique par un client s'enregistre au débit du compte 413 « Clients – effets à recevoir ».
7. La banque prélève des intérêts lors de la remise à l'encaissement d'un effet de commerce.
8. La remise à l'encaissement d'une LCR papier s'enregistre en débitant le compte 5113 « Effets à l'encaissement » et en créditant le compte 413 « Clients – effets à recevoir »
9. Le billet à ordre est un effet de commerce établi par le créancier.
10. La commission prélevée par la banque lors de la remise à l'encaissement d'un effet de commerce est exonérée de TVA.

APPLICATION 1★ : LE FONCTIONNEMENT DES COMPTES DE TRÉSORERIE

25 Min

La société BROWN est un revendeur d'instruments de musique, elle est assujettie à la TVA sur l'ensemble de son activité.

La société BROWN accepte les paiements en espèces pour les ventes dans le magasin. Les espèces en caisse sont déposées à la banque tous les 3 jours.

Le manuel des procédures comptables indique que :
- les dépenses payées en espèces sont enregistrées en une seule écriture comptable avec le compte 53 « Caisse » en contrepartie ;
- les dépenses non payées en espèces sont enregistrées en deux écritures en séparant l'opération et son règlement ;
- les recettes du magasin sont enregistrées à la fin de chaque semaine.

TRAVAIL À FAIRE

1. Comptabiliser les écritures de la 1re semaine de janvier.
2. Présenter les comptes 512 « Banque » et 530 « Caisse » à la date du 06 janvier.

1er janvier : Soldes initiaux des comptes de trésorerie.
- Compte 512 « Banque », solde débiteur de 2 000,00 €.
- Compte 530 « Caisse », solde débiteur de 150,00 €.

02 janvier : Chèque n° 201 au fournisseur PARTI.
- Paiement d'une facture du mois de décembre d'un montant de 325,00 €.

02 janvier : Prélèvement automatique n° 72.
- Prélèvement automatique du fournisseur EDF pour un montant de 915,00 €.

02 janvier : Facture n° 7487 du fournisseur LA POSTE.
- Achats de timbres-poste pour 50,00 €, règlement effectué en espèces.

➞

→ **04 janvier :** Facture n° 848 du fournisseur ARKAN.
- Réparation d'une canalisation défectueuse pour un montant de 500,00 € HT.
- TVA applicable au taux de 20 %.
- Le fournisseur n'a pas opté pour les débits.
- Paiement au comptant par le chèque n° 202.

06 janvier : Recettes de la 1re semaine d'exploitation (livre des recettes de la caisse enregistreuse).
- Ventes encaissées en espèces : 100,00 € HT.
- Ventes encaissées en cartes de paiement : 1 200,00 € HT.
- Ventes encaissées en chèques : 75,00 € HT.
- La TVA est applicable au taux de 20 %.

APPLICATION 2*** : RÈGLEMENTS PAR EFFETS DE COMMERCE

40 Min

La SAS MAX évolue dans le domaine du BTP, elle est assujettie à la TVA au taux normal sur l'ensemble de son activité. Elle exerce également une activité de négoce de matériaux de construction.

La SAS MAX n'a pas opté pour les débits pour la gestion de sa TVA sur les prestations de services.

La SAS MAX utilise les lettres de change papier et magnétiques pour la gestion des créances clients, et elle accepte les lettres de change pour le paiement des dettes fournisseurs.

TRAVAIL À FAIRE

Comptabiliser les écritures des mois de février et de mars.

03 février : Lettre de change magnétique n° 17 du fournisseur BATI.
- Acceptation de la lettre de change magnétique d'un montant de 7 400,00 € à échéance du 28 février.

05 février : Envoi de la lettre de change n° 197 au client BRICONEGO.
- Envoi de la lettre de change n° 197 au client BRICONEGO pour un montant de 6 500,00 € à échéance du 28 février.
- Cet effet de commerce concerne les factures de ventes de matériaux du mois de janvier.

07 février : Réception de la lettre de change papier n° 197 acceptée du client BRICONEGO.
- Retour accepté de la lettre de change papier n° 197.

10 février : Facture n° 878 au client MULLER.
- Rénovation de la cantine de l'entreprise pour un montant de 11 000,00 € HT.
- TVA applicable au taux de 20 %.
- L'échéance de la facture est fixée au 31 mars.
- La facture est accompagnée de la LCR magnétique n° 33 à échéance du 31 mars qui est acceptée le jour même par le client.

20 février : Lettre de change n° 477 du fournisseur VOLUMGRO.
- Acceptation de la lettre de change n° 477 d'un montant de 12 000,00 € à échéance du 31 mars.
- Cet effet de commerce concerne les achats de matériaux des mois de janvier et de février.

25 février : Bordereau n° 45 de notre banque.
- Remise à l'encaissement de la lettre de change n° 197.

28 février : Avis de débit n° 78 de notre banque.
- Prélèvement de 7 400,00 €, lettre de change magnétique n° 17.

28 février : Avis de crédit n° 145 de notre banque.
- Versement de 6 476,00 €, lettre de change n° 197.
- Une commission de 20,00 € HT a été prélevée par la banque.

31 mars : Avis de crédit n° 212 de notre banque.
- Versement de 13 188,00 €, lettre de change n° 33.
- Une commission de 10,00 € HT a été prélevée par la banque.

31 mars : Avis de débit n° 312 de notre banque.
- Prélèvement de 12 000,00 €, lettre de change n° 477.

APPLICATION 3*** : RÈGLEMENTS PAR EFFETS DE COMMERCE – PARTICULARITÉS

45 Min

La SAS MAX évolue dans le domaine du BTP, elle est assujettie à la TVA au taux normal sur l'ensemble de son activité. Elle exerce également une activité de négoce de matériaux de construction.

La SAS MAX n'a pas opté pour les débits pour la gestion de sa TVA sur les prestations de services.

La SAS MAX utilise les lettres de change papier et magnétiques pour la gestion des créances clients, et elle accepte les lettres de change pour le paiement des dettes fournisseurs.

TRAVAIL À FAIRE

Comptabiliser les écritures des mois de février et de mars.

25 février : Bordereau n° 748 de notre banque.

- Remise à l'encaissement de la lettre de change n° 450 d'un montant de 12 000,00 à l'échéance du 28 février.
- Cette lettre de change matérialise une créance sur le client BRICONEGO, elle concerne les factures du mois de décembre.

28 février : Avis d'impayé n° 47 de notre banque.

- La lettre de change n° 450 est demeurée impayée et est donc annulée, la banque n'a alors effectué aucun versement, mais elle a prélevé 10,00 € HT de commission.

2 mars : Lettre de change n° 457 au client BRICONEGO.

- Après discussion avec le client BRICONEGO, la lettre de change n° 457 d'un montant de 12 012,00 € à échéance du 31 mars remplace la lettre de change n° 450.
- Les frais bancaires de 10,00 € HT ont été demandés au client et rajoutés au montant de la créance.
- La lettre de change n° 457 est acceptée le jour même.

5 mars : Lettre de change n° 96 pour le paiement de la dette envers le fournisseur RALY.

- Après accord avec le fournisseur RALY, la lettre de change n° 96 d'un montant de 4 500,00 € à échéance du 31 mars, est endossée à son nom pour le paiement de notre dette.
- La dette envers ce fournisseur est issue d'un achat de matériaux pour l'activité de négoce.

8 mars : Billet à ordre n° B748.

- Création du billet à ordre magnétique n° 478 d'un montant de 1 200,00 € à échéance du 31 mars.
- Le billet à ordre est au nom de l'entreprise PRESTAGAZON pour une facture d'entretien des espaces verts du mois de janvier.
- Le fournisseur PRESTAGAZON n'a pas opté pour les débits.

10 mars : Avis d'impayé n° 50 de notre banque.

- La banque nous informe que la lettre de change n° 798 au bénéfice du fournisseur MARTIN d'un montant de 15 000,00 € n'a pas pu être prélevée sur notre compte, car notre solde est insuffisant.
- La banque a prélevé sur notre compte des frais d'impayés pour un montant de 50,00 € HT.

13 mars : Accord avec le fournisseur MARTIN.

- Nous nous engageons à honorer la dette de 15 000,00 € le 31 mars par simple virement bancaire.

28 mars : Bordereau n° 750 de notre banque.

- Remise à l'encaissement de la lettre de change n° 457.

31 mars : Avis de crédit n° 54.

- La banque nous a versé la somme de 12 000,00 € relative à la lettre de change n° 457, elle a prélevé une commission de 10,00 € HT.

31 mars : Avis de débit n° 67 de notre banque.

- Prélèvement de 1 200,00 €, billet à ordre n° B748.

31 mars : Virement n° V748.

- Virement d'une somme de 15 000,00 € au fournisseur MARTIN conformément à l'accord du 13 mars.

CHAPITRE 7 : LES OPÉRATIONS DE TRÉSORERIE

COMPÉTENCES ATTENDUES

- **Évaluer et comptabiliser** les transactions courantes dans les comptes individuels.
- **Justifier** l'intérêt du rapprochement bancaire, l'établir puis comptabiliser les écritures nécessaires.

FICHE RESSOURCES

1 - La gestion des besoins en trésorerie

I. Escompte des effets de commerce (lettre de change papier)

Les effets de commerce sont des moyens de paiement, mais ils peuvent aussi servir d'instruments de crédit car ils sont mobilisables auprès des établissements financiers par la technique de l'escompte. Lors de l'escompte d'un effet de commerce, la banque avance les fonds à son client en lui décomptant des intérêts calculés en fonction de la durée séparant la date de versement des fonds et celle de l'échéance de l'effet. Contrairement à la commission bancaire qui constitue un service, les intérêts ne sont pas soumis à la TVA. Ils constituent une charge financière enregistrée dans le compte 661 « Charges d'intérêts ».

La traite remise à la banque est accompagnée d'un bordereau de remise à l'escompte. Dans l'attente du versement des fonds, on utilisera le compte transitoire 5114 « Effets à l'escompte ».

La remise à l'escompte d'un effet par son détenteur n'a aucune incidence sur le débiteur qui réglera la somme à l'échéance prévue.

II. Négociation de la lettre de change relevé (LCR) magnétique

L'avance de fonds accordée par la banque lors d'une négociation sera à inscrire au crédit du compte 5192 « Concours bancaires courants (LCR) ».

Exemple

La société SEGELEC ayant besoin de fonds, elle n'attend pas l'échéance et remet à l'escompte le 16 avril une traite de 1 000 € au 31 mai tirée sur son client LA SAMADE. La banque lui verse les fonds le 16 avril sous déduction de 14,40 € TTC de frais et de 7,50 € d'intérêts calculés au taux annuel de 6 % sur 45 jours. La lettre de change a été créée le 10 avril. La banque adresse son avis de crédit le 17 avril.

• Montant de la traite remise à l'escompte	1 000,00 €
• Commission hors taxes	- 12,00 €
• TVA sur commission	- 2,40 €
• Intérêts : 1 000 × 6 % × 45/360	- 7,50 €
• Net au crédit	978,10 €

Lettre de change papier			LCR magnétique		
Création de la lettre de change : 10 avril					
413 - Effets à recevoir	1 000,00		(Aucune écriture)		
411 - Clients		1 000,00			
Remise à l'escompte : 15 avril					
5114 - Effets à l'escompte	1 000,00		(Aucune écriture)		
413 - Effets à recevoir		1 000,00			
17 avril : réception de l'avis de crédit bancaire			**17 avril : escompte**		
512 - Banque	978,10		512 - Banque	978,10	
661 - Charges d'intérêts	7,50		661 - Charges d'intérêts	7,50	
627 - Services bancaires	12,00		627 - Services bancaires	12,00	
44566 - TVA sur ABS	2,40		4566 - TVA sur ABS	2,40	
5114 - Effets à l'escompte		1 000,00	5192 - Concours bancaires courants (LCR)		1 000,00
Règlement du client : 31 mai					
(Aucune écriture)			512 - Banque	1 000,00	
			411 - Clients		1 000,00
Paiement de la LCR : 31 mai					
(Aucune écriture)			5192 - Concours bancaires courants (LCR)	1 000,00	
			512 - Banque		1 000,00

III. Le CMCC (crédit de mobilisation de créances commerciales)

Le CMCC est un moyen de financement à court terme. Plusieurs créances clients, constatées par des factures, sont regroupées par l'entreprise sur un billet à ordre souscrit auprès de sa banque. Le billet à ordre est ensuite escompté par la banque qui verse à l'entreprise le montant total des factures sous déduction des intérêts, de la commission et de la TVA correspondante.

Les enregistrements sont identiques à ceux présentés pour la LCR magnétique. On utilise le compte 5191 « Crédit de mobilisation de créances commerciales (CMCC) ».

Exemple

Le 15 septembre, l'entreprise LUDOVIC remet auprès de sa banque un billet à ordre regroupant des créances clients pour un montant de 4 223,00 €. L'échéance est fixée au 30 novembre. Les intérêts sont de 100,30 € et les frais sont de 95,00 € HT.

Crédit de mobilisation de créances commerciales	Débit	Crédit
15/09/N		
512 - Banques	4 008,70	
661 - Charges d'intérêts	100,30	
627 - Services bancaires	95,00	
44566 - TVA sur autres biens et services	19,00	
5191 - Crédit de mobilisation de créances		4 223,00
Remise du billet à ordre CMCC		
30/11/N		
5191 - Crédit de mobilisation de créances	4 223,00	
512 - Banque		4 223,00
Remboursement du crédit à l'échéance		

IV. La cession ou nantissement de créances professionnelles

Principe : le vendeur, après avoir établi les factures, porte les créances qu'il désire céder à sa banque sur un « bordereau de cession de créances professionnelles », qui est un instrument de transfert de propriété des créances. La cession peut s'effectuer en pleine propriété ou à titre de garantie d'un crédit accordé. Le banquier accorde ensuite un crédit d'escompte. La banque peut informer les clients qu'elle est désormais propriétaire des créances et donc qu'ils doivent la régler directement. Mais, pour des raisons pratiques, c'est le plus souvent l'entreprise créancière qui assure elle-même l'encaissement de ces créances pour le compte du banquier. Dans le cas d'un nantissement, l'entreprise conserve la propriété de la créance. Le banquier accorde alors un découvert.

1. La cession des créances en pleine propriété (mobilisation loi Dailly)

Il est nécessaire de maintenir l'inscription des créances dans les comptes clients, quand bien même l'établissement de crédit procéderait au recouvrement de la créance. L'utilisation de sous-comptes du compte 512 « Banque » est nécessaire pour pouvoir effectuer les enregistrements comptables. Un compte 5121 « Banque, compte courant » remplace le compte 512. L'enregistrement se fait en trois phases :

- au moment du versement des fonds à l'entreprise, l'établissement de crédit retient une garantie. Le compte 5121 sera débité du montant effectif du versement, alors que la retenue de garantie figurera au compte 5122 « Banque, retenue de garantie ». Comme la créance n'appartient plus à l'entreprise, elle ne devrait plus figurer en compte client. Pour des besoins de suivi des créances, le compte client sera également subdivisé en 4111 « Clients ordinaires » et 4116 « Créances professionnelles cédées ». Ce compte est crédité du montant des créances cédées ;
- lors du règlement des clients à l'entreprise, le compte 5121 sera débité par le crédit des comptes clients 4111 si c'est à l'entreprise qu'incombe le recouvrement des sommes ;
- les agios (frais et intérêts) sont enregistrés comme précédemment lors de la transmission par la banque de son décompte. L'entreprise remboursera la banque à l'échéance prévue. Il conviendra de solder le compte 4116 par le crédit des comptes 5121 et 5122.

2. Le nantissement de créances professionnelles

Dans ce cas, l'entreprise conserve la propriété de la créance. Elle maintient à l'actif de son bilan les créances clients et enregistre au passif le crédit accordé par la banque. On peut utiliser un compte 5194 « Crédits garantis par des créances ». Les agios sont enregistrés lors de la transmission du décompte par la banque.

Comptabilisation					
Cession Dailly en pleine propriété			**Crédit garanti par une cession de créances professionnelles Dailly (nantissement)**		
Exemple : Le 28 avril N, l'entreprise SOUILLAC cède en pleine propriété une créance professionnelle d'un montant de 20 000 €. Le bordereau regroupe plusieurs créances sur divers clients à échéance du 30 juin N. La banque ouvre un crédit de 19 000 €. La commission est de 70 € HT et les intérêts de 210 €.			**Exemple :** Le 17 mai N, l'entreprise SOUILLAC cède à titre de garantie une créance professionnelle d'un montant de 12 000 €. Le bordereau regroupe plusieurs créances sur divers clients à échéance du 31 juillet N. La banque ouvre un crédit de 9 500 €. Les intérêts sont de 102 € et les frais bancaires de 39 €.		
5121 - Banque compte courant 5122 - Banque - retenue de garantie 4116 - Créances professionnelles cédées *Transmission du bordereau de cession n°*	19 000,00 1 000,00	20 000,00	512 - Banque 661 - Charges d'intérêts 627 - Services bancaires 44566 - TVA sur autres biens et services 5194 - Crédits garantis par des créances *Obtention du crédit*	9 351,20 102,00 39,00 7,80	9 500,00
5121 - Banque compte courant 411 - Clients *Règlement des clients*	20 000,00	20 000,00	5121 - Banque compte courant 411 - Clients *Règlements des clients*	12 000,00	12 000,00
4116 - Créances professionnelles cédées 661 - Charges d'intérêt 627 - Services bancaires 4566 - TVA sur autres biens et services 5121 - Banque compte courant 5122 - Banque - retenue de garantie *Annulation des créances cédées*	20 000,00 210,00 70,00 14,00	19 294,00 1 000,00	5194 - Crédits garantis par des créances 512 - Banque *Remboursement du crédit*	9 500,00	9 500,00

V. L'affacturage ou *factoring*

Un moyen de recouvrement des créances et un moyen de financement : un contrat est signé entre l'entreprise adhérente et la société d'affacturage, qui fixe toutes les conditions de recouvrement des créances et les conditions d'octroi du crédit.

Un moyen de recouvrement des créances : l'affacturage est une procédure qui consiste à céder des créances commerciales à un établissement financier appelé l'affactureur (ou encore *factor*). Ce dernier prend en charge le recouvrement des créances pour le compte de l'entreprise et supporte par la même occasion les risques d'impayés. L'entreprise qui a recours à l'affacturage n'a plus à assurer le suivi de ses créances clients, toute cette activité est transférée à l'affactureur.

Un moyen de financement : la société d'affacturage est également en mesure d'avancer les fonds jusqu'à l'échéance. L'entreprise n'a donc plus à recourir aux autres moyens de règlement, en particulier aux effets de commerce, si elle a besoin de se financer.

Coût de l'affacturage

Commission de financement (intérêts) 668 « Autres charges financières » (sans TVA)	Commission d'affacturage 622 « Rémunérations d'intermédiaires et honoraires » →	TVA sur commission d'affacturage 44566 « TVA déductible sur autres biens et services »

Comptabilisation

Exemple

Le 27 mai N, l'entreprise SOUILLAC transfère à son *factor*, des créances à échéance du 31 juillet N, pour un montant total de 32 000 €. La rémunération d'affacturage est de 2 050 € HT et la commission de financement de 400 €. Le virement est opéré le 30 mai.

Factoring	Débit	Crédit
27/05/N		
467 - Débiteurs divers	32 000,00	
411 - Clients		32 000,00
30/05/N		
512 - Banques	29 140,00	
668 - Autres charges financières	400,00	
622 - Rémunérations d'intermédiaires et honoraires	2 050,00	
44566 - TVA déductible sur autres biens et services	410,00	
467 - Débiteurs divers		32 000,00

2 - Le contrôle du compte banque

I. La réciprocité des comptes

Le compte de trésorerie « Banque » tenu par l'entreprise trouve sa réciprocité dans la comptabilité de l'agence bancaire. On doit donc retrouver les mêmes éléments dans les deux comptabilités.

Exemple

L'entreprise SOUILLAC dépose un chèque de 1 300 € remis par un de ses clients sur son compte tenu par une agence de la banque HSBC.

Les enregistrements seront les suivants :

Dans l'entreprise SOUILLAC

D	512 - Banque	C
1 300,00		

À la banque

D	Compte n°... Entreprise SOUILLAC	C
		1 300,00

Tout dépôt réalisé à la banque accroît la dette de celle-ci envers l'entreprise, ce qui explique la comptabilisation au crédit du compte ouvert au nom de son client. Les enregistrements et les deux comptabilités sont réciproques. Les soldes des deux comptes, à une date donnée, devraient donc être égaux et de sens contraire. Dans la réalité, il existe beaucoup de sources de différences entre ces deux soldes :

- opérations enregistrées dans l'une des comptabilités et pas dans l'autre pour des raisons de délais. La simultanéité des enregistrements n'est pas parfaite (décalages temporaires);
- erreurs et omissions;
- enregistrements provenant d'informations connues seulement de la banque (frais de tenue de compte, commissions, intérêts...).

II. Le rapprochement bancaire

Le rapprochement bancaire se fait à partir de trois documents : le relevé de compte envoyé par la banque, l'extrait du compte 512 de l'entreprise et l'état de rapprochement du mois précédent.

L'objectif de l'état de rapprochement est de vérifier que le solde du compte 512 « Banque » tenu par l'entreprise est équivalent mais de sens inverse à celui qui figure sur le relevé de la banque.

Il s'établit en 5 étapes

1re étape : justification de la différence des soldes de départ

Toute différence doit être justifiée. Il est nécessaire de se reporter à l'état de rapprochement de la période précédente et de pointer les mouvements passés pendant la période en cours. Si les opérations sont encore en attente, elles sont reportées dans l'état de rapprochement en cours.

Différence :

2 353,00 - 2 200,00 = 153,00

Cette somme figure sur le relevé bancaire ① et correspond à un chèque qui n'était pas encore encaissé le mois précédent. Ce chèque est donc pointé avec les soldes initiaux et justifie la différence des soldes de départ.

2e étape : pointage

Pointage du compte 512 et du relevé bancaire. Toutes les opérations identiques enregistrées sur le relevé et dans la comptabilité de l'entreprise seront pointées, c'est-à-dire validées dans la comptabilité : sommes ② à ⑥. Attention, le pointage peut regrouper plusieurs montants à la fois.

3e étape : repérage et analyse des montants non pointés

- Le versement d'espèces est de 9 100 alors qu'il a été comptabilisé pour 9 000.
- La remise à l'escompte des effets de commerce ne tient pas compte, dans la comptabilité de l'entreprise, des frais et intérêts : 34,31.
- Deux chèques n° 453 et 455 ne sont pas encore encaissés par la banque.

4e étape : présentation de l'état de rapprochement final

- Report du solde final des comptes réciproques et inscription des opérations non comptabilisées et des corrections.
- Constatation de l'égalité des **17 134,85.**

Ce solde correspond au montant réellement disponible au jour du rapprochement bancaire.

5e étape : écritures de régularisation

Une fois que l'état de rapprochement a été présenté, le compte 512 doit être régularisé dans la comptabilité de l'entreprise. Les opérations non comptabilisées sont enregistrées au journal.

Exemple

L'entreprise SOUILLAC vous communique un extrait de son compte 512 « Banque » et son dernier relevé bancaire. Les commissions sont soumises à la TVA au taux normal.

Date	*Compte 512 - Banque HSBC* Libellé	Débit	Crédit	Solde
				2 200,00
25-mai	À nouveau	2 200,00 ①		
25-mai	Prélèvement EDF		1 126,00 ②	1 074,00
26-mai	Versement espèces	9 000,00		10 074,00
26-mai	Chèque client DUBOIS	1 850,00 ⑤		11 924,00
27-mai	Remise à l'escompte	8 120,00		20 044,00
27-mai	Chèque 452 à l'ordre du fournisseur LORIOT		455,00 ③	19 589,00
27-mai	Chèque 453 à l'ordre du fournisseur MIRIS		1 411,50	18 177,50
27-mai	Chèque 457 à l'ordre de la COGEDIM		2 445,00 ④	15 732,50
28-mai	Chèque client RAISON	4 856,60 ⑥		20 589,10
30-mai	Chèque 455 à l'ordre du fournisseur BELIN		3 457,00	17 132,10
	Total mouvements	26 026,60	8 894,50	17 132,10

RELEVÉ BANCAIRE AU 31/05

Entreprise SOUILLAC	Compte 30007 1875 2745 8999	Mouvements Débit	Mouvements Crédit	Soldes
24-mai	Solde antérieur		2 353,00 ①	2 353,00
24-mai	Prélèvement EDF	1 126,00 ②		1 227,00
25-mai	Chèque 456	153,00 ①		1 074,00
26-mai	Versement espèces		9 100,00	10 174,00
28-mai	Remise de chèque		1 850,00 ⑤	12 024,00
29-mai	Net négociation : comm. 15 € HT		8 058,06	20 082,06
29-mai	Intérêts 43,94 €	455,00 ③		19 627,06
29-mai	Chèque 452	2 445,00 ④		17 182,06
30-mai	Chèque 457		4 856,60 ⑥	22 038,66
30-mai	Remise de chèque	35,31		22 003.35
	Agios : commissions 22,00 € HT, intérêts : 8,91 €			
	Total mouvements	4 214,31	26 217,66	22 003,35

État de rapprochement

Débit	Crédit		Débit	Crédit
17 132,10		Soldes de fin de période		22 003,35
	35,31	Agios (22 € HT + 8,91 € d'intérêts)		
	61,94	Agios sur effets (8 120 - 8 058,06) (comm. 15 € HT + intérêts 43,94 €)		
100,00		Erreur sur remise (9 100 - 9 000)		
		Chèque fournisseur MIRIS	1 411,50	
		Chèque fournisseur BELIN	3 457,00	
	17 134,85	Soldes concordants	**17 134,85**	
17 232,10	17 232,10	Totaux	22 003,35	22 003,35

Rectification du compte 512

	30/05/N		
627	Services bancaires (22,00 + 15,00)	37,00	
44566	TVA sur autres biens et services	7,40	
661	Charges d'intérêts (8,91 + 43,94)	52,85	
512	Banque		97,25
	Selon état de rapprochement		
512	Banque	100,00	
531	Caisse		100,00
	Erreur sur remise d'espèces		

APPLICATIONS

CONTRÔLE DE CONNAISSANCES

Répondre par « oui » ou par « non » aux affirmations ci-dessous en donnant les explications nécessaires.

1. On peut endosser un effet à l'ordre d'un fournisseur pour régler sa facture.
2. En cas de remise à l'escompte d'une lettre de change, une écriture est enregistrée chez le tiré.
3. Le compte 5114 « Effets à l'escompte » est utilisé pendant la période allant de la remise à l'escompte de l'effet à la banque jusqu'au versement effectif des fonds sur le compte bancaire de l'entreprise.
4. Le CMCC prend la forme d'un billet à ordre qui regroupe un ensemble de factures.
5. Le billet à ordre CMCC est escompté par la banque qui verse à l'entreprise le montant total des factures sous déduction des intérêts, de la commission et de la TVA correspondante.
6. Dans le cas d'une LCR magnétique, le client règle directement la banque du tireur.
7. La société d'affacturage se charge du recouvrement des créances clients.
8. La commission d'affacturage rémunère le risque d'impayés.
9. La LCR magnétique permet d'obtenir un concours bancaire.
10. Les comptabilités sont dites réciproques quand les comptes fonctionnent en sens inverse dans deux entités comptables différentes.
11. L'état de rapprochement permet notamment de découvrir les erreurs commises d'une manière extra-comptable.
12. La cession de créances professionnelles empêche l'entreprise de recouvrer ses créances clients.
13. Les créances cédées dans le cadre de la loi Dailly ne figurent plus à l'actif du bilan.
14. La cession de créances professionnelles peut permettre de garantir un crédit bancaire.
15. L'objectif de l'état de rapprochement est la concordance des soldes de fin de période.

APPLICATION 1** : EFFETS DE COMMERCE - ESCOMPTE

30 Min

TRAVAIL À FAIRE

Présenter les écritures concernant les différentes opérations décrites, en justifiant tous les calculs.

La SARL PIKOSS qui a pour objet social la fabrication d'articles de confection pour enfants, à façon ou pour sa propre industrie, a effectué les opérations suivantes au cours du mois d'avril N.

1er avril Souscription d'un billet à ordre pour le fournisseur SPIL à échéance du 31 mai, pour un montant de 2 500 €.

6 avril Remise à l'escompte de trois lettres de change tirées sur des clients, à l'échéance du 30 avril, pour un total de 3 000 €.

9 avril Avis de crédit de la banque concernant la remise des traites à l'escompte (date de valeur : 6 avril). Les conditions bancaires sont les suivantes :

- commission d'escompte : 0,8 % HT du montant des traites remises ;
- taux d'escompte mensuel : 0,65 %.

12 avril Avis de débit concernant le paiement d'une lettre de change relevé arrivée à échéance le 10 avril, pour un montant de 3 600 €.

16 avril Avis de débit pour paiement d'une lettre de change relevé magnétique venant à échéance le 17 avril : 1 350 €.

18 avril Remise à l'encaissement d'effets tirés sur des clients, à échéance du 21 avril, pour un montant total de 2 460 €.

21 avril Avis de crédit de la banque concernant la remise des traites à l'encaissement (date de valeur : 20 avril); la commission d'encaissement est de 0,60 % HT du montant des traites remises.

APPLICATION 2** : EFFETS DE COMMERCE - ESCOMPTE

30 Min

TRAVAIL À FAIRE

Enregistrer ces différentes opérations au journal de l'entreprise LEDUC.

L'entreprise LEDUC a réalisé les opérations suivantes avec ses clients.

5 mai Lettre de change tirée sur le client ASTRID, à échéance du 31 août pour un montant de 1 650 €, et envoi pour acceptation.

10 mai Réception de la lettre de change acceptée par ASTRID et remise immédiate à l'escompte auprès de la banque.

14 mai Avis de crédit de la banque pour escompte de la traite sur le client ASTRID; commission : 12,00 € HT et intérêts : 13,16 €.

19 mai Réception d'un billet à ordre souscrit par la SA DOMELIOS pour un montant de 2 400 €, à échéance du 30 juin.

25 mai Lettre de change relevé retournée par le client JADE au 31 juillet, pour un montant de 1 660 €.

3 juin Avis de crédit pour encaissement par la banque d'une lettre de change relevé magnétique émanant du client BESSIS, pour un montant de 1 874 €.

27 juin Remise à l'encaissement du billet à ordre souscrit par la SA DOMELIOS et de la lettre de change relevé du client JADE.

3 juillet Avis de crédit de la banque pour encaissement des effets remis le 27 juin ; commission : 89,70 € TTC.

APPLICATION 3** : REMISE À L'ESCOMPTE D'UNE LETTRE DE CHANGE MANUELLE OU MAGNÉTIQUE

20 Min

TRAVAIL À FAIRE

1. Calculer l'agio.
2. Comptabiliser l'opération sachant que l'avis de négociation est revenu à l'entreprise le 11 avril N.
3. Comptabiliser l'opération en prenant l'hypothèse d'une LCR magnétique (la commission de manipulation n'étant dans ce cas que de 1 € HT).

Le 8 avril N, l'entreprise MODUS remet à l'escompte à sa banque une lettre de change papier d'une valeur nominale de 5 000 € et venant à échéance le 31 mai N. Voici les conditions appliquées par la banque :

- taux d'escompte : 8 % ; commission d'endos : 0,6 % calculée au prorata temporis (assimilée à des charges d'intérêts) ;
- commission de manipulation : 6 € HT ;
- jour de banque (jour supplémentaire décompté par la banque) : 1.

APPLICATION 4** : CRÉDIT DE MOBILISATION DE CRÉANCES COMMERCIALES

15 Min

TRAVAIL À FAIRE

Enregistrer, dans le journal de la société BONNET, les écritures au 30/09 et au 31/10 concernant le crédit obtenu sur le chiffre d'affaires de septembre N.

La société BONNET a réalisé en septembre N les ventes suivantes :

- client SOLITEC : 410 000 € HT, payable à fin octobre ;
- client KOLINKA : 520 000 € HT, payable à fin décembre.

Au terme de la convention de crédit de mobilisation de créances commerciales (CMCC), la banque consent un crédit de 80 % du chiffre d'affaires mensuel diminué des intérêts au taux annuel de 8 % et d'une commission fixe de 50 € HT (TVA au taux normal). À la fin de chaque mois, la société souscrit un billet à ordre auprès de sa banque à un mois d'échéance pour un montant égal au crédit consenti.

APPLICATION 5** : LCR MAGNÉTIQUE ET CESSION DE CRÉANCES PROFESSIONNELLES

15 Min

TRAVAIL À FAIRE

1. Retrouver le montant des commissions taxables et le taux de l'escompte.
2. Comptabiliser ce décompte.
3. On suppose, dans une 2e hypothèse, que l'entreprise a associé à la LCR magnétique un acte de cession de créances professionnelles à titre de garantie. Enregistrer l'opération.

La société BÉTHANI a remis à l'escompte le 25 juin N des LCR magnétiques auprès de sa banque. Le 29 juin elle reçoit le décompte suivant.

Échéance	Tiré	Domiciliation	Nominal	Agios	Net crédité	Valeur
10/07	VIDOT	Société GLE	3 085,20	27,54	3 057,66	24/06
12/08	POTEL	HSBC	14 770,28	182,87	14 587,41	24/06
12/08	SAVI	HSBC	5 620,10	77,47	5 542,63	24/06
Dont TVA récupérable à 20 % : 14,00				287,88	23 187,70	

APPLICATION 6★★ : CESSION DE CRÉANCES PROFESSIONNELLES

15 Min

TRAVAIL À FAIRE

Enregistrer cette opération dans le journal de l'entreprise MONROE.

Le 2 mars, l'entreprise MONROE cède en pleine propriété une créance professionnelle d'un montant de 70 000 €. Le bordereau regroupe plusieurs créances sur divers clients à échéance du 30 avril N. La banque ouvre un crédit de 64 000 €. Les intérêts de 960 € et les commissions de 142 € HT (TVA au taux normal) sont prélevés le 10 mars N.

APPLICATION 7★ : AFFACTURAGE

10 Min

TRAVAIL À FAIRE

Enregistrer cette opération au journal de la société PÉRANI.

La société PÉRANI a conclu une convention d'affacturage avec la société FACTO-FRANCE SA. Au terme de ce contrat, la société confie à la société d'affacturage le soin de recouvrer ses créances clients. FACTO-FRANCE prend à sa charge les risques d'impayés. La société d'affacturage est rémunérée par une commission de 2 % du montant net des factures encaissées et par un intérêt de 8,5 % par an sur les sommes avancées avant l'échéance. La commission est soumise à la TVA au taux normal. Le 8 mai N, la société PÉRANI transmet à FACTO-FRANCE 47 factures pour un montant total de 298 932 €. Ces factures sont à échéance du 31 mai N.

APPLICATION 8★★ : ÉTAT DE RAPPROCHEMENT BANCAIRE

20 Min

TRAVAIL À FAIRE

1. Présenter l'état de rapprochement du compte 512 « Banque » avec l'extrait de compte de la banque, sachant qu'aucune erreur d'enregistrement n'a été commise.
2. Enregistrer dans la comptabilité de l'entreprise les opérations qui en découlent.

Le relevé de compte reçu de la banque MUTUELLE MARITIME présente un solde créditeur de 45 112 €. En comparant cet extrait de compte avec le compte 512 « Banque », on fait les constatations suivantes :

- un virement du client LÉON n'a pas encore été crédité par la banque : 9 400 € ;
- un chèque de 3 600 € reçu du client GOAL, remis à l'encaissement, ne figure pas encore sur le relevé bancaire.

Le relevé fait état de plusieurs opérations inconnues jusqu'alors par l'entreprise :

- une LCR papier de 12 600 € sur YAN qui avait été remise à l'escompte est revenu impayée avec 72 € TTC de frais débités par la banque (TVA au taux normal) ;
- frais de banque : 239,20 € TTC (TVA au taux normal) ;
- dividendes encaissés sur placements (à enregistrer en compte 764) : 1 500 € ;
- un prélèvement des assurances réunies pour 655 €.

APPLICATION 9** : ÉTAT DE RAPPROCHEMENT BANCAIRE

30 Min

TRAVAIL À FAIRE

1. Présenter l'état de rapprochement au 31 octobre N.
2. Enregistrer dans la comptabilité de la société PÊCHE 3 000 les opérations qui en découlent.

La société PÊCHE 3000 reçoit de sa banque la SOCIÉTÉ GÉNÉRALE, l'extrait de compte à la date du 31 octobre N présenté en annexe 1. Le compte 512 « Banque » tenu par la société PÊCHE 3000 est fourni en annexe 2.

Comptes à utiliser pour les valeurs mobilières de placement : pour les revenus des VMP : compte 764 ; pour l'achat de VMP : compte 503, en négligeant les frais bancaires de cette opération.

Annexe 1 Compte PÊCHE 3000 à la SOCIÉTÉ GÉNÉRALE

SOCIÉTÉ GÉNÉRALE — **Relevé bancaire au 31/10** — **PÊCHE 3000**

Dates	Libellés	Débit	Crédit
01-oct	Solde créditeur au 1/10		***7 321,10***
04-oct	Chèque n° 0325	1 250,00	
05-oct	Chèque n° 0326	10 946,15	
06-oct	Remise de chèques		5 725,50
06-oct	Chèque n° 0327	412,36	
10-oct	Remise d'espèces	1 000,00	
12-oct	Virement TOMMELLES		765,00
15-oct	Domiciliations échues	1 850,00	
17-oct	Virement ÉTANG DE L'ABBAYE		1 760,00
22-oct	Négociation effet T 112, intérêts : 199,96 ; commissions : 10 HT		3 628,04
22-oct	Coupons (revenus de VMP)		124,00
23-oct	Achat 120 actions ALCATEL (VMP)	2 198,75	
24-oct	Chèque n° 0328	324,00	
27-oct	Prélèvement EDF	478,40	
29-oct	Remise de chèques		2 312,00
31-oct	Intérêts de découvert	12,50	
31-oct	Solde créditeur		
	Totaux	18 472,16	21 635,64
	Solde au 31/10		***3 163,48***

Annexe 2 Compte 512 - SOCIÉTÉ GÉNÉRALE

Extrait du compte 512 du 1er au 31 octobre

Dates	Libellés	Débit	Crédit	Solde
01-oct	Solde débiteur	850,45		850,45
04-oct	Chèque n° 0327 à RAPPALA		412,63	437,82
09-oct	Chèque n° 0328 à MEPPS		324,00	113,82
10-oct	Remise d'espèces		1 000,00	- 886,18
13-oct	Virement TOMMELLES	765,00		- 121,18
15-oct	Domiciliations échues		1 850,00	- 1 971,18
16-oct	Chèque n° 45874 de PESCALIS	1 436,00		- 535,18
20-oct	Escompte effet n° T 112	3 840,00		3 304,82
22-oct	Chèque n° 412 de BRAME	876,00		4 180,82
23-oct	Achat de titres ALCATEL	2 198,75		6 379,57
26-oct	Chèque n° 0329 à EAGLE		2 497,00	3 882,57
31-oct	Chèque n° 0330 à GARBOLINO		471,60	3 410,97

(D'après un sujet de l'INTEC)

CONTEXTE PROFESSIONNEL PRESTI'JARDINS

Le cadre de l'entreprise PRESTI'JARDINS est présenté page 6.

Compétences attendues
Le candidat doit connaître les règles comptables du PCG relatives aux savoirs associés concernant le dénouement des flux réels qui avaient entraîné lors de leur comptabilisation l'ouverture de comptes de créances et de dettes, et ce, même s'il y avait eu une entrée ou une sortie de trésorerie le même jour (opération au comptant). Le candidat doit être capable, à partir d'un contexte professionnel, de citer les moyens de règlement permettant de solder les comptes de créances et de dettes (règlement en espèces, par chèque et carte de crédit, par virement et assimilés, par l'exploitant, par effets de commerce, par lettre de change relevé magnétique).
Le candidat doit non seulement connaître l'objectif et l'utilité d'un état de rapprochement bancaire, mais également être capable, dans un contexte professionnel donné, de procéder à l'établissement de ce document extra-comptable, puis de procéder aux écritures comptables qui résultent du rapprochement du compte banque de l'entreprise avec celui de l'entreprise à la banque.

Vous devez vérifier les opérations enregistrées dans le compte banque du mois d'avril, en présentant l'état de rapprochement bancaire, et mettre à jour le compte banque.

Afin de gagner du temps dans le traitement des opérations bancaires, vous devez réfléchir aux intérêts et aux limites d'utilisation d'un logiciel permettant l'importation des relevés bancaires et l'automatisation des écritures comptables.

Par ailleurs, l'entreprise envisage de recourir à l'affacturage pour la gestion des créances clients. Présenter cette modalité de gestion des créances clients, puis déterminer ses intérêts et ses limites.

MISSIONS

1. ***Compléter l'état de rapprochement bancaire (annexe C), après avoir lettré le compte banque (annexe A) et l'extrait bancaire (annexe B).***
2. ***Saisir les écritures comptables au 31 mai pour mettre à jour le compte banque 51200.***
3. ***À partir de recherches sur Internet sur les sites de vente de logiciels comptables, identifier les intérêts et les limites d'un logiciel permettant l'importation des relevés bancaires et l'automatisation des écritures comptables.***
4. ***Présenter un document synthétique mettant en évidence les intérêts et les limites du recours à l'affacturage pour la gestion des créances clients.***

Annexe A Compte 51200 « Banque » tenu par l'entreprise PRESTI'JARDINS

Extrait du grand-livre au 31 mai Compte 51200 – Banque		Mouvements		Solde
		Débit	Crédit	
01/05	Solde à nouveau	3 125,15		3 125,15
03/05	Virement n°14 du client MAIRIE DE SÉLESTAT	6 000,00		9 125,15
04/05	Chèque n° 121 au fournisseur MULLER		600,00	8 525,15
06/05	Chèque n° 122 au fournisseur MAURICE		300,00	8 225,15
06/05	Dépôt d'espèces	805,00		9 030,15
07/05	Chèque n° 1547 du client HANS	900,52		9 930,67
09/05	Chèque n° 478 du client LUCIE	498,00		10 428,67
10/05	Chèque n° 784 du client MICHELLE	600,00		11 028,67
11/05	Prélèvement du loyer		1 000,00	10 028,67
12/05	Chèque n° 123 au salarié AZOUZ		489,00	9 539,67
14/05	Encaissement de la LCR n° 123	1 500,00		11 039,67
16/05	Prélèvement MUTUELLE DE L'EST		1 000,00	10 039,67
17/05	Virement n° 47 pour l'assurance		459,00	9 580,67
20/05	Retrait d'espèces		1 000,00	8 580,67
21/05	Chèque n° 124 au fournisseur MEYER		600,00	7 980,67
22/05	Chèque n° 125 au fournisseur LUC	700,00		8 680,67
23/05	Chèque n° 126 au fournisseur TOM		600,00	8 080,67
24/05	Prélèvement EDF		850,00	7 230,67
26/05	Prélèvement ORANGE		478,00	6 752,67
28/05	Chèque n° 127 au fournisseur TANIA		799,00	5 953,67
29/05	Chèque n° 128 au fournisseur LUC		700,00	5 253,67
30/05	Chèque n°129 au fournisseur GILA		4 789,00	464,67
31/05	Solde final débiteur			**464,67**

→ Le montant débité le 14/05 correspond à la valeur nominale de la LCR.

Annexe B Relevé bancaire envoyé par la banque DCG

La banque DCG		Extrait bancaire du 1er mai au 31 mai PRESTI'JARDINS 1 rue des Aulnes 68000 COLMAR			
Date	**Nature de l'opération**	**Débit**	**Crédit**	**Solde débiteur**	**Solde créditeur**
01/05	Solde à nouveau		3 125,15		3 125,15
02/05	Virement n° 14 du client MAIRIE DE SÉLESTAT		6 000,00		9 125,15
04/05	Chèque n° 121	600,00			8 525,15
06/05	Encaissement de dividendes		5 000,00		13 525,15
06/05	Dépôt d'espèces		850,00		14 375,15
11/05	Remise de chèques n° 78		1 998,52		16 373,67
11/05	Prélèvement du loyer	1 000,00			15 373,67
12/05	Chèque n° 123	489,00			14 884,67
16/05	Encaissement de la LCR n° 123 dont frais de manipulation de 10 € HT		1 488,00		16 372,67
16/05	Prélèvement MUTUELLE DE L'EST	1 000,00			15 372,67
16/05	Chèque n° 122	300,00			15 072,67
17/05	Virement n° 47 pour l'assurance	459,00			14 613,67
20/05	Retrait d'espèces	1 000,00			13 613,67
21/05	Chèque n° 124	600,00			13 013,67
22/05	Chèque n° 125	700,00			12 313,67
23/05	Chèque n° 126	600,00			11 713,67
24/05	Prélèvement EDF	850,00			10 863,67
26/05	Prélèvement ORANGE	478,00			10 385,67
28/05	Frais de tenue de compte dont 5 € de TVA	30,00			10 355,67
29/05	Chèque n° 128	700,00			**9 655,67**

→ La remise de chèques n° 78 comporte plusieurs chèques.

→ Après vérification de votre part, les données issues de la banque DCG sont exactes.

Annexe C État de rapprochement à la date du 31 mai

Libellés	51200 Banque Comptabilité de PRESTI'JARDINS		Compte PRESTI'JARDINS dans la comptabilité de la banque	
	Débit	Crédit	Débit	Crédit
Totaux				
Soldes rapprochés à la fin du mois				

CHAPITRE 8 : LA COMPTABILISATION DE LA DÉCLARATION DE TVA

COMPÉTENCES ATTENDUES

- **Expliquer** le mécanisme de la TVA.
- **Évaluer et comptabiliser** le montant de la TVA due ou du crédit de TVA.

FICHE RESSOURCES

1 - Principes généraux

I. Le mécanisme général de la taxe sur la valeur ajoutée

La TVA est un impôt indirect sur la consommation qui concerne toutes les personnes physiques et morales qui achètent et vendent des biens ou des services. Comme son nom l'indique, la TVA devrait être calculée sur la valeur ajoutée créée lors de chaque vente d'un bien ou d'un service. Pour des raisons pratiques, le calcul est fait globalement mois par mois. De la TVA encaissée sur ses ventes (TVA collectée pour le compte de l'État), l'assujetti va soustraire la TVA payée sur ses achats (TVA déductible) pour obtenir la TVA à payer (TVA à décaisser) :

Montant payé par le client : Vente HT + TVA collectée

TVA à décaisser = TVA collectée - TVA déductible

Achat HT + TVA déductible : Montant payé au fournisseur

II. Opérations avec l'Union européenne et avec l'étranger

Sur les opérations réalisées au sein de l'Union européenne, les livraisons intracommunautaires (ventes dans l'UE) sont exonérées de TVA. Par contre les acquisitions intracommunautaires (achats dans l'UE) sont taxables à la TVA française, la TVA est alors autoliquidée par l'acheteur.

Sur les opérations réalisées à l'étranger (hors UE), les exportations sont exonérées de TVA ; tandis que les importations sont soumises à la TVA française, la TVA est alors autoliquidée par l'acheteur.

Schéma général du calcul de la TVA à décaisser

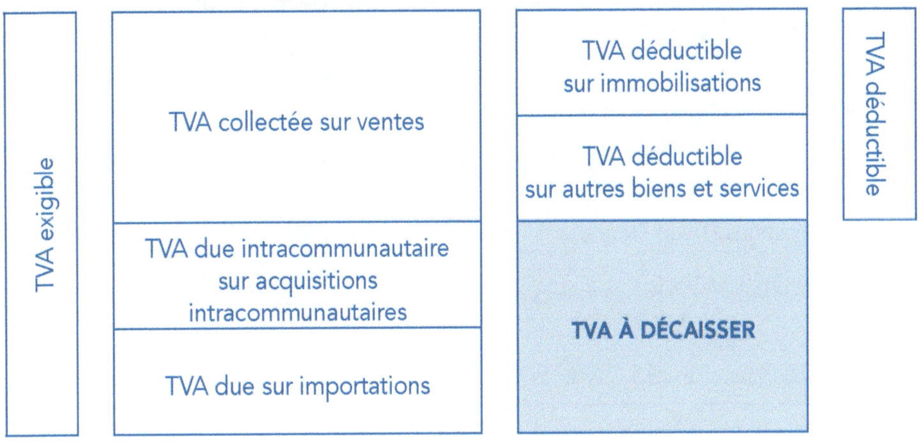

III. Les régimes d'imposition à la TVA

Pour le paiement de la TVA, les entreprises sont soumises, selon le montant de leur chiffre d'affaires annuel, à l'un des trois régimes de TVA : régime du réel normal, régime du réel simplifié ou régime de la franchise de TVA. Les seuils (en euros) dépendent de l'activité de l'entreprise.

Activités	Ventes de marchandises, d'objets, de fournitures à emporter ou à consommer sur place et fourniture de logements		Prestations de services
Régimes d'imposition et de paiement de la TVA	Régime de la franchise en base	CA annuel ≤ 91 900 €	CA annuel ≤ 36 800 €
	Régime du réel normal	CA HT annuel > 840 000 €	CA HT annuel > 254 000 €
	Régime du réel simplifié	CA HT annuel compris entre 91 900 € et 840 000 €	CA HT annuel compris entre 36 800 € et 254 000 €

Pour l'application du régime simplifié de TVA, la TVA annuellement due doit être inférieure à 15 000 €, à défaut le régime du réel normal s'applique.

Les entreprises soumises au régime du réel simplifié peuvent opter pour le régime du réel normal, et les redevables qui bénéficient de la franchise (appelés micro-entreprises) peuvent y renoncer sur option et être soumis au réel simplifié. Les micro-entreprises exercent leur activité en exonération de taxe, mais en contrepartie elles ne peuvent pas déduire la TVA ayant grevé leurs achats.

2 - Le régime du réel normal

I. Le calcul de la TVA à décaisser

La TVA à décaisser est calculée chaque mois en fonction de la TVA exigible réelle du mois, diminuée de la TVA déductible sur immobilisations et de la TVA déductible sur autres biens et services du même mois.

TVA à décaisser = TVA collectée
+ TVA due intracommunautaire
– TVA déductible sur autres biens et services
– TVA déductible sur immobilisations

Les entreprises assujetties à la TVA doivent, chaque mois, établir une déclaration de TVA sur un imprimé fiscal CA3. Lorsque la TVA due est inférieure à 4 000 € par an, les redevables peuvent opter pour une déclaration trimestrielle. La déclaration doit être déposée auprès de la recette des impôts du lieu du principal établissement, accompagnée du règlement, entre le 15 et le 24 du mois suivant selon un échéancier fixé par l'administration en fonction de la structure juridique et du numéro de département de l'assujetti. Toutes les sommes déclarées sont arrondies à l'euro le plus proche. Le règlement est à adresser à l'administration fiscale en même temps que la déclaration CA3. La base imposable et le montant de l'impôt sont arrondis à l'euro le plus proche. Les bases et cotisations inférieures à 0,50 € sont négligées et celles supérieures ou égales à 0,50 € sont comptées pour 1.

Exemple

Les informations suivantes (opérations soumises au taux normal de 20 %) ont été réunies pour déterminer la TVA à décaisser de l'entreprise RENOIR :

	MAI
• Chiffre d'affaires HT réalisé en France	250 000
• Acquisitions de biens et services HT en France	60 000
• Acquisitions de biens et services HT en Allemagne	35 000
• Acquisitions d'immobilisations HT en France	12 000

La TVA à décaisser sera la suivante :

• TVA exigible		57 000
- sur ventes en France : 250 000 × 20 %................................	50 000	
- TVA due intracommunautaire : 35 000 × 20 %.....................	7 000	

→

Exemple *(suite)*

- TVA déductible .... – 21 400
  - sur immobilisations : 12 000 × 20 % 2 400
  - sur autres biens et services : 60 000 × 20 % 12 000
  - sur acquisitions intracommunautaires : 35 000 × 20 % 7 000

II. La comptabilisation de la déclaration et du paiement

Durant le mois, la TVA est enregistrée lors des écritures d'achats et de ventes.

- Pour la TVA exigible, au crédit des comptes :
  - 44571 « TVA collectée »
  - 4452 « TVA due intracommunautaire »
- Pour la TVA déductible, au débit des comptes :
  - 44562 « TVA sur immobilisations »
  - 44566 « TVA sur autres biens et services »

En fin de mois, ces comptes sont soldés par virement au crédit du compte 44551 « TVA à décaisser », afin de déterminer le montant de la TVA à payer. Ce compte sera soldé au courant du mois suivant lors du paiement de la TVA. Comme le montant de TVA à décaisser provient directement de la déclaration CA3 sur laquelle des arrondis ont été effectués, on utilise les comptes suivants pour assurer l'équilibre de l'écriture : au débit, le compte 658 « Autres charges de gestion courante » ou, au crédit, le compte 758 « Autres produits de gestion courante ».

Exemple

En poursuivant l'exemple de l'entreprise RENOIR, l'écriture de détermination de la TVA de mai sera la suivante.

		31/05		
44571		TVA collectée	50 000,00	
4452		TVA due intracommunautaire	7 000,00	
	44562	TVA déductible sur immobilisations		2 400,00
	44566	TVA déductible sur autres biens et services		19 000,00
	44551	TVA à décaisser		35 600,00
		Déclaration CA3 de mai N		

Si l'on suppose que le dépôt de la déclaration et le paiement ont lieu le 20 juin, l'écriture de paiement de la TVA sera la suivante.

		20/06		
44551		TVA à décaisser	35 600,00	
	512	Banque		35 600,00
		Paiement de la TVA de mai		

FICHE RESSOURCES

A	MONTANT DES OPÉRATIONS RÉALISÉES						
	OPÉRATIONS TAXÉES (HT)				**OPÉRATIONS NON TAXÉES**		
A1	Ventes, prestations de services	0979	250 000	E1	Exportations hors UE	0032	....
A2	Autres opérations imposables	0981	....	E2	Autres opérations non imposables	0033	....
A3	Achats de prestations de services réalisés auprès d'un assujetti non établi en France (article 283-2 du code général des impôts)	0044	....	E3	Ventes à distance taxables dans un autre État membre au profit des personnes non assujetties – Ventes B to C	0047	....
A4	Importations (autres que les produits pétroliers)	0056	....	E4	Importations (autres que les produits pétroliers)	0052	....
A5	Sorties de régime fiscal suspensif (autres que les produits pétroliers)	0051	....	E5	Sorties de régime fiscal suspensif (autres que les produits pétroliers)	0053	....
B1	Mises à la consommation de produits pétroliers	0048	....	E6	Importations placées sous régime fiscal suspensif (autres que les produits pétroliers)	0054	....
B2	Acquisitions intracommunautaires	0031	35 000	F1	Acquisitions intracommunautaires	0055	....
B3	Achats d'électricité, de gaz naturel, de chaleur ou de froid imposables en France	0030	....	F2	Livraisons intracommunautaires à destination d'une personne assujettie – Ventes B to B	0034	....
B4	Achats de biens ou de prestations de services réalisés auprès d'un assujetti non établi en France (article 283-1 du code général des impôts)	0040	....	F3	Livraisons d'électricité, de gaz naturel, de chaleur ou de froid non imposables en France	0029	....
B5	Régularisations (important : cf. notice)	0036	....	F4	Mises à la consommation de produits pétroliers	0049	....
				F5	Importations de produits pétroliers placées sous régime fiscal suspensif	0050	....
				F6	Achats en franchise	0037	....
				F7	Ventes de biens ou prestations de services réalisées par un assujetti non établi en France (article 283-1 du code général des impôts)	0043	....
				F8	Régularisations (important : cf. notice)	0039	....
				F9	Opérations internes réalisées entre membres d'un assujetti unique	0061	....

B	DÉCOMPTE DE LA TVA À PAYER			
	TVA BRUTE		**Base hors taxe**	**Taxe due**
	Opérations réalisées en France métropolitaine			
08	Taux normal 20 %	0207	285 000	57 000
09	Taux réduit 5,5 %	0105	....	....
9B	Taux réduit 10 %	0151	....	....
	Opérations réalisées dans les DOM			
10	Taux normal 8,5 %	0201	....	....
11	Taux réduit 2,1 %	0100	....	....
	Opérations imposables à un taux particulier			
T1	Opérations réalisées dans les DOM et imposables au taux de 1,75 %	1120	....	....
T2	Opérations réalisées dans les DOM et imposables au taux de 1,05 %	1110	....	....
T3	Opérations réalisées en Corse et imposables au taux de 10 %	1081	....	....
T4	Opérations réalisées en Corse et imposables au taux de 2,1 %	1050	....	....
T5	Opérations réalisées en Corse et imposables au taux de 0,9 %	1040	....	....
T6	Opérations réalisées en France continentale au taux de 2,1 %	1010	....	....
T7	Retenue de TVA sur droits d'auteur	0990	....	....
13	Anciens taux	0900	....	....
	Produits pétroliers			
P1	Taux normal 20 %	0208	....	....
P2	Taux réduit 13 %	0152	....	....
	Importations			
I1	Taux normal 20 %	0210	....	....
I2	Taux réduit 10 %	0211	....	....
I3	Taux réduit 8,5 %	0212	....	....
I4	Taux réduit 5,5 %	0213	....	....
I5	Taux réduit 2,1 %	0214	....	....
I6	Taux réduit 1,05 %	0215	....	....
15	TVA antérieurement déduite à reverser (dont TVA sur les produits pétroliers ....) (dont TVA sur les produits importés hors produits pétroliers ....)		0600	....
5B	Sommes à ajouter, y compris acompte congés		0602	....

→

16	**Total de la TVA brute due (lignes 08 à 5B)**		57 000
17	Dont TVA sur acquisitions intracommunautaires	0035	7 000
18	Dont TVA sur opérations à destination de Monaco	0038	....

TVA DÉDUCTIBLE

19	Biens constituant des immobilisations	0703	2 400
20	Autres biens et services	0702	19 000
21	Autre TVA à déduire (dont régularisation de TVA sur les produits pétroliers :) (dont régularisation de TVA sur les produits importés hors produits pétroliers :) (dont régularisation de TVA collectée sur autres produits ou PS [cf. notice] ou de TVA déductible :)	0059	....
22	Report du crédit apparaissant ligne 27 de la précédente déclaration	8001	....
2C	Sommes à imputer, y compris acompte congés	0603	....

22A	Indiquer le coefficient de taxation unique applicable pour la période s'il est différent de 100 %	0 %	23	**Total TVA déductible (ligne 19 à 2C)**		21 400
			24	Dont TVA déductible sur importations hors produits pétroliers	0710	....
			2E	Dont TVA déductible sur les produits pétroliers	0711	....

TVA due ou crédit de TVA

25	Crédit de TVA (ligne 23 – ligne 16)	0705	0	TD	TVA due (ligne 16 – ligne 23)	8900	35 600

Régularisation des taxes intérieures de consommation (TIC)

	Crédit de TIC							Versement de TIC attendu		
	Crédit constaté (a)	Crédit imputé sur la TVA (dans la limite de la ligne TD) (b)			Reliquat de crédit à rembourser (a-b)			Taxe due		
	Montant			Montant			Montant			Montant
TICFE	....	X1	8100	....	Y1	8110	....	Z1	8120	....
TICGN	....	X2	8101	....	Y2	8111	....	Z2	8121	....
TICC	....	X3	8102	....	Y3	8112	....	Z3	8122	....
TOTAL	....	**X4** (X1 + X2 + X3) à reporter ligne X5		....	**Y4** (Y1 +Y2 +Y3) à reporter ligne Y5 ou Y6		....	**Z4** (Z1 + Z2 + Z3) à reporter ligne Z5		....

Détermination du montant à payer et/ou des crédits de TVA et/ou de TIC

26	Remboursement de crédit de TVA demandé sur formulaire n°3519	8002	....	X5	Crédit de TIC imputé sur la TVA (report de la ligne X4)	8103	....
AA	Crédit de TVA transféré à la société tête de groupe sur la déclaration récapitulative 3310 CA3G	8005	....	28	TVA nette due (ligne TD – ligne X5)	8901	35 600
27	Crédit de TVA à reporter (ligne 25 – ligne 26 – ligne AA) (Cette somme est à reporter ligne 22 de la prochaine déclaration)	8003	....	29	Taxes assimilées calculées sur l'annexe n° 3310 A	9979	....
Y5	Remboursement de reliquat de TIC demandé (report de la ligne Y4)	8113	....	Z5	Total des taxes intérieures de consommation dues (report de la ligne Z4)	8123	....
Y6	Crédit de TIC transféré à la société tête de groupe sur la déclaration récapitulative 3310-CA3G (report de la ligne Y4)	8114	....	AB	Total à payer acquitté par la société tête de groupe sur la déclaration récapitulative 3310-CA3G (lignes 28 + 29 + Z5)	9991	....
				32	**Total à payer (lignes 28 + 29 + Z5 – AB)** (N'oubliez pas d'effectuer le règlement correspondant)	9992	35 600

Attention ! Une situation de TVA créditrice (ligne 25 servie) ne dispense pas du paiement des taxes assimilées déclarées ligne 29 et des taxes intérieures de consommation (TIC) déclarées ligne Z5.

III. Le crédit de TVA

Lorsque la TVA déductible est supérieure à la TVA exigible, le solde représente un crédit de TVA à reporter. L'entreprise peut :
- soit imputer le crédit de TVA sur la TVA à décaisser du mois suivant ;
- soit, sous certaines conditions, en demander le remboursement.

Lors de la comptabilisation de la déclaration de TVA du mois, le crédit de TVA est inscrit au débit du compte 44567 « Crédit de TVA à reporter ».

Le crédit de TVA non remboursé viendra en déduction de la TVA à décaisser du mois suivant.

Pour le mois de juin N, les comptes relatifs à la TVA d'une entreprise présentent les soldes suivants :

4452 - TVA due intracommunautaire	7 622,02
44562 - TVA déductible sur immobilisations	20 899,03
44566 - TVA déductible sur autres biens et services	42 602,74
44571 - TVA collectée	44 458,57

La déclaration de TVA fera apparaître les montants suivants correspondant aux lignes indiquées :
- 16 - Total de la TVA brute due 52 081
- 23 - Total TVA déductible 63 502
- 25 - Crédit de TVA 11 421
- 27 - Crédit à reporter 11 421

		30/06		
4452		TVA due intracommunautaire	7 622,02	
44571		TVA collectée	44 458,57	
44567		Crédit de TVA à reporter	11 421,00	
658		Autres charges de gestion courante	0,18	
	44562	TVA déductible sur immobilisations		20 899,03
	44566	TVA déductible sur autres biens et services		42 602,74
		Déclaration de TVA de juin		

3 - Le régime du réel simplifié

I. Les acomptes et la TVA réellement due

La TVA réellement due par l'assujetti (TVA collectée – TVA déductible) est calculée qu'une seule fois par an, sur une déclaration annuelle (imprimé CA12). L'entreprise doit verser spontanément deux acomptes semestriels depuis le 1er janvier 2015 (au lieu de quatre acomptes trimestriels antérieurement). Ces acomptes sont versés en juillet et décembre selon l'échéancier des dates limites fixé par l'administration. Ces acomptes s'imputeront sur le montant de la TVA due déterminée lors du dépôt de la déclaration annuelle (CA12). Les entreprises ayant acquitté pour l'année précédente une TVA nette, hors TVA déductible sur immobilisations, inférieure à 1 000 € sont dispensées du paiement des acomptes. Le montant de la TVA due est acquitté lors du dépôt de la déclaration annuelle.

II. Chronologie des différentes opérations

Les paiements et calculs doivent être faits aux périodes mentionnées dans le tableau ci-dessous.

Dates de paiement	Opérations	Montants
Juillet N	1er acompte	55 % de la TVA annuelle due au titre de N–1 avant déduction de la TVA sur immobilisations
Au plus tard le deuxième jour ouvré suivant le 1er mai de l'année qui suit celle au titre de laquelle elle est déposée	Dépôt de la déclaration CA12	Solde de la TVA due au titre de N–1 : TVA due – acomptes versés l'année précédente
Décembre N	2e acompte	40 % de la TVA annuelle due au titre de N–1 avant déduction de la TVA sur immobilisations

III. Comptabilisation

Les acomptes à verser sont enregistrés lors de la réception de l'avis d'échéance adressé aux redevables par l'administration fiscale. Le montant de l'acompte est enregistré au débit du compte 44581 « Acomptes - Régime simplifié d'imposition » par le crédit du compte 44551 « TVA à décaisser ». Ce compte est ensuite soldé au moment du règlement.

IV. La déclaration annuelle (CA12)

La déclaration CA12 permet de déterminer la TVA dont l'entreprise est effectivement redevable au titre de l'année, et de calculer le solde de TVA à payer ou l'excédent de TVA payé. La TVA a été comptabilisée tout au long de l'année N dans les comptes de TVA correspondants. Ils doivent être soldés pour les montants correspondant à cette année à la fin de l'exercice, sans attendre le dépôt de la déclaration, par virement au compte 44551 « TVA à décaisser ». Ce compte sera débité lors du paiement en mai.

Exemple

1. L'entreprise JUGURTHA doit verser au cours de l'exercice N les acomptes suivants :

- 22 juillet 6 875 €
- 22 décembre 5 000 €

L'acompte d'octobre (avis reçu le 16 juillet) s'enregistrera de la façon suivante.

		16/07/N		
44581		Acomptes - Régime simplifié d'imposition	6 875,00	
	44551	TVA à décaisser		6 875,00
		Troisième acompte de TVA		
		22/07/N		
44551		TVA à décaisser	6 875,00	
	512	Banque		6 875,00
		Paiement de l'acompte de TVA		

2. L'entreprise JUGURTHA a réalisé les opérations suivantes au cours de l'année N :

- ventes de marchandises en France HT (au taux normal) 119 603
- ventes de marchandises en Italie à un assujetti 24 000
- achats de marchandises au Portugal HT (taux normal) 10 000
- achats de biens et services divers (taux normal) 45 033
- achat d'un matériel industriel HT 9 000
- somme des acomptes payés : 6 875 + 5 000 = 11 875 €

Le calcul de la TVA due pour l'année N sera le suivant :

- TVA collectée : 119 603 × 20 % .... 23 920,60 €
- TVA due sur acquisitions intracommunautaires : 10 000 × 20 % .... 2 000,00 €

- TVA exigible .... 25 920,60 €
- TVA déductible sur immobilisations : 9 000 × 20 %........................ 1 800,00 €
- TVA déductible sur autres biens et services : (10 000 + 45 000) × 20 % .... 11 000,00 €

- TVA déductible........................ 12 800,00 €
- TVA due pour l'année N : 25 920,60 – 12 800,00........................ 13 120,60 €
- Acomptes versés .... – 11 875,00 €

- Solde à payer........................ 1 245,60 €
- Arrondi à 1 246,00
  (La déclaration CA12 correspondante est présentée aux pages suivantes).

FICHE RESSOURCES

À la fin de l'année N, l'entreprise JUGURTHA enregistrera l'écriture suivante.

	31/12		
4452	TVA due intracommunautaire	2 000,00	
44571	TVA collectée	23 920,60	
658	Autres charges de gestion courante	0,40	
44551	TVA à décaisser		1 246,00
44562	TVA déductible sur immobilisations		1 800,00
44566	TVA déductible sur autres biens et services		11 000,00
44581	Acomptes - Régime simplifié		11 875,00
	Régularisation de la TVA de l'année		

Fin avril N+1, le paiement de la TVA est joint à la déclaration CA12.

	25/04		
44551	TVA à décaisser	1 246,00	
512	Banque		1 246,00
	Paiement du solde de TVA de N		

I – TVA BRUTE

	OPÉRATIONS NON IMPOSABLES		Base hors taxe
01	Achats en franchise	0037	....
02	Exportations hors UE	0032	....
03	Autres opérations non imposables	0033	....
3A	Ventes à distance taxables dans un autre État membre au profit de personnes non assujetties – Ventes BtoC	0047	....
04	Livraisons intracommunautaires à destination d'une personne assujettie – Ventes BtoB	0034	24 000

	OPÉRATIONS NON IMPOSABLES		Base hors taxe
4B	Ventes de biens ou prestations de services réalisées par un assujetti non établi en France (article 283-1 du code général des impôts)	0043	....
4D	Livraisons d'électricité, de gaz naturel, de chaleur ou de froid non imposables en France	0029	....

	OPÉRATIONS IMPOSABLES		Base hors taxe	Taxe due
	– réalisées en France métropolitaine			
5A	Taux normal 20 %	0207	119 603	23 921
06	Taux réduit 5,5 %	0105	....	....
6C	Taux réduit 10 %	0151	....	....
6D	....		....	....
	– réalisées dans les DOM			
07	Taux normal 8,5 %	0201	....	....
08	Taux réduit 2,1 %	0100	....	....
8B	....		....	....
	– à un autre taux (France métropolitaine ou DOM)			
09	Opérations imposables à un taux particulier	0950	....	....
10	Anciens taux	0900	....	....
	– autres opérations			
AA	Livraisons d'électricité, de gaz naturel, de chaleur ou de froid imposables en France	0030	....	....
AB	Achats de biens ou de prestations de services réalisés auprès d'un assujetti non établi en France (article 283-1 du code général des impôts)	0040	....	....
AC	Achats de prestations de services intracommunautaires (article 283-2 du code général des impôts)	0044	....	....
11	Cessions d'immobilisations	0970	....	....
12	Livraisons à soi-même	0980	....	....
13	Autres opérations imposables	0981	....	....
14	Acquisitions intracommunautaires	0031	....	2 000
15	*Dont* TVA sur immobilisations	0982	|________|	
16	***TOTAL DE LA TAXE DUE (ligne 5A à 14)***			25 921
	Autre TVA DUE			
17	Remboursements provisionnels obtenus en cours d'année ou d'exercice	0983		....
18	TVA antérieurement déduite à reverser	0600		....
AD	Sommes à ajouter	0602		....
19	***TOTAL DE LA TVA BRUTE DUE (lignes 16 + 17 + 18 + AD)***			....

II – TVA DÉDUCTIBLE

	AUTRES BIENS ET SERVICES		Taxe déductible
20	Déductions sur factures (1)	0702	11 000
21	Déductions forfaitaires (1)	0704	....
22	***TOTAL (lignes 20 + 21)***		11 000
	IMMOBILISATIONS		
23	TVA déductible sur immobilisations (1)	0703	1 800
	AUTRE TVA À DÉDUIRE		
24	Crédit antérieur non imputé et non remboursé	0058	....
25	Omissions ou compléments de déductions	0059	....
25A	(1) Compte-tenu, le cas échéant, du coefficient de déduction .... %		
AE	Sommes à imputer	0603	....
26	***TOTAL DE LA TVA DÉDUCTIBLE (lignes 22 + 23 + 24 + 25 + AE)***		12 800
27	Dont TVA non perçue récupérable par les assujettis disposant d'un établissement stable dans les DOM (articles 295-1-5° et 295 A du code général des impôts)	0709	....

Si vous réalisez des opérations intracommunautaires, pensez à la déclaration d'échanges de biens (livraisons de biens) ou à la déclaration européenne de services (prestations de services) à souscrire auprès de la Direction Générale des Douanes et des Droits indirects (cf. notice de la déclaration CA12).

– 2 –

→

FICHE RESSOURCES

III – TVA NETTE

RÉSULTAT DE LA LIQUIDATION			Taxe
28	TVA due : (Ligne 19 – ligne 26) ou		13 121
29	CRÉDIT : (Ligne 26 – ligne 19)	0705	

IMPUTATIONS/RÉGULARISATIONS

	Col. 1 : Montant effectivement payé	Col. 2 : Montant restant à payer
Acompte 1	6 875	
Acompte 2	5 000	
	Tot. 1 11 875	Tot. 2

			Taxe
30	Acomptes payés et / ou restant dus (Tot. 1 + Tot. 2)	0018	11 875

RÉSULTAT NET

			Taxe
33	**SOLDE À PAYER** si ligne 28 – (lignes 29 + 30) ≥ 0 ou		1 246
34	**EXCÉDENT DE VERSEMENT :** si ligne 30 – ligne 28 ≥ 0		
35	**SOLDE EXCÉDENTAIRE :** (lignes 29 + 34) ou (lignes 29 + 30)	0020	

V - RÉCAPITULATION

49	Solde excédentaire (report de la ligne 35)			54	TVA (report de la ligne 33)	1 246
50	Remboursement demandé au cadre VI, page 4	8002		55	Taxes assimilées (total lignes 36 à 85)	0
51	Crédit à reporter (cette somme est à reporter ligne 24 de la prochaine déclaration CA 12 / CA 12 E)	8003				
52	Crédit imputé sur les prochains acomptes	8004				

ATTENTION ! UNE SITUATION DE TVA CRÉDITRICE (LIGNE 49 SERVIE) NE DISPENSE PAS DU PAIEMENT DES TAXES ASSIMILÉES DÉCLARÉES LIGNE 55

Acomptes (cochez les cases correspondant aux acomptes déduits l. 30). Précisez l'année.

58	☐ Juillet |_|_|_|_| ☐ Décembre |_|_|_|_|	56	**TOTAL À PAYER** *(lignes 54 + 55)* (N'oubliez pas de joindre le règlement correspondant)	1 246

BASE DE CALCUL DES ACOMPTES DUS AU TITRE DE L'EXERCICE SUIVANT

57	TVA [ligne 16 – (lignes 11 + 12 + 15 + 22)]	14 921

APPLICATIONS

CONTRÔLE DE CONNAISSANCES

Répondre par « oui » ou par « non » aux affirmations ci-dessous en donnant les explications nécessaires.

1. Une entreprise de services dont le chiffre d'affaires est de 110 000 € est obligatoirement soumise au régime du réel simplifié.
2. Un assujetti dont le chiffre d'affaires est de 985 000 € est obligatoirement soumis au régime du réel normal.
3. La déclaration de TVA est obligatoirement mensuelle en régime normal.
4. En régime simplifié, les acomptes de TVA sont basés sur le chiffre d'affaires réalisé par l'entreprise.
5. Le 1er acompte de TVA d'une année N, dans le régime simplifié, est calculé sur la TVA due au titre de l'année N−1.
6. Dans le cas d'un crédit de TVA, le compte 44551 « TVA à décaisser » est débité.
7. En fin de période, les comptes de TVA collectée et de TVA déductible sont soldés.
8. Les conséquences de l'arrondi des montants de TVA sur la déclaration sont enregistrées en charges de gestion courante.
9. Le compte 44551 est soldé au moment du règlement de la TVA.
10. Le compte 44567 peut être créditeur.

APPLICATION 1★ : TVA À DÉCAISSER

5 Min

TRAVAIL À FAIRE

1. Calculer la TVA due pour le mois de mars et enregistrer la déclaration de TVA.
2. Enregistrer le paiement de la TVA par chèque bancaire en date du 21 avril N.

Au 31 mars, l'entreprise RASTIGNAC présente les comptes suivants :

44571 - TVA collectée (Débit)	44571 - TVA collectée (Crédit)	44562 - TVA sur immobilisations (Débit)	44562 - TVA sur immobilisations (Crédit)	44566 - TVA sur autres biens et services (Débit)	44566 - TVA sur autres biens et services (Crédit)
	54 212,11	14 802,58		35 657,74	

APPLICATION 2★ : CRÉDIT DE TVA

10 Min

TRAVAIL À FAIRE

Présenter et enregistrer la liquidation de TVA du mois de février N.

Au 28 février N, l'entreprise AZEDINE présente les comptes suivants.

N°	Comptes	Mouvements		Soldes	
		Débit	Crédit	Débiteurs	Créditeurs
....	État, TVA déductible sur biens et services	15 443,21	810,20	....	....
....	État, TVA déductible sur immobilisations	28 445,58	....	....	....
....	État, TVA collectée	1 876,44	41 754,16	....	....
....	État, TVA à décaisser	1 066,24	1 066,24	....	....

APPLICATION 3** : TVA À DÉCAISSER ET TVA INTRACOMMUNAUTAIRE

20 Min

TRAVAIL À FAIRE

1. Présenter et enregistrer la liquidation de TVA du mois d'octobre N.
2. Enregistrer le paiement de la TVA par chèque bancaire en date du 24 novembre N.

L'entreprise LUDOVIC a réalisé les opérations suivantes en octobre N.

	Octobre
Chiffre d'affaires HT réalisé en France	200 300
Acquisitions de biens et services HT en France	45 555
Acquisitions de biens et services HT en Espagne	31 900
Acquisitions d'immobilisations HT en France	28 600

Par ailleurs, un crédit de TVA de 5 923 € apparaissait sur la précédente déclaration du mois de septembre N. Toutes les opérations sont soumises au taux normal de TVA.

APPLICATION 4** : CALCUL ET ENREGISTREMENT DE LA TVA À DÉCAISSER

10 Min

TRAVAIL À FAIRE

1. Déterminer la TVA à décaisser ou le crédit de TVA pour février et mars N.
2. Présenter les écritures nécessaires pour février et mars N.

Les informations suivantes ont été réunies pour déterminer la TVA à décaisser de l'entreprise CLAUDIUS.

	Février	Mars
Chiffre d'affaires HT	122 856,14	198 366,68
Acquisitions de biens et services HT	97 277,56	102 449,17
Acquisitions d'immobilisations HT	52 000,00	15 000,00

APPLICATION 5** : ENREGISTREMENT DE LA TVA À PARTIR D'UNE DÉCLARATION CA3

20 Min

TRAVAIL À FAIRE

1. Comptabiliser la déclaration de TVA du mois de septembre (annexe). Aucune demande de remboursement de TVA n'a été effectuée.
2. Calculer le montant de TVA à décaisser au titre du mois d'octobre.
3. Enregistrer cette déclaration.

La SARL BORDENAVE, 6 rue des fleurs – 69000 Lyon, dans laquelle vous effectuez un stage, vous demande d'établir sa déclaration de TVA pour le mois d'octobre. RCS : B 624 236 789 - N° Siret : 624 236 789 000 19 - Code activité : 6110 - N° identification intracommunautaire : FR 49 624 236 789.
L'ensemble de ces opérations est soumis au taux normal. D'autre part, l'entreprise est soumise au régime du réel.
Vous disposez des renseignements suivants :

	Octobre
• Chiffre d'affaires TTC	109 936,32
• Achats (factures) :	
- Biens autres qu'immobilisations montant HT	47 350,00
- TVA déductible sur charges (TVA sur services)*	1 884,00
• Acquisitions	
- Matériel de production HT	6 940,00

*Ces factures n'ont pas été réglées à ce jour.

On vous communique également la déclaration du mois de septembre en annexe (page suivante).

Annexe

A MONTANT DES OPÉRATIONS RÉALISÉES

	OPÉRATIONS TAXÉES (HT)		
A1	Ventes, prestations de services	0979	88000
A2	Autres opérations imposables	0981	
A3	Achats de prestations de services réalisés auprès d'un assujetti non établi en France (article 283-2 du code général des impôts)	0044	
A4	Importations (autres que les produits pétroliers)	0056	5000
A5	Sorties de régime fiscal suspensif (autres que les produits pétroliers)	0051	
B1	Mises à la consommation de produits pétroliers	0048	
B2	Acquisitions intracommunautaires	0031	
B3	Achats d'électricité, de gaz naturel, de chaleur ou de froid imposables en France	0030	
B4	Achats de biens ou de prestations de services réalisés auprès d'un assujetti non établi en France (article 283-1 du code général des impôts)	0040	
B5	Régularisations (important : cf. notice)	0036	

	OPÉRATIONS NON TAXÉES		
E1	Exportations hors UE	0032	
E2	Autres opérations non imposables	0033	
E3	Ventes à distance taxables dans un autre État membre au profit des personnes non assujetties – Ventes B to C	0047	
E4	Importations (autres que les produits pétroliers)	0052	
E5	Sorties de régime fiscal suspensif (autres que les produits pétroliers)	0053	
E6	Importations placées sous régime fiscal suspensif (autres que les produits pétroliers)	0054	
F1	Acquisitions intracommunautaires	0055	
F2	Livraisons intracommunautaires à destination d'une personne assujettie – Ventes B to B	0034	
F3	Livraisons d'électricité, de gaz naturel, de chaleur ou de froid non imposables en France	0029	
F4	Mises à la consommation de produits pétroliers	0049	
F5	Importations de produits pétroliers placées sous régime fiscal suspensif	0050	
F6	Achats en franchise	0037	
F7	Ventes de biens ou prestations de services réalisées par un assujetti non établi en France (article 283-1 du code général des impôts)	0043	
F8	Régularisations (important : cf. notice)	0039	
F9	Opérations internes réalisées entre membres d'un assujetti unique	0061	

B DÉCOMPTE DE LA TVA À PAYER

	TVA BRUTE		Base hors taxe	Taxe due
	Opérations réalisées en France métropolitaine			
08	Taux normal 20 %	0207	93000	18600
09	Taux réduit 5,5 %	0105		
9B	Taux réduit 10 %	0151		
	Opérations réalisées dans les DOM			
10	Taux normal 8,5 %	0201		
11	Taux réduit 2,1 %	0100		
	Opérations imposables à un taux particulier			
T1	Opérations réalisées dans les DOM et imposables au taux de 1,75 %	1120		
T2	Opérations réalisées dans les DOM et imposables au taux de 1,05 %	1110		
T3	Opérations réalisées en Corse et imposables au taux de 10 %	1081		
T4	Opérations réalisées en Corse et imposables au taux de 2,1 %	1050		
T5	Opérations réalisées en Corse et imposables au taux de 0,9 %	1040		
T6	Opérations réalisées en France continentale au taux de 2,1 %	1010		
T7	Retenue de TVA sur droits d'auteur	0990		
13	Anciens taux	0900		
	Produits pétroliers			
P1	Taux normal 20 %	0208		
P2	Taux réduit 13 %	0152		
	Importations			
I1	Taux normal 20 %	0210		
I2	Taux réduit 10 %	0211		
I3	Taux réduit 8,5 %	0212		
I4	Taux réduit 5,5 %	0213		
I5	Taux réduit 2,1 %	0214		
I6	Taux réduit 1,05 %	0215		
15	TVA antérieurement déduite à reverser (dont TVA sur les produits pétroliers ....) (dont TVA sur les produits importés hors produits pétroliers ....)		0600	
5B	Sommes à ajouter, y compris acompte congés		0602	

→

Annexe *(suite)*

16	**Total de la TVA brute due (lignes 08 à 5B)**		18 600
17	Dont TVA sur acquisitions intracommunautaires	0035	1 000
18	Dont TVA sur opérations à destination de Monaco	0038	....

TVA DÉDUCTIBLE

19	Biens constituant des immobilisations	0703	1 862
20	Autres biens et services	0702	17 056
21	Autre TVA à déduire (dont régularisation de TVA sur les produits pétroliers :) (dont régularisation de TVA sur les produits importés hors produits pétroliers :) (dont régularisation de TVA collectée sur autres produits ou PS [cf. notice] ou de TVA déductible :)	0059	....
22	Report du crédit apparaissant ligne 27 de la précédente déclaration	8001	1 515
2C	Sommes à imputer, y compris acompte congés	0603	....

22A	Indiquer le coefficient de taxation unique applicable pour la période s'il est différent de 100 %	%	23	**Total TVA déductible (ligne 19 à 2C)**		20 433
			24	Dont TVA déductible sur importations hors produits pétroliers	0710	....
			2E	Dont TVA déductible sur les produits pétroliers	0711	....

TVA due ou crédit de TVA

25	Crédit de TVA (ligne 23 – ligne 16)	0705	1 833	TD	TVA due (ligne 16 – ligne 23)	8900	....

Régularisation des taxes intérieures de consommation (TIC)

	Crédit de TIC										
	Crédit constaté (a)	Crédit imputé sur la TVA (dans la limite de la ligne TD) (b)			Reliquat de crédit à rembourser (a-b)			Versement de TIC attendu – Taxe due			
	Montant			Montant			Montant			Montant	
TICFE	....	X1	8100	....	Y1	8110	....	Z1	8120	....	
TICGN	....	X2	8101	....	Y2	8111	....	Z2	8121	....	
TICC	....	X3	8102	....	Y3	8112	....	Z3	8122	....	
TOTAL	....	**X4** (X1 + X2 + X3) à reporter ligne X5		....	**Y4** (Y1 +Y2 +Y3) à reporter ligne Y5 ou Y6		....	**Z4** (Z1 + Z2 + Z3) à reporter ligne Z5		....	

Détermination du montant à payer et/ou des crédits de TVA et/ou de TIC

26	Remboursement de crédit de TVA demandé sur formulaire n°3519	8002	....	X5	Crédit de TIC imputé sur la TVA (report de la ligne X4)	8103	....
AA	Crédit de TVA transféré à la société tête de groupe sur la déclaration récapitulative 3310 CA3G	8005	....	28	TVA nette due (ligne TD – ligne X5)	8901	....
27	Crédit de TVA à reporter (ligne 25 – ligne 26 – ligne AA) (Cette somme est à reporter ligne 22 de la prochaine déclaration)	8003	1 833	29	Taxes assimilées calculées sur l'annexe n° 3310 A	9979	....
Y5	Remboursement de reliquat de TIC demandé (report de la ligne Y4)	8113	....	Z5	Total des taxes intérieures de consommation dues (report de la ligne Z4)	8123	....
Y6	Crédit de TIC transféré à la société tête de groupe sur la déclaration récapitulative 3310-CA3G (report de la ligne Y4)	8114	....	AB	Total à payer acquitté par la société tête de groupe sur la déclaration récapitulative 3310-CA3G (lignes 28 + 29 + Z5)	9991	....
				32	**Total à payer (lignes 28 + 29 + Z5 – AB)** (N'oubliez pas d'effectuer le règlement correspondant)	9992	....

Attention ! Une situation de TVA créditrice (ligne 25 servie) ne dispense pas du paiement des taxes assimilées déclarées ligne 29 et des taxes intérieures de consommation (TIC) déclarées ligne Z5.

APPLICATION 6** : RÉGIME SIMPLIFIÉ DE TVA

20 Min

TRAVAIL À FAIRE

1. Déterminer les acomptes de TVA réglés en N.
2. Enregistrer les 1er et 2e acomptes (le 21 du mois concerné).
3. Déterminer la TVA due pour l'année N et le solde de TVA à décaisser le 5 mai N+1 figurant sur la déclaration CA12.
4. Comptabiliser la déclaration CA12 de l'année N.

L'entreprise individuelle de transport de marchandises LES RAPIDES, située à Garonor - Aulnay-sous-Bois en Seine-Saint-Denis, a réalisé les opérations suivantes au cours de l'année N.

- Prestations de services encaissées : 180 300 HT
- Achats de fournitures et de matières : 93 400 HT
- Paiements des services : 26 200 HT
- Achat d'un camion : 27 500 HT

Au cours de l'année N−1, la déclaration CA12 mentionnait les éléments suivants :

- TVA collectée : 20 198
- TVA déductible sur biens et services : 6 650
- TVA déductible sur immobilisations : 3 760

CONTEXTE PROFESSIONNEL PRESTI'JARDINS

Le cadre de l'entreprise PRESTI'JARDINS est présenté page 6.

Compétences attendues
Le candidat doit pouvoir restituer les mécanismes simples en matière de TVA, aussi bien pour les livraisons de biens que pour les prestations de services :
- en France ;
- avec l'Union européenne ;
- avec le reste du monde.
À partir d'un contexte professionnel, le candidat doit pouvoir :
- qualifier les opérations simples ;
- calculer la TVA due ou le crédit de TVA au titre d'une période ;
- comptabiliser la déclaration et le paiement de la TVA le cas échéant.

La déclaration de TVA du mois de juin de la SAS PRESTI'JARDINS a été générée automatiquement par le logiciel de comptabilité. Le responsable comptable vous demande de vérifier certains montants et de comptabiliser cette déclaration.

MISSIONS

1. ***Justifier (rappel des règles et calculs) les lignes A1, A4, 08, I1, 17, 19 et 20 de la déclaration de TVA CA3 du mois de juin (annexe).***

2. ***Comptabiliser la déclaration de TVA du mois de juin (annexe).***

3. ***Indiquer en quoi consiste l'option pour les débits en matière de TVA, puis présenter son intérêt et ses limites pour la société PRESTI'JARDINS.***

Les opérations réalisées par PRESTI'JARDINS au cours du mois de juin sont résumées dans le tableau suivant :

Ventes de marchandises en France au taux de 20 %	117 000 €
Prestations de services facturées au taux de 20 %	310 000 €
Prestations de services encaissées au taux de 20 %	360 000 €
Prestations de services facturées au taux de 10 %	120 000 €
Prestations de services encaissées au taux de 10 %	110 000 €
Achats de marchandises en France au taux de 20 %	80 000 €
Paiement des marchandises achetées (achats du mois et des mois précédents)	120 000 €
Achats de marchandises au sein de l'UE, les marchandises sont soumises au taux de 20 % en France	10 000 €
Importations de marchandises du Maroc, les marchandises sont soumises au taux de 20 % en France	25 000 €
Acquisition d'une immobilisation en France au taux de 20 %	12 000 €

Précisions :

➔ Les ventes et les acquisitions sont exprimées HT.

➔ Les règlements sont exprimés TTC.

➔ Les numéros de TVA intracommunautaire sont communiqués pour les échanges au sein de l'UE.

➔ L'entreprise autoliquide la TVA pour ses importations en provenance du Maroc. L'entreprise utilise le compte 44571 « État, TVA collectée » pour la TVA collectée lors de l'autoliquidation.

Annexe Déclaration de TVA du mois de juin

A MONTANT DES OPÉRATIONS RÉALISÉES

	OPÉRATIONS TAXÉES (HT)		
A1	Ventes, prestations de services	0979	517 000
A2	Autres opérations imposables	0981	
A3	Achats de prestations de services réalisés auprès d'un assujetti non établi en France (article 283-2 du code général des impôts)	0044	
A4	Importations (autres que les produits pétroliers)	0056	25 000
A5	Sorties de régime fiscal suspensif (autres que les produits pétroliers)	0051	
B1	Mises à la consommation de produits pétroliers	0048	
B2	Acquisitions intracommunautaires	0031	10 000
B3	Achats d'électricité, de gaz naturel, de chaleur ou de froid imposables en France	0030	
B4	Achats de biens ou de prestations de services réalisés auprès d'un assujetti non établi en France (article 283-1 du code général des impôts)	0040	
B5	Régularisations (important : cf. notice)	0036	

	OPÉRATIONS NON TAXÉES		
E1	Exportations hors UE	0032	
E2	Autres opérations non imposables	0033	
E3	Ventes à distance taxables dans un autre État membre au profit des personnes non assujetties – Ventes B to C	0047	
E4	Importations (autres que les produits pétroliers)	0052	
E5	Sorties de régime fiscal suspensif (autres que les produits pétroliers)	0053	
E6	Importations placées sous régime fiscal suspensif (autres que les produits pétroliers)	0054	
F1	Acquisitions intracommunautaires	0055	
F2	Livraisons intracommunautaires à destination d'une personne assujettie – Ventes B to B	0034	
F3	Livraisons d'électricité, de gaz naturel, de chaleur ou de froid non imposables en France	0029	
F4	Mises à la consommation de produits pétroliers	0049	
F5	Importations de produits pétroliers placées sous régime fiscal suspensif	0050	
F6	Achats en franchise	0037	
F7	Ventes de biens ou prestations de services réalisées par un assujetti non établi en France (article 283-1 du code général des impôts)	0043	
F8	Régularisations (important : cf. notice)	0039	
F9	Opérations internes réalisées entre membres d'un assujetti unique	0061	

B DÉCOMPTE DE LA TVA À PAYER

	TVA BRUTE		Base hors taxe	Taxe due
	Opérations réalisées en France métropolitaine			
08	Taux normal 20 %	0207	427 000	85 400
09	Taux réduit 5,5 %	0105		
9B	Taux réduit 10 %	0151	100 000	10 000
	Opérations réalisées dans les DOM			
10	Taux normal 8,5 %	0201		
11	Taux réduit 2,1 %	0100		
	Opérations imposables à un taux particulier			
T1	Opérations réalisées dans les DOM et imposables au taux de 1,75 %	1120		
T2	Opérations réalisées dans les DOM et imposables au taux de 1,05 %	1110		
T3	Opérations réalisées en Corse et imposables au taux de 10 %	1081		
T4	Opérations réalisées en Corse et imposables au taux de 2,1 %	1050		
T5	Opérations réalisées en Corse et imposables au taux de 0,9 %	1040		
T6	Opérations réalisées en France continentale au taux de 2,1 %	1010		
T7	Retenue de TVA sur droits d'auteur	0990		
13	Anciens taux	0900		
	Produits pétroliers			
P1	Taux normal 20 %	0208		
P2	Taux réduit 13 %	0152		
	Importations			
I1	Taux normal 20 %	0210	25 000	5 000
I2	Taux réduit 10 %	0211		
I3	Taux réduit 8,5 %	0212		
I4	Taux réduit 5,5 %	0213		
I5	Taux réduit 2,1 %	0214		
I6	Taux réduit 1,05 %	0215		
15	TVA antérieurement déduite à reverser (dont TVA sur les produits pétroliers ……………….) (dont TVA sur les produits importés hors produits pétroliers ……………….)	0600		
5B	Sommes à ajouter, y compris acompte congés	0602		

→

16	**Total de la TVA brute due (lignes 08 à 5B)**		100 400
17	Dont TVA sur acquisitions intracommunautaires	0035	2 000
18	Dont TVA sur opérations à destination de Monaco	0038	

TVA DÉDUCTIBLE

19	Biens constituant des immobilisations	0703	2 400
20	Autres biens et services	0702	23 000
21	Autre TVA à déduire (dont régularisation de TVA sur les produits pétroliers :) (dont régularisation de TVA sur les produits importés hors produits pétroliers :) (dont régularisation de TVA collectée sur autres produits ou PS [cf. notice] ou de TVA déductible :)	0059	
22	Report du crédit apparaissant ligne 27 de la précédente déclaration	8001	
2C	Sommes à imputer, y compris acompte congés	0603	
22A	Indiquer le coefficient de taxation unique applicable pour la période s'il est différent de 100 % ..... %		
23	**Total TVA déductible (ligne 19 à 2C)**		25 400
24	Dont TVA déductible sur importations hors produits pétroliers	0710	
2E	Dont TVA déductible sur les produits pétroliers	0711	

TVA due ou crédit de TVA

25	Crédit de TVA (ligne 23 – ligne 16)	0705		TD	TVA due (ligne 16 – ligne 23)	8900	75 000

Régularisation des taxes intérieures de consommation (TIC)

	Crédit de TIC									Versement de TIC attendu		
	Crédit constaté (a)	Crédit imputé sur la TVA (dans la limite de la ligne TD) (b)			Reliquat de crédit à rembourser (a-b)			Taxe due				
	Montant			Montant			Montant			Montant		
TICFE		X1	8100		Y1	8110		Z1	8120			
TICGN		X2	8101		Y2	8111		Z2	8121			
TICC		X3	8102		Y3	8112		Z3	8122			
TOTAL		**X4** (X1 + X2 + X3) à reporter ligne X5			**Y4** (Y1 +Y2 +Y3) à reporter ligne Y5 ou Y6			**Z4** (Z1 + Z2 + Z3) à reporter ligne Z5				

Détermination du montant à payer et/ou des crédits de TVA et/ou de TIC

26	Remboursement de crédit de TVA demandé sur formulaire n°3519	8002		X5	Crédit de TIC imputé sur la TVA (report de la ligne X4)	8103	
AA	Crédit de TVA transféré à la société tête de groupe sur la déclaration récapitulative 3310 CA3G	8005		28	TVA nette due (ligne TD – ligne X5)	8901	75 000
27	Crédit de TVA à reporter (ligne 25 – ligne 26 – ligne AA) (Cette somme est à reporter ligne 22 de la prochaine déclaration)	8003		29	Taxes assimilées calculées sur l'annexe n° 3310 A	9979	
Y5	Remboursement de reliquat de TIC demandé (report de la ligne Y4)	8113		Z5	Total des taxes intérieures de consommation dues (report de la ligne Z4)	8123	
Y6	Crédit de TIC transféré à la société tête de groupe sur la déclaration récapitulative 3310-CA3G (report de la ligne Y4)	8114		AB	Total à payer acquitté par la société tête de groupe sur la déclaration récapitulative 3310-CA3G (lignes 28 + 29 + Z5)	9991	
				32	**Total à payer (lignes 28 + 29 + Z5 – AB)** (N'oubliez pas d'effectuer le règlement correspondant)	9992	75 000

Attention ! Une situation de TVA créditrice (ligne 25 servie) ne dispense pas du paiement des taxes assimilées déclarées ligne 29 et des taxes intérieures de consommation (TIC) déclarées ligne Z5.

CHAPITRE 9 : LES RELATIONS AVEC LE PERSONNEL ET LES ORGANISMES SOCIAUX

COMPÉTENCE ATTENDUE

Évaluer et comptabiliser les opérations relatives au personnel et aux organismes sociaux.

FICHE RESSOURCES

1 - Les différents éléments de la rémunération

I. Le salaire brut

Le salaire brut est la rémunération obtenue par le salarié.

Le salaire brut est composé des éléments suivants :
- salaire de base pour les salariés mensualisés ;
- primes (ancienneté, travail difficile...) ;
- heures supplémentaires, elles sont majorées par rapport aux heures normales effectuées par le salarié ;
- avantages en nature.

Le salaire de base ne peut être inférieur au SMIC.
- 11,65 € brut/heure au 01/01/2024.
- 1 766,92 € brut sur une base de 35 heures.

La masse salariale est le cumul des rémunérations brutes des salariés de l'entreprise.

II. Les cotisations sociales

Les cotisations sociales sont des sommes prélevées par les organismes sociaux pour le financement des différents régimes de protection sociale (maladie, retraite, chômage, allocations familiales).

Les cotisations sociales sont décomposées en deux parties :
- **les cotisations salariales** sont payées par les salariés, mais elles sont retenues par l'employeur qui les reverse aux organismes sociaux ;
- **les cotisations patronales** sont payées par les employeurs.

Les cotisations sociales sont calculées sur le salaire brut, certaines sont plafonnées sur une base fixée par la Sécurité sociale.

Les organismes collecteurs des cotisations sociales sont les suivants :
- **Urssaf :** Union de recouvrement des cotisations de Sécurité sociale et d'allocations familiales. L'Urssaf est également chargée du recouvrement des cotisations France Travail pour l'indemnisation des chômeurs, ainsi que de la CSG et de la CRDS ;
- **ARRCO :** Association des régimes de retraite complémentaire (cadres et non-cadres) ;
- **AGIRC :** Association générale des institutions de retraite des cadres.

Les salaires sont également soumis à la contribution sociale généralisée (**CSG**) et à la contribution au remboursement de la dette sociale (**CRDS**), ces deux impôts sont à la charge du salarié et sont retenus par l'employeur.

Le coût total des rémunérations pour l'employeur est la somme des salaires bruts et des cotisations patronales.

III. Le salaire net, net à payer, imposable

1. Salaire net

Le salaire net est la différence entre le salaire brut et les cotisations sociales salariales (y compris la CSG et la CRDS).

2. Salaire net à payer

Le salaire net à payer est la somme qui est effectivement versée au salarié par l'entreprise.

Les éléments suivants expliquent la différence entre le salaire net et le salaire net à payer :
- **les avantages en nature** ne sont pas versés en argent ;
- le salarié peut avoir demandé des **acomptes** au cours du mois ;
- des **saisies** peuvent être effectuées sur le salaire sur décision de justice ;
- depuis le 1er janvier 2019, l'employeur retient à la **source l'impôt sur le revenu** dû par le salarié ;

Salaire net à payer = Salaire net – (Saisies sur salaire + Acomptes demandés par le salarié + Avantages en nature + Prélèvement à la source)

3. Salaire imposable à l'impôt sur le revenu

Le salaire imposable à l'impôt sur le revenu devrait normalement être le salaire net.

Les éléments suivants expliquent la différence est le salaire net et le salaire imposable :
- la CRDS et une partie de la CSG constituent des **impôts non déductibles** du revenu imposable ;
- les heures supplémentaires **sont exonérées d'impôt sur le revenu** jusqu'à 5 000 € par année.

Salaire imposable = Salaire net + (CRDS et CSG non déductibles) – Heures supplémentaires défiscalisées

2 - Les documents liés à la rémunération

I. Le bulletin de salaire

Il doit être remis **mensuellement** au salarié et récapitule les sommes gagnées par le salarié, ainsi que les différentes cotisations salariales et patronales.

Le bulletin de paie comporte les éléments suivants d'après **l'article R. 3243-1 du Code du travail** :
- le **nom et l'adresse de l'employeur** et, le cas échéant, la désignation de l'établissement dont dépend le salarié ;
- la référence de **l'Urssaf** auquel l'employeur verse les cotisations de Sécurité sociale, son numéro de Siret et son **code NAF/APE** ;
- l'intitulé de la **convention collective** applicable (à défaut, les références du Code du travail concernant la durée des congés payés et les délais de préavis en cas de cessation du contrat) ;
- le **nom et l'emploi du salarié**, ainsi que sa **position** dans la classification conventionnelle qui lui est applicable et son **coefficient** ;
- la **période** et le **nombre d'heures** auxquels se rapporte le salaire, en distinguant les heures payées au taux normal et celles payées en heures supplémentaires ;
- pour les salariés sous convention de **forfait**, la nature et le volume du forfait ;
- l'indication de la nature de la **base de calcul du salaire** lorsque, par exception, cette base de calcul n'est pas la durée du travail ;
- la nature et le montant des **accessoires de salaire** (primes, avantages, etc.) soumis aux cotisations salariales et patronales ;
- le montant de la **rémunération brute** ;
- la nature et le montant de tous les **ajouts et retenues** réalisés sur la rémunération brute (CSG, CRDS, cotisations salariales, etc.) ;
- le montant de la **somme nette versée** au salarié et de la **date de paiement** ;
- les dates des **congés payés** et le montant de l'indemnité correspondante quand une période de congé annuel est comprise dans la période de paie considérée ;
- le montant de la prise en charge des **frais de transport** ;
- la mention obligeant le salarié à **conserver le bulletin de paie** sans limitation de durée (article R. 3243-5 du Code du travail).

BULLETIN DE PAIE DE MARS 2024

EMPLOYEUR :		SALARIÉ :	
Nom :	**Cabinet DCG**	***Nom et prénom:***	NANG Chun
Adresse :	3 rue des Chiffres	***Adresse :***	25 avenue de Bâle
CP et ville :	67000 STRASBOURG	***Numéro SS :***	2 81 01 68 066 120 15
Numéro APE :	6920E	***Emploi :***	Collaborateur comptable
Numéro SIRET :	21 670 482 500 018	***Statut :***	Non cadre

Salaire de base	151,67	20,00 €	3 033,40 €	Plafond SS	3 666,00 €
HS à 25 %	0	25,00 €	0,00 €		
HS à 50 %	0	30,00 €	0,00 €		
SALAIRE BRUT			**3 033,40 €**		

COTISATIONS	PART SALARIALE			PART PATRONALE		
	Base	Taux	Montant	Base	Taux	Montant
CSG non déductible	2 942,40 €	2,40 %	70,62 €			
CRDS non déductible	2 942,40 €	0,50 %	14,71 €			
CSG déductible	2 942,40 €	6,80 %	200,08 €			
Sécurité sociale						
Assurance maladie				3 033,40 €	13,00 %	394,34 €
Assurance veuvage						
Assurance vieillesse						
AV déplafonnée	3 033,40 €	0,40 %	12,13 €	3 033,40 €	1,90 %	57,63 €
AV plafonnée	3 033,40 €	6,90 %	209,30 €	3 033,40 €	8,55 %	259,36 €
Accidents du travail				3 033,40 €	7,30 %	221,44 €
Allocations familiales				3 033,40 €	5,25 %	159,25 €
Aide au logement						
AL déplafonnée				3 033,40 €	0,40 %	12,13 €
AL plafonnée				3 033,40 €	0,10 %	3,03 €
Assurance chômage						
Assurance chômage tranche A				3 033,40 €	4,05 %	122,85 €
Assurance chômage tranche AGS (FNGS)				3 033,40 €	0,15 %	4,55 €
Caisse de retraite (non-cadre)						
Retraite complémentaire et AGFF tranche 1	3 033,40 €	3,15 %	95,55 €	3 033,40 €	4,72 %	143,18 €
Retraite complémentaire et AGFF tranche 2	0,00 €	8,64 %	0,00 €	0,00 €	12,95 %	0,00 €
TOTAL des cotisations			**602,40 €**			**1 377,77 €**

Net à payer avant l'impôt sur le revenu 2 431,00 €

	Congés 2023	Congés 2024
Acquis	**30**	**7,5**
Pris	**15**	**0**
Solde	**15**	**7,5**

Impôt sur le revenu prélevé à la source

Base	Taux	Montant	Net à payer en euros
2 431,00 €	5,60 %	136,14 €	**2 294,86 €**

Payé par virement bancaire le 31 mars 2024.

Salaire net imposable **2 516,33 €**

La convention collective de l'expertise comptable est applicable.

À CONSERVER SANS LIMITE DE DURÉE

II. Le registre du personnel

Le registre du personnel est un document qui récapitule les mouvements des salariés de l'entreprise. Il précise les dates d'entrée et de sortie de l'ensemble des salariés. Ce document est demandé en cas de contrôles menés par l'inspection du travail.

III. Le livre de paie

Le livre de paie est un document qui récapitule l'ensemble des bulletins de paie des salariés. Les écritures comptables sont établies à l'aide de ce document.

IV. La déclaration sociale nominative (DSN)

La déclaration sociale nominative (DSN) est le moyen de transmission des données de l'entreprise pour déclarer et payer ses cotisations aux organismes sociaux. Elle remplace dans la plupart des cas la déclaration annuelle des données sociales unifiée (DADS-U).

L'entreprise établit une DSN par salarié.

FICHE RESSOURCES

La DSN est produite à partir du logiciel de paye et elle est transmise par voie électronique.

3. La comptabilisation de la rémunération du personnel

La comptabilisation de la rémunération du personnel s'effectue en plusieurs écritures. Les données synthétisées dans le livre de paye sont enregistrées dans le système d'information comptable.

I. La constatation de la rémunération brute des salariés

	XX/XX		
641	Rémunérations du personnel	Salaires bruts	
421	Personnel - Rémunérations dues		Salaires bruts
	Salaires bruts du mois		

II. La constatation des retenues des cotisations salariales et du prélèvement à la source de l'IR

	XX/XX		
421	Personnel – Rémunérations dues	Retenues sal.	
431	Sécurité sociale		(1)
437	Autres organismes sociaux		(2)
4421	Prélèvement à la source IR		(3)
	Retenues des cotisations salariales et de l'IR		

(1) Cotisations salariales de Sécurité sociale + CSG/CRDS.
(2) Cotisations de retraites complémentaires + autres cotisations à la charge du salarié.
(3) Prélèvement à la source.

En comptabilisant cette écriture, l'entreprise diminue sa dette envers les salariés et constate une dette envers les différents organismes.

III. La constatation des charges patronales

	XX/XX		
645	Charges de Sécurité sociale et de prévoyance	Cotisation pat.	
431	Sécurité sociale		(1)
437	Autres organismes sociaux		(2)
	Constatations des cotisations patronales		

(1) Cotisations patronales de Sécurité sociale + cotisations France Travail.
(2) Cotisations de retraites complémentaires + autres cotisations à la charge de l'employeur.

IV. Le versement d'un acompte au cours du mois

	XX/XX		
425	Personnel - Acomptes	Acomptes	
512	Banque		Acomptes
	Acompte versé à un salarié		

V. Le paiement des salaires nets

	XX/XX		
421	Charges de Sécurité sociale et de prévoyance	Salaires nets	
512	Sécurité sociale		Salaires nets
	Versement des salaires nets du mois		

Remarques par rapport à l'écriture du paiement des salaires :

- le compte **425 « Personnel – Avances et acomptes »** est éventuellement soldé au moment du paiement du salaire net, il est dans ce cas crédité et la rémunération versée aux salariés est donc diminuée ;
- en cas d'opposition sur salaires, le compte **427 « Personnel-Oppositions »** est crédité du montant de l'opposition et la rémunération versée aux salariés est donc diminuée ;
- les acomptes et les oppositions sur salaires peuvent également être déduits dans l'écriture constatant les retenues sur salaires.

VI. Le paiement des cotisations sociales et du prélèvement à la source

- Les cotisations salariales et patronales sont reversées aux organismes de Sécurité sociale.
- Le prélèvement à la source est reversé à l'administration fiscale.

		XX/XX		
431		Sécurité sociale	(1)	
437		Autres organismes sociaux	(2)	
4421		Prélèvement à la source IR	(3)	
	512	Banque		Paiement
		Retenues des cotisations salariales et de l'IR		

(1) Cotisations salariales et patronales de Sécurité sociale + cotisations France Travail + CSG/CRDS.
(2) Cotisations de retraites complémentaires + autres cotisations.
(3) Prélèvement à la source.

APPLICATIONS

CONTRÔLE DE CONNAISSANCES

Répondre par « oui » ou par « non » aux affirmations ci-dessous en donnant les explications nécessaires.

1. Lors du versement d'un acompte à un salarié, le compte 512 « Banque » est débité et le compte 425 « Personnel – Avances et acomptes » est crédité.
2. Le salaire net à payer est équivalent au salaire imposable.
3. Le coût total des rémunérations est équivalent à la masse salariale.
4. Les heures supplémentaires effectuées par un salarié sont exonérées d'impôt sur le revenu.
5. Le bulletin de salaire est un document obligatoire qui doit être remis à chaque salarié à la fin du mois.
6. Les cotisations sociales sont des impôts qui servent au financement de la dépense publique.
7. Les avantages en nature sont soumis aux cotisations sociales.
8. Les cotisations patronales et les cotisations salariales sont reversées simultanément aux organismes collecteurs.
9. La rémunération brute des salaires est comptabilisée à la fin de chaque mois en débitant le compte 641 « Rémunérations du personnel » et en créditant le compte 421 « Personnel – Rémunérations dues ».
10. Les cotisations France Travail sont recouvrées par l'Urssaf.
11. Les avances sur salaires sont soumises à la TVA.
12. Le prélèvement à la source est obligatoire, il représente un acompte sur l'impôt sur le revenu dû par le salarié.
13. Les heures supplémentaires sont moins bien payées que les heures normales.
14. Toutes les cotisations sociales sont déterminées sur le salaire brut.

APPLICATION 1* : LA COMPTABILISATION DES OPÉRATIONS DE PAIE

25 Min

La société BROWN est un revendeur d'instruments de musique, elle est assujettie à la TVA sur l'ensemble de son activité.

La société BROWN emploie 8 salariés.

Le livre de paie du mois de décembre contient les informations suivantes à la date du 31 décembre :

- total des salaires bruts : 30 000,00 € ;
- cotisations sociales :

	Cotisations salariales	Cotisations patronales
Urssaf	4 500,00	8 400,00
FRANCE TRAVAIL (assurance chômage)	0,00	1 000,00
CAISSE DE RETRAITE		
ARRCO	1 060,00	1 800,00
AGIRC	10,00	120,00
COMPLÉMENTAIRE SANTÉ (mutuelle)	400,00	350,00

- des acomptes sur salaires ont été versés pour un montant total de 500,00 € le 8 décembre (virement n° 7) ;
- chaque fin de mois, l'entreprise BROWN est tenue de prélever la somme de 1 000,00 € au titre des oppositions sur salaires ;
- par ailleurs, l'entreprise a prélevé 2 500,00 € au titre du prélèvement à la source (PAS) ;
- les salaires nets ont été versés le 31 décembre (virement n° 12).

TRAVAIL À FAIRE

1. Comptabiliser le versement des acomptes du 8 décembre.
2. Comptabiliser les salaires bruts, les retenues des cotisations salariales et du prélèvement à la source, les cotisations patronales et le versement des salaires nets.

APPLICATION 2★ : LECTURE D'UN BULLETIN DE PAIE

15 Min

La société BROWN est un revendeur d'instruments de musique, elle est assujettie à la TVA sur l'ensemble de son activité.

La société BROWN emploie 8 salariés.

Vous disposez du bulletin de paie de Madame MELOULI.

TRAVAIL À FAIRE

1. Comment le salaire brut de Madame MELOULI est-il déterminé ? À quoi correspondent les 151,67 heures ?
2. Comment le salaire net à payer avant l'impôt sur le revenu est-il déterminé ? Retrouver le montant du salaire net à payer avant l'impôt sur le revenu en partant du salaire brut.
3. Comment le salaire net à payer est-il déterminé ? Retrouver le montant du salaire net à payer en partant du salaire net à payer avant l'impôt sur le revenu.
4. Comment le salaire imposable est-il déterminé ? Retrouver le montant du salaire imposable en partant du salaire net à payer avant l'impôt sur le revenu.
5. Quel est le coût total de la rémunération de Madame MELOULI pour l'entreprise BROWN ?
6. Que représentent les congés payés ? Combien de jours de congés payés reste-t-il à Madame MELOULI ?

BULLETIN DE PAIE DE MARS 2024

EMPLOYEUR :		SALARIÉ :	
Nom :	**Société BROWN**	***Nom et prénom:***	MELOULI Fatima

Salaire de base	151,67	18,00 €	2 730,06 €	Plafond SS :	3 666,00 €
HS à 25 %	0	22,50 €	0,00 €		
HS à 50 %	0	27,00 €	0,00 €		
SALAIRE BRUT			**2 730,06 €**		

COTISATIONS	PART SALARIALE			PART PATRONALE		
	Base	Taux	Montant	Base	Taux	Montant
CSG non déductible	2 648,16 €	2,40 %	63,56 €			
CRDS non déductible	2 648,16 €	0,50 %	13,24 €			
CSG déductible	2 648,16 €	6,80 %	180,07 €			
Sécurité sociale						
Assurance maladie				2 730,06 €	13,00 %	354,91 €
Assurance veuvage						
Assurance vieillesse						
AV déplafonnée	2 730,06 €	0,40 %	10,92 €	2 730,06 €	1,90 %	51,87 €
AV plafonnée	2 730,06 €	6,90 %	188,37 €	2 730,06 €	8,55 %	233,42 €
Accidents du travail				2 730,06 €	7,30 %	199,29 €
Allocations familiales				2 730,06 €	5,25 %	143,33 €
Aide au logement						
AL déplafonnée				2 730,06 €	0,40 %	10,92 €
AL plafonnée				2 730,06 €	0,10 %	2,73 €
Assurance chômage						
Assurance chômage tranche A				2 730,06 €	4,05 %	110,57 €
Assurance chômage tranche AGS (FNGS)				2 730,06 €	0,15 %	4,10 €
Caisse de retraite (non-cadre)						
Retraite complémentaire et AGFF tranche 1	2 730,06 €	3,15 %	86,00 €	2 730,06 €	4,72 %	128,86 €
Retraite complémentaire et AGFF tranche 2	0,00 €	8,64 %	0,00 €	0,00 €	12,95 %	0,00 €
TOTAL des cotisations			**542,16 €**			**1 239,99 €**

Net à payer avant l'impôt sur le revenu 2 187,90 €

Impôt sur le revenu prélevé à la source

Base	Taux	Montant	Net à payer en euros
2 187,90 €	3,50 %	76,58 €	**2 111,32 €**

	Congés 2023	Congés 2024
Acquis	30	7,5
Pris	15	0
Solde	15	7,5

Payé par virement bancaire le 31 mars 2024.

Salaire net imposable **2 264,69 €**

La convention collective nationale des commerces de détail non alimentaires est applicable.

À CONSERVER SANS LIMITE DE DURÉE

APPLICATION 3** : LA COMPTABILISATION DES OPÉRATIONS DE PAIE – AVANTAGES EN NATURE

30 Min

La société BROWN est un revendeur d'instruments de musique, elle est assujettie à la TVA sur l'ensemble de son activité.

La société BROWN emploie 8 salariés.

Le livre de paie du mois de janvier contient les informations suivantes à la date du 31 janvier :

- total des salaires bruts (y compris avantages en nature) : **31 000,00 €** ;
- cotisations sociales :

	Cotisations salariales	Cotisations patronales
Urssaf	4 600,00	8 510,00
FRANCE TRAVAIL (assurance chômage)	0,00	900,00
CAISSE DE RETRAITE ARRCO	1 080,00	1 810,00
COMPLÉMENTAIRE SANTÉ (mutuelle)	410,00	370,00

- depuis le 1er janvier, l'entreprise prend en charge le coût du logement de deux salariés, cet avantage en nature est évalué à 1 300,00 € au total ;
- par ailleurs, l'entreprise a prélevé 2 550,00 € au titre du prélèvement à la source (PAS) ;
- les salaires nets ont été versés le 2 février (virement n° 1).

TRAVAIL À FAIRE

1. Qu'est-ce qu'un avantage en nature ? L'avantage en nature est-il directement payé au salarié ?
2. Comptabiliser les salaires bruts, les retenues des cotisations salariales et du prélèvement à la source, les cotisations patronales et le versement des salaires nets.

APPLICATION 4* : OPPOSITIONS SUR SALAIRES

15 Min

La société BROWN est un revendeur d'instruments de musique, elle est assujettie à la TVA sur l'ensemble de son activité.

La société BROWN emploie 8 salariés.

Madame Spiel, une des salariés de l'entreprise, a contracté des crédits à la consommation qu'elle n'a pas remboursés. Elle doit la somme de 49 000,00 €, un juge a donc ordonné une saisie sur salaire.

Madame Spiel a un salaire brut de 2 900,00 €, elle est célibataire et sans personne à charge.

Madame Spiel a perçu un salaire net moyen de 2 255,00 sur les douze derniers mois.

TRAVAIL À FAIRE

1. Déterminer le montant saisissable sur le salaire du mois de février N.
2. Pendant combien de mois la saisie sur salaire devra-t-elle être effectuée si les revenus de Madame Spiel sont stables ?

Annexe Calcul du montant maximum de la saisie, d'après le site service-public.fr

Seule une fraction du revenu saisissable peut être retenue par l'employeur.
Cette part saisissable est déterminée par un barème défini pour un débiteur vivant seul.
Le montant du revenu saisissable se calcule à partir du cumul des salaires nets perçus au cours des 12 mois précédant l'acte de saisie.
Le salaire net comprend les éléments suivants :

- salaire (déduction faite de la CSG, de la CRDS et du prélèvement à la source de l'impôt sur le revenu) ;
- majorations de salaire pour heures supplémentaires ;
- avantages en nature.

Montant maximum de la saisie pour chaque tranche de ressources mensuelles saisissables

Total des ressources mensuelles saisissables		Part saisissable	Montant maximum de la saisie (montant cumulé)
1re tranche	Jusqu'à 347,50 €	1/20e	17,38 €
2e tranche	Au-delà de 347,50 € et jusqu'à 678,33 €	1/10e	50,46 €
3e tranche	Au-delà de 678,33 € et jusqu'à 1 010,83 €	1/5e	116,96 €
4e tranche	Au-delà de 1 010,83 € et jusqu'à 1 340,00 €	1/4	199,25 €
5e tranche	Au-delà de 1 340,00 € et jusqu'à 1 670,83 €	1/3	309,53 €
6e tranche	Au-delà de 1 670,83 € et jusqu'à 2 007,50 €	2/3	533,97 €
7e tranche	Au-delà de 2 007,50 €	100 %	533,97 € + la totalité des sommes au-delà de 2 007,50 €

Pour chaque personne à la charge du débiteur, le montant des tranches est majoré de 134,17 €.
Les personnes à la charge du débiteur sont, sur présentation de justificatifs, les suivantes :

- époux, partenaire de Pacs (pacte civil de solidarité) ou concubin dont les ressources sont inférieures à 598,54 € ;
- enfants à charge (qui vivent avec lui ou pour lesquels il paie une pension alimentaire) ;
- ascendants (personnes dont on est issu) : parents, grands-parents, arrière-grands-parents... dont les ressources sont inférieures à 598,54 € et qui vivent avec lui ou pour lesquels il paie une pension alimentaire.

CHAPITRE 10 : LES OPÉRATIONS D'INVESTISSEMENT

COMPÉTENCES ATTENDUES

- **Distinguer** les charges des immobilisations.
- **Identifier** la nature d'une immobilisation.
- **Justifier** les règles d'entrée des immobilisations dans le patrimoine de l'entité.
- **Évaluer et comptabiliser** l'entrée des immobilisations incorporelles et corporelles dans le patrimoine de l'entité.

FICHE RESSOURCES

1 - Principes généraux

Les **opérations d'investissement** représentent du **point de vue comptable** les **acquisitions d'immobilisations inscrites à l'actif du bilan** de l'entreprise. L'actif immobilisé est constitué des éléments que **l'entreprise va utiliser durablement pour son activité économique**, sans les transformer.

Une immobilisation constitue un actif, c'est-à-dire un élément du patrimoine ayant une valeur économique positive, identifiable, générateur d'avantages économiques futurs, contrôlé par l'entité et évalué de façon fiable.

Une charge correspond à un bien ou à un service consommé dans l'exercice et ne constitue par un élément durable générateur d'avantages économiques futurs.

2 - Définitions et classification des immobilisations

Actif	Élément identifiable du patrimoine ayant une valeur économique positive pour l'entité, c'est-à-dire un élément générant une ressource que l'entité contrôle du fait d'événements passés et dont elle attend des avantages économiques futurs.
Immobilisation corporelle	Actif physique détenu soit pour être utilisé dans la production ou la fourniture de biens ou de services, soit pour être loué à des tiers, soit à des fins de gestion interne et dont l'entité attend qu'il soit utilisé au-delà de l'application en cours.
Immobilisation incorporelle	Actif non monétaire sans substance physique.
Titres immobilisés	Titres représentatifs de la propriété du patrimoine. Les immobilisations financières sont traitées dans le chapitre 12 « Les opérations sur titres ».

3 - Les immobilisations corporelles

Les immobilisations corporelles sont des biens meubles ou immeubles sur lesquels l'entreprise détient un droit de propriété.

Exemple

- Un terrain est un **investissement corporel** utilisé soit nu dans une activité agricole, soit aménagé dans une activité horticole, soit bâti dans une activité industrielle, commerciale ou immobilière. Quel que soit le secteur d'activité, il est utilisé pour une production de biens ou de services.
- Une machine-outil est un **investissement corporel** qui permet à une entité (entreprise individuelle, sociétés...) de créer, de produire et de générer des bénéfices futurs.

FICHE RESSOURCES

4 - Les immobilisations incorporelles

Le traitement comptable des immobilisations incorporelles correspond soit à des frais répartis sur plusieurs exercices selon la volonté du chef d'entreprise, soit à des éléments définis par le PCG et obligatoirement compris dans le patrimoine de l'entreprise.

Frais répartis	201 « Frais d'établissement »	Les dépenses engagées à l'occasion d'opérations qui conditionnent l'existence ou le développement de l'entité, mais dont le montant ne peut être rapporté à des productions de biens ou services déterminées, peuvent être inscrites en immobilisations incorporelles au poste « Frais d'établissement ».
	203 « Frais de recherche et développement »	Les coûts de développement peuvent être comptabilisés à l'actif s'ils se rapportent à des projets nettement individualisés, ayant de sérieuses chances de réussite technique et de rentabilité commerciale. **Les dépenses de recherche ne peuvent pas être immobilisées.**
Éléments incorporels compris dans le patrimoine de l'entreprise	205 « Concessions et droits similaires, brevets, licences, marques, procédés, logiciels »	Dans ce poste sont regroupées toutes les dépenses relatives : • **aux logiciels ;** **Les logiciels dissociés**, c'est-à-dire les logiciels nécessaires à l'activité de l'entreprise (internes ou commerciaux), acquis séparément ou créés par l'entreprise, constituent des immobilisations incorporelles qui doivent être comptabilisées au débit du compte 205 « Concessions et droits similaires, brevets, licences, marques, procédés, logiciels ». Lorsque **le logiciel est indissocié**, c'est-à-dire facturé en même temps que le matériel informatique, il doit être comptabilisé au débit du compte 2183 « Matériel de bureau et matériel informatique ». **Exemple** Une entreprise commerciale a acquis un logiciel spécifique pour la gestion des fichiers clients. Son coût d'achat sera directement comptabilisé dans le compte 205 « Logiciels... » car son utilisation est nécessaire à l'activité de l'entreprise. L'achat du matériel informatique comprend des logiciels standards pour améliorer la performance de l'ordinateur. Les logiciels intégrés à l'ordinateur sont comptabilisés dans le compte 2183 « Matériel de bureau et matériel informatique ». Pour les sites internet, il convient de distinguer les **sites passifs** et les **sites actifs**. a) **Les sites passifs** sont destinés à présenter l'entreprise sans participer à une activité commerciale. À ce titre, les dépenses sont traitées comme des charges. b) **Les sites actifs** participent aux systèmes de communication ou commerciaux de l'entreprise. À ce titre, ils procurent des avantages économiques. Ils sont enregistrés en logiciels. • **aux brevets, marques, procédés et licences ;** Il s'agit de titres qui donnent aux inventeurs d'un produit ou d'un procédé susceptible d'applications industrielles ou à leur concessionnaire le monopole d'exploitation pendant une durée limitée, définie dans un contrat. **Exemple** Une entreprise de textile achète un brevet relatif à l'exploitation d'un procédé industriel. L'achat de ce brevet sera comptabilisé dans le poste 205 « Brevets... ». Pour conquérir de nouveaux marchés, elle achète un réseau de marques. L'achat de ces marques sera comptabilisé dans le compte 205 « Marques... ».

→

Éléments incorporels compris dans le patrimoine de l'entreprise *(suite)*	205 « Concessions et droits similaires, brevets, licences, marques, procédés, logiciels » *(suite)*	• **aux concessions et droits similaires.** Il s'agit de droits donnés à des entreprises par des autorités publiques pour l'exploitation de biens publics. **Exemple** Une entreprise spécialisée dans le ramassage des ordures ménagères a acheté le droit de ramasser les ordures ménagères pendant 5 ans à une municipalité. Ce droit acheté sera comptabilisé dans le compte 205 « Concessions, droits similaires… ».
	206 « Droit au bail »	Ce droit est payé au propriétaire du local commercial lors de la signature du bail commercial.
	207 « Fonds commercial »	Ce montant représente la valeur d'acquisition des éléments incorporels liés au fonds de commerce (chiffre d'affaires de la clientèle existante, achalandage qui permet le développement de l'activité de l'entreprise). Par contre, un fonds de commerce évalué au cours de l'activité commerciale ne peut pas être comptabilisé à l'actif. **Exemple** Un entrepreneur spécialisé dans l'agroalimentaire achète un fonds de commerce pour un prix de 100 000 €. C'est un investissement incorporel qui permet d'exercer l'activité commerciale relative au secteur agroalimentaire.

FICHE RESSOURCES

5 - Évaluation des immobilisations

À la date d'entrée dans le patrimoine, les immobilisations sont comptabilisées pour les montants suivants :

ACTIFS (IMMOBILISATIONS) ACQUIS À TITRE ONÉREUX	Coût d'acquisition
ACTIFS (IMMOBILISATIONS) ACQUIS À TITRE GRATUIT	Valeur vénale
ACTIFS (IMMOBILISATIONS) ACQUIS PAR VOIE D'ÉCHANGE	Valeur vénale
ACTIFS (IMMOBILISATIONS) PRODUITS PAR L'ENTREPRISE	Coût de production

I. Acquisition d'immobilisations

1. Immobilisations acquises à titre onéreux : coût d'acquisition

Éléments inclus dans le coût d'acquisition	Éléments exclus du coût d'acquisition
• **Prix d'achat**, y compris les droits de douane et taxes non récupérables, après déduction des remises, rabais commerciaux et escomptes de règlement. • Frais de transport, frais d'approvisionnement, autres frais accessoires liés à l'entrée du bien dans l'entreprise ou à la mise en service. • **Droits de mutation, honoraires, commissions et frais d'actes**[1].	• TVA déductible. • Coûts non directement attribuables pour la mise en place et le fonctionnement de l'immobilisation[2] et [3].

Remarques :

(1) Les droits de mutation, honoraires, commissions et frais d'actes liés à l'acquisition, sont des coûts directement attribuables à l'acquisition. Ils peuvent néanmoins, sur option, être comptabilisés en charges. L'option est globale et s'applique à l'ensemble des immobilisations corporelles et incorporelles, mais pas aux stocks.

(2) Par exemple : les frais constatés postérieurs à la première mise en service, les coûts des rémunérations du personnel ne résultant pas directement de l'acquisition de l'immobilisation, les frais de formation du personnel.

(3) Les frais de formation peuvent aussi, sur option, être rattachés au coût d'acquisition de l'immobilisation.

Exemple

Un bureau de 80 000 € est acheté par une entreprise. Son coût de livraison et d'installation est de 20 000 €. Le coût d'acquisition du matériel de bureau est de 100 000 € (prix d'achat : 80 000 € + frais de transport : 20 000 €).

	date d'achat		
2183	Matériel de bureau	100 000,00	
44562	TVA sur immobilisations	20 000,00	
404	Fournisseur d'immobilisations		120 000,00
	Acquisition d'une immobilisation		

2. Immobilisations reçues à titre gratuit

La valeur vénale est le montant qui pourrait être obtenu, à la date de clôture, de la vente d'un actif lors d'une transaction conclue à des conditions normales de marché, net des coûts de sortie. Les coûts de sortie sont les coûts directement attribuables à la sortie d'un actif, à l'exclusion des charges financières et de la charge d'impôt sur le résultat.

Exemple

Une entreprise individuelle de maçonnerie reçoit à titre gratuit, suite à une liquidation judiciaire, deux bétonnières spéciales pour les travaux de voirie.
Sur le marché de l'occasion du BTP, ces deux bétonnières ont une valeur moyenne de 5 000 €. Le coût de sortie correspond aux frais du liquidateur judiciaire, soit : 500 €.
Dans ce cas, l'entreprise comptabilise l'investissement à l'actif pour un coût de : 5 000 - 500 = 4 500 €.
Ce don se traduit par une augmentation de ressources qui doit être constatée dans un compte de produits.
La TVA ne s'applique que sur les opérations à titre onéreux, et non sur les opérations à titre gratuit.

	date du don		
2155	Outillage industriel	4 500,00	
7788	Autres produits exceptionnels		4 500,00
	Acquisition de deux bétonnières suite à une liquidation judiciaire		

II. Fabrication d'immobilisations

1. Immobilisations produites par l'entreprise

- Le coût de production à immobiliser comprend toujours :
  - le coût des matières consommées ;
  - les charges directes de production ;
  - les charges indirectes de production « raisonnablement » rattachables.

Le compte d'immobilisations intéressé est débité par le crédit du compte 72… « Production immobilisée ».

Exemple

Une entreprise construit un entrepôt pour stocker sa production. La date d'achèvement est le 01/07/N. Les coûts constatés sont les suivants :

Matières consommées (matières premières pour la construction)	100 000
Charges directes de production (charges de personnel de l'entreprise)	50 000
Total du coût de production de l'immeuble	150 000

		01/07/N		
213		Constructions	150 000,00	
	722	Production immobilisée		150 000,00

Remarque :
Une fabrication d'immobilisations est considérée comme une livraison à soi-même, c'est-à-dire que l'entreprise crée un investissement pour ses propres besoins. Dans ce cas, cette livraison n'est, en principe, pas soumise à la TVA.

- L'utilisation du compte 72… « Production immobilisée » permet de neutraliser indirectement les charges engagées (matières premières + charges de personnel) par l'entreprise pour la fabrication de la construction.

	Compte de résultat		
Achat de M.P	100 000	Production immobilisée	150 000
Personnel	50 000		
Total charges	150 000	Total produits	150 000

2. Immobilisations en cours

Les immobilisations en cours, c'est-à-dire non terminées, doivent être comptabilisées à la clôture de l'application lorsqu'elles sont en cours de fabrication par l'entreprise elle-même, ou comptabilisées au moment du versement des avances et acomptes lorsqu'elles sont fabriquées par des tiers.

Exemple

Une entreprise investit pour la mise en conformité des différents ateliers. Elle a deux possibilités : soit elle fabrique des matériaux nécessaires à la mise en conformité des différents ateliers, soit elle confie les travaux à des tiers. Quelle que soit la possibilité, le coût total des travaux est de 50 000 €.

Première possibilité : l'entreprise fabrique elle-même les matériaux.

À la date de clôture, au 31/12/N, les en-cours sont chiffrés pour un montant de 10 000 €.

Les travaux sont terminés et la mise en service a lieu le 01/04/N+1. Coût total = 50 000 €.

	31/12/N		
231	Immobilisations corporelles en cours	10 000,00	
722	Production immobilisée		10 000,00
	Fabrication des matériaux en cours de finition		

	01/04/N+1		
2135	Installations générales	50 000,00	
722	Production immobilisée		40 000,00
231	Immobilisations corporelles en cours		10 000,00

Remarques :

- *le compte 231 « Immobilisations corporelles en cours » est soldé ;*
- *le compte 722 « Production immobilisée » (10 000 + 40 000 = 50 000) correspond au montant de l'immobilisation enregistrée le 01/04/N+1.*

Deuxième possibilité : l'entreprise confie les travaux à des tiers.

Les immobilisations en cours résultant de travaux confiés à des tiers donnent lieu à des versements d'avances ou d'acomptes qui doivent être constatés pour mettre en évidence le droit de créance de l'entreprise sur le fournisseur de l'immobilisation concernée.

La règlementation fiscale prévoit l'obligation de collecter de la TVA sur le montant des acomptes encaissés par l'entreprise réalisant les travaux. La TVA collectée par l'entreprise prestataire de services constitue une TVA déductible pour l'entreprise qui commande les travaux (voir Fiche Ressources sur l'exigibilité de la TVA).

L'entreprise verse un acompte de 24 000,00 € TTC le 01/10/N (chèque n° 457).

La fin des travaux a lieu le 01/04/N+1 (facture n° 11), le montant des travaux est de 50 000,00 € HT.

	01/10/N		
238	Av. & ac. versés/comm. immo° corporelles	24 000,00	
512	Banque		24 000,00
	Chèque n°457		

	01/10/N		
44562	TVA déductible / immo.	4 000,00	
4458	Taxes sur CA à régular. ou en att.		4 000,00
	Régularisation de la TVA versement de l'acompte		

	01/10/N		
2135	Install. géné. agenc. aménag. des constr.	50 000,00	
4458	Taxes sur CA à régular. ou en att.	10 000,00	
238	Av. & ac. versés/comm. immo° corporelles		24 000,00
404	Fournisseurs d'immobilisations		36 000 ,00
	Facture n°11		

Remarques :

- *la TVA non déduite à l'acompte sera déduite au moment du paiement du solde de la facture.*

APPLICATIONS

CONTRÔLE DE CONNAISSANCES

Répondre par «oui» ou par «non» aux affirmations ci-dessous en donnant les explications nécessaires.

1. Une immobilisation correspond à un bien consommé sur un exercice comptable.
2. Une immobilisation incorporelle peut être comptabilisée à l'actif selon la volonté du chef d'entreprise.
3. Un logiciel associé à l'unité centrale de l'ordinateur peut être comptabilisé comme une immobilisation.
4. Un brevet correspond au droit d'utiliser un procédé technologique indéfiniment.
5. Le fonds de commerce est obligatoirement inscrit à l'actif.
6. Une immobilisation corporelle n'a pas de substance physique.
7. Une immobilisation corporelle doit être évaluée avec une fiabilité suffisante.
8. Un terrain nu est un investissement corporel.
9. Un terrain aménagé est un investissement incorporel.
10. Une construction est obligatoirement réalisée par des entreprises extérieures.
11. Le coût d'acquisition d'une immobilisation comprend les droits de douane et la TVA.
12. Une valeur vénale désigne le fait de donner une valeur à une immobilisation pour permettre l'achat.
13. Un bien gratuit est comptabilisé à l'actif du bilan sans valeur.
14. Un salarié peut participer à la construction de locaux utilisés par son entreprise.
15. Une livraison à soi-même, c'est lorsqu'une entreprise construit des immobilisations pour sa propre activité.
16. Les immobilisations en cours concernent les immobilisations acquises.
17. Un acompte désigne le fait de payer un fournisseur qui s'engage à fabriquer ou à vendre une immobilisation.
18. Une immobilisation est acquise pour un prix de 20 000 € HT, sous déduction d'une remise de 8 % et d'un escompte de règlement de 4 %. Le coût d'acquisition est égal à :
   O 18 400 €   O 17 664 €   O 19 200 €.

APPLICATION 1★ : ANALYSES ET COMMENTAIRES SUR LES IMMOBILISATIONS

10 Min

TRAVAIL À FAIRE

Pour chaque élément, indiquer, en précisant par un bref commentaire, s'il s'agit d'une charge ou d'une immobilisation corporelle ou incorporelle.

La société MANKELL a fait l'acquisition des éléments suivants durant le mois de septembre N :

1. achat de marchandises auprès du fournisseur WALLANDER : 10 000 € HT ;
2. achat d'une camionnette d'occasion auprès d'un concessionnaire : 12 000 € HT ;
3. achat d'une visseuse spéciale pour l'installation des faux plafonds : 450 € HT ;
4. acquisition d'un ordinateur et de logiciels standards : 800 € HT ;
5. achat d'un brevet permettant de produire des barquettes sous vide : 12 000 € HT ;
6. achat d'une machine-outil transportée dans les locaux de l'entreprise : 8 000 € HT ;
7. acquisition de 10 étagères de bureaux : valeur unitaire = 120 € HT ;
8. acquisition d'une machine à café pour le personnel : 650 € HT.

Petits matériels et mobiliers de bureau d'une valeur unitaire hors taxes n'excédant pas 500 €

Les entreprises sont admises à comprendre dans leurs charges immédiatement déductibles les matériels de bureau et mobiliers dont le prix d'achat unitaire hors taxes n'excède pas 500 €.

Cette tolérance concerne, en pratique, les dépenses de menus équipements de bureau (tels que corbeilles à papier, agrafeuses, pèse-lettres, timbres-dateurs, corbeilles à correspondance, boîtes à fiches, etc.) et les dépenses d'acquisition de meubles « meublants » de bureau et de mobilier de magasins commerciaux, dont les achats au cours d'un même exercice sont limités, pour un bien déterminé, à un petit nombre d'unités.

Les acquisitions en cause doivent donc résulter du renouvellement courant du mobilier installé. La mesure n'est notamment pas applicable à l'équipement initial en mobilier d'un immeuble de bureaux, d'un restaurant ou d'un magasin commercial, ni au renouvellement complet de ce mobilier, même si la valeur unitaire de chaque meuble est inférieure à 500 € hors taxes. Cette tolérance demeure cependant applicable lorsque l'équipement initial ou le renouvellement complet n'excède pas cette limite.

Si un bien déterminé se compose de plusieurs éléments qui peuvent être achetés séparément (meubles de rangement modulables par exemple), il y a lieu de prendre en considération le prix global de ce bien, et non la valeur de chaque élément, pour apprécier la limite de 500 € prévue ci-dessus.

Référence : bofip-2109-BOI-BIC-CHG-20-30-10-20170301

APPLICATION 2★★ : ACQUISITION D'UNE IMMOBILISATION CORPORELLE

15 Min

TRAVAIL À FAIRE

1. Déterminer le coût d'acquisition d'un échafaudage et d'une scie spéciale.
2. Comptabiliser les deux factures, sachant que M. Wiliam ne paie pas les deux factures sous les 8 jours.
3. Quelles sont les conséquences sur le coût d'acquisition si les deux factures sont réglées comptant ?
4. Quelles sont les conséquences sur l'enregistrement comptable des immobilisations si l'entreprise SON n'accorde pas les réductions commerciales de 5 % et 10 % à l'entreprise WILLIAM ?

L'entreprise WILLIAM, installée à Sète et spécialisée dans la pose des plafonds et cloisons pour les bateaux de plaisance, a acheté chez son fournisseur habituel, l'entreprise SON, de nouveaux outils.

- À la date du 1er décembre N, facture 0112N :
  - 4 perceuses spéciales au prix HT de 700 € l'unité ;
  - 2 échafaudages au prix HT de 21 500 € l'unité. WILLIAM obtient une remise de 5 % sur l'ensemble.
- À la date du 20 décembre N, facture 2012N :
  - 1 scie spéciale calibrée pour les travaux en mer au prix HT de 1 000 € l'unité ;
  - 1 trépied, avec élévateur électrique, au prix HT de 900 € HT l'unité.

  WILLIAM obtient une remise de 10 % sur l'ensemble.

Le taux de TVA correspond au taux normal de 20 %.

Remarque :

Dans les conditions générales de vente, il est précisé que si le règlement intervient dans un délai de 8 jours, le client bénéficie d'un escompte de règlement de 4 %.

APPLICATION 3* : ACQUISITIONS D'IMMOBILISATIONS CORPORELLES ET INCORPORELLES

15 Min

TRAVAIL À FAIRE

1. Déterminer le coût d'acquisition du matériel informatique.
2. Comptabiliser les deux factures.

Le 20 mars N, la société ARONIAN commande pour les services «comptabilité» et «gestion des stocks» du matériel informatique et des logiciels, afin d'améliorer les flux d'informations en réseau entre ces deux services. Les différents coûts sont les suivants :

- Facture n° 1
  - Matériel informatique = 10 000 € HT
  - Logiciels intégrés spécifiques pour le réseau = 400 € HT
  - Frais de mise en service = 10 heures à 75 € HT/heure réalisées par la société informatique.
- Facture n° 2
  - Logiciels spécifiques pour l'activité de la société ARONIAN : 1 500 € HT.

APPLICATION 4** : PRODUCTION D'UNE IMMOBILISATION CORPORELLE

15 Min

TRAVAIL À FAIRE

1. Déterminer le coût de production de cette construction de locaux.
2. Comptabiliser cette opération.

La société LARICO, spécialisée dans le BTP, construit dans ses locaux des entrepôts pour le rangement des matériaux. Ces travaux sont réalisés par les ouvriers de la société LARICO sous la responsabilité du chef de chantier, M. JEANET. Celui-ci transmet à la comptabilité le document suivant relatif aux travaux effectués.

Document interne de la Société LARICO	
M. JEANET Chef de chantier	transmission le 15 avril N au service comptabilité
Dépenses engagées pour la construction de locaux	
Matières premières : béton, acier, vis, toitures	120 000 €
Charges directes de fonctionnement (eau, électricité, gasoil...)	6 000 €
Main-d'œuvre (salariés de la société LARICO)	15 000 €
Document certifié par M. JEANET le 15 avril N , en double exemplaire :	
1 exemplaire pour le service construction, sous la responsabilité du chef de chantier;	
1 exemplaire pour le service comptabilité.	
Signature de M. JEANET	Signature du service comptabilité

APPLICATION 5★★★ : PROBLÈMES RELATIFS À UNE PRODUCTION ET UNE ACQUISITION D'IMMOBILISATIONS CORPORELLES

15 Min

TRAVAIL À FAIRE

1. Déterminer le coût d'acquisition de la machine.
2. Déterminer le coût de production du local.
3. Enregistrer en comptabilité toutes les opérations intervenues entre le 1er mai N et le 15 février N+1.

Le 1er mai N, la société JEAN achète une machine auprès d'un fournisseur au prix de 100 000 € HT, facture n° 887.

Pour recevoir cette machine, les salariés de la société JEAN doivent construire un local qui répond aux normes de sécurité. Cette construction est échelonnée du 1er septembre au 31 décembre N.

Les coûts HT de la construction sont les suivants :

- matières premières : 10 000 € ;
- électricité, eau : 500 € ;
- location du matériel de construction : 2 000 € /mois ;
- charges de personnel de l'entreprise JEAN : 10 000 € ;
- charges de personnel intérimaire : 6 000 € ;
- factures des artisans pour les travaux de finition : 4 000 €.

Le 22 janvier N+1, arrivée du transporteur de la machine dans les locaux de la société JEAN ; la facture n° 212-1 du transporteur est datée du 22 janvier. Elle s'élève à 10 000 € HT.

Du 6 au 12 février, frais de réglage pour la mise en marche de la machine ; facture de l'entreprise SÉBASTIEN n° 47-2 d'un montant de 1 500 € HT en date du 12 février.

Le 15 février, mise en service de la machine dans le local sécurisé.

APPLICATION 6★★ : DÉTERMINATION DU COÛT D'ENTRÉE D'IMMOBILISATIONS CORPORELLE ET INCORPORELLE

20 Min

TRAVAIL À FAIRE

1. Calculer le coût d'entrée du matériel. Justifier les options retenues.
2. Comptabiliser l'achat de cette scie au journal de la société RICARDO.
3. Comptabiliser le logiciel spécifique.
4. Le 25 avril, la facture n° 35 reçue du fournisseur SMITH indique : tests et réglages sur la scie à laser pour un prix de 2 500 € HT. La valeur d'entrée de la machine est-elle modifiée ? Enregistrer la facture.

La société RICARDO, spécialisée dans la découpe et l'installation de verres, a fait l'acquisition d'une scie spéciale à rayon laser, le 1er avril N. La facture n° 33 adressée par le fournisseur SMITH comporte les éléments suivants :

• prix d'achat HT	80 000
• remise commerciale	- 8 000
• escompte de règlement	- 2 000
• frais de livraison	+ 2 000
• frais de montage	+ 1 000
• frais de formation du personnel	+ 3 000
• total HT	76 000
• TVA à 20 %	+ 15 200
• total TTC	91 200

La société RICARDO se procure également le 1er avril N un logiciel spécifique adapté à la scie pour un coût de 10 000 € HT, facture n° 99.

APPLICATION 7*** : DÉTERMINATION DU COÛT D'ENTRÉE D'IMMOBILISATIONS

20 Min

TRAVAIL À FAIRE

1. Indiquer les différents éléments constitutifs du coût de production d'une immobilisation corporelle.
2. Rappeler l'écriture d'inventaire enregistrée au 31 décembre N−1.
3. Comptabiliser l'écriture nécessaire du 19 janvier N .
4. Quelle est l'incidence sur les résultats des exercices N −1 et N de cette production d'immobilisation corporelle ?

Les techniciens de la SARL CORDEMIONE ont achevé et mis en service le 19 janvier N un présentoir à usage interne, dont la fabrication avait débuté en décembre N−1. Celui-ci est utilisé pour la conservation de la marchandise destinée aux commandes de faible volume.

Les charges de production liées à cette réalisation figurent en annexe.

Annexe

Charges de production du présentoir

	Décembre N−1	Janvier N
Matières premières et fournitures	300	200
Main-d'œuvre et charges sociales	500	650
Charges diverses	150	200
TOTAL	**950**	**1 050**

CONTEXTE PROFESSIONNEL PRESTI'JARDINS

Le cadre de l'entreprise PRESTI'JARDINS est présenté page 6.

Compétences attendues
À partir d'un contexte professionnel, il peut être demandé au candidat :
- **de justifier les règles d'entrée des immobilisations dans le patrimoine de l'entité;**
- **de rappeler les différentes valeurs retenues par le PCG à la date d'entrée des immobilisations incorporelles et corporelles dans le patrimoine de l'entité;**
- **d'expliciter la définition de ces différentes valeurs;**
- **de comptabiliser les factures matérialisant l'entrée de ces actifs dans le patrimoine de l'entité.**

L'entreprise PRESTI'JARDINS a réalisé plusieurs investissements au cours du mois de juillet. Le responsable comptable vous demande d'analyser leur impact dans la comptabilité.

MISSION 1 ***Présenter les règles prévues par le PCG pour déterminer la valeur d'entrée :***
- des immobilisations acquises ;
- des immobilisations produites en interne ;
- des immobilisations reçues gratuitement.

MISSION 2 ***Déterminer les coûts d'acquisition de la nouvelle camionnette et de la nouvelle caisse enregistreuse.***

MISSION 3 ***Comptabiliser les opérations du mois de juillet. Les calculs « élaborés » doivent être expliqués dans le libellé de l'écriture.***

➔ **3 juillet :** Facture d'avoir n° 748 reçue de l'entreprise CAR.
- Versement d'une avance de 2 400,00 € pour la commande d'une camionnette.
- TVA de 20 % applicable.
- L'avance est versée le jour même, chèque n° 568.

➔ **15 juillet :** Facture n° 750 de l'entreprise CAR.
- Camionnette pour un prix catalogue de 40 000,00 € HT.
- Réduction commerciale de 5 % obtenue sur le prix catalogue.
- Frais d'immatriculation pour un montant de 1 000,00 € (non soumis à la TVA).
- Plein de gasoil pour un montant de 150,00 € HT.
- TVA de 20 % applicable.
- L'échéance de la facture est le 31 juillet.

➔ **17 juillet :** Facture n° 11 de l'entreprise COMPRO.
- Personnalisation (logo de l'entreprise, peinture) de la nouvelle camionnette pour 1 500,00 € HT.
- Le fournisseur COMPRO a opté pour les débits.
- L'échéance de la facture est le 31 août.

➔ **20 juillet :** Déclaration de fin de travaux n° 48.
- Les salariés de l'entreprise ont réalisé une cabane en bois destinée à la vente des plantes.
- Les matériaux utilisés ont une valeur de 1 200,00 € et le coût du personnel occupé à la construction s'élève à 400,00 €.
- Dans le commerce, une cabane similaire est évaluée à 3 000,00 € HT.

➔ **20 juillet :** Facture n° 797 du fournisseur YS.
- 1 perceuse-visseuse électrique d'une valeur de 490,00 € HT.
- La facture est payée le jour même par le chèque n° 47.

➔

→

➔ 21 juillet : Invoice (facture) n° US777 de l'entreprise américaine LEWIS.
- Outillage spécifique pour l'élagage des grands arbres pour un montant de 12 000,00 €.
- Ports facturés pour un montant de 1 500,00 €.
- Droits de douane sur les marchandises importées pour un montant de 500,00 €.
- TVA applicable au taux de 20 %.
- L'échéance de la facture est le 31 août, l'échéance des droits de douane est le 31 juillet.

➔ 26 juillet : Facture n° BE478945 de l'entreprise belge VANMERSCH.
- Caisse enregistreuse au prix catalogue de 5 000,00 €.
- Frais d'installation de la caisse enregistreuse pour 550,00 €.
- Formation des salariés à la nouvelle caisse assurée par VANMERSCH pour 300,00 €.
- Escompte de 1 % sur le prix catalogue pour paiement comptant.
- TVA applicable au taux de 20 %.
- Les numéros de TVA intracommunautaire ont été échangés.
- La facture est payée le jour même par le virement n° 47.

➔ 29 juillet : Facture n° 478.
- Contrôles techniques des véhicules de l'entreprise pour un montant de 1 600,00 € HT.
- TVA applicable au taux de 20 %.
- La société de contrôle technique n'a exercé aucune option pour la gestion de sa TVA.
- L'échéance de la facture est le 15 août.

➔ 31 juillet : Virement n° 784.
- Paiement des droits de douane de l'importation du 21 juillet.

➔ 31 juillet : Virement n° 785.
- Paiement du solde de la facture n° 750.

CHAPITRE 11 : LES OPÉRATIONS DE FINANCEMENT

COMPÉTENCES ATTENDUES

- **Identifier** les différents types de financement.
- **Élaborer** les différents tableaux d'amortissement d'emprunts bancaires.
- **Analyser** pour une modalité de financement donnée ses caractéristiques et en déduire ses avantages et inconvénients.
- **Comptabiliser** les opérations de financement.

FICHE RESSOURCES

Les entreprises doivent se procurer des fonds pour financer leurs investissements. Ce financement des besoins des entreprises peut provenir :

- soit des apports effectués par les personnes physiques, exploitants individuels ou associés. On parle, dans ce cas, de **financement par les capitaux propres** ;
- soit des moyens que les établissements de crédit ou les entités publiques mettent à leur disposition.

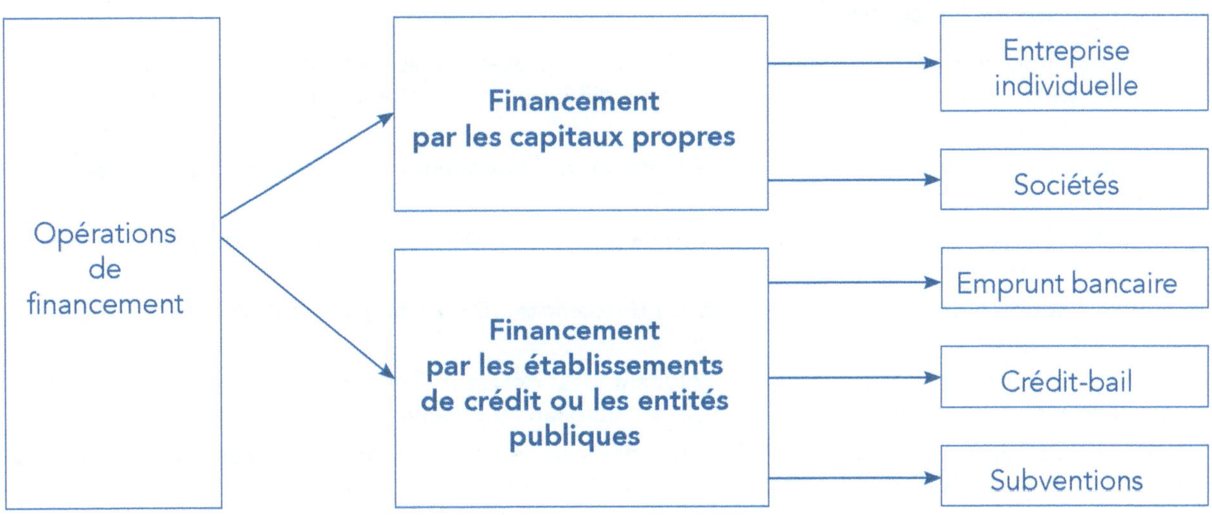

FICHE RESSOURCES

1 - Financement par les capitaux propres

L'étude détaillée du financement par capitaux propres relève de l'UE10 comptabilité approfondie.

I. L'entreprise individuelle

Le Code de commerce ne prévoit pas l'obligation d'apporter un capital social au moment de la création d'une entreprise individuelle, celle-ci ne disposant pas de la personnalité juridique.
Au niveau de la comptabilité, les sommes apportées par l'entrepreneur individuel à son entreprise doivent être enregistrées :

- les apports durables sont enregistrés dans le compte 101 « Capital » ;
- les apports temporaires sont enregistrés dans le compte 108 « Compte de l'exploitant ».

1. Les apports durables à l'entreprise

Lors de la création de l'entreprise individuelle, l'entrepreneur, commerçant ou artisan, peut choisir d'inscrire ou non les biens consacrés à son activité à l'actif du bilan. L'apport est comptabilisé au crédit du compte : 101 « Capital ».

Exemple

M. THIRY crée une entreprise de plomberie, le 22 février N. Il apporte du matériel et des outils pour une valeur de 20 000 €, une petite camionnette d'occasion d'une valeur de 10 000 €, et de la trésorerie sur un compte ouvert au nom de son entreprise individuelle d'un montant de 4 000 €.
L'écriture de constitution sera la suivante :

	22/02/N		
2154	Matériel industriel	20 000	
2182	Matériel de transport	10 000	
512	Banque	4 000	
101	Capital		34 000

Le compte 101 « Capital » peut ensuite être mouvementé si l'exploitant effectue, au cours de la vie de l'entreprise, des apports à titre durable.

2. Le compte de l'exploitant

L'entrepreneur individuel peut utiliser le compte 108 « Compte de l'exploitant » pour les différents liens entre les dépenses personnelles ou professionnelles, et les différents liens entre les comptes de l'entreprise et les comptes personnels.

- Le compte 108 « Compte de l'exploitant » présente un solde débiteur si les prélèvements de l'exercice sont supérieurs aux apports.
- Le compte 108 « Compte de l'exploitant » présente un solde créditeur si les prélèvements de l'exercice sont inférieurs aux apports.

À la fin de chaque exercice comptable, le solde du compte 108 « Compte de l'exploitant » est viré au compte 101 « Capital ».

- Si le solde du compte 108 « Compte de l'exploitant » est débiteur, le virement au compte 101 « Capital » rend ce dernier négatif. Dans ce cas, il est présenté au bilan au passif en négatif.
- Si le solde du compte 108 « Compte de l'exploitant » est créditeur, le virement au compte 101 « Capital » rend ce dernier positif. Dans ce cas, il est présenté au bilan au passif en positif.

II. Les sociétés

1. Le capital social

Les apports des associés effectués lors de la création de la société ou lors d'une augmentation de capital sont inscrits au crédit du compte 101 « Capital social ». Dans les sociétés de personnes et les sociétés à responsabilité limitée, ces apports sont représentés par des titres appelés « parts sociales ». Dans les sociétés anonymes, ces apports sont représentés par des titres appelés « actions ».

2. Les comptes courants d'associés

Les associés peuvent temporairement participer au financement des activités de l'entreprise. Dans ce cas, les sommes apportées figurent au crédit du compte 455 « Associés, comptes courants ».

2 - Financement par les établissements de crédit ou les entités publiques

I. Les emprunts bancaires

1. Définition

L'emprunt est une dette contractée par une entreprise auprès d'un établissement de crédit. L'entreprise reçoit une somme d'argent. Elle doit ensuite rembourser la somme empruntée plus l'intérêt pratiqué par l'établissement de crédit.

L'intérêt est égal à : Montant emprunté × Taux d'intérêt

Chaque année, une annuité liée aux modalités de remboursement est versée par l'entreprise.

Quatre éléments fondamentaux sont liés à l'emprunt.

Emprunt
→ Montant emprunté
→ Durée de l'emprunt
→ Taux d'intérêt
→ Modalités de remboursement

2. Modalités de remboursement

Il existe essentiellement trois modalités de remboursement.

2.1. Remboursement par amortissements constants

Le remboursement de la dette est constant. Il est calculé en divisant le nominal de l'emprunt par le nombre d'annuités. L'annuité est égale au remboursement du capital plus les intérêts calculés sur le capital restant dû.

Exemple

Un emprunt de 500 000 € sur 5 ans est souscrit par une entreprise le 01/07/N, au taux de 6 %.
Le remboursement est égal à 500 000 €/5, soit 100 000 € chaque année.
L'annuité est égale à : 100 000 € + Intérêts calculés sur le capital restant dû.

Périodes	Capital restant dû	Intérêts	Remboursement	Annuité
01/07/N+1	500 000	30 000(1)	100 000	130 000(2)
01/07/N+2	400 000	24 000(3)	100 000	124 000
01/07/N+3	300 000	18 000	100 000	118 000
01/07/N+4	200 000	12 000	100 000	112 000
01/07/N+5	100 000	6 000	100 000	106 000
			500 000	590 000

(1) 30 000 = 500 000 × 6 % ; (2) 130 000 = 100 000 + 30 000 ; (3) 24 000 = 400 000 × 6 %

2.2. Remboursement par annuités constantes

Le paiement périodique (mensuel, trimestriel, semestriel ou annuel) est constant et couvre le remboursement de la dette (amortissement de l'emprunt) et le paiement des intérêts. Une fois le montant de l'annuité constante calculé, on détermine le montant des intérêts sur le capital restant dû et, par différence avec le montant total de l'annuité, on obtient l'amortissement de l'emprunt réalisé à l'échéance.

Exemple

Reprise des données précédentes. Arrondissement à l'euro.
L'annuité est calculée selon la formule suivante : -5 = nombre d'années de remboursement dans cet exemple (ce chiffre est modifié en fonction de la durée de remboursement de l'emprunt).

$$A = capital \frac{i}{1-(1+i)^{-5}}$$

capital = capital emprunté ; *i* = taux d'intérêt

L'annuité constante est égale à :

$$A = 500\,000 \frac{0{,}06}{1-(1+0{,}06)^{-5}}$$

A = 118 698,20 arrondis à **118 698 €**

→

Exemple (*suite*)

Périodes	Capital restant dû	Intérêts	Remboursement	Annuité
01/07/N+1	500 000	30 000	88 698	118 698
01/07/N+2	411 302(1)	24 678(2)	94 020	118 698
01/07/N+3	317 282	19 037	99 661	118 698
01/07/N+4	217 621	13 057	105 641	118 698
01/07/N+5	111 980	6 718	111 980	118 698
			500 000	593 490

(1) 411 302 = 500 000 – 88 698 ; (2) 24 678 = 411 302 × 6 %

2.3. Amortissement in fine

À chaque échéance, seuls les intérêts caculés sur le capital emprunté sont réglés. Le remboursement du capital a lieu en totalité à la fin de la période de l'emprunt. Il s'agit d'un différé total d'emprunt.

Exemple

Reprise des données précédentes.

Périodes	Capital restant dû	Intérêts	Remboursement	Annuité
01/07/N+1	500 000	30 000	0	30 000
01/07/N+2	500 000	30 000	0	30 000
01/07/N+3	500 000	30 000	0	30 000
01/07/N+4	500 000	30 000	0	30 000
01/07/N+5	500 000	30 000	500 000	530 000
			500 000	650 000

3. Comptabilisation

À partir de l'exemple du remboursement par amortissements constants, les écritures seront les suivantes :

1. Souscription de l'emprunt
Enregistrement de la réception des fonds

1. 01/07/N

Débit	Crédit	Libellé	Débit	Crédit
512		Banque	500 000,00	
	164	Emprunt auprès des établissements de crédit		500 000,00

2. Travaux d'inventaire au 31/12/N
Par application du principe d'indépendance des applications, il faut enregistrer les intérêts courus sur l'application à la clôture des comptes.

2. 31/12/N

Débit	Crédit	Libellé	Débit	Crédit
661		Charges d'intérêts	15 000,00	
	1688	Intérêts courus non échus		15 000,00
		30 000 × 6/12		

3. À l'ouverture des comptes au 01/01/N+1
Contrepassation des intérêts courus

3. 01/01/N+1

Débit	Crédit	Libellé	Débit	Crédit
1688		Intérêts courus non échus	15 000,00	
	661	Charges d'intérêts		15 000,00

4. À l'échéance
Remboursement du capital et paiement des intérêts

4. 01/07/N+1

Débit	Crédit	Libellé	Débit	Crédit
661		Charges d'intérêts	30 000,00	
164		Emprunt auprès des établissements de crédit	100 000,00	
	512	Banque		130 000,00

II. Le crédit-bail

Définition

Le crédit-bail est un contrat de location portant sur une immobilisation, passé entre une entreprise et un établissement financier spécialisé. L'établissement financier, **le « bailleur », est propriétaire** de l'immobilisation pendant la durée du contrat. L'entreprise, **la « bailleresse », est locataire** et utilise l'immobilisation pour son activité. **À la fin du contrat, l'entreprise a le choix entre deux possibilités :**

- **devenir propriétaire du bien;**
- **restituer le bien à l'établissement financier spécialisé.**

Exemple

Une entreprise a besoin d'une machine de 20 000 € pour son activité. Elle signe un contrat de crédit-bail le 01/01/N avec un établissement financier portant les mentions suivantes :

- prix d'achat de la machine = 20 000 €
- durée du contrat de crédit-bail = 4 ans
- taux d'intérêt = 4 %
- dépôt de garantie = 5 % du prix d'achat versé lors de la signature du contrat
- location mensuelle = 450 € versés au début de chaque mois (la location comprend le remboursement + l'intérêt) + TVA
- location = 450 € + (450 × 20 %) = 540 €
- prix de levée d'option = 10 % du prix d'achat + TVA au taux normal, le 01/01/N+4

Comptabilisation

	01/01/N		
275	Dépôts et cautionnements versés	1 000,00	
512	Banque		1 000,00
	Dépôt : 20 000 × 5 % = 1 000		

	01/01/N		
6122	Redevance de crédit-bail mobilier	450,00	
44566	TVA sur autres biens et services	90,00	
512	Banque		540,00

La signature d'un contrat de crédit-bail requiert trois étapes successives :

- **le versement du dépôt de garantie** ;
- **le versement du loyer;**
- **la levée d'option.**

Si l'entreprise devient propriétaire, elle récupère son dépôt de garantie.

Exemple *(suite)*

	01/01/N+4		
2154	Matériel industriel	2 000,00	
44562	État, TVA déductible sur immobilisations	400,00	
275	Dépôts et cautionnements versés		1 000,00
512	Banque		2 400,00
	Levée d'option du bien loué en crédit-bail		

FICHE RESSOURCES

3 - Les subventions

I. Les subventions d'équilibre

Ces aides financières permettent à l'entreprise d'équilibrer une perte globale réalisée en l'absence de ces subventions. Elles sont enregistrées au crédit du compte **742 « Subventions d'équilibre »**.

Exemple

La société BARATIN a reçu, le 1er décembre, une subvention de 30 000 € pour lui permettre de faire face à des charges importantes lors de son application. Grâce à cette aide, le résultat de son activité n'est pas déficitaire.

II. Les subventions d'exploitation

Elles permettent de couvrir certaines charges d'exploitation ou de compléter certains produits d'exploitation. Elles sont comptabilisées au crédit du compte **741 « Subventions d'exploitation »**.
Il peut s'agir, par exemple, d'aides à l'emploi ou à la formation.

Exemple 1

Dans le cadre du soutien individualisé du développement à l'export, la société OSONS a reçu, le 20 octobre, une subvention de 7 500 € pour financer son projet d'implantation dans un pays du Maghreb.

	20/10/N		
512	Banque	7 500,00	
741	Subventions d'exploitation		7 500,00
	Virement bancaire		

Exemple 2

La société de transport RAPIDO a reçu, le 10 février N, une subvention de 16 000 € de la région pour l'aider à financer l'opération de découverte de la région en autobus. La société propose, en contrepartie, des tarifs très attractifs au public.

	10/02/N		
512	Banque	16 000,00	
741	Subventions d'exploitation (16 000/1,2)		13 333,00
44571	État - TVA collectée		2 667,00
	Virement bancaire		

L'opération est soumise à la TVA, car elle constitue la contrepartie du service rendu. La subvention est également soumise à la TVA si elle correspond à un complément de prix.

III. Les subventions d'investissement

1. Principe

Ces aides sont accordées dans le but de permettre à l'entreprise de financer l'acquisition d'immobilisations (dans ce cas, ce sont des subventions d'équipement) ou des activités à long terme.

Exemples

Prime de développement régional, prime régionale à la création d'entreprise, prime d'aménagement du territoire, subvention allouée par les agences de bassin pour la création d'installations antipollution.

2. Comptabilisation de la subvention

Cette subvention à recevoir peut être, au choix de l'entreprise, :
- soit enregistrée immédiatement en produit au crédit du compte **747 « Quote-part des subventions d'investissement virée au résultat de l'exercice »** ;
- soit étalée et enregistrée au crédit du compte **13 « Subventions d'investissement »** ou du compte **131 « Subventions d'équipement »**.

Exemple Subvention d'équipement

Dans le cadre d'une prime de développement régional, l'entreprise industrielle NAIROBIS a obtenu, le 15 février N, une subvention au taux de 25 % destinée à financer l'acquisition d'un matériel d'une valeur de 50 000 € HT.

Cette subvention est reçue le 30 avril N et le matériel a été acquis le 1er avril N.

Obtention de la subvention

	15/02/N		
441	État - subventions à recevoir	12 500,00	
131	Subventions d'équipement		12 500,00
	Financement du matériel (50 000 × 25 %)		

Achat de l'investissement

	01/04/N		
2154	Matériel industriel	50 000,00	
44562	État - TVA déductible sur immobilisations	10 000,00	
404	Fournisseur d'immobilisations		60 000,00
	Facture n° …		

Encaissement de la subvention

	30/04/N		
512	Banque	12 500,00	
441	État - subvention à recevoir		12 500,00
	Virement bancaire		

APPLICATIONS

CONTRÔLE DE CONNAISSANCES

Répondre par « oui » ou par « non » aux affirmations ci-dessous en donnant les explications nécessaires.

1. Une subvention est toujours une subvention d'investissement.
2. Une subvention d'exploitation n'est jamais soumise à la TVA.
3. Une subvention finance toujours un investissement.
4. Le remboursement d'un emprunt est effectué chaque année.
5. Un remboursement in fine signifie un remboursement en fin de chaque année.
6. Un remboursement par annuités constantes signifie que les remboursements sont identiques chaque année.
7. Un intérêt désigne le prix payé en plus du remboursement de l'emprunt.
8. Un investissement financé par crédit-bail est comptabilisé à l'actif.
9. Le locataire d'un contrat de crédit-bail doit toujours lever l'option à la fin du contrat.
10. Le prix de levée d'option est toujours défini dans le contrat initial de crédit-bail.

APPLICATION 1** : CAPITAUX PROPRES

10 Min

TRAVAIL À FAIRE

1. Déterminer la valeur des biens apportés par M. Victor et la valeur des dettes (passif exigible). En déduire le montant du capital initial.
2. Présenter le bilan à la création de l'entreprise.
3. Présenter les écritures constatées par M. Victor le 01/11, le 12/11 et le 30/11.
4. Indiquer le solde du compte de l'exploitant au 31/12/N, et présenter l'écriture nécessaire sachant que les exercices seront clos en fin d'année civile.

Le 1er novembre N, M. Victor crée une librairie à l'enseigne PLAISIR-LIVRES. Il apporte les éléments suivants.

Clientèle et droit au bail	150 000
Dettes envers les éditeurs	18 000
Agencements du magasin	20 000
Stock de marchandises	34 000
Créances clients	12 000
Dépôts sur un compte à la BNP	5 400
Emprunt auprès d'un établissement de crédit	43 000

M. Victor compte prélever, à la fin des mois de novembre et décembre, la somme de 1500 € sur le compte bancaire de l'entreprise. Il a réglé le 12 novembre 6 000 € aux éditeurs avec son chéquier personnel.

APPLICATION 2** : EMPRUNT BANCAIRE AVEC REMBOURSEMENT IN FINE

15 Min

TRAVAIL À FAIRE

1. Présenter le tableau d'amortissement de cet emprunt.
2. Présenter les écritures du 01/03/N, du 01/03/N+1 et du 01/03/N+5.

Le 01/03/N, la société RUBIS emprunte auprès de sa banque le montant de 100 000 €, remboursable in fine au terme de 5 ans. Les intérêts, au taux de 5 %, sont payables annuellement à terme échu.

APPLICATION 3★ : EMPRUNT BANCAIRE REMBOURSABLE PAR ANNUITÉS CONSTANTES ET AMORTISSEMENTS CONSTANTS

15 Min

TRAVAIL À FAIRE

1. Pour le premier emprunt :
   - calculer l'annuité constante, puis calculer l'intérêt et l'amortissement de la première année ;
   - présenter les écritures passées le 01/02/N, le 31/12/N et le 01/02/N+1.
2. Pour le deuxième emprunt :
   - présenter les calculs relatifs à l'année N ;
   - présenter les écritures constatées en N.

Au cours de l'exercice N, la SA ASSIMOV a effectué deux emprunts pour financer ses acquisitions d'immobilisations pour un montant total de 200 000 € HT.

- Le premier emprunt bancaire encaissé le 01/02/N est de 100 000 €, remboursable par annuités constantes sur une durée de 10 ans, au moyen de 10 annuités, la première étant versée le 01/02/N+1. Taux d'intérêt : 4 %.
- Le deuxième emprunt bancaire encaissé le 01/10/N est de 60 000 €, remboursable par amortissements constants sur une durée de 8 ans, au moyen de 96 mensualités, la première étant versée le 01/11/N. Taux d'intérêt mensuel : 0,5 %.

APPLICATION 4★★ : SUBVENTION D'UN ENSEMBLE IMMOBILIER

15 Min

TRAVAIL À FAIRE

Comptabiliser les opérations en janvier et février N.

La SA ROMAN a acquis le 2 janvier N un ensemble immobilier d'une valeur de 800 000 € HT avec une TVA à 20 % (terrain : 160 000 €, construction : 640 000 €), avec un règlement le 1er février N.

Elle a bénéficié d'une subvention d'équipement par le conseil général, notifiée le 5 janvier N et encaissée le 31 janvier N. La subvention finance à hauteur de 10 % cette acquisition. La SA ROMAN a décidé d'étaler l'imposition de la subvention d'équipement.

APPLICATION 5★★ : OPÉRATION DE CRÉDIT-BAIL

15 Min

TRAVAIL À FAIRE

1. Présenter les écritures à constater le 01/05/N et 01/06/N.
2. Présenter l'écriture à la fin du contrat en supposant que l'entreprise a décidé de lever l'option d'achat.
3. Présenter l'écriture à la fin du contrat en supposant que l'entreprise a décidé de ne pas lever l'option d'achat.

L'entreprise MAVIE a souscrit un contrat de crédit-bail le 01/05/N.

Celui-ci concerne l'achat d'une machine-outil pour une valeur de 45 000 €. Les redevances mensuelles, versées à l'établissement financier sur une période de 4 ans, sont de 1 200 € HT.

Au terme de ce délai, la machine-outil pourra être acquise par l'entreprise pour un prix de levée d'option de 2 000 €. Le dépôt de garantie, versé le 01/05/N, est égal à 5 % de la valeur de l'immobilisation. La première mensualité est versée le 01/06/N.

APPLICATION 6★★★ : EXTRAIT DCG 2013

15 Min

TRAVAIL À FAIRE

1. À partir de l'annexe, identifier et définir le type de subvention obtenue par la SAS pour financer son terrain.
2. Citer les autres modes de financement qu'une entreprise peut mettre en œuvre pour financer ses investissements.
3. À partir de l'annexe, enregistrer les écritures relatives à l'obtention de la subvention.

Annexe Informations relatives à l'octroi d'une subvention

La SAS TITANEPRO a demandé une subvention à la Région des Pays de la Loire, afin de financer l'acquisition du terrain.
L'accord de la région pour une subvention d'un montant de 75 000 € est parvenu à l'entreprise le 20 janvier N.
La subvention a été versée le 20 février N.
Le contrat d'attribution de la subvention ne mentionne pas de clause d'inaliénabilité.

APPLICATION 7★★ : TABLEAU D'AMORTISSEMENT D'EMPRUNT ET BILAN

15 Min

TRAVAIL À FAIRE

1. Présenter l'écriture constatée le 01/12/N.
2. Présenter l'écriture de régularisation à la date de clôture au 31/12/N.
3. Quel est le principe comptable associé à cette écriture ? Pourquoi ?
4. Présenter, sous forme de compte en « T », le compte emprunt :
   - arrêté à la date du 31/12/N
   - arrêté à la date du 01/03/N+1

La société THIRY a contracté un emprunt de 200 000 €, remboursable par trimestrialités non constantes à compter du 01/12/N, selon l'extrait du tableau d'amortissement suivant. L'exercice comptable clôture le 31/12/N.

Extrait du tableau d'amortissement de l'emprunt

Périodes	Capital restant dû au début	Intérêts	Amortissements	Trimestrialités	Capital restant dû à la fin
01/12/N	200 000,00	2 700,00	7 000,00	9 700,00	193 000,00
01/03/N+1	193 000,00	2 600,00	7 200,00	9 800,00	185 800,00
....	....	....	....	....	....

APPLICATION 8★★ : BILAN ET OPÉRATIONS DE FINANCEMENT

20 Min

La société GOOCHAN se pose différentes questions pour financer l'aménagement de son magasin qui devient vétuste.

TRAVAIL À FAIRE

1. Les trois modalités de financement (emprunt, subvention, crédit-bail) sont-elles comptabilisées uniquement au bilan ?
2. L'annexe doit-elle donner des informations pour chaque modalité de financement ?
3. Pour chaque modalité de financement, quels sont les postes affectés au compte de résultat ?
4. Pour le contrat de crédit-bail :
   - comment sont évaluées les redevances versées ?
   - comment est évalué le prix de levée d'option ?

CONTEXTE PROFESSIONNEL PRESTI'JARDINS

Le cadre de l'entreprise PRESTI'JARDINS est présenté page 6.

Compétences attendues
Le candidat doit être capable de citer et de définir les différents moyens de financement dont peuvent disposer les entreprises pour répondre à leur besoin de financement du haut de bilan (investissements) et du bas de bilan (stocks et créances clients...), parmi les moyens que le droit et les établissements de crédit mettent à leur disposition.
Au regard des règles comptables du PCG relatives aux savoirs associés au thème, le candidat doit, à partir d'un contexte professionnel, être capable :
- **d'analyser pour chaque financement (à court terme et à long terme) ses caractéristiques, ses avantages et ses inconvénients, mais aussi d'élaborer les différents tableaux d'amortissement d'emprunts bancaires;**
- **de comptabiliser les opérations de financement à court terme et à long terme utilisées durant l'exercice et qui reposent sur les créances, le compte de l'exploitant, les différentes subventions, les emprunts bancaires et le contrat de crédit-bail.**

La SAS PRESTI'JARDINS a conclu un contrat de crédit-bail pour le financement d'un camion, et a souscrit un emprunt pour l'acquisition de divers outillages.

Annexe 1 Contrat de crédit-bail de la société OUT

Un camion Renault a été financé par crédit-bail.

OUT
Groupe crédit nordique

Contrat de crédit-bail n° 000006894-00

Entre les soussignés
OUT SA au capital de 10 millions €
Siège social : 59 Bd Haussmann 75008 PARIS
ci-après dénommé « Le bailleur »,

SAS PRESTI'JARDINS
1 rue des Aulnes
68000 COLMAR

Ci-après dénommé « La bailleresse »,
il a été convenu et arrêté ce qui suit : le bailleur donne location au locataire, le matériel désigné ci-dessous, conformément aux conditions générales et particulières, ci-après et au verso.

Le 01/12/N

Désignation du bien financé :
1 camion RENAULT
Montant HT : 30 143 €
N° de série : VF8JEOSO526611445
Fournisseur : SARL RENAULT
144 rue de Tocqueville
75017 PARIS

Durée du contrat : 16 trimestres
Loyers-Terme : 16 trimestrialités, payées d'avance
Montant du loyer trimestriel HT : **2 100 €**
Premier loyer : le 1er décembre N — Prix de levée d'option : 5 % du prix HT de l'investissement

MISSION 1

1. **Dans ce document, qui est propriétaire du camion et qui est locataire ?**
2. **Existe-t-il une garantie pour le financement de ce camion ?**
3. **Quel est le prix HT de la levée d'option ?**
4. **Quel est le montant total HT payé par l'entreprise pour être propriétaire du camion ?**
5. **Présenter l'écriture constatée en N.**
6. **Présenter l'écriture constatée le 01/12/N+4 :**
   - **si PRESTI'JARDINS lève l'option ;**
   - **si PRESTI'JARDINS ne lève pas l'option.**

Annexe 2 Emprunt contracté auprès de la Banque DCG

Un emprunt de 100 000 € a été contracté le 10 avril N auprès de la Banque DCG.

Les modalités de remboursement sont les suivantes :

- *taux annuel = 4,5 % ; taux mensuel = 0,375 % ;*
- *nombre d'années = 10 ; nombre de mensualités = 120 ;*
- *remboursement par mensualités constantes.*

***Enregistrement comptable :** concernant cet emprunt, l'entreprise a passé chaque mois l'écriture suivante (exemple pour décembre).*

Journal de banque

Date	Comptes		Libellé	Débit	Crédit
10/12/N	47100	Compte d'attente	VRT	1 036,40	
10/12/N	51200	Banque	VRT		1 036,40

Seule l'échéance de décembre n'a pas encore été régularisée.

MISSION 2

1. **Calculer le montant de la mensualité constante.**
2. **Présenter le tableau d'amortissement de l'emprunt pour les 13 premiers mois.**
3. **Présenter l'écriture du 10/05/N.**
4. **Régulariser l'écriture du 10/12/N.**
5. **Calculer le montant de l'intérêt versé le 10/06/N+1, et en déduire l'amortissement.**
6. **Calculer le montant de l'intérêt versé le 10/06/N+1 si le remboursement est in fine.**

CHAPITRE 12 : LES OPÉRATIONS SUR TITRES

COMPÉTENCE ATTENDUE

Évaluer et comptabiliser l'entrée des immobilisations financières et des valeurs mobilières de placement dans le patrimoine de l'entité, ainsi que les revenus associés.

FICHE RESSOURCES

1 - Classification des titres selon le critère juridique

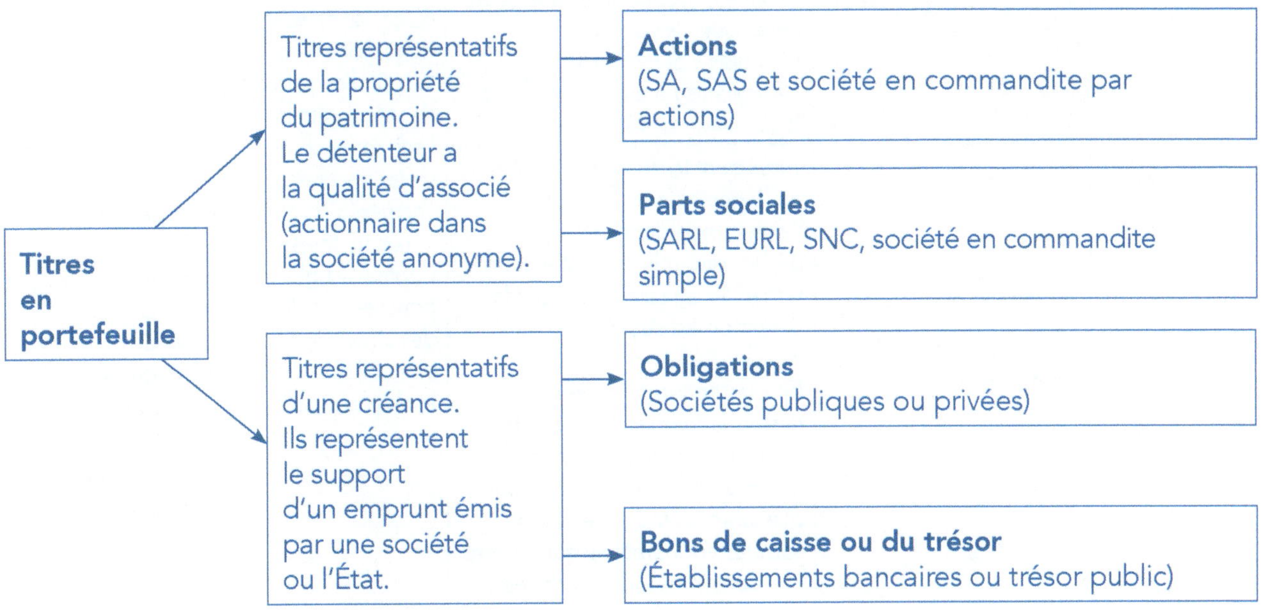

- Les actions et les parts sociales sont rémunérées par un dividende (part de bénéfice). Ces titres confèrent le droit de participer à la gestion de la société, ainsi qu'une part de l'actif net en cas de liquidation.
- Les obligations et les bons de caisse sont rémunérés par un intérêt annuel, et donnent le droit au remboursement de la valeur du titre à l'échéance convenue.

2 - Classification comptable et évaluation du coût d'entrée

<table>
<tr><th>Type</th><th>Catégories comptables</th><th>Règles comptables</th><th>Coût d'entrée</th><th>Comptabilisation</th></tr>
<tr><td rowspan="3">Valeurs mobilières immobilisées</td><td>Titres de participation
Titres dont la possession durable est estimée utile à l'activité de l'entité, parce qu'elle permet d'assurer une certaine influence dans la société émettrice des titres ou d'en assurer le contrôle.</td><td>Présomption de titres de participation si :
• titres acquis en tout ou en partie par offre publique d'achat (OPA) ou par offre publique d'échange (OPE) ;
• participation, lorsque détention du capital compris entre 10 % et 50 % ;
• filiale, lorsque détention du capital supérieur à 50 %.</td><td rowspan="3">À la date d'entrée dans le patrimoine de l'entité, le montant porté en comptabilité est évalué selon les règles générales d'évaluation applicables aux immobilisations.
Cette règle s'applique aussi aux titres de placement.
Les frais d'acquisition sont donc inclus dans le coût d'acquisition des titres, sauf si l'entreprise choisit de les inscrire en charges (6271 «Frais sur titres»). L'option est globale pour l'ensemble des titres immobilisés et de placement.</td><td>Compte 261
« Titres de participation »</td></tr>
<tr><td>Titres immobilisés de l'activité de portefeuille (TIAP)</td><td>• Investissement de tout ou partie des actifs dans un portefeuille de titres pour en tirer, à plus ou moins longue échéance, une rentabilité satisfaisante. La rentabilité peut résulter soit des revenus attachés aux titres, soit de leur prise de valeur.
• Le détenteur des titres n'intervient pas dans la gestion.
Remarque : les obligations « simples » et les titres participatifs ne répondent pas à la définition des TIAP.</td><td>Compte 273
« Titres immobilisés de l'activité de portefeuille (TIAP) »</td></tr>
<tr><td>Autres titres immobilisés</td><td>Titres dont la détention n'est pas jugée utile à l'activité de l'entité, mais dont on ne peut pas envisager la cession à court terme. Il s'agit de titres dont la détention est subie plutôt que voulue.
Ex. : détention pour des raisons juridiques (titres remis en nantissement pour garantir un emprunt) ou financières (parts d'assurances mutuelles ou de sociétés coopératives qui doivent être souscrites lors de l'adhésion).</td><td>Compte 271
« Titres immobilisés - Actions (droit de propriété) »
Compte 272
« Titres immobilisés - Obligations (droit de créance) »</td></tr>
<tr><td>Valeurs mobilières de placement</td><td>Valeurs mobilières de placement</td><td>Titres acquis en vue de réaliser un gain à brève échéance.
Il s'agit de titres représentatifs de placement à court terme, notamment d'un placement d'excédent de trésorerie, ou d'un placement spéculatif.</td><td></td><td>Compte 50
« Valeurs mobilières de placement » :
503 « Actions »
506 « Obligations »
508 « Autres VMP »</td></tr>
</table>

Exemple 1

Le 13 octobre N, l'entreprise DOLTO fait l'acquisition de 5 000 actions de la société SEGELEC, au cours de 150 € l'action. Cet achat permet à l'entreprise DOLTO de posséder 35 % du capital de la société émettrice. Les frais d'acquisition s'élèvent à 4 200 € HT. Le règlement s'effectue par prélèvement bancaire.

	13/10/N		
261	Titres de participation	750 000,00	
6271	Frais sur titres	4 200,00	
44566	TVA déductible sur ABS	840,00	
512	Banque		755 040,00
	Avis de débit n° …		

Dans l'hypothèse où l'entreprise immobilise les frais d'achat, la solution est la suivante :

Coût d'acquisition : 750 000 + 4 200 = 754 200

	13/10/N		
261	Titres de participation	754 200,00	
44566	TVA déductible sur ABS	840,00	
512	Banque		755 040,00
	Avis de débit n° …		

Exemple 2

Le 19 juin N, l'entreprise CARLOS achète 200 obligations EADS à 5 % (nominal 650 €), dans l'optique d'un placement à court terme de trésorerie, au cours de 652 €. Frais bancaires : 1 200 € TTC. Règlement à trente jours fin de mois. L'entreprise a opté pour l'enregistrement des frais en charges.

	13/10/N		
506	VMP - Obligations	130 400,00	
6271	Frais sur titres	1 000,00	
44566	TVA déductible sur ABS	200,00	
464	Dettes sur acquisition de VMP		131 600,00
	Ordre d'achat n° …		

3 - Les revenus des titres

Les revenus des titres, ou coupons, constituent des produits financiers. Le Plan Comptable Général prévoit la nomenclature suivante :

Revenus	Comptes de produits
des participations	761 - Produits de participation
des autres immobilisations financières	762 - Produits des autres immobilisations financières
des valeurs mobilières de placement	764 - Revenus des VMP

Exemple 1 *(suite)*

Le 2 juin N+1, l'entreprise DOLTO reçoit de la société SÉGELEC un coupon de 7 € par action détenue, par virement bancaire.

	02/06/N+1		
512	Banque	35 000,00	
761	Produits de participation		35 000,00
	7 × 5 000 actions		

Exemple 2

Le 15 octobre N, l'entreprise CARLOS perçoit les intérêts annuels des obligations EADS : 5 % de la valeur nominale.

Soit 32,5 × 200 = 6 500 €.

	15/10/N		
512	Banque	6 500,00	
764	Revenus des VMP		6 500,00
	Encaissement des intérêts		

APPLICATIONS

CONTRÔLE DE CONNAISSANCES

Répondre par « oui » ou par « non » aux affirmations ci-dessous en donnant les explications nécessaires.

1. L'action est un titre qui confère un droit de propriété sur une société.
2. Le dividende constitue le revenu d'une obligation.
3. L'obligation confère le droit de participer à la gestion de la société.
4. Les titres acquis, en tout ou en partie, par offre publique d'achat (OPA) ou par offre publique d'échange (OPE), sont, sauf preuve contraire, des titres de participation.
5. Les titres de participation permettent d'avoir une influence notable sur la gestion de la société.
6. Les acquisitions de TIAP permettent un placement de trésorerie à court terme.
7. Les frais d'acquisition de titres sont toujours inclus dans le coût d'achat comptabilisé dans le compte de titres.
8. Les autres titres immobilisés sont des titres dont la possession n'est pas jugée utile à l'activité de l'entité.
9. Les bons de caisse sont des titres représentatifs d'une créance qui donnent le droit au remboursement de la valeur du titre à l'échéance convenue.
10. L'option de comptabilisation des frais d'acquisition des titres doit être appliquée pour tous les titres.

APPLICATION 1* : CLASSEMENT COMPTABLE ET ACQUISITION DES TITRES

15 Min

TRAVAIL À FAIRE

1. Présenter dans un tableau à deux colonnes la nature juridique et le classement comptable des titres acquis par la société MADOF.
2. Procéder à l'enregistrement comptable de ces opérations.

La société MADOF a réalisé les opérations suivantes au cours de l'exercice N.

- Actions de la société anonyme LANCELOT. Ces actions représentent 60 % du capital de la société LANCELOT et assurent à l'entreprise MADOF le contrôle exclusif de la société LANCELOT : 840 000 €.
- Parts du fonds commun de placement Gestion-Monétaire acquises pour placer des disponibilités pendant deux mois : 80 parts pour 10 000 €.
- 110 actions de la société FRUCTOR au prix unitaire de 102 €, que la société MADOF s'est engagée par contrat à conserver en portefeuille pour garantir le remboursement d'un prêt à cinq ans que lui a consenti sa banque BNP PARIBAS.
- 400 actions de la société TAURUS acquises lors d'une augmentation de capital de la société, en vue de réaliser un investissement à long terme et d'en tirer une rentabilité satisfaisante. Le prix d'émission est de 250 €. Après cette acquisition, aucune influence n'est exercée sur la société TAURUS. Les frais sur titres sont enregistrés en charges.
- 1 600 actions de la SA VARIUS au prix unitaire de 386 €. Le capital de la société VARIUS est formé de 4 000 actions. À partir de 20 % des droits de vote, on considère que l'on peut influencer de manière significative la gestion de la société VARIUS.
- 5 000 actions PRIMUS acquises dans le cadre d'une OPA pour un prix global de 852 000 €.
- Actions de la SICAV Liberté-monétaire achetées pour placer pendant trois semaines un excédent temporaire de trésorerie : 50 titres au prix unitaire de 76 €.
- 250 obligations CAUCUS à 7,5 %, échéance au 10 mars N+8, au prix unitaire de 650 €. La société MADOF entend conserver ces titres jusqu'à l'échéance afin de percevoir un revenu annuel.
- 300 actions de la société EOLIUS, spécialisée dans la recherche minière, dans l'espoir de découvrir un gisement diamantifère en Afrique du Sud à brève échéance. Prix unitaire : 463 €. Si cet espoir se réalise, la société pourra réaliser une plus-value en revendant immédiatement les actions EOLIUS. Dans le cas contraire, la société revendra également ses actions EOLIUS, mais à perte. Commission bancaire : 500 € HT.

Toutes ces acquisitions ont été réglées par virement bancaire.

APPLICATION 2* : ACQUISITION DE TITRES

15 Min

TRAVAIL À FAIRE

Procéder à l'enregistrement comptable des opérations réalisées par la société LES MAÇONS NORMANDS.

M. Dutilleuil, gérant de la SARL LES MAÇONS NORMANDS, vous communique les informations suivantes.

- **Le 2 mai** : la société acquiert 25 % du capital de la société GENESTA pour un montant de 284 000 €.
- **Le 6 mai** : achat de 15 obligations à 6 % BPMS pour 8 300 € et de 30 actions VINCI pour 1 600 €, afin de placer l'excédent de trésorerie du mois d'avril.
- **Le 12 mai** : achat de 10 actions INDEXEL pour 5 000 € afin d'en retirer un revenu financier à long terme.

La banque adresse le 15 mai un avis d'opération indiquant des frais de 2 100 € HT, et informant l'entreprise du paiement des opérations sur titres de la première quinzaine du mois de mai, par prélèvement sur le compte de la société. La société n'a pas opté pour l'inscription en charges de ces frais d'acquisition de titres.

MINI-CAS DE SYNTHÈSE

Compétences attendues
À partir d'un contexte professionnel, il peut être demandé au candidat :
- **d'énoncer et de préciser les quatre catégories de titres proposées par le PCG;**
- **de rappeler les modalités d'évaluation des immobilisations financières et des valeurs mobilières de placement lors de leur entrée dans le patrimoine de l'entité;**
- **d'identifier la nature des revenus liés à la détention de ces actifs financiers;**
- **de comptabiliser les factures matérialisant l'entrée de ces actifs dans le patrimoine de l'entité et les revenus de ces titres.**

ÉTAT DE RAPPROCHEMENT ET OPÉRATIONS SUR TITRES ★★★

0h25

L'entreprise MOREL est une société spécialisée dans le recyclage des déchets industriels. Elle réalise notamment l'organisation de la chaîne de valeur du recyclage des polymères. Elle maîtrise la filière complète de recyclage du verre acrylique dans des composites thermoplastiques recyclables. Elle gère, pour les besoins de son activité ou pour placer sa trésorerie, un portefeuille de titres.

Dans la balance de vérification établie par le comptable de l'entreprise MOREL, on relève pour le compte « Banque » au 31 décembre N :

Débit .... 1 918 870 €

Crédit .... 1 915 160 €.

L'extrait de compte envoyé par le CRÉDIT LYONNAIS présente un solde créditeur de 3 852 € au 31 décembre.

Le pointage dans les livres de l'entreprise avec le compte « Banque » permet de constater que :

- le chèque n° 3 008 226 de 850 € à l'ordre du fournisseur FAURE n'a pas encore été présenté au paiement à la banque par son bénéficiaire;
- le virement bancaire de 1 870 € du client BERANGER enregistré par la banque le 28 décembre n'a pas été comptabilisé chez MOREL;
- des chèques remis à l'encaissement pour 2 820 € ne figurent pas sur le relevé;
- le chèque n° 3 008 231 à l'ordre du fournisseur MOREAU a été comptabilisé pour 1 360 €; l'extrait de compte et la souche du chèque indiquent une somme de 1 630 €.

Le relevé de compte est accompagné :

- d'un avis d'acquisition de titres ARCELOR pour une opération spéculative le 31 décembre pour un montant de 1 875 €, dont frais d'acquisition 60 € TTC ;
- d'un avis de crédit pour encaissement de coupons sur des titres acquis en vue d'un investissement financier à long terme : 140 €;
- d'un avis de crédit pour encaissement d'intérêts sur des obligations acquises en vue d'un placement de trésorerie à court terme : 300 €;
- d'un avis de débit pour droit de garde des titres : 53 € TTC (TVA à 20 %);
- d'un avis de crédit pour encaissement des dividendes de sa filiale DELCOURT : 2 000 €.

MISSIONS

1. ***Rappeler les règles de classification comptables des titres.***
2. ***L'entreprise enregistre les frais d'acquisition des titres en charges. Rappeler l'autre option possible. Ce choix doit-il être appliqué à tous les titres ?***
3. ***Présenter l'état de rapprochement permettant d'établir la concordance des soldes au 31 décembre N.***
4. ***Présenter les écritures de régularisation nécessaires.***

CHAPITRE 13 : LES CESSIONS D'IMMOBILISATIONS ET DE VALEURS MOBILIÈRES DE PLACEMENT

COMPÉTENCES ATTENDUES

- **Analyser** les règles spécifiques de comptabilisation applicables aux cessions d'immobilisations et de valeurs mobilières de placement.
- **Évaluer et comptabiliser** le prix de cession des immobilisations et des valeurs mobilières de placement cédées au cours de l'exercice.

FICHE RESSOURCES

1 - Les sorties d'immobilisations non amortissables

I. Cession d'immobilisations non amortissables

Lors de la cession d'une immobilisation non amortissable, l'entreprise doit procéder :

- à la sortie de l'immobilisation du patrimoine ;

657 - Valeurs comptables des immobilisations incorporelles et corporelles cédées	
Valeur d'achat	

2. Immobilisations	
	Valeur d'achat

- à la comptabilisation du prix de cession.

462 - Créances sur cessions d'immobilisations(1)	
Prix de cession	

757 - Produits des cessions d'immobilisations incorporelles et corporelles	
	Prix de cession(2)

(1) ou 512 « Banque » si le règlement intervient immédiatement.

(2) Ce prix de cession est hors taxes si la cession est soumise à la TVA et, dans ce cas, il faut également créditer le compte 44571 « État – TVA collectée sur biens et services » et le compte 462 sera débité du prix de cession TTC.

Si le bien a fait l'objet d'une expropriation ou d'un sinistre, le montant de l'indemnité reçue par l'entreprise est considéré comme le prix de cession et est comptabilisé en 757 « Produits des cessions d'immobilisations incorporelles et corporelles ».

Exemple 1

Le 15/04/N, une entreprise a cédé à crédit, pour un prix de cession de 96 400 €, un fonds de commerce acquis le 01/03/N-10 au prix d'achat de 40 000 €. Cette cession n'est pas soumise à la TVA.

Comptabiliser cette cession.

		15/04/N		
657		Valeurs comptables des immobilisations incorporelles et corporelles cédées	40 000,00	
	207	Fonds commercial		40 000,00
		Cession fonds de commerce		
		15/04/N		
462		Créances sur cessions d'immobilisations	96 400,00	
	757	Produits des cessions d'immobilisations incorporelles et corporelles		96 400,00
		Cession fonds de commerce		

Remarque :
Si le bien cédé fait l'objet d'une dépréciation, dans ce cas, elle doit être reprise puisqu'elle n'a plus aucun objet. Cependant, cette reprise de dépréciation n'a aucune incidence sur le résultat de cession.

Exemple 2

Le 20/12/N, une entreprise a cédé à crédit un terrain acquis le 02/01/N–1. Son prix d'achat s'élevait à 43 600 €, son prix de cession à 36 600 €. Cette cession n'est pas soumise à la TVA. Ce terrain avait été déprécié pour une valeur de 10 000 €.

Comptabiliser cette cession.

	20/12/N		
657	Valeurs comptables des immobilisations incorporelles et corporelles cédées	43 600,00	
211	Terrains		43 600,00
	Cession terrain		
	20/12/N		
462	Créances sur cessions d'immobilisations	36 600,00	
757	Produits des cessions d'immobilisations incorporelles et corporelles		36 600,00
	Cession terrain		
	31/12/N		
2911	Dépréciation des terrains	10 000,00	
78162	Reprise sur dépréciation des immobilisations corporelles		10 000,00
	Dépréciation devenue sans objet, cession du terrain		

II. Cession des titres de participation, des titres immobilisés et des titres immobilisés de l'activité de portefeuille (TIAP)

1. Cession des titres de participation et des titres immobilisés

Le schéma comptable est identique à celui des immobilisations non amortissables vu ci-dessus. Le prix de vente est enregistré au crédit du compte **7671 « Produits des cessions d'immobilisations financières »** par le débit du compte de créances **462 « Créances sur cessions d'immobilisations »**. Le compte de titres est soldé pour la valeur brute par le débit du compte **6671 « Valeurs comptables des immobilisations financières cédées »**. Si une dépréciation a été enregistrée, elle doit être reprise.

Exemple

L'entreprise BERNARD possède 600 actions de la société CV, acquises en N–2 au cours de 70 €. Cette entreprise avait la ferme intention de les conserver durablement. 200 titres ont été cédés en novembre N au cours de 20 € (frais de cession TTC : 38,40 €). Le titre cotait fin N–1 45 €, et fin N 30 €.

Comptabiliser cette cession.

	Novembre N		
512	Banque	3 961,60	
6271	Frais sur titres	32,00	
44566	État - TVA déductible	6,40	
7671	Produits des cessions d'immobilisations financières		4 000,00
	Cession 200 titres à 20 €		
	Novembre N		
6671	Valeurs comptables des immobilisations financières cédées	14 000,00	
271	Autres titres immobilisés		14 000,00
	Cession 200 titres acquis à 70 €		
	31/12/N		
68662	Dotations pour dépréciation des immobilisations financières	1 000,00	
2971	Dépréciation des autres titres immobilisés		1 000,00
	Dépréciation au 31/12/N–1 : 600 × (70 – 45) = 15 000		
	Dépréciation au 31/12/N : 400 × (70 – 30) = 16 000		

2. Cession des titres immobilisés de l'activité de portefeuille (TIAP)

La comptabilisation de la cession des titres classés en TIAP est différente de la cession des autres titres. Il convient tout d'abord de déterminer le résultat de la cession. La différence entre le prix de cession et le coût d'achat des titres enregistré à l'actif du bilan constitue le résultat de la cession (plus-value ou moins-value).

- Calcul du résultat de cession des titres :
  - prix de cession > prix d'achat ➔ Plus-value ;
  - prix de cession < prix d'achat ➔ Moins-value.

La cession s'enregistre d'après la plus-value ou moins-value calculée.

- Cas d'une plus-value : le compte **7672 « Produits nets sur cessions de titres immobilisés de l'activité de portefeuille »** est crédité du prix de cession des TIAP et débité de la valeur brute pour le solde du compte de titres.
- Cas d'une moins-value : le compte **6672 « Charges nettes sur cessions de titres immobilisés de l'activité de portefeuille »** est débité de la valeur brute des TIAP par le crédit du compte de titres, puis crédité du prix de cession par le débit d'un compte de trésorerie ou de tiers.

Exemple 1

La société MARTY a acheté en mars N, afin de réaliser un investissement financier, 300 actions SCHNEIDER au cours de 76,50 € l'unité. Elle les a cédées au cours de 78 € en février N+1.

Résultat de la cession : 300 (78 – 76,50) =23 400 – 22 950 = 450 € plus-value

	Février N+1		
512	Banque	23 400,00	
7672	Produits nets sur cessions de titres immobilisés de l'activité de portefeuille		23 400,00
	Cession 300 actions SCHNEIDER à 78 €		
	Février N+1		
7672	Produits nets sur cessions de titres immobilisés de l'activité de portefeuille	22 950,00	
273	TIAP		22 950,00
	Cession 300 actions SCHNEIDER acquis à 76,50 €		

Exemple 2

La société MARTY a, en outre, dans le cadre de ses investissements financiers, acheté en mai N–4 400 actions SUEZ au cours de 41 € l'unité. Elle les a vendues à un prix unitaire de 38 € en avril N.

Résultat de la cession : 400 (38 – 41) = 15 200 – 16 400 = 1 200 € moins-value

	Avril N		
512	Banque	15 200,00	
6672	Charges nettes sur cessions de titres immobilisés de l'activité de portefeuille		15 200,00
	Cession 400 actions SUEZ à 38 €		
	Février N+1		
6672	Charges nettes sur cessions de titres immobilisés de l'activité de portefeuille	16 400,00	
273	TIAP		16 400,00
	Cession 400 actions SUEZ acquis à 41 €		

2 - Les sorties d'immobilisations amortissables

I. Les cessions d'immobilisations amortissables

Le principe de comptabilisation est identique à celui utilisé pour les immobilisations non amortissables. Cependant, il faut tenir compte des amortissements pratiqués à la date de clôture de l'exercice précédent et comptabiliser une dotation complémentaire jusqu'à la date de cession. Le total des amortissements doit être soldé puisqu'il y a sortie d'actif, ainsi que pour pouvoir déterminer la valeur comptable nette du bien cédé.

Exemple

Une entreprise a cédé à crédit le 12/07/N un matériel industriel dont le prix d'achat s'élevait à 40000 € HT. Il avait été acquis le 01/02/N–4. Son prix de cession est de 6 000 € HT, avec une TVA à 20 %. Le cumul des amortissements comptabilisés jusqu'au 31/12/N–1 s'élevait à 31 611 €. L'annuité d'amortissement jusqu'à la date de cession calculée pour un montant de 772 € n'a pas encore été comptabilisée à la date de cession.

Comptabiliser cette cession

• Prix de cession du matériel

	12/07/N		
462	Créances sur cessions d'immobilisations	7 200,00	
757	Produits des cessions d'immobilisations incorporelles et corporelles		6 000,00
44571	État - TVA Collectée		1 200,00

• Dotation complémentaire jusqu'à la date de cession

	12/07/N		
68112	Dotations aux amortissements des immobilisations corporelles	772,00	
28154	Amortissement du matériel industriel		772,00

• Réintégration des amortissements et détermination de la valeur comptable nette

	12/07/N		
28154	Amortissement du matériel industriel (31 611 + 772)	32 383,00	
657	Valeurs comptables des immobilisations incorporelles et corporelles cédées	7 167,00	
2154	Matériel industriel		40 000,00

Remarque :

Si l'immobilisation amortissable cédée fait également l'objet d'une dépréciation, dans ce cas, celle-ci doit être reprise puisqu'elle n'a plus aucun objet. Comme dans le cas d'un bien non amortissable, cette reprise de dépréciation n'a aucune incidence sur le résultat de cession.

II. Les mises au rebut

Lorsqu'une entreprise décide de mettre au rebut une immobilisation amortissable, elle doit constater, à la date de sortie de l'immobilisation de son patrimoine, une dotation exceptionnelle pour obtenir une valeur comptable nulle. Le bien, en effet, n'a plus aucune valeur.

Exemple

Une entreprise a mis au rebut le 31/03/N un mobilier de bureau devenu inutilisable. Il avait été acquis et mis en service le 01/04/N-7 pour un montant de 1600 € HT. L'entreprise avait estimé lors de son acquisition que la consommation des avantages économiques attendus devait être de 10 % l'an. Le montant des amortissements comptabilisés au 1er janvier N s'élevait à 1080 €. La sortie de ce bien n'a pas été constatée en comptabilité.

Régulariser la mise au rebut de ce mobilier.

	31/12/N		
68112	Dotations aux amortissements des immobilisations corporelles (1 600 × 10 % × 3/12)	40,00	
6871	Dotations aux amortissements, charges exceptionnelles (1 600 – (1 080 + 40)	480,00	
28184	Amortissement du mobilier de bureau		520,00
	Dotation de l'exercice et dotation exceptionnelle, valeur comptable nulle		
	31/12/N		
28184	Amortissement du mobilier de bureau	1 600,00	
2184	Mobilier de bureau		1 600,00
	Mise au rebut		

Remarque :
Il n'est pas nécessaire de mouvementer le compte 657, puisque le montant débité est nul : VNC = 0.

3 - Les cessions de valeurs mobilières de placement (VMP)

La comptabilisation de la cession des titres classés en VMP est différente de la cession des autres titres. Il convient tout d'abord de déterminer le résultat de la cession. La différence entre le prix de cession et le coût d'achat des titres enregistré à l'actif du bilan constitue le résultat de la cession (plus-value ou moins-value).

I. Calcul du résultat de cession des titres

Prix de cession – Prix d'achat des titres
Prix de cession > Prix d'achat ➔ Plus-value
Prix de cession < Prix d'achat ➔ Moins-value

II. Comptabilisation

Le résultat de la cession de valeurs mobilières de placement constitue un produit financier ou une charge financière. Le compte à utiliser dépend du résultat de l'opération de cession :

Résultat de cession	Compte à utiliser
Gain de cession	7673 - Produits nets sur cessions de VMP
Perte de cession	6673 - Charges nettes sur cessions de VMP

La cession de VMP peut s'enregistrer en deux écritures :

- le **prix de cession** est enregistré au crédit du compte de produits (7673) ou charges (6673) avec, comme contrepartie, le débit du compte bancaire ou du compte 465 « Créances sur cessions de VMP » ;
- pour constater la **sortie de l'actif**, le coût d'acquisition est porté au crédit du compte de valeurs mobilières de placement concerné par le débit du même compte de produits ou charges que celui utilisé dans la première écriture. Pour l'ensemble des titres, la valeur comptable est constituée par le coût d'entrée en ne tenant pas compte d'une éventuelle dépréciation.

La cession de VMP peut s'enregistrer en une seule écriture comptable : le compte 512 « Banque » est débité pour le montant encaissé, le résultat de cession est enregistré dans le compte 6673 ou 7673, le compte 50 « VMP » est crédité pour le coût d'acquisition des titres cédés.

III. Cession partielle de titres

Lorsque la cession porte sur une fraction d'un ensemble de titres de même nature et conférant les mêmes droits, le coût d'entrée de la fraction cédée est estimé :

- **au coût d'achat moyen pondéré (méthode préconisée par le PCG);**
- **ou à défaut au coût calculé;**
- **ou encore, selon la méthode du premier entré–premier sorti.**

Ce mode de comptabilisation fait apparaître dans les comptes 767 et 667 les soldes des gains et pertes réalisés.

Exemple 1

La société DUBREUIL a acheté dans un but spéculatif 150 actions ZODIAC au cours de 110 € l'unité, puis 100 titres au cours de 135 €. Elle a cédé 200 titres au cours de 128 € en mai N.

Résultat de la cession (méthode du premier entré–premier sorti) :

- coût d'achat **des 200 titres vendus** : 150 × 110 + 50 × 135 = 16 500 + 6 750 = 23 250 ;
- prix de cession : 200 × 128 = 25 600 ;
- plus-value : 25 600 – 23 250 = 2 350.

	Mai N		
512	Banque	25 600,00	
7673	Produits nets sur cession de VMP		25 600,00
	Encaissement du prix de cession		
	Mai N		
7673	Produits nets sur cession de VMP	23 250,00	
503	VMP - Actions		23 250,00
	Sortie des titres de l'actif		

Remarque :
Si la société utilise la méthode du coût moyen pondéré, le coût d'achat est de :

- ***CUMP : (150 × 110 + 100 × 135)/150 + 100 = 120;***
- ***coût d'achat : 120 × 200 = 24 000.***

Exemple 2

Afin de placer un excédent de trésorerie, la société DUBREUIL a par ailleurs acheté, au cours du mois de février, 180 actions LABOPHARMA au cours de 25 € l'unité. Elle les a cédées au cours de 20 € en juin de la même année. L'encaissement du prix aura lieu le mois suivant.

Résultat de la cession : 180 (25 – 20) = 4 500 – 3 600 = – 900 moins-value.

	Juin N		
465	Créances sur cession de VMP	3 600,00	
6673	Charges nettes sur cession de VMP		3 600,00
	Encaissement du prix de cession		
	Juin N		
6673	Charges nettes sur cession de VMP	4 500,00	
503	VMP - Actions		4 500,00
	Sortie des titres de l'actif		

APPLICATIONS

CONTRÔLE DE CONNAISSANCES

Répondre par «oui» ou par «non» aux affirmations ci-dessous en donnant les explications nécessaires.

1. La sortie des titres TIAP est comptabilisée de façon identique à celle des titres de participation et des autres titres immobilisés.
2. L'entreprise doit comptabiliser une dotation exceptionnelle en cas de mise au rebut d'un bien.
3. La sortie d'un bien amortissable de l'actif est comptabilisée au débit du compte 657 « Valeurs comptables des immobilisations incorporelles et corporelles cédées » pour la VNC.
4. Les cessions de VMP peuvent s'enregistrer en une seule écriture ou en deux écritures.
5. Le résultat de la cession d'une immobilisation est la différence entre le compte 657 « Valeurs comptables des immobilisations incorporelles et corporelles cédées » et le compte 757 « Produits des cessions d'immobilisations incorporelles et corporelles ».
6. La plus-value sur une cession de VMP est enregistrée dans le compte 7673 « Produits nets sur cessions de VMP ».
7. Les dépréciations existantes sur les immobilisations cédées doivent être reprises.
8. Lors de la cession d'une immobilisation amortissable, la dotation complémentaire aux amortissements doit être constatée pour la durée entre le 1er jour de l'exercice et le jour précédant la date de la cession.
9. Lors de la cession des titres de participation, la méthode du CUMP doit obligatoirement être utilisée si les titres cédés ont été acquis à des prix différents.
10. Lors de la cession des titres, les commissions bancaires viennent augmenter le montant encaissé.

APPLICATION 1** : CESSION D'UNE IMMOBILISATION AVEC VALEUR RÉSIDUELLE

20 Min

TRAVAIL À FAIRE

Passer les écritures d'amortissement et de régularisation de cette cession en justifiant toutes les valeurs calculées.

L'entreprise LEROY a procédé à la cession à crédit d'un outillage industriel pour 3 500 € HT le 16/12/N (taux de TVA à 20 %).
Ce bien a été acquis le 16 février N-1 pour 16 000 € HT et mis en service le jour-même.
Ses caractéristiques étaient les suivantes :

- le mode d'amortissement est linéaire sur une durée d'utilisation de 5 ans ;
- à la fin de l'utilisation prévue de ce bien, sa valeur résiduelle est estimée à 800 €.

APPLICATION 2★★ : CESSIONS DE TITRES DE PARTICIPATION ET DE TIAP

20 Min

TRAVAIL À FAIRE

Enregistrer ces diverses cessions au journal de l'entreprise SWEIG.

La société SWEIG détenait en portefeuille les titres suivants.

- Titres de participation
  - Société CARLOC .... 1 500 actions (sur 2 500 actions formant le capital de cette société), acquises en N–5 au prix unitaire de 856 €.
- Titres immobilisés de l'activité de portefeuille
  - Société AXINOVE .... 2 400 actions acquises en N–8 au prix unitaire de 549 €.

Ces titres de participation étaient dépréciés de 36 000 € au 31/12/N–1.

Fin décembre N, la société SWEIG a procédé aux cessions suivantes :

- cession de 1 350 titres CARLOC au prix de 1 423 €, le reste des titres sera conservé au titre d'investissement financier ;
- cession de 2 240 titres AXINOVE au prix de 530 €.

APPLICATION 3★ : CESSIONS D'UNE IMMOBILISATION ET DE TITRES

30 Min

L'entreprise GAUVIN a réalisé les cessions suivantes lors de l'exercice N.

- **Cession d'une immobilisation**

Cette entreprise a acquis et mis en service le 1er septembre N-2 un véhicule utilitaire. Sa valeur est de 82 000 € HT. Sa durée probable d'utilisation est de 4 ans. Cependant, il semble que le kilométrage parcouru par le véhicule reflète mieux le rythme de consommation des avantages économiques attendus de l'actif. Aussi, un plan prévisionnel a été établi :

Exercices	Kilométrage
N	40 000
N–2	8 000
N–1	45 000
N+1	30 000
N+2	20 000

Il est estimé que la valeur résiduelle de ce véhicule à l'issue de son utilisation est d'un montant de 5 000 €.
L'entreprise a cédé ce véhicule pour 25 000 € HT le 1er septembre N (TVA 20 %).
Seule l'écriture suivante a été comptabilisée lors de la cession.

		01/09/N		
512		Banque	30 000,00	
	471	Compte d'attente		30 000,00
		Cession véhicule utilitaire		

TRAVAIL À FAIRE

1. Établir les trois premières lignes du tableau d'amortissement du véhicule en tenant compte de la cession du 1er septembre.
2. Enregistrer les écritures de régularisation au 31/12/N.

- **Cession de titres**

Vente le 15 juin N de 40 actions SCHNEIDER au prix unitaire de 54 €. Ces actions avaient été acquises dans un but spéculatif en avril N-1 au prix unitaire de 60 €. En N-1, il avait été constaté sur ces titres une dépréciation de 320 €. Le comptable a seulement constaté l'écriture de cession suivante :

		01/09/N		
512		Banque	2 160,00	
	471	Compte d'attente		2 160,00
		Vente actions SCHNEIDER		

TRAVAIL À FAIRE

Procéder à la régularisation de cette cession au 31/12/N.

APPLICATION 4** : CESSIONS DE VMP

15 Min

TRAVAIL À FAIRE

Enregistrer ces diverses cessions au journal de l'entreprise F.H. DIFFUSION, dans les deux hypothèses suivantes :
- la société utilise la méthode du coût moyen pondéré pour valoriser ses sorties de titres ;
- la société utilise la méthode du premier entré–premier sorti.

La société F.H. DIFFUSION a décidé d'acquérir divers titres en janvier et février N afin de placer des excédents de trésorerie. Après négociations avec sa banque, les conditions applicables aux négociations ont été fixées de la manière suivante : frais d'acquisition et de vente HT correspondant à 0,2 % du montant de la transaction, avec un minimum de 15 € HT. Toutes les opérations réalisées dans la journée constituent une seule transaction. La société enregistre les frais d'acquisition en charges.

- **Janvier N :**
  - achat de 12 titres LYNX au prix unitaire de 400 € ;
  - achat de 50 titres SYLPHIDE au prix unitaire de 172,50 €.
- **Mars N :**
  - achat de 45 titres TEXTILOR au prix de 150 € ;
  - achat de 25 titres SYLPHIDE au prix de 225 €.
- **Le 18 novembre N :** sa trésorerie étant devenue déficitaire, elle décide de procéder à diverses cessions :
  - actions LYNX : 12 titres au prix unitaire de 430 € ;
  - actions SYLPHIDE : 66 titres au prix unitaire de 185 € ;
  - actions TEXTILOR : 25 titres au prix de 110 €.

L'avis bancaire des cessions des titres parvient à l'entreprise le 20 novembre N.

CONTEXTE PROFESSIONNEL PRESTI'JARDINS

Le cadre de l'entreprise PRESTI'JARDINS est présenté page 6.

Compétence attendue
Le candidat doit pouvoir évaluer et comptabiliser, au cours de l'exercice, les opérations portant sur les cessions des différentes immobilisations et sur les valeurs mobilières de placement qui figurent dans le patrimoine de l'entité.

La SAS PRESTI'JARDINS a cédé des immobilisations et des titres de participation au cours de l'exercice. Vous devez comptabiliser ces opérations.

MISSIONS

1. ***Cession d'un matériel industriel : enregistrer les écritures nécessaires concernant cette cession.***
2. ***Cessions d'un immeuble et d'un véhicule de tourisme : enregistrer les écritures nécessaires concernant ces cessions.***
3. ***Cession de titres de participation : sachant que la valorisation de la sortie des titres se fait selon la méthode du premier entré–premier sorti, enregistrer les cessions du 5 février N et du 6 juillet N, puis passer l'écriture nécessaire au 31 décembre N.***

Annexe Informations relatives à l'analyse des cessions

- ***Cession d'un matériel industriel***

Un matériel industriel acquis 6000 € hors taxes le 15 juin N–2, TVA à 20 %, est vendu le 1er avril N pour 1 800 € hors taxe. Les amortissements pratiqués de la date d'achat à la date de cession sont de 4068 €. La dotation complémentaire aux amortissements de l'année N a déjà été comptabilisée.

- ***Cession d'un immeuble et d'un véhicule de tourisme***

Un immeuble acquis 50000 € hors taxes le 1er août N–7, TVA à 20 %, est vendu le 1er août N pour 60000 €, réglé ce jour par chèque. Le mode d'amortissement est linéaire sur une durée de 20 ans. La cession de l'immeuble est soumise à la TVA au taux de 20 %. La dotation complémentaire aux amortissements de l'année N n'a pas été comptabilisée.
Le 16 mai N, la société cède un véhicule de tourisme à un particulier pour un montant de 9 600 €. La cession n'est pas soumise à la TVA. Ce véhicule a été acheté le 1er février N–1 pour 17940 € taxes comprises. Le véhicule a été amorti sur un mode linéaire sur une durée de 5 ans. Le règlement se fera en totalité le 16 mai N par chèque bancaire.

- ***Cession de titres de participation***

Au 31 décembre N–1, le portefeuille de titres de participation CAFROD était le suivant :

Titres	Date d'acquisition	Nombre	Prix unitaire d'achat
CAFROD	18/01/N–4	120	76
CAFROD	09/10/N–2	80	90

Au cours de l'exercice N, les cessions ont été les suivantes :

➔ 5 février N : cession de 130 titres CAFROD au prix unitaire de 88 € ;

➔ 6 juillet N : cession de 40 titres CAFROD au prix unitaire de 84 €.

CHAPITRE 14 : LES CRÉANCES ET DETTES EN MONNAIES ÉTRANGÈRES

COMPÉTENCE ATTENDUE

Évaluer et comptabiliser les différentes opérations d'inventaire : évolution et ajustement des actifs et des passifs en monnaie étrangère.

FICHE RESSOURCES

1 - Les ventes et les achats à l'étranger

Les termes « importations » et « exportations » sont réservés aux échanges avec le reste du monde. Lorsque les échanges de biens et services ont lieu avec des pays membres de l'Union européenne, ces transactions sont appelées « livraisons intracommunautaires » en matière de ventes et « acquisitions intracommunautaires » en matière d'achats.

I. Les acquisitions et livraisons intracommunautaires

La facture reçue d'un fournisseur ou adressée à un client peut être libellée en devises si le pays d'origine n'a pas adopté l'euro comme monnaie. **Il sera alors nécessaire de convertir le montant de la facture en euros,** au cours du jour de la facture.

Exemple

Le 1er juin, l'entreprise QUARTZ reçoit une facture d'achat de marchandises de son fournisseur polonais pour un montant de 4 000 zlotis ; la facture ne mentionne pas la TVA, l'entreprise QUARTZ ayant fourni son n° d'identification de TVA. L'opération est soumise à la TVA française, au taux de 20 %.

Cours : 1 zloti = 0,25 €

- Conversion : .... 4 000 zlotis x 0,25 = 1 000 €
- TVA à calculer par l'entreprise : .... 1 000 x 0,20 = 200 €

		01/06		
60702		Achats de marchandises UE	1 000,00	
44566		TVA déductible sur autres biens et services	200,00	
	40102	Fournisseurs UE		1 000,00
	4452	TVA due intracommunautaire		200,00
		Facture du fournisseur polonais		

II. Les exportations et les importations

Les exportations sont des opérations exonérées de TVA, tandis que les importations sont soumises à la TVA française.

1. *Les exportations*

L'opération étant exonérée, la facture ne mentionne que les montants hors taxes. La vente sera enregistrée dans une subdivision spécifique du compte de vente par nature. Une codification similaire est recommandée pour le compte client.

Exemple

L'entreprise ÉMERAUDE facture 2 000 $ de marchandises à une société américaine, la LTD de Boston, le 1er mars.

Cours : 1 $ = 0,6790 €

Conversion en euros : 2 000 x 0,6790

	01/03/N		
41102	Clients hors UE	1 358,00	
70703	Ventes de marchandises hors UE		1 358,00
	Facture à la LTD de Boston		

2. Les importations

Les biens acquis font l'objet d'un transit en douane. La TVA doit être autoliquidée par l'entreprise acheteuse (voir chapitre 5).

Exemple

Le 18 mai, l'entreprise TOPAZE, qui utilise le système de base, reçoit la livraison d'une commande faite à un fournisseur américain accompagnée de la facture. Cette livraison concerne des achats de matières premières. La facture du fournisseur fait état d'un achat de 1 600 $.

Cours : 1 € = 1,2043 USD

Conversion : 1 600 $ / 1,2043 = 1 328,57

	18/05		
60103	Achats de matières premières hors UE	1 328,57	
44566	État, TVA déductible sur ABS	265,71	
40103	Fournisseurs hors UE		1 328,57
44571	État, TVA collectée		265,71
	Facture du fournisseur américain		

2 - Les règlements en devises

Les règlements sont enregistrés en euros sur la base du dernier cours du jour du règlement. La différence entre le cours de la facturation et le cours du règlement fait apparaître :

- un gain certain et définitif enregistré en 756 « Gains de change sur créances et dettes commerciales » ;
- ou une perte certaine et définitive enregistrée en 656 « Pertes de change sur créances et dettes commerciales ».

	Créance	Dette
↗ du cours : Cours du règlement > Cours de la facturation	**756 - Gains de change sur créances et dettes commerciales**	**656 - Pertes de change sur créances et dettes commerciales**
↘ du cours : Cours du règlement < Cours de la facturation	**656 - Pertes de change sur créances et dettes commerciales**	**756 - Gains de change sur créances et dettes commerciales**

Exemple

L'entreprise TOPAZE règle son fournisseur américain le 20 juin. Le cours à cette date est le suivant :

Cours : 1 € = 1,1522 USD

Conversion : 1 600 $/1,1522 = 1 388,65

	20/06		
40103	Fournisseurs hors UE	1 328,57	
656	Pertes de change sur créances et dettes commerciales	60,08	
512	Banque		1 388,65
	Règlement du fournisseur américain		

3 - Les régularisations à l'inventaire

À la clôture de l'exercice, lorsque l'application du cours à l'inventaire a pour effet de modifier les montants en euros précédemment comptabilisés, les différences de conversion sont comptabilisées dans les comptes transitoires :

- 476 « Différence de conversion – Actif » s'il s'agit d'une perte latente ;
- 477 « Différence de conversion – Passif » s'il s'agit d'un gain de change latent.

	Créance	Dette
↗ du cours : Cours de fin d'exercice > Cours de la facturation	**Gain de change latent** 477 - Différence de conversion – Passif	**Perte de change latente** 476 - Différence de conversion – Actif
↘ du cours : Cours de fin d'exercice < Cours de la facturation	**Perte de change latente** 476 - Différence de conversion – Actif	**Gain de change latent** 477 - Différence de conversion – Passif

Ces gains ou ces pertes ne sont pas définitifs, mais provisoires. Les résultats définitifs (gains ou pertes) ne sont déterminés qu'au moment du règlement.

En vertu du principe de prudence, cette diminution de l'actif ou cette augmentation du passif donnent lieu à la constitution d'une provision pour pertes de change.

Perte de change latente

↓

		31/12/N		
6815		Dotation aux provisions d'exploitation	x	
	1515	Provision pour pertes de change		x
		Perte latente		

Exemple

La société ETHAN a facturé le 11 décembre N à la société WORLD de Dallas 10 000 dollars de marchandises au cours de 0,7298 €, payables à 30 jours. Elle a également facturé le 1er novembre N à la société PHILADELPHIA 5 000 dollars de marchandises au cours de 0,7515 €. Ces marchandises ne seront payables qu'en avril N+1.

Le cours du dollar au 31 décembre N est de 0,7404 €.

1. Vente à la société WORLD de Dallas

		31/12/N		
411		Client WORLD	106,00	
	477	Différence de conversion – Passif		106,00
		Gain latent = 10 000 (0,7404 - 0,7298) = 106		

2. Vente à la société PHILADELPHIA

		31/12/N		
476		Différence de conversion – Actif	55,50	
	411	Client PHILADELPHIA		55,50
		Perte latente = 5 000 (0,7515 - 0,7404)		

		31/12/N		
6815		Dotation aux provisions d'exploitation	55,50	
	1515	Provision pour pertes de change		55,50
		Perte latente		

4 - En début d'exercice suivant

Les écritures d'inventaire en page précédente, à l'exception de la provision pour pertes de change ajustée à la fin de l'exercice suivant, sont contre-passées. En conséquence :

- les comptes 476 et 477 sont soldés ;
- les créances et les dettes sont ramenées à leur valeur d'origine : les comptes fournisseurs et clients retrouvent leur valeur de facturation, et les comptes d'emprunt et de prêt retrouvent leur valeur nominale.

5 - Synthèse

CRÉANCE → Baisse du cours / Hausse du cours

DETTE → Baisse du cours / Hausse du cours

Hausse du cours (créance) + Baisse du cours (dette) →

GAIN DE CHANGE
Compte transitoire au passif
477 « Différence de conversion – Passif »

Baisse du cours (créance) + Hausse du cours (dette) →

PERTE DE CHANGE
Compte transitoire à l'actif
476 « Différence de conversion – Actif »
+
Constitution d'une provision :
1515 « Provision pour pertes de change » (voir chapitre 18)
Inscrite au passif du bilan, rubrique Provision pour risques et charges

APPLICATIONS

CONTRÔLE DE CONNAISSANCES

Répondre par « oui » ou par « non » aux affirmations ci-dessous en donnant les explications nécessaires.

1. Un gain latent est comptabilisé en 766 « Gain de change ».
2. Une perte définitive n'a pas d'influence sur le résultat comptable.
3. Une perte latente à la fin d'un exercice doit être constatée en provision pour pertes de change.
4. Le règlement d'un fournisseur en devises entraîne toujours la constatation d'un résultat de change définitif.
5. Une perte latente à la clôture d'un exercice est enregistrée dans le compte transitoire 476 « Différence de conversion – Actif ».
6. Les pertes définitives de change sur les importations de marchandises sont enregistrées dans le compte 666 « Pertes de change ».
7. Les opérations réalisées au sein de l'Union européenne sont toujours libellées en euros.
8. Si le taux de change est de 1€ = 1,10 $, un montant de 11 000 $ est équivalent à 10 000 €.
9. Si le taux de change est de 1 $ = 0,90 €, un montant de 10 000 $ est équivalent à 9 000 €.
10. Les acquisitions intracommunautaires peuvent être soumises à des droits de douane.

APPLICATION 1** : VENTES DE MARCHANDISES EN DEVISES SANS LE TRAITEMENT D'INVENTAIRE

15 Min

TRAVAIL À FAIRE

Enregistrer les écritures nécessaires dans le journal de l'entreprise BROWN.

La société BROWN est un revendeur d'instruments de musique, elle est assujettie à la TVA sur l'ensemble de son activité.

Au cours de l'exercice N, la société BROWN a vendu une guitare de collection à un magasin situé en Suisse.

Le 10 novembre, BROWN établit la facture n° 160 au client suisse LAZAR d'un montant de 10 000 FS. Les formalités de dédouanement ont correctement été établies, la vente est exonérée de la TVA française.

La facture est réglée en deux temps par le client suisse :

- 5 000 FS le 15/12 : virement n° 78 ;
- 5 000 FS le 30/12 : virement n° 81.

	10/11	15/12	30/12
Cours du franc suisse	1 FS = 0,90 €	1 FS = 0,95 €	1 FS = 0,82 €

APPLICATION 2* : ACQUISITION D'UNE IMMOBILISATION EN DEVISES

15 Min

TRAVAIL À FAIRE

Enregistrer toutes les écritures nécessaires du 15 septembre N au 31 décembre N+1.

La société MAXIMILIEN a acquis un matériel industriel auprès d'un fournisseur américain le 15 septembre N, pour le prix de 155 000 $. Le dollar cotait alors 0,6542 €.

La TVA est autoliquidée à l'importation au taux de 20 %.

Le règlement doit intervenir en deux fois :

- la première moitié au 15 décembre (cours du dollar : 0,6238 €) ;
- la seconde moitié au 28 février N+1 (cours du dollar : 0,7825 €).

Au 31 décembre N, le cours du dollar est de 0,7189 €.

APPLICATION 3* : ACHATS DE MARCHANDISES EN DEVISES

15 Min

TRAVAIL À FAIRE

Présenter l'ensemble des écritures qui doivent figurer au journal de la société LUCIE au titre de cette opération.

Le 15 novembre N, l'entreprise LUCIE reçoit une facture d'achat de marchandises de son fournisseur polonais QUARTZ, pour un montant de 10 000 zlotis; la facture ne mentionne pas la TVA, l'entreprise QUARTZ ayant fourni son n° d'identification de TVA. L'opération est soumise à la TVA française, au taux de 20 %. Cours : 1 € = 4 zlotis.

La facture est réglée pour 25 % le 15 décembre, cours : 1 € = 5 zlotis.

Le solde est réglé le 15 janvier N+1, cours : 1 € = 3 zlotis.

Le cours au 31/12/N est de 1 € = 3 zlotis.

MINI-CAS DE SYNTHÈSE

Compétences attendues
Le candidat doit être capable, dans un contexte professionnel donné, de procéder aux évaluations préalables à la comptabilisation des opérations d'inventaire, pour régulariser la situation comptable avant inventaire afin qu'elle puisse correspondre avec la « réalité » de l'entreprise. Le candidat doit non seulement connaître les règles comptables du PCG relatives aux savoirs asssociés, mais également maîtriser les écritures qui concernent les variations de change.

SOCIÉTÉ AU PANIER DE CRABES ★★★ 0h30

La société AU PANIER DE CRABES est une entreprise spécialisée dans la production agroalimentaire de produits à base de poissons et de crustacés. Elle importe du poisson, notamment du Danemark, pour fabriquer différents plats cuisinés qu'elle exporte en Europe et dans le reste du monde. Elle communique systématiquement son numéro d'identification intracommunautaire à ses fournisseurs.

Elle a réalisé en décembre N les opérations suivantes :

- **4 décembre N** Commande de poissons à M. Van Schluss de Copenhague (Danemark) ;
- **7 décembre N** Réception par courrier de la facture de M. Van Schluss : facture 879 datée du 04/12/N, livraison du 5 décembre N : 40785 DKK (couronne Danoise). Paiement pour 50 % le 15 décembre et 50 % au 15/01/N+1 ;
- **9 décembre N** Commande de poissons à M. Andersen ;
- **12 décembre N** Réception de la facture d'avoir de M. Van Schluss : facture A-123, remise de 3 % sur la facture 879 ;
- **18 décembre N** Réception par Internet de la facture de M. Andersen : facture V-14745 de 8100 DKK, remise 5 %. Paiement au 31/01/N+1 ;
- **20 décembre N** Facture adressée au client FISCHFACTORY de Ottawa d'un montant de 14871 CAD. Paiement au 15 janvier N+1 par chèque bancaire.

Tous les règlements sont intervenus aux dates prévues.

Les cours de l'euro, exprimés en DKK et en CAD, ont été les suivants.

	Cours de l'euro en DKK	Cours de l'euro en CAD
04/12/N	7,4236	1,3852
07/12/N	7,4356	1,3855
09/12/N	7,4023	1,4039
12/12/N	7,3947	1,4174
15/12/N	7,3820	1,4236
18/12/N	7,3748	1,4496
20/12/N	7,3698	1,4521
31/12/N	7,3346	1,4077
15/01/N+1	7,3456	1,3522
31/01/N+1	7,3222	1,3966

N.B. Une TVA de 5 % (par simplification) est applicable sur l'ensemble des opérations.

MISSION ***Enregistrer toutes les écritures nécessaires du 4 décembre N au 31 décembre N+1.***

PARTIE 4 : TRAVAUX D'INVENTAIRE

CHAPITRE 15 : LES PRINCIPES D'ÉVALUATION À L'INVENTAIRE ET LES STOCKS

COMPÉTENCES ATTENDUES

- **Expliquer** la finalité et les enjeux des opérations d'inventaire.
- **Établir** l'articulation entre les principes comptables et les opérations d'inventaire.
- **Évaluer et comptabiliser** les différentes opérations d'inventaire.

FICHE RESSOURCES

1 - Principe

I. Principe général

L'activité de l'entreprise est décomposée en période de temps, appelée exercice comptable, d'une durée d'un an. Toute personne physique ou morale ayant la qualité de commerçant doit contrôler par inventaire, au moins une fois tous les douze mois, l'existence et la valeur des éléments actifs et passifs du patrimoine de l'entreprise. Elle doit établir des comptes annuels à la clôture de l'exercice au vu des enregistrements comptables et de l'inventaire.

II. La double définition du résultat

a. Le résultat annuel est égal à la différence entre l'actif net (Actifs – Dettes au bilan) à la clôture de l'exercice et l'actif net à l'ouverture de l'exercice, sauf s'il s'agit d'opérations affectant directement le montant des capitaux propres.

b. Le résultat de l'exercice est la différence entre les produits et les charges se rapportant à l'exercice comptable. Il découle de la première définition selon laquelle le résultat doit tenir compte des variations de valeurs des actifs et des dettes.

2 - L'inventaire

Selon l'ordre des experts-comptables, le mot inventaire recouvre à la fois :

- l'ensemble des opérations de recensement exhaustif des éléments d'actif et de passif de l'entreprise ;
- l'ensemble des documents donnant l'état descriptif et estimatif de ce patrimoine.

L'inventaire consiste à réaliser à la fois un recensement physique et des travaux comptables.

I. L'inventaire physique extra-comptable

L'inventaire physique consiste à recenser les biens existant au jour de la clôture des comptes. En effet, certains éléments peuvent ne plus figurer dans le patrimoine de l'entreprise, par exemple une immobilisation mise au rebut.

On recense notamment :

- les immobilisations ;
- les stocks ;
- les créances ;
- les disponibilités en caisse, banque…

S'agissant plus particulièrement des stocks, l'inventaire consiste à répertorier les éléments détenus par l'entreprise en fin d'exercice puisque, durant l'année, seuls les comptes d'achats et de ventes ont été mouvementés. Il est donc nécessaire d'opérer un comptage des quantités figurant en stock à la fin de l'année et ensuite de les valoriser.

II. Les travaux comptables

L'inventaire permet aussi de déterminer la valeur des éléments figurant au bilan de l'entreprise. Celle-ci peut avoir varié depuis la fin de l'exercice précédent et il faudra donc l'ajuster en enregistrant des écritures de régularisation. Ces écritures devront, notamment, respecter les principes comptables suivants : permanence des méthodes, coûts historiques, prudence.

De plus, pour obtenir un résultat exact, l'entreprise ne doit prendre en considération que les charges et les produits de cet exercice, et non pas ceux du précédent ou du suivant (principe d'indépendance des exercices). Le rattachement de la charge ou du produit à un exercice dépendra de la date de réalisation de l'opération et de la période couverte pas celle-ci. On distinguera :

- charges constatées d'avance ;
- produits constatés d'avance ;
- charges à payer ;
- produits à recevoir.

Exemples

- Les intérêts d'un emprunt souscrit le 1er juillet N ne seront payés que le 1er juillet N+1, mais la moitié de leur montant concerne l'exercice N et doit donc être constatée en charges.
- Un loyer de 2700 € payé d'avance le 1er septembre N couvre la période du 1er septembre N au 31 août N+1. Les 8/12 de ce loyer concernent donc l'exercice suivant alors qu'ils ont été comptabilisés en charges. 2700 × 8/12 = 1800 doivent donc être exclus des charges de l'exercice N et être saisis dans le résultat de l'exercice N+1.

La comptabilisation des opérations d'inventaire nécessite un travail important qui se déroule en règle générale durant les trois mois qui suivent la clôture de l'exercice. Les écritures d'inventaire sont donc enregistrées durant cette période, mais sont toutes datées du jour de clôture de l'exercice.

III. Les travaux d'inventaire

Ils peuvent être schématisés de la façon suivante :

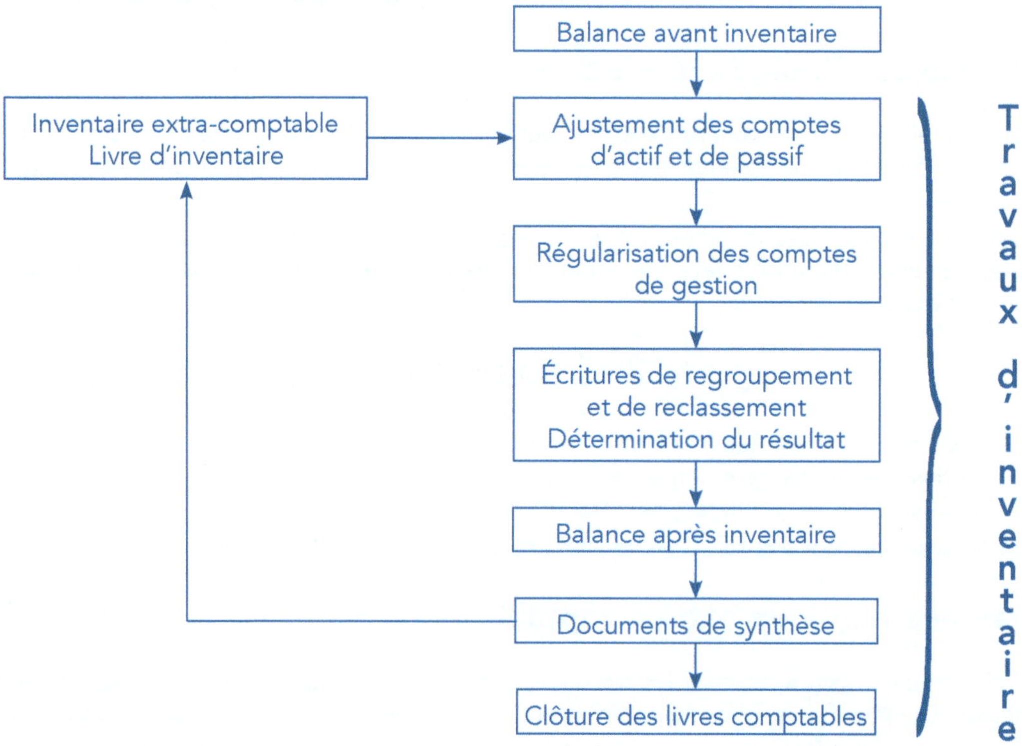

Les ajustements des comptes d'actif et de passif et les régularisations des comptes de gestion concernent :

- les variations des stocks : les comptes de stocks n'ont pas été mouvementés durant l'exercice ; il convient donc de remplacer au bilan les stocks de début d'exercice par ceux de fin d'exercice ;
- les amortissements qui constatent la consommation des avantages économiques procurés par les immobilisations ; chaque année, une partie du coût d'acquisition de ces immobilisations est donc intégrée aux charges de l'exercice afin de tenir compte de cette consommation (voir chapitre 16) ;

- les dépréciations : certains éléments de l'actif, immobilisé ou non, peuvent subir des pertes de valeur qui constituent des charges à faire supporter à l'exercice (voir chapitre 17), exemples : perte de valeur sur des stocks ou clients ayant des difficultés de paiement ;
- les provisions : elles correspondent à des charges nées durant l'exercice et que l'entreprise risque de devoir supporter sur les exercices futurs (voir chapitre 18), exemple : litige avec un fournisseur ;
- les régularisations d'inventaire : elles concernent les ajustements de comptes dus au respect du principe d'indépendance des exercices, mais aussi des régularisations de charges ou produits découlant de règles comptables particulières : gains ou pertes de change latents à la clôture de l'exercice (voir chapitre 14).

3 - La valeur des actifs en fin d'exercice

La méthode à appliquer pour déterminer la valeur à l'arrêté des comptes est une application directe du principe de prudence : une perte de valeur sur un élément d'actif doit être constatée mais, à l'inverse, une plus-value latente ne peut pas être comptabilisée.

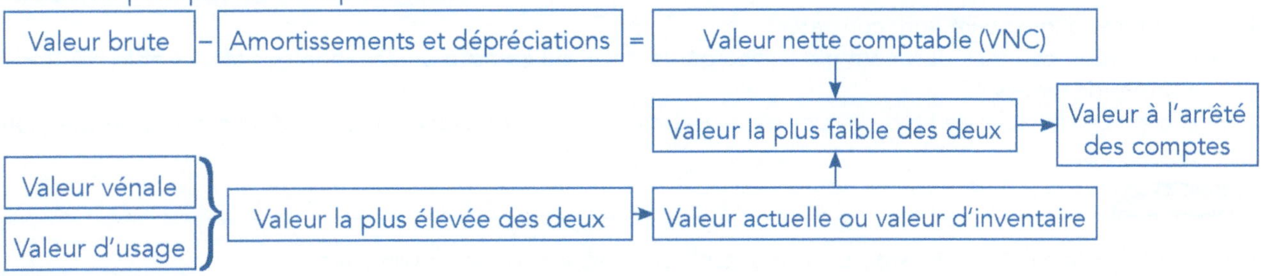

4 - Les variations des stocks

I. L'évaluation des stocks à l'inventaire

La connaissance des stocks nécessite un dénombrement et une évaluation, en principe effectué en fin d'exercice. Dans ce cas, on parle d'inventaire intermittent. Les comptes de stocks ne sont pas mouvementés durant l'année, les achats et ventes étant enregistrés dans les comptes de charges et de produits correspondants. Ce mode de comptabilisation est appelé « inventaire intermittent ». Si l'inventaire comptable des stocks est permanent, c'est-à-dire si l'organisation des comptes de stocks, par l'enregistrement des mouvements, permet de connaître de façon constante, en cours d'exercice, les existants chiffrés en quantités et en valeurs, l'inventaire physique n'est pas forcément effectué au jour de la clôture.

Une fois le recensement des quantités effectué, les stocks sont valorisés à leur coût d'acquisition pour les marchandises, approvisionnements et matières premières, et à leur coût de production pour les biens et services produits ou en cours de production.

II. L'inventaire intermittent et la comptabilisation des stocks

À la fin de l'exercice, les stocks figurent à l'actif du bilan. Ils sont enregistrés dans les comptes de la classe 3.

Comptes de stocks	Comptes de charges ou produits correspondants	Comptes de variation des stocks correspondants
31 - Matières premières	601 - Achats de matières premières	6031 - Variations des stocks de matières premières
32 - Autres approvisionnements	602 - Achats stockés – Autres approvisionnements	6032 - Variations des stocks d'autres approvisionnements
37 - Stocks de marchandises	607 - Achats de marchandises	6037 - Variations des stocks de marchandises
33 - En cours de production de biens	701 - Ventes de produits finis 706 - Prestations de services	7133 - Variation des en-cours de production de biens
34 - En cours de production de services		7134 - Variation des en-cours de prestations de services
35 - Stocks de produits		7135 - Variation des stocks de produits

➢ *Conséquences des variations de stocks sur le résultat*

Au niveau du compte de résultat, un accroissement entre le stock de début d'exercice et celui de fin d'exercice entraîne une hausse du résultat, et une diminution du stock entre le début et la fin de l'exercice entraîne une baisse du résultat. L'augmentation ou la diminution du résultat sera constatée par des comptes de variation des stocks, rattachés soit aux charges soit aux produits, de manière à déterminer au débit du compte de résultat les achats consommés, et au crédit du compte de résultat, la production de l'exercice.

Stock final > Stock initial → STOCKAGE → ↗ RÉSULTAT

Stock final < Stock initial → DÉSTOCKAGE → ↘ RÉSULTAT

III. Les principes de comptabilisation des variations de stocks

Deux écritures d'inventaire vont constater :

- l'annulation du stock de début d'exercice par le débit du compte de variation des stocks et le crédit du compte de stocks ;
- la création du stock de fin d'exercice par le débit du compte de stocks et le crédit du compte de variation des stocks.

Exemple

Une entreprise a évalué ses stocks aux montants suivants lors de ses inventaires :

Stocks	Au 1er janvier N	Au 31 décembre N
Matières premières	32 000	40 000
Produits finis	46 000	57 000

31/12/N

6031	Variations des stocks de matières premières	32 000,00	
31	Matières premières		32 000,00
	Élimination du stock initial de matières premières		
31	Matières premières	40 000,00	
6031	Variations des stocks de matières premières		40 000,00
	Création du stock final de matières premières		
7135	Variations de stocks de produits	46 000,00	
355	Produits finis		46 000,00
	Élimination du stock initial de produits finis		
355	Produits finis	57 000,00	
7135	Variations des stocks de produits		57 000,00
	Création du stock final de produits finis		

IV. Cas de l'entreprise commerciale

Le calcul de la marge commerciale

La **marge commerciale,** ou marge sur coût d'achat des marchandises vendues, est égale à :

Ventes - Coût d'achat des marchandises vendues

Or, le compte de charge « Achats de marchandises » enregistre tous les achats de l'exercice, y compris ceux qui n'ont pas encore été vendus. Il convient donc de tenir compte des variations de stocks pour obtenir le coût d'achat des marchandises vendues.

Coût d'achats des marchandises vendues

= Stock initial + Achats de marchandises – Stock final

= Achats de marchandises + ou – Variations des stocks

Le coût d'achat des marchandises vendues doit apparaître au débit du compte de résultat. En conséquence, si le solde du compte de variations des stocks est débiteur, il figure avec le signe + au débit, et s'il est créditeur, avec le signe –. En effet, dans ce cas il s'agit d'un enrichissement dû au stockage qui vient diminuer les charges.

Exemple 1

Une entreprise commerciale avait un stock de marchandises évalué à 52 000 € le 1er janvier. Le 31 décembre, on constate que le stock a une valeur de 43 000 €. Les achats s'élèvent à 140 000 €.
Le coût d'achat des marchandises vendues est de :
140 000 + 52 000 (stock initial) – 43 000 (stock final) = 149 000 €.

➢ ***1re étape :***

37 - Stocks de marchandises

Solde initial	52 000	52 000	
	43 000	43 000	Solde débiteur
	95 000	95 000	

Situation du stock final

6037 - Variations des stocks de marchandises

52 000	43 000	
	9 000	Solde débiteur
52 000	52 000	

Diminution du stock

On constate que sur l'exercice le stock a diminué. Il s'agit donc d'un déstockage, c'est-à-dire d'un appauvrissement ou d'une charge d'un montant de 9 000 €.

➢ ***2e étape : virement des comptes de charges au compte de résultat***

D. Achats de m/ses C.

D.	C.
140 000	140 000

Virement →

D. Variations des stocks de m/ses C.

D.	C.
52 000	43 000
	Solde débiteur 9 000

Virement →

D. RÉSULTAT DE L'EXERCICE C.

D.	C.
140 000	
9 000	

On vérifie le coût d'achat des marchandises vendues = 149 000 €.

Exemple 2

Une entreprise commerciale avait un stock de marchandises évalué à 23 000 € le 1er janvier. Le 31 décembre, on constate que le stock a une valeur de 33 000 €. Les achats s'élèvent à 85 000 €.
Le coût d'achat des marchandises vendues est de : 85 000 + 23 000 – 33 000 = 75 000 €.

➢ ***1re étape***

37 - Stocks de marchandises

Solde initial	23 000	23 000	
	33 000	33 000	Solde débiteur
	56 000	56 000	

Situation du stock final

6037 - Variations des stocks de marchandises

	23 000	33 000
Solde créditeur	10 000	
	33 000	33 000

Augmentation du stock

On constate que sur l'exercice le stock a augmenté. Il s'agit donc d'un stockage, c'est-à-dire d'un enrichissement ou d'un produit. Le stock est annulé au 31 décembre en créditant le compte et est remplacé par le stock final porté au débit du compte de stocks. La contrepartie de ces écritures est inscrite dans le compte « Variations des stocks de marchandises » dont le solde créditeur représente un produit de 10 000 €. Ce produit sera inscrit dans le compte de résultat au débit avec le signe –.

➢ ***2e étape***

Achats de m/ses

	D.	C.
	85 000	85 000

Virement ⟷

Variations des stocks de m/ses

	D.	C.
	23 000	33 000
Solde créditeur	10 000	

Virement ⟷

RÉSULTAT DE L'EXERCICE

D.	C.
85 000	
– 10 000	

On vérifie le coût d'achat des marchandises : 85 000 - 10 000 = 75 000 €.

V. Application au cas de l'entreprise industrielle

L'entreprise industrielle achète des matières premières qu'elle transforme pour fabriquer des produits.

Les comptes de stocks et de mouvements de matières premières fonctionnent de la même façon que pour les marchandises. Il est nécessaire de mettre en évidence le coût d'achat des matières premières consommées :

Coût d'achat des matières premières consommées

=

Achats de matières premières + Stock initial de matières premières – Stock final de matières premières.

Ou

Achats de matières premières + ou – Variations des stocks de matières premières

Le coût d'achat des matières premières consommées doit apparaître au débit du compte de résultat. En conséquence, si le solde est débiteur, il figure avec le signe + au débit, et s'il est créditeur, avec le signe –. En effet, dans ce cas il s'agit d'un enrichissement dû au stockage qui vient diminuer les charges.

La partie de la production non encore vendue est conservée en stock. L'augmentation du stock accroît le patrimoine de l'entreprise et donc le résultat, c'est un enrichissement. La diminution du stock constitue une charge.

Accroissement du stock de produits finis : augmentation des produits
Diminution du stock de produits finis : réduction des produits

La production stockée doit apparaître au crédit du compte de résultat avec les produits. En conséquence, si le solde est débiteur, il figure avec le signe –. En effet, dans ce cas il s'agit d'un appauvrissement dû au déstockage qui vient diminuer les produits et s'il est créditeur, il est inscrit avec le signe +.

Exemple 1

Une entreprise industrielle avait un stock de produits finis évalué à 29 000 € le 1er janvier. Le 31 décembre, on constate que le stock a une valeur de 34 000 €.

355 - Stocks de produits finis

Solde initial	29 000	29 000
	34 000	34 000 Solde débiteur
	63 000	63 000

Situation du stock final

713 - Variations des stocks de produits finis

	29 000	34 000
Solde créditeur	5 000	
	34 000	34 000

Augmentation du stock

Le stock a augmenté. Il s'agit donc d'un stockage, c'est-à-dire d'un enrichissement ou d'un produit. Le stock est annulé au 31 décembre en créditant le compte et est remplacé par le stock final porté au débit du compte de stocks. La contrepartie de ces écritures est inscrite dans le compte « Production stockée » dont le solde créditeur représente un produit.

Exemple 2

Une entreprise industrielle avait un stock de produits finis évalué à 37 000 € le 1er janvier. Le 31 décembre, on constate que le stock a une valeur de 19 000 €.

355 - Stocks de produits finis

Solde initial	37 000	37 000
	19 000	34 000 Solde débiteur
	56 000	56 000

Situation du stock final

713 - Production stockée

37 0000	19 000
	28 000 Solde débiteur
37 000	37 000

Diminution du stock

Sur l'exercice, le stock a diminué. Il s'agit donc d'un déstockage, c'est-à-dire d'un appauvrissement. Cette charge sera constatée comme la réduction d'un produit, ce qui revient à la même chose. Le stock qui existait au 1er janvier figurait au débit du compte de stocks de produits finis, puisqu'il représente un élément de l'actif. Le stock est annulé au 31 décembre en créditant le compte de stocks et est remplacé par le stock final porté au débit du compte. La contrepartie de ces écritures est inscrite dans le compte « Production stockée » dont le solde débiteur représente une baisse des produits.

Exemple 3

Les informations suivantes sont issues des comptes d'une entreprise :

- achats de matières premières................ 42 000
- stock initial de matières premières........ 12 000
- stock final de matières premières.......... 9 000
- ventes de produits finis 86 000
- stock initial de produits finis.................. 14 000
- stock final de produits finis..................... 9 000

D. Achats de matières premières C.

D.	C.
42 000	42 000

Virement (42 000 → Résultat de l'exercice)

D. Variations des stocks de mat. 1res C.

D.	C.
12 000	9 000
	Solde débiteur 3 000

Virement (3 000 → Résultat de l'exercice)

D. RÉSULTAT DE L'EXERCICE C.

D.	C.
42 000	86 000
3 000	– 5 000

D. Ventes de produits finis C.

D.	C.
	86 000

Virement (86 000 → Résultat de l'exercice)

D. Production stockée C.

D.	C.
14 000	12 000
	Solde débiteur 5 000

Virement (– 5 000 → Résultat de l'exercice)

APPLICATIONS

CONTRÔLE DE CONNAISSANCES

Répondre par « oui » ou par « non » aux affirmations ci-dessous en donnant les explications nécessaires.

1. L'application du principe des coûts historiques empêche de corriger la valeur nette comptable des actifs du bilan.
2. Un produit encaissé en N et concernant l'exercice N+1 ne doit affecter que le résultat de l'exercice N+1.
3. Une dépréciation est la constatation d'une perte de valeur d'un élément de l'actif.
4. L'inventaire physique des stocks doit être réalisé à la date de clôture de l'exercice.
5. L'examen des comptes de l'année permet d'obtenir les stocks de fin d'exercice.
6. Le compte 713 « Production stockée » figure au débit du compte de résultat lorsque son solde est débiteur.
7. Les stocks initiaux sont inscrits au débit des comptes de variations des stocks et les stocks finals au crédit de ces comptes, pour les comptes 603. Pour le compte 713, c'est l'inverse.
8. Un stockage provoque une hausse du résultat de l'exercice.
9. Lorsque le stock final de matières premières est supérieur au stock initial de matières premières, la variation de stock de matières premières diminue les achats afin d'obtenir le coût des matières premières consommées dans l'exercice.
10. Lorsque le stock final de produits finis est inférieur au stock initial de produits finis, la variation de stock de produits finis vient en augmentation du total des produits de la période.

APPLICATION 1** : VALEUR DES ACTIFS EN FIN D'EXERCICE

25 Min

TRAVAIL À FAIRE

1. Déterminer pour chaque élément : la valeur brute, la valeur nette comptable, la valeur d'inventaire et la valeur à l'arrêté des comptes.
2. Présenter un extrait de l'actif du bilan au 31 décembre N concernant ces deux immobilisations.
3. Calculer la variation d'actif net induite par ces trois éléments d'actif. En déduire l'impact des amortissements et dépréciations sur le résultat de l'exercice.
4. Vérifier le résultat obtenu en indiquant le montant des charges d'amortissement et de dépréciation enregistré sur l'exercice N.

Le patrimoine de l'entreprise SYLVAIN comporte, notamment, les éléments suivants :

- un matériel de transport acquis pour 15 000 € le 1er juillet N–1 ;
- un stock de marchandises acquis pour 40 000 € le 13 octobre N–2 et déprécié de 2 000 € au 31/12/N–1 ;
- des valeurs mobilières de placement pour 7 000 € le 26 décembre N–1.

À la fin de l'exercice N :

- les amortissements cumulés du matériel s'élèvent à 3 000 € ; ils étaient de 1 000 € à la fin de l'exercice N–1. La valeur d'inventaire de ce matériel est estimée à 8 500 € ;
- la valeur vénale du stock de marchandises est de 34 000 € ;
- la valeur d'usage du stock de marchandises est de 31 000 € ;
- la valeur vénale des VMP est de 7 850 €.

APPLICATION 2★ : VARIATIONS DES STOCKS DE MARCHANDISES

25 Min

TRAVAIL À FAIRE

1. Calculer et analyser la variation des stocks, puis préciser son impact sur le résultat de l'exercice.
2. Indiquer le montant des achats vendus de l'exercice et préciser comment ils figureront au compte de résultat de l'exercice N.
3. Présenter les écritures nécessaires au 31 décembre N.
4. Reprendre les deux premières questions en supposant que le stock de fin d'exercice est évalué à 11 000 €.

Le stock de marchandises de l'entreprise BASTIEN était de 7 000 € au 1er janvier N (soit le stock au 31 décembre de l'année N-1). Il a été repris au début de l'exercice N avec l'ouverture des comptes.

Les achats de marchandises de l'année se sont élevés à 83 000 €.

Le stock de fin d'exercice est évalué à 4 000 €.

APPLICATION 3★ : VARIATION DES STOCKS DE PRODUITS FINIS

25 Min

TRAVAIL À FAIRE

1. Calculer et analyser la variation des stocks, puis préciser son impact sur le résultat de l'exercice.
2. Indiquer le montant de la production de l'exercice et préciser comment elle figurera au compte de résultat de l'exercice N.
3. Présenter les écritures du 31 décembre N relatives aux stocks de produits finis.
4. Reprendre les questions 1 et 2 en supposant que le stock de fin d'exercice est évalué à 172 000 €.

La SARL ERWAN est une entreprise à caractère industriel. Ses stocks de produits finis étaient évalués à 203 000 € à la fin de l'exercice précédent ; ils ont une valeur de 255 000 € à la fin de l'exercice N.

Les ventes de produits finis de l'exercice ont été comptabilisées pour 8 162 000 €.

APPLICATION 4★★ : VARIATIONS DES STOCKS ET COMPTE DE RÉSULTAT

20 Min

TRAVAIL À FAIRE

1. Indiquer le montant du stock initial et le montant du stock final.
2. Présenter les écritures des variations des stocks.
3. Déterminer le coût d'achat des marchandises vendues.
4. Présenter un extrait du compte de résultat.

On vous communique l'extrait suivant de la balance, après écritures d'inventaire, de l'entreprise FRÉDÉRIC.

Comptes	Mouvements		Soldes	
	Débit	Crédit	Débiteurs	Créditeurs
Stocks de marchandises	187 000	73 000	....	
....				
Achats de marchandises	324 000		....	

MINI-CAS DE SYNTHÈSE

Compétences attendues
Le candidat doit être capable d'exposer les raisons qui ont conduit le législateur à imposer aux entités de mettre en œuvre les travaux d'inventaire. Il doit pouvoir expliquer les enjeux de ces opérations. Il doit également être en mesure d'énoncer et d'expliquer les principes comptables liés aux travaux de fin d'exercice comptable et qui entraînent les écritures d'inventaire.
Il doit enfin être capable, dans un contexte professionnel donné, de procéder aux évaluations préalables à la comptabilisation des opérations d'inventaire, afin de régulariser la situation comptable avant inventaire pour qu'elle puisse correspondre avec la « réalité » de l'entreprise.
Le candidat doit non seulement connaître les règles comptables du PCG relatives aux savoirs associés, mais également maîtriser les écritures comptables qui concernent les stocks à l'inventaire en application de la technique de l'inventaire intermittent.

CAS N° 1 : VARIATIONS DES STOCKS - COMPTE DE RÉSULTAT - TRÉSORERIE **

0h20

L'entreprise MATISSE, dont l'exercice comptable coïncide avec l'année civile, vous communique un certain nombre d'informations :

- au 1er janvier N, l'entreprise MATISSE dispose de 17 000 € à la banque. Elle doit 8 000 € aux fournisseurs de biens et de services, et les clients lui doivent 14 000 €. Les autres comptes de tiers présentent un solde nul. En novembre, l'entreprise a acheté une immobilisation pour 40 000 €. Durant l'exercice, les clients ont versé 310 000 €. L'entreprise a réglé ses fournisseurs de biens et de services (y compris les fournisseurs d'autres achats et charges externes) à hauteur de 129 000 € et les fournisseurs d'immobilisations à hauteur de 50 % de sa dette. Les charges de personnel sont réglées comptant, de même que les charges et produits financiers. On fera abstraction de la TVA et des autres impôts ;
- extrait de la balance après inventaire :

Intitulés des comptes	Exercice N-1	Exercice N	
	Soldes débiteurs	Soldes débiteurs	Soldes créditeurs
Matières premières	10 000	9 500	
Autres approvisionnements	4 300	6 800	
Produits finis	20 000	19 000	
Marchandises	3 000	2 000	
Achats de matières premières		100 000	
Achats de fournitures stockées		20 000	
Achats de marchandises		29 000	
Ventes de produits finis			350 000
Ventes de marchandises			45 000
Autres achats et charges externes		30 000	
Charges de personnel		170 000	
Charges d'intérêts		6 000	
Produits financiers (revenus de titres)			2 000

MISSIONS

1. ***Présenter les écritures des variations des stocks de produits finis et de marchandises.***
2. ***Présenter le compte de résultat schématique.***
3. ***Présenter le compte banque détaillé.***
4. ***Analyser la variation de trésorerie en Variations de trésorerie liée à l'activité et Variations de trésorerie liée à l'investissement.***

CAS N° 2 : VARIATIONS DES STOCKS - JOURNAL, GRAND-LIVRE, BALANCE, COMPTE DE RÉSULTAT, BILAN DE CLÔTURE ***

0h50

M. Anthony exploite un fonds de commerce à l'enseigne MOTO-SPORT, spécialisé dans la vente de petites et grosses cylindrées pour toutes marques.
Ses activités sont soumises à la TVA au taux normal de 20 %.
Au 1er janvier N, le bilan de son entreprise se présente comme suit :

POSTES DE L'ACTIF	MONTANTS	POSTES DU PASSIF	MONTANTS
ACTIFS IMMOBILISÉS :		CAPITAUX PROPRES :	
Fonds commercial	200 000	Capital	400 000
Autres immobilisations corporelles	18 000	DETTES :	
		Emprunt	196 000
		Fournisseurs	46 000
ACTIFS CIRCULANTS :			
Stocks de marchandises	347 000		
Banque	75 000		
Caisse	2 000		
	642 000		642 000

Pendant l'année N, les opérations effectuées par l'entreprise de M. Anthony sont les suivantes :

1.	À crédit	Au comptant par espèces	Au comptant par chèques
Achats de marchandises	1 018 700 € HT	0	312 600 € HT
Ventes de marchandises	378 000 € HT	18 500 € HT	1 310 400 € HT

2. acquisition de titres par virement bancaire en vue de placer un excédent de trésorerie : 13 000 € (frais bancaire : 50,00 € HT) ;
3. règlements des fournisseurs par chèques : 885 100 € ;
4. règlements des clients par chèques : 254 900 € ;
5. services extérieurs réglés au comptant :
   - par chèques : 245 000 € HT (TVA au taux normal),
   - en espèces : 14 400 € HT (TVA au taux normal) ;
6. dépôt d'espèces en banque (montant à déterminer).

Renseignements complémentaires :
- le solde débiteur du compte caisse est de 1 500 € au 31/12/N ;
- au 31 décembre N, le stock final est de 286 100 €. La TVA à décaisser est réglée par chèque bancaire ;
- par mesure de simplification, on suppose que les immobilisations ont conservé la même valeur au 31/12/N.

MISSIONS

1. Enregistrer les opérations de l'exercice.

2. Déterminer la TVA à décaisser de l'exercice et enregistrer les écritures nécessaires.

3. Enregistrer les mouvements de stock au journal de l'entreprise.

4. Présenter les documents suivants :
- le grand-livre au 31/12/N ;
- la balance au 31/12/N ;
- le compte de résultat de l'exercice N ;
- le bilan au 31/12/N.

5. Déterminer la variation de trésorerie entre le début et la fin de l'exercice.

CHAPITRE 16 : LES AMORTISSEMENTS

COMPÉTENCES ATTENDUES

- **Expliquer** la finalité et les enjeux des opérations d'inventaire.
- **Établir** l'articulation entre les principes comptables et les opérations d'inventaire.
- **Évaluer et comptabiliser** les différentes opérations d'inventaire.

FICHE RESSOURCES

1 - Principes généraux

I. Objectif des amortissements

Il s'agit de répartir le coût de l'immobilisation correspondant à un investissement sur plusieurs exercices, de constater dans le compte de résultat en charge la consommation annuelle des avantages économiques procurés par le bien, et de faire apparaître au bilan la nouvelle valeur du bien après constatation de cette perte de valeur.

Même en cas d'absence ou d'insuffisance de bénéfice, il faut procéder aux amortissements et dépréciations nécessaires.

II. Définitions

- Un actif immobilisé est amortissable si la durée d'utilisation est déterminable et limitée.

La durée d'utilisation d'un actif est déterminée, soit à l'origine soit en cours d'utilisation, au regard des critères, généralement physiques, techniques, juridiques ou économiques, inhérents à l'utilisation par l'entité de l'actif considéré. Si plusieurs critères sont pertinents, la durée d'utilisation la plus courte résultant de l'application de ces critères est retenue.

L'usage est limité dès lors que l'un des critères ci-après, soit à l'origine soit en cours d'utilisation, est applicable :

- **physique :** l'actif subit une usure technique par l'usage qu'en fait l'entité ou par le passage du temps ;
- **technique :** il est attendu que l'évolution technique impliquera l'obsolescence de l'actif, son utilisation devenant inférieure à celle qui serait fondée sur sa seule usure physique. Il en est notamment ainsi en cas d'obligation de mise en conformité avec de nouvelles normes ;
- **juridique :** l'utilisation est limitée dans le temps par une période de protection légale ou contractuelle. C'est le cas des brevets.

Ces critères ne sont pas exhaustifs. Si plusieurs critères s'appliquent, il convient de retenir son utilisation la plus courte.

- **Le montant amortissable** d'un actif (base amortissable) est sa valeur brute sous déduction de sa valeur résiduelle.
- **La valeur résiduelle** est le montant, net des coûts de sortie attendus, qu'une entité obtiendrait de la cession de l'actif sur le marché à la fin de son utilisation. La valeur résiduelle d'un actif n'est prise en compte pour la détermination du montant amortissable que lorsqu'elle est à la fois significative et mesurable.
- **La valeur brute** d'un actif est sa valeur d'entrée dans le patrimoine (coût d'achat ou de production).
- **L'amortissement** d'un actif est la répartition systématique de son montant amortissable en fonction de son utilisation.

2 - Plan d'amortissement et mode d'amortissement

- **Plan d'amortissement :** traduction de la répartition de la valeur amortissable d'un actif selon le rythme de consommation des avantages économiques attendus en fonction de son utilisation probable.
- **Mode d'amortissement :** traduction du rythme de consommation des avantages économiques attendus de l'actif par l'entité.

Ce rythme de consommation peut être exprimé en unités de temps, mais aussi en unités d'œuvre physiques ou techniques (nombre de kilomètres, nombre d'heures d'utilisation, nombre de pièces produites…).

Ce sont les avantages économiques procurés par le bien.

3 - Le mode d'amortissement linéaire

Ce mode d'amortissement est appliqué à défaut de mode mieux adapté (PCG, art. 322-4). C'est une technique qui permet d'obtenir une mesure **constante** de la consommation des avantages économiques sur la durée d'utilisation de l'actif.

> **L'annuité d'amortissement =**
> **Base amortissable × Taux linéaire ou Base amortissable / Nombre d'années d'utilisation**

➤ Taux linéaire = $\dfrac{1}{\text{Durée d'utilisation}} \times 100\ \%$

Le point de départ de l'amortissement est fixé au début de la consommation des avantages économiques attendus de l'immobilisation :

- le jour de la mise en service si l'immobilisation perd de la valeur avec son usage ;

- la date d'acquisition si l'immobilisation perd de la valeur indépendamment de son utilisation (protection juridique limitée dans le temps, obsolescence à compter de la date d'acquisition).

Lorsque la mise en service a lieu en cours d'année, la première annuité doit être calculée prorata temporis.

Exemple

Une emboutisseuse acquise le 13 mars N pour 32 400 € HT est mise en service le 1er avril N. La durée d'utilisation est de 3 ans.

1re annuité d'amortissement : Base amortissable × Taux linéaire × Jours / 360

Le décompte des jours se fait à partir de la date de mise en service jusqu'à la date d'inventaire.

Par simplification, un mois = 30 jours et une année = 360 jours.

NB : la dernière annuité est également réduite prorata temporis.

Plan d'amortissement de l'emboutisseuse

Années	Base amortissable	Amortissement	Cumul des amortissements	VNC
N	32 400	32 400 × 1/3 × 9/12 = 8 100	8 100	32 400 – 8 100 = 24 300
N+1	32 400	32 400 × 1/3 = 10 800	18 900	13 500
N+2	32 400	32 400 × 1/3 = 10 800	29 700	2 700
N+3	32 400	32 400 × 1/3 × 3/12 = 2 700	32 400	0

Total : 32 400

4 - Valeur résiduelle de l'immobilisation

Pour être prise en compte, il faut que cette valeur résiduelle soit significative et mesurable.

Cela nécessite de déterminer, dès l'origine, la valeur de revente sur le marché. Cependant, des problèmes d'évaluation de cette valeur résiduelle existent : nécessité d'un contrat de vente ferme (opération de *buy-back*), option de vente ou existence d'un catalogue de prix d'occasion (argus par exemple).

En outre, plus la durée d'utilisation est courte, plus la valeur résiduelle sera élevée, et inversement.

Les coûts de sortie sont les coûts directement attachés à la sortie de l'actif du patrimoine : coûts externes ou internes à l'exclusion des charges financières et de l'impôt correspondant. Il peut s'agir des frais d'acte, des coûts d'enlèvement de l'actif...

Pour aller plus loin : divergences entre les règles comptables et fiscales

Il faut, d'autre part, tenir compte des conséquences fiscales. En effet, sur le plan comptable, la base amortissable est égale à la différence entre Valeur brute et Valeur résiduelle; alors que sur le plan fiscal, la valeur résiduelle n'est pas prise en considération, la base amortissable correspondant à la valeur brute d'origine.

Si la durée d'amortissement est la même, l'amortissement fiscal sera supérieur à l'amortissement comptable. Il conviendra dans ce cas, pour bénéficier de la déductibilité de l'amortissement fiscal, de comptabiliser des amortissements dérogatoires; ce qui est autorisé par la doctrine fiscale.

Exemple

Une emboutisseuse acquise le 13 juin N pour 32 400 € HT est mise en service le 1er septembre N. La durée d'utilisation est de 3 ans. La valeur résiduelle à la fin de la durée d'utilisation est estimée à 2 400 €.

Plan d'amortissement de l'emboutisseuse

- Valeur brute : 32 400.
- Base amortissable : 32 400 – 2 400 = 30 000.

Années	Base amortissable	Amortissement	Cumul des amortissements	VNC
N	30 000	30 000 × 1/3 × 3/12 = 2 500	2 500	32 400 – 2 500 = 29 900
N+1	30 000	30 000 × 1/3 = 10 000	12 500	32 400 – 12 500 = 19 900
N+2	30 000	30 000 × 1/3 = 10 000	22 500	32 400 – 22 500 = 9 900
N+3	30 000	30 000 × 1/3 × 9/12 = 7 500	30 000	32 400 – 30 000 = 2 400 (valeur résiduelle)

Total : 30 000

Comptabilisation des amortissements

Enregistrement au 31/12/N+1 :

6811	Dotations aux amortissements ch. Exploitation	10 000	
28154	Amortissement du matériel et outillage		10 000

- Le compte d'amortissement : on insère un 8 en seconde position dans le numéro du compte d'immobilisation.

Exemple

Compte 2154 « Matériel industriel » ➔ **28154** « Amortissements du matériel industriel »

Présentation du bilan au 31/12/N+1

Éléments de l'actif	Valeur brute	Amortissements cumulés	Valeur nette comptable
Matériel et outillage	32 400	12 500	19 900

5 - Le mode d'amortissement économique

L'unité d'œuvre est une unité de mesure physique de la consommation des avantages économiques, utilisée lorsque l'unité de temps ne permet pas de mesurer correctement la consommation des avantages économique. Par exemple : le nombre d'heures d'utilisation d'un matériel ou de pièces devant être produites par un matériel, le nombre de kilomètres devant être parcourus pour un véhicule jusqu'à son remplacement...

Exemple

Un véhicule utilitaire (Base amortissable = Valeur brute = 20 000 €) est utilisé pendant trois ans, mais l'amortissement sera pratiqué en fonction des kilomètres parcourus selon les prévisions suivantes (et non en fonction des km réellement parcourus). La date de la mise en service est sans importance.

Annuité d'amortissement : Base amortissable $\times \dfrac{\textbf{Nombre d'unités d'œuvre consommées dans l'exercice}}{\textbf{Nombre total d'UO}}$

Année	Nombre de kilomètres prévus	Calcul de l'annuité d'amortissement
N	22 000 km	20 000 × 22 000/100 000 = 4 400
N+1	30 000 km	20 000 × 30 000/100 000 = 6 000
N+2	40 000 km	20 000 × 40 000/100 000 = 8 000
N+3	8 000 km	20 000 × 8 000/100 000 = 1 600
Total	**100 000 km**	**Total : 20 000**

6 - Les modifications du plan d'amortissement

Le plan d'amortissement, une fois établi, est intangible, sauf dans deux cas :

- 1er cas : le bien a subi une dépréciation (voir chapitre 17) ;
- 2e cas : le rythme ou la durée de consommation des avantages économiques est modifié de façon significative par rapport à ce qui avait été prévu à l'origine.

La modification du plan doit être significative, celle-ci est prospective et ne concerne donc que les exercices suivants. Les amortissements déjà pratiqués ne sont pas modifiés, seuls les amortissements futurs seront corrigés.

Nouvelle base amortissable : VNC de l'immobilisation au moment du changement de l'estimation.
Si l'amortissement linéaire est retenu : déterminer une nouvelle durée.
Si l'amortissement par unité d'œuvre est retenu : nouvelles consommations prévues.

7 - Les amortissements dans l'annexe comptable

Selon le PCG, « l'annexe complète et commente les informations données par le bilan et le compte de résultat ».

L'annexe comptable doit contenir un tableau qui permet le suivi des amortissements pratiqués depuis le début de la consommation des avantages économiques attendus de l'immobilisation.

Le tableau des amortissements se présente sous la forme suivante.

	Amortissements cumulés au début de l'exercice	Augmentations : dotations de l'exercice	Diminutions d'amortissements de l'exercice	Amortissements cumulés à la fin de l'exercice
Immobilisations incorporelles				
Immobilisations corporelles				

Le contenu détaillé de l'annexe est abordé au chapitre 24 du manuel.

8 - Les amortissements fiscaux et les amortissements dérogatoires

POUR ALLER PLUS LOIN

Remarque :
Le guide pédagogique de l'UE 9 exclut le calcul et l'enregistrement des amortissements dérogatoires sur les actifs.

L'administration fiscale permet dans certains cas de pratiquer un amortissement fiscal différent de l'amortissement comptable. Le mode d'amortissement linéaire en fonction de la durée d'utilisation étant l'amortissement de droit commun du point de vue fiscal.

- La durée d'amortissement fiscal peut être plus courte que la durée retenue du point de vue économique en comptabilité.
- La valeur résiduelle n'est pas retenue pour le calcul de l'amortissement fiscal.

Cet avantage fiscal permet de dégager un supplément d'amortissement fiscalement déductible, et donc de réduire le résultat imposable, ainsi que l'impôt sur les bénéfices. Ce mécanisme améliore la trésorerie les premières années.

Ce supplément d'amortissement fiscal ne peut pas être comptabilisé en amortissement pour dépréciation, puisqu'il ne correspond pas à une perte de valeur.

Il est donc enregistré en provision réglementée (amortissement dérogatoire) et représente un avantage fiscal.

Exemple

Un matériel de 36 000 € HT est amorti en comptabilité sur une durée de 4 ans, à la fin de laquelle la valeur résiduelle sera de 6 000 €. Sur le plan fiscal, la durée d'usage est de 3 ans. La date d'acquisition et de mise en service est le 01/07/N.

Deux plans doivent être présentés : le plan d'amortissement économique ou comptable et le plan d'amortissement fiscal.

Si amortissement fiscal > amortissement économique → dotation aux amort. dérogatoires
Si amortissement fiscal < amortissement économique → reprise de l'amort. dérogatoire

Exercices	Amortissements fiscaux	Amortissements comptables	Amortissements dérogatoires	
			Dotations	Reprises
N	36 000 × 1/3 = 12 000	30 000 × 1/4 = 7 500	4 500	
N+1	36 000 × 1/3 = 12 000	30 000 × 1/4 = 7 500	4 500	
N+2	36 000 × 1/3 = 12 000	30 000 × 1/4 = 7 500	4 500	
N+3	-	30 000 × 1/4 = 7 500	-	7 500
	Total : 36 000	**Total : 30 000**	**Total : 13 500**	**Total 7 500**
		…	**Différence :**	**Valeur résiduelle 6 000 €**

APPLICATIONS

CONTRÔLE DE CONNAISSANCES

Répondre par « vrai » ou par « faux » à chaque question en justifiant votre réponse.

	Vrai	Faux
1. L'amortissement traduit la consommation des avantages économiques procurés par un actif immobilisé.	☐	☐
2. Le point de départ du calcul de l'amortissement économique selon le mode linéaire est la date d'acquisition.	☐	☐
3. La valeur brute d'un actif est sa valeur d'entrée dans le patrimoine (coût d'achat ou de production).	☐	☐
4. La dotation aux amortissements est une charge décaissée.	☐	☐
5. Un actif immobilisé est amortissable si la durée d'utilisation est déterminable et limitée.	☐	☐
6. Le point de départ de l'amortissement des logiciels est la date de mise en service.	☐	☐
7. La consommation des avantages économiques attendus peut être mesurée par des unités d'œuvre physiques.	☐	☐
8. Pour être prise en compte, la valeur résiduelle doit être significative et mesurable.	☐	☐
9. La valeur nette comptable est égale à la base amortissable sous déduction du cumul des amortissements pratiqués.	☐	☐
10. Le tableau de l'annexe permet de déterminer les variations de l'amortissement au cours d'un exercice.	☐	☐

APPLICATION 1** : IMMOBILISATION, AMORTISSEMENTS, CHARGES

20 Min

TRAVAIL À FAIRE

Point 1. Indiquer à quel taux d'amortissement constant correspondent ces durées d'utilisation.

Points 2 et 3. Déterminer la base amortissable.

Point 4. Après avoir rappelé l'objectif de l'amortissement, calculer le montant de la première annuité selon le mode économique.

Point 5. Enregistrer l'acquisition de ce matériel. Pourquoi avoir utilisé un compte d'immobilisations ? Un compte de charges ? Justifier la réponse. Calculer la dotation aux amortissements au 31/12/N, puis présenter l'enregistrement comptable.

Le comptable de la société ART-BOIS vous demande d'étudier **les points suivants**.

1. Les durées de vie économique suivantes sont utilisées par l'entreprise pour déterminer ses amortissements : 4 ans, 5 ans, 8 ans, 6 ans, 10 ans, 15 ans, 20 ans, 25 ans.
2. Un véhicule de tourisme est acquis par l'entreprise le 2 janvier de l'année N pour 18 000 € HT (le taux de TVA est de 20 %).
3. Un camion dont la charge utile est de 5 tonnes est acquis par l'entreprise pour 150 000 € HT (le taux de TVA est de 20 %). La politique de renouvellement des camions se traduit par une durée d'utilisation de 4 ans avec une cession négociée contractuellement pour un prix de 30 000 € HT. Déterminer la base amortissable.
4. Un outillage industriel est acquis le 2 octobre N pour 120 000 € HT. Il est mis en service le 5 octobre N. La valeur résiduelle est proche de 0. Sa durée de vie économique est de 8 ans. Le service technique a déterminé le nombre de produits fabriqués à l'aide de cet outillage, soit 60 000. Au cours de l'année N, le nombre de produits fabriqués s'élève à 2 000.

5. On extrait du fichier « immobilisations » le document suivant.

Code	LP001	**Désignation**	Ligne de pressage (Machine - outil)
N° de compte	215 400	**Libellé**	Matériel industriel
Code famille	MO-LP		
Localisation	ATE	**Libellé**	Atelier
Code analytique	PRO	**Libellé**	Production
Pièce comptable	Fac 00926	**Fournisseur**	Equip'indust
Type d'amortissement comptable	Linéaire	**Durée**	8 ans
Date achat	1er juillet N	**Valeur d'achat**	700 000 €
Date de mise en service	1er septembre N	**Valeur résiduelle**	30 000 €
BASE À AMORTIR ?			

APPLICATION 2★ : PLAN D'AMORTISSEMENT LINÉAIRE AVEC VALEUR RÉSIDUELLE

10 Min

TRAVAIL À FAIRE

1. Présenter le plan d'amortissement complet de ce matériel.
2. Présenter un extrait du bilan au 31/12/N.

L'entreprise LE BIHAN fait l'acquisition d'un matériel industriel le 15/06/N pour 23 000 € HT. La valeur résiduelle de ce matériel est estimée le 15/03/N à 2 000 €. Il est mis en service le 01/11/N, sa durée d'utilisation est de 5 ans (système linéaire).

APPLICATION 3★ : AMORTISSEMENTS LINÉAIRES DIVERS

15 Min

TRAVAIL À FAIRE

1. Pour chacune des immobilisations, calculer les dotations aux amortissements de chaque année depuis la mise en service.
2. Comptabiliser les écritures au 31/12/N.
3. Présenter le tableau de l'annexe au 31/12/N.

L'entreprise BOLY possède les immobilisations suivantes :

- une construction acquise le 01/02/N pour 300 000 € HT, les frais de notaire sont de 15 000 € (comptabilisés en charges), sa durée d'utilisation est de 20 ans ;
- un mobilier de bureau acquis et mis en service le 01/04/N pour 5 100 € HT, la valeur résiduelle est de 600 €, sa durée d'utilisation est de 5 ans ;
- divers outillages :
  - une dégauchisseuse acquise et mise en service le 16/04/N-1 pour 16 900 € HT, sa durée d'utilisation est de 10 ans ;
  - une perceuse acquise et mise en service le 01/07/N-2 pour 3 600 € HT, sa durée d'utilisation est de 4 ans ;
- un véhicule de tourisme acquis et mis en service le 21/12/N pour 12 000 € HT, amortissable sur 5 ans.

Tableau des amortissements

	Situations et mouvements de l'année N			
	A	B	C	D
Rubriques	**Amortissements cumulés au début N de l'exercice**	**Augmentations : dotations N de l'exercice**	**Diminutions d'amortissements N de l'exercice**	**Amortissements cumulés à la fin de l'année N de l'exercice**
Construction **Outillage industriel** **Matériel de transport** **Mobilier**				

APPLICATION 4* : PLAN D'AMORTISSEMENT, VALEUR RÉSIDUELLE

15 Min

TRAVAIL À FAIRE

1. Déterminer le montant amortissable de la machine.
2. Présenter le plan d'amortissement comptable de cette machine.
3. Enregistrer les amortissements au 31/12/N.
4. Présenter l'extrait du bilan au 31/12/N.

L'entreprise CALVI a acquis le 01/07/N une machine-outil spécifique pour un montant de 30000 € HT. Cette machine sert exclusivement à fabriquer un produit P dont le cycle de vie est de 4 ans. Le nombre d'heures d'utilisation pour fabriquer ce produit est évalué de la manière suivante :

Année	N	N+1	N+2	N+3	Total
Nombre d'heures	1000	4000	6000	4000	15000

Après 4 ans, on pense pouvoir revendre la machine pour 4500 €. L'entreprise répartit dans le temps le montant amortissable au prorata de l'utilisation de la machine.

APPLICATION 5* : PLAN D'AMORTISSEMENT

20 Min

TRAVAIL À FAIRE

1. Enregistrer l'écriture d'acquisition de l'immobilisation.
2. Présenter le tableau d'amortissement (voir annexe).
3. Enregistrer les écritures en N et en N+1.

L'entreprise TAHITI-REVA a acquis le 07/07/N un micro-ordinateur auprès de la société DELL pour un coût de 12000 € HT, facture n° 478475, référencé 2183004 sur le fichier des immobilisations. Le technicien de l'entreprise a mis en service le matériel le 19/07/N. Le montant estimé de cette installation est de 400 €. Le service comptable décide d'amortir le micro-ordinateur sur une durée de 4 ans, selon le mode linéaire.

Annexe Tableau d'amortissement du micro-ordinateur

N° de compte : N° de l'immobilisation dans l'entreprise : 2 183 004	Nom du compte : Matériel de bureau et matériel informatique
Désignation de l'immobilisation : Micro-ordinateur Nom du fournisseur : Dell Facture n° 478475 Date d'acquisition : 07/07/N Durée probable de vie : 4 ans	Montant de la facture HT : 12 000 € TVA déductible : 2 400 € Frais accessoires : 400 € Valeur d'origine (à amortir) : 12 400 € Date de mise en service : 19/07/N Taux d'amortissement : 25 %

Années	Base de calcul	Annuité de l'exercice	Amortissements cumulés	Valeur comptable nette en fin d'exercice

APPLICATION 6** : PLAN D'AMORTISSEMENT AVEC VALEUR RÉSIDUELLE

20 Min

TRAVAIL À FAIRE

1. Évaluer la base de calcul des amortissements.
2. Présenter le tableau d'amortissement.
3. Comptabiliser l'opération à l'inventaire N.

L'entreprise REAL acquiert un matériel industriel de 24000 € HT le 11/02/N. Sa durée de vie est estimée à 10 ans, mais l'entreprise n'envisage de consommer ses avantages économiques seulement pendant une durée de 4 ans. Il s'agit, en effet, d'un type de matériel en forte évolution technologique et l'entreprise pense revendre dans 4 ans ce matériel sur le marché des biens d'occasion, afin d'acquérir un matériel plus performant. Sur ce marché d'occasion, on peut estimer qu'un bien similaire utilisé pendant 4 ans peut être évalué à 7 500 € HT. Les coûts de sortie sont estimés à 800 €.

La date de mise en service est le 25/02/N et le mode d'amortissement retenu est le mode linéaire.

APPLICATION 7** : RÉVISION D'UN PLAN D'AMORTISSEMENT

20 Min

TRAVAIL À FAIRE

1. Présenter le plan d'amortissement initial.
2. Présenter les plans d'amortissement corrigés dans les deux hypothèses.

L'entreprise KARLEC a fait l'acquisition d'un outillage industriel le 01/01/N pour 16000 €, sa durée d'utilisation a été fixée à 4 ans à l'origine.

Hypothèse 1 : le 31/12/N+1, on estime que cet outillage sera utilisé jusqu'au 31/12/N+4, donc une année supplémentaire par rapport au plan initial.

Hypothèse 2 : le 31/12/N+1, on estime que l'utilisation de cet outillage sera terminée au 31/12/N+2 en raison d'une utilisation plus intensive que prévue.

CONTEXTE PROFESSIONNEL PRESTI'JARDINS

Le cadre de l'entreprise PRESTI'JARDINS est présenté page 6.

Compétences attendues
Le candidat doit être capable, dans un contexte professionnel donné, de procéder aux évaluations préalables à la comptabilisation des opérations d'inventaire, afin de régulariser la situation comptable avant inventaire pour qu'elle puisse correspondre avec la «réalité» de l'entreprise. Le candidat doit non seulement connaître les règles comptables du PCG relatives aux savoirs associés, mais également maîtriser les écritures comptables qui concernent les amortissements comptables.

La SAS PRESTI'JARDINS a effectué plusieurs investissements au cours de l'exercice.

- Le 10 mars N, elle acquiert une machine permettant l'automatisation de la mise en pot des arbustes, qui a fait l'objet d'une mise en service le 20 avril N. Le responsable prévoit une durée d'utilisation de 6 ans. Cet achat a été réalisé dans les conditions suivantes.

  Facture 2 124 du fournisseur SEGELEC

- Prix d'achat catalogue	100 000 € HT
- Frais de transport	8 000 € HT
- Frais de livraison et de manutention	5 500 € HT
- Frais d'installation et de montage	6 200 € HT
- Kit de produits d'entretien spécifiques	600 € HT
- Honoraires d'architecte qui a conçu l'emplacement de l'outillage	10 300 € HT

  - Escompte de 1 % calculé sur le prix d'achat HT catalogue obtenu pour le paiement effectué le 2 avril N avec le chèque n° 472.
  - Au bout de 8 ans, le fournisseur a pris l'engagement de récupérer la machine pour 10 000 €.
  - Durée d'utilisation : 8 ans.
  - Mode d'amortissement économique : linéaire.

- Le 4 septembre : versement d'une avance de 3 000 € TTC pour la commande d'un véhicule de tourisme. Virement bancaire n° 35.

- Le 12 octobre, l'entreprise se porte acquéreur d'un ensemble immobilier qui se décompose de la façon suivante :
  - Acte notarié n° 745
  - Construction 350 000 €
  - Droits de mutation 63 700 €
  - Honoraires du notaire 4 000 € HT

  - Les frais d'acquisition sont comptabilisés en charges.
  - Paiement immédiat par chèque n° 473.
  - Cet ensemble immobilier est mis en service le 1er novembre.
  - Durée d'utilisation : 20 ans.
    Mode d'amortissement : linéaire.

- Le 1er novembre N : acquisition d'un logiciel comptable mis en service le 1er décembre N : 3 600 € HT.
  - Facture n° 491.
  - Durée d'utilisation : 4 ans.

- Le 13 décembre N : acquisition à crédit d'une machine-outil de polissage des pierres, utilisées ensuite pour l'ornement des espaces extérieurs conçus par PRESTI'JARDINS.
  - Facture n° 9045.
  - Montant HT : 14 000 €.
  - Rabais de 5 %.
  - Escompte de règlement de 2 %.

En outre, des frais de transport de 120 € HT et des frais d'installation de 146 € HT ont été facturés pour la mise à disposition de ce bien. Sa mise en service sera effective le 15 décembre N.

Les prévisions de production étant jugées fiables, le bien est amorti au rythme des unités produites des pierres, utilisées ensuite pour l'ornement des espaces extérieurs conçus par PRESTI'JARDINS.

Années	Unités produites
N	100
N+1	1 800
N+2	2 200
N+3	2 500
N+4	2 500
N° 5	900
Total	10 000

- Le 16 décembre N : réception de la facture n° 2023 pour l'acquisition du véhicule de tourisme commandé le 4 septembre, immédiatement mis en service. Le prix total s'élève à 18 100 € TTC. Sa durée d'utilisation est de 5 ans. Le paiement s'effectue par chèque n° 474.

MISSIONS

1. **Déterminer le coût d'acquisition de la machine pour la mise en pot des arbustes.**
2. **Enregistrer les écritures d'acquisition de la machine pour la mise en pot des arbustes.**
3. **Enregistrer les écritures du 4 septembre N au 15 décembre N concernant les autres matériels.**
4. **Présenter les plans d'amortissement de la machine pour la mise en pot des arbustes, de la machine-outil de polissage et du véhicule de tourisme.**
5. **Enregistrer les écritures des amortissements au 31 décembre N.**

CHAPITRE 17 : LES DÉPRÉCIATIONS

COMPÉTENCE ATTENDUE

Maîtriser l'évaluation et les traitements des dépréciations des actifs à la clôture de l'exercice, en application du principe de prudence.

FICHE RESSOURCES

1 - Définitions

Dépréciation	**La dépréciation d'un actif est définie par le plan comptable comme la «constatation que sa valeur actuelle est devenue inférieure à sa valeur nette comptable» (PCG, art. 322-1). Une entité doit déprécier un actif dès lors que sa valeur actuelle est devenue inférieure à sa valeur nette comptable.**
Valeur vénale	La **valeur vénale** est le montant qui pourrait être obtenu, à la date de clôture, de la vente d'un actif lors d'une transaction conclue à des conditions normales de marché, net des coûts de sortie.
Valeur d'usage	La valeur d'usage d'un actif est la valeur des avantages économiques futurs attendus de son utilisation et de sa sortie. Elle est calculée à partir des estimations des avantages économiques futurs attendus.
Valeur Nette Comptable (VNC) = Valeur brute – Cumul des amortissements - Dépréciations	
Test de dépréciation	À l'arrêté des comptes, lorsqu'il existe un indice de perte de valeur, un test de dépréciation est effectué : la valeur nette comptable de l'actif immobilisé est comparée à sa valeur actuelle. Pour apprécier l'existence d'un quelconque indice qu'un actif ait pu perdre de la valeur, une entreprise doit au minimum considérer les indices externes et internes. • Indices externes : valeur de marché, changements importants, taux d'intérêt ou de rendement ; • Indices internes : obsolescence ou dégradation physique, changements importants dans le mode d'utilisation, performances inférieures aux prévisions. **La dépréciation est nécessaire si la valeur actuelle (inventaire) est inférieure à la VNC.** **Dépréciation = Valeur actuelle – VNC**

2 - Fiche méthode/dépréciation des actifs

ACTIFS	Règles importantes
Immobilisations amortissables	1. La dépréciation entraîne **une modification prospective du plan d'amortissement** (c'est-à-dire pour les exercices à venir). ➢ Les amortissements pratiqués avant la dépréciation ne sont pas remis en cause. 2. La dépréciation diminuera la VNC : la nouvelle VNC est donc **ramenée à la valeur actuelle.** 3. **La nouvelle base amortissable = nouvelle VNC = valeur actuelle** (mais diminuée de la valeur résiduelle le cas échéant si… elle a été évaluée à l'origine !). 4. Le nouveau plan est établi sur **la durée d'utilisation restante.** 5. Cas d'une reprise de la dépréciation : • si la valeur actuelle devient supérieure à la VNC dans l'avenir, la reprise de la dépréciation est plafonnée ; • la VNC ne peut pas être supérieure à la VNC déterminée dans le plan d'amortissement initial sans dépréciation.
Immobilisations non amortissables	**Une dépréciation** doit être comptabilisée **si la valeur actuelle est inférieure au coût d'acquisition.**

→

Immobilisations financières	À l'inventaire : 1. **Les titres de participation sont évalués à la clôture à leur** valeur d'utilité, qu'ils soient ou non cotés. 2. **Les titres immobilisés de l'activité du portefeuille** sont évalués selon la règle générale, c'est-à-dire titre par titre, mais en retenant comme **valeur d'inventaire** une valeur qui tienne compte des perspectives d'évolution générale de l'entreprise qui détient les titres, et qui soit fondée, notamment, sur la **valeur de marché**. Les titres cotés sont, en conséquence, évalués au cours moyen du dernier mois de l'exercice. Les titres non cotés sont évalués à leur valeur probable de négociation. 3. **Les autres titres immobilisés :** • les titres cotés sont évalués au **cours moyen du dernier mois** ; • les titres non cotés sont évalués à la **valeur probable de négociation**. **Une dépréciation doit être comptabilisée si la valeur d'inventaire des titres de même nature est inférieure à leur coût d'acquisition.**
Stocks	**Une dépréciation** doit être comptabilisée si **la valeur actuelle** (c'est-à-dire le prix de vente diminué des frais restant à supporter jusqu'à la vente) **est inférieure au coût de production (ou d'acquisition) des produits finis (ou des marchandises revendues en l'état)**.
Créances	Il s'agit dans le principe d'une **créance certaine** dont le montant n'est pas contesté par le débiteur. Le recouvrement est **douteux** du fait de la **situation précaire du débiteur**. Dès la connaissance de difficultés liées au recouvrement de la créance, il convient de **transférer le montant nominal du compte 411 au compte 416 « Clients douteux ou litigieux »**. Une créance **litigieuse** est une créance qui fait l'objet d'**une contestation de la part du client** : les biens livrés ne sont pas conformes à la commande, la livraison a été effectuée avec un retard… **La dépréciation de la créance douteuse ou litigieuse s'opère sur le montant hors taxe.**
Valeurs mobilières de placement	Les titres cotés sont évalués au **cours moyen du dernier mois**. Les titres non cotés sont évalués à la **valeur probable de négociation**. **Quand la valeur d'inventaire des titres de même nature est inférieure à leur coût d'acquisition, il convient de constater une dépréciation.**

3 - Comptabilisation des dépréciations

I. Création ou augmentation de la dépréciation

Dotations (charges)

Compte 6816 « Dotations aux dépréciations sur immobilisations incorporelles et corporelles » si l'actif déprécié est une immobilisation incorporelle ou corporelle.

Compte 6817 « Dotations pour dépréciations des actifs circulants » si l'actif déprécié est une créance ou un stock.

Compte 6866 « Dotations aux dépréciations des éléments financiers » si l'actif déprécié est un titre ou un placement financier.

Le compte crédité dépend de la nature de l'actif :

- 29 : Immobilisations
- 39 : Stocks
- 49 : Créances
- 59 : Valeurs mobilières de placement

II. Diminution ou annulation de la dépréciation

Reprises (produits)

Compte 7816 « Reprises sur dépréciations sur immobilisations incorporelles et corporelles » si l'actif déprécié est une immobilisation incorporelle ou corporelle.

Compte 7817 « Reprises sur dépréciations des actifs circulants » si l'actif déprécié est une créance ou un stock.

Compte 7866 « Reprises sur dépréciations des éléments financiers » si l'actif déprécié est un titre ou un placement financier.

Le compte débité dépend de la nature de l'actif :

- 29 : Immobilisations
- 39 : Stocks
- 49 : Créances
- 59 : Valeurs mobilières de placement

4 - Les dépréciations dans l'annexe comptable

L'annexe comptable doit contenir un tableau qui permet le suivi des dépréciations sur les différents actifs.

Le tableau des dépréciations se présente sous la forme suivante.

	Dépréciations au début de l'exercice	Augmentations : dotations de l'exercice	Diminutions : reprises de l'exercice	Dépréciations à la fin de l'exercice
Immobilisations incorporelles				
Immobilisations corporelles				
Immobilisations financières				
Stocks et en-cours				
Clients et comptes rattachés				
Autres actifs				

Le contenu détaillé de l'annexe est abordé au chapitre 24 du manuel.

APPLICATIONS

CONTRÔLE DE CONNAISSANCES

Répondre par « oui » ou par « non » aux affirmations ci-dessous en donnant les explications nécessaires.

1. Le compte 7816 « Reprises sur dépréciations des immobilisations incorporelles et corporelles » est un compte de charges.
2. Dépréciation = Valeur vénale – Valeur nette comptable.
3. La dépréciation des immobilisations modifie le plan d'amortissement initial.
4. Le montant d'une reprise faisant suite à une dépréciation est toujours admis.
5. Pour un bien immobilisé : Valeur nette comptable = Valeur d'origine + Dépréciation – Reprise.
6. Une créance douteuse est une créance dont le montant est contesté.
7. La dépréciation d'une créance douteuse se calcule sur le montant TTC.
8. Les titres de participation sont évalués au dernier cours de bourse.
9. Les autres titres immobilisés sont toujours évalués à leur valeur probable de négociation.
10. La hausse d'un titre coté est enregistrée en comptabilité.
11. Les en-cours ne font pas l'objet de dépréciations.
12. La TVA collectée sur une créance devenue irrécouvrable n'est pas récupérable.
13. Les dépréciations d'actif peuvent s'inscrire au passif.

APPLICATION 1★ : DÉPRÉCIATION D'UNE IMMOBILISATION NON AMORTISSABLE

10 Min

TRAVAIL À FAIRE

1. Calculer la dépréciation au 31/12/N.
2. Passer l'écriture au 31/12/N.
3. Passer l'écriture au 31/12/N+1.

Une entreprise acquiert un terrain en région parisienne dans le but d'y bâtir un parking pour les salariés de l'entreprise. Le coût d'acquisition s'élève à 100 000 €. À la suite d'études poussées, il apparaît que des carrières souterraines existent et pourraient provoquer des affaissements. Au 31/12/N, la valeur de ce terrain est réduite à 30 000 € à dire d'expert. La valeur d'usage est difficilement estimable.

Au cours de l'année N+1, des travaux d'étayage ont été réalisés. Les autorités locales ont donné l'assurance que les mouvements du sous-sol sont maîtrisés. L'expert reconsidère la valeur du terrain pour un montant de 50 000 €.

APPLICATION 2★★ : DÉPRÉCIATION DE CRÉANCES

10 Min

TRAVAIL À FAIRE

1. Passer les écritures au 31/12/N.
2. Passer les écritures au 31/12/N+3.

L'entreprise CREA facture une vente de marchandises le 28/12/N-1 pour un montant TTC de 24 000 €. La créance est régulièrement comptabilisée dans les comptes N-1. Les délais normaux de recouvrement sont épuisés en N, mais malgré plusieurs lettres recommandées, le client ne paie pas. La consultation des comptes annuels déposés au greffe du tribunal de commerce indique un résultat détérioré et une absence de trésorerie à l'actif. Au 31/12/N, la créance est considérée comme douteuse. Finalement, le client nous indique qu'il a perdu un gros marché et la conséquence s'est fait sentir sur sa trésorerie. Il espère pouvoir nous envoyer prochainement un acompte de 40 %.

Début N+3, le liquidateur nous indique la clôture de liquidation. La société CREA n'a jamais reçu de paiement.

APPLICATION 3*** : DÉPRÉCIATION D'UNE IMMOBILISATION AMORTISSABLE

30 Min

TRAVAIL À FAIRE

1. Établir le plan d'amortissement mis en œuvre au 01/01/N-3.
2. Enregistrer la dotation aux amortissements au titre de l'exercice N.
3. Après avoir rappelé le mécanisme du test de dépréciation (quand et comment faire ce test de dépréciation), déterminer et comptabiliser la dépréciation nécessaire au 31/12/N.
4. Présenter le plan d'amortissement révisé et les écritures pour les exercices N+1 et N+2.

Le 01/01/N-3, la société FLEUR acquiert un matériel dédié à la production. Le prix d'achat HT s'élève à 150 000 €. Le plan d'amortissement mis en place à cette époque indiquait une consommation d'avantages économiques constante sur 5 ans, avec une valeur résiduelle proche de 0. Au 31/12/N, un test de dépréciation fait état d'une valeur actuelle de 35 000 €. Les performances de ce matériel se révèlent inférieures aux prévisions. La date de mise en service est le 01/09/N-3.

APPLICATION 4*** : INCIDENCE D'UNE DÉPRÉCIATION SUR LE PLAN D'AMORTISSEMENT

25 Min

TRAVAIL À FAIRE

1. Présenter le plan d'amortissement en tenant compte des différentes modifications de valeur.
2. Enregistrer les écritures d'inventaire :
   - au 31/12/N
   - au 31/12/N+2
   - au 31/12/N+3

La SA A-B a acquis un matériel industriel le 01/01/N pour 15 000 € HT. La durée de consommation des avantages économiques est de 5 ans et le bien sera amorti en mode linéaire. Au 31/12/N+2, l'apparition de nouvelles technologies entraîne la constatation d'une obsolescence exceptionnelle de ce matériel qui continue malgré tout à être utilisé. À cette date, la valeur vénale est de 4 950 €. La date de mise en service de ce matériel est le 01/04/N.

APPLICATION 5*** : INCIDENCE D'UNE DÉPRÉCIATION SUR LE PLAN D'AMORTISSEMENT - VALEUR RÉSIDUELLE

20 Min

TRAVAIL À FAIRE

Présenter le plan d'amortissement en tenant compte des différentes modifications de valeur.

La SA J-M a acquis un matériel industriel le 01/01/N pour 50 000 € HT. La durée de consommation des avantages économiques est de 5 ans et le bien sera amorti en mode linéaire. Au 31/12/N+1, la valeur vénale est de 24 000 €, la valeur d'usage étant estimée à 20 000 €. Fin N+2, la valeur actuelle retenue s'établit à 21 000 €.

APPLICATION 6** : DÉPRÉCIATION DES STOCKS

15 Min

TRAVAIL À FAIRE

1. Évaluer les stocks et déterminer si nécessaire les dépréciations.
2. Enregistrer la dotation aux dépréciations des stocks.

Une entreprise installée dans le Sud de la France pratique le commerce de substances aromatiques.

Au 31/12/N, les responsables des stocks ont relevé les anomalies suivantes :

1. un lot de matières premières a été acquis pour 5 000 € HT. Certains éléments ont subi des dégradations. Ce lot a trouvé un acquéreur pour 3 800 €. Les frais de transport sont à la charge du vendeur pour 150 € ;
2. des boîtes métalliques permettant le conditionnement de certains produits ne seront plus utilisées à l'avenir. Leur coût s'est élevé à 500 €. Il n'existe pas de marché pour ce type de produit ;
3. des produits finis demeurent en stock pour un coût de production de 8 000 €. Leur prix de vente a été fixé à 12 000 €. L'acheteur propose un prix de 40 % du prix de vente. Les frais occasionnés par cette vente atteignent 4 % du prix de vente prévu.

APPLICATION 7** : DÉPRÉCIATION DES CRÉANCES

10 Min

TRAVAIL À FAIRE

Application sans machine : à l'aide de l'annexe, présenter toutes les écritures nécessaires au 31/12/N.

L'entreprise LES ABEILLES arrête ses comptes à la fin de chaque année civile. Employé(e) dans cette firme, on vous demande de traiter le dossier des clients douteux.

Annexe

Clients	Montant TTC au 31/12/N-1	Dépréciation au 31/12/N-1	Événements en N
Kerdru	12 000 €	20 %	Réglé 6 000 € pour solde
Tibol	6 000 €	30 %	Réglé 1 200 €, perte probable au 31/12/N : 50 %
Nest	7 200 €	10 %	On espère récupérer 40 %

APPLICATION 8*** : ÉVALUATION DES TITRES À L'INVENTAIRE

30 Min

TRAVAIL À FAIRE

1. Retrouver le montant des dépréciations constituées le 31/12/N-1.
2. Déterminer le montant des dépréciations à constituer le 31/12/N, puis le montant des dotations et des reprises sur dépréciations à comptabiliser.
3. Présenter les écritures d'inventaire concernant ces titres.

Le portefeuille de titres de la société DIMITRI se présente comme suit au 31/12/N :

Compte	Nature des titres	Nombre de titres	Prix d'acquisition	Valeur d'inventaire au 31/12/N-1	Valeur d'inventaire au 31/12/N
261	Actions X Actions X	6 000 2 000	310 356	À déterminer	À déterminer
272	Actions A	100	1 980		1 940
503	Actions Y	625	990	960	920
	Actions Z	330	250		270
	Actions W	500	310		320
506	Obligations B	25	2 400	2 300	2 440
5081	FCP C	100	120		140

Renseignements complémentaires :

- les actions A, FCP C, Z et W ont été acquises durant l'année N ;
- il n'y a eu aucune cession durant l'année.

Informations sur la valeur d'inventaire des actions X :

Nature des titres	Valeur d'inventaire au 31/12/N-1			Valeur d'inventaire au 31/12/N		
	Valeur d'usage	Cours boursier au 31/12	Cours moyen du mois de décembre	Valeur d'usage	Cours boursier au 31/12	Cours moyen du mois de décembre
Actions X	360	310	304	320	330	336

APPLICATION 9** : DÉPRÉCIATION DES CRÉANCES

20 Min

TRAVAIL À FAIRE

Application sans machine

1. Quelle est la différence entre un client douteux et un client litigieux ?
2. Compléter le tableau de suivi des dépréciations (ci-dessous).
3. Présenter les écritures nécessaires au 31/12/N+1.

Au 31/12/N+1, BARDET vous communique des informations sur ses anciennes et nouvelles créances douteuses. La créance PINOT s'élève à 2 400 €, on espère récupérer 80 % de la créance. La créance GILBERT de 4 800 € est définitivement perdue, et on pense perdre 80 % de la créance THIBOT (créance totale 7 200 € TTC). Un nouveau client douteux, PHILIPPE, nous doit 3 600 €, on pense perdre 1 000 €.

Nom	Dépréciations N	Dépréciations N+1	Dotations	Reprises	Créances irrécouvrables HT
PINOT	2000				
GILBERT	4000				
THIBOT	6000				
PHILIPPE					
		TOTAUX			

APPLICATION 10** : DÉPRÉCIATIONS DES TITRES

15 Min

TRAVAIL À FAIRE

1. Calculer la dépréciation des titres au 31/12/N et N+1, puis préciser l'ajustement de la dépréciation.
2. Quelle sera la valeur brute des titres et le montant de la dépréciation à inscrire dans le bilan au 31/12/N+1 ?

La société TIME a fait l'acquisition de 600 titres de participation SCOTT le 20/11/N, pour une valeur globale de 15 600 €.
Le 06/05/N+1, 400 titres SCOTT sont cédés pour une valeur globale de 15 000 €.
Le 26/10/N+1, 300 titres SCOTT sont acquis à 25 € l'unité.

Valeur des titres SCOTT :

31/12/N	Cours moyen :	20 €	31/12/N+1	Cours moyen :	28 €
	Valeur d'utilité :	22 €		Valeur d'utilité :	30 €

La méthode de sortie des titres utilisée est la méthode PEPS.

APPLICATION 11* : DÉPRÉCIATION ET TABLEAU DES ANNEXES

10 Min

TRAVAIL À FAIRE

En utilisant les informations des applications 9 et 10, construire le tableau des dépréciations selon le modèle communiqué en annexe.

Annexe Tableau des dépréciations

Postes du bilan	Cumul au début de l'exercice	Augmentations	Diminutions	Cumul à la fin de l'exercice
Immobilisations incorporelles				
Immobilisations corporelles				
Immobilisations financières				
Stocks et en-cours				
Clients et comptes rattachés				
Autres actifs				

MINI-CAS DE SYNTHÈSE

Compétences attendues
Le candidat doit être capable, dans un contexte professionnel donné, de procéder aux évaluations préalables à la comptabilisation des opérations d'inventaire, afin de régulariser la situation comptable avant inventaire pour qu'elle puisse correspondre avec la « réalité » de l'entreprise.
Le candidat doit non seulement connaître les règles comptables du PCG relatives aux savoirs associés, mais également maîtriser les écritures comptables qui concernent les dépréciations et les reprises.

CAS POIDUR ★★★

0h25

La société POIDUR est spécialisée dans la confection et la commercialisation de laines de luxe.
Au fil du temps, sa notoriété départementale est devenue régionale, puis nationale.
Après avoir acquis un fonds commercial, elle a acheté des actions des sociétés A et B qu'elle souhaite développer.
Pour finaliser ses emprunts relatifs aux différents investissements, elle a acheté des titres immobilisés C et D.
Enfin, grâce à une trésorerie positive, elle a investi dans des TIAP des sociétés E et F.

Au 31/12/N, l'extrait de la balance avant inventaire fait apparaître les comptes suivants.

Éléments	Solde au 31/12/N	Solde au 31/12/N
205 - Concessions & droits similaires, brevets...	150 000	
207 - Fonds commercial	200 000	
2111 - Terrains nus	100 000	
2610 - Titres de participation A	48 000	
2611 - Titres de participation B	32 000	
2710 - Titres immobilisés C autres que les TIAP	14 000	
2711 - Titres immobilisés D autres que les TIAP	6 000	
2730 - TIAP E	22 500	
2731 - TIAP F	7 500	
2907 - Dépréciations du fonds commercial		20 000
29111- Dépréciations des terrains nus		5 000
29610 - Dépréciations des titres de participation A		8 000
29710 - Dépréciations des titres immobilisés C autres que les TIAP		3 000
29730 - Dépréciations des TIAP E		2 000
31 - Stocks de matières premières	7 000	
355 - Stocks de produits finis	30 000	
391 - Dépréciations des matières premières		700
3955 - Dépréciations des produits finis		1 000
416 - Clients douteux ou litigieux	60 000	
491 - Dépréciations des comptes de clients		10 000

MISSION ***Déterminer les dépréciations et enregistrer les écritures au 31/12/N en vous aidant de l'annexe.***

Annexe

Compte 205 : ce compte concerne une marque acquise pour 150 000 € en N–2. Cette acquisition a fait l'objet d'un dépôt. Les produits commercialisés sous cette marque ont généré des recettes inférieures aux estimations. La valeur vénale de cette marque au 31/12/N est appréciée à concurrence de 120 000 €.

Compte 207 : le fonds commercial a été acquis en N–5. Un concurrent a ouvert un établissement à 100 m de ce commerce et les recettes journalières s'en ressentent. À la suite d'une expertise, la valeur actuelle est estimée au 31/12/N à 170 000 €.

Compte 2111 : au cours de l'année N, les dirigeants ont reçu de la part de l'agence ORPI une offre d'achat pour 120 000 €.

Comptes 26 et 27 : voir détails dans tableau ci-dessous.

N°	Comptes	Coût acquisition	Valeur utilité au 30/11/N	Valeur utilité au 31/12/N	Valeur de marché au 31/12/N	Cours boursier au 31/12/N	Cours moyen boursier de décembre N	Valeur probable de négociation au 31/12/N	Dépréciation au 31/12/N–1
2610	TDPA	48 000	46 000	44 000					8 000
2611	TDPB	32 000	34 000	35 000					
2710	ATIC	14 000				12 000	12 600	14 000	3 000
2711	ATID	6 000			5 700			5 800	
2730	TIAP E	22 500	21 000	22 500	23 000			23 000	2 000
2731	TIAP F	7 500	7 500	7 500	6 000			6 500	

Compte 31 : le stock de matières premières au 31/12/N est évalué à la valeur d'usage, soit 6 500 €.

Compte 355 : les produits finis existant au 31/12/N peuvent être vendus au prix de 32 000 €, moyennant une commission de 8 % déterminée sur le prix de vente.

Compte 416 : le portefeuille des créances douteuses a fait l'objet d'une analyse par créance. Les possibilités de recouvrement s'élèvent à 30 000 € TTC.

CHAPITRE 18 : LES PROVISIONS

COMPÉTENCE ATTENDUE

Évaluer et comptabiliser les différentes opérations d'inventaire : les provisions.

FICHE RESSOURCES

1 - Les provisions pour risques et charges

I. Définition

Une **provision** est **un passif** dont l'échéance ou le montant ne sont pas fixés de façon précise.

- Elle doit être constituée **seulement** dans le cas où il existe une **obligation** envers un tiers : par exemple, la prolongation de la garantie accordée aux clients sur ses produits au-delà de l'obligation contractuelle.
- Cette obligation doit se traduire par **une sortie de ressources probable**. Cependant, il n'est pas possible de constater une dette car l'échéance ou le montant de cette obligation ne sont pas connus de façon précise.
- Cette sortie de ressources ne doit générer au profit de l'entité **aucune contrepartie** au moins équivalente attendue de ce tiers après la clôture des comptes.
- À la date d'établissement des comptes (date postérieure à la date de clôture), il doit être possible d'estimer de **manière fiable** la sortie de ressources probable ou certaine.

II. Comptabilisation

Le principe est identique à celui utilisé pour les dépréciations pour actif circulant, c'est-à-dire :

- lors de la constitution, débiter un compte de charges **(68.)** et créditer un compte de provisions ;
- en cas d'annulation partielle ou totale de la dotation existante, utiliser un compte de reprises **(78.)**.

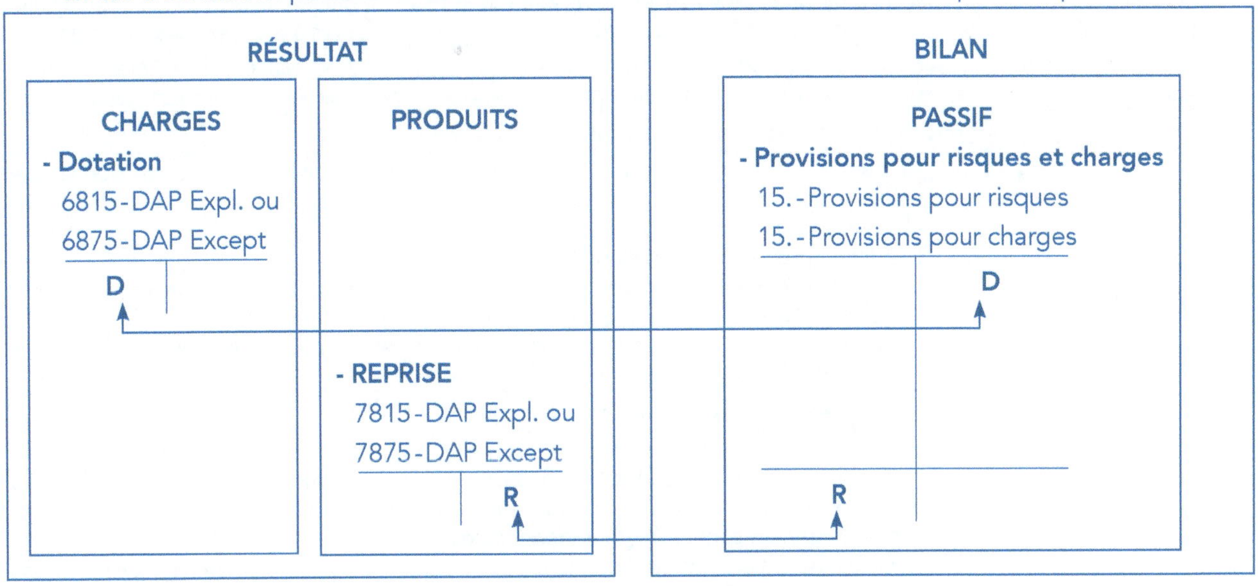

Remarque :

Ces provisions sont inscrites au passif du bilan dans une rubrique spéciale «Provisions pour risques et charges», après les capitaux propres et avant les dettes.

III. Typologie des provisions pour risques et charges

1. Typologie

Provision	Nature du risque ou de la charge à provisionner
	Provisions pour risques (compte 151)
Provisions pour litiges **(compte 1511)**	Risques pécuniaires (indemnités, dommages et intérêts, frais de procès) encourus par l'entreprise à propos des litiges dans lesquels elle est impliquée (avec un ou des tiers salariés, fournisseurs, clients…). Le montant de la provision est égal à la somme que l'entreprise risque de devoir payer à l'issue du litige.
Provisions pour garanties données aux clients **(compte 1512)**	Dépenses susceptibles d'être engagées par l'entreprise du fait de la garantie jouant sur les biens vendus ou les travaux réalisés. L'évaluation de cette provision s'appuie généralement sur des statistiques reposant sur des données propres à l'entreprise.
Provisions pour amendes et pénalités **(compte 1514)**	Risque d'avoir à supporter la charge correspondant à des amendes et pénalités, notamment lors d'un contrôle fiscal.
Provisions pour pertes de change **(compte 1515)**	L'évaluation des créances et des dettes en monnaies étrangères peut dégager une perte latente en fin d'exercice. Le PCG prescrit de doter une provision, indépendamment de l'enregistrement de la perte latente dans le compte 476 « Différence de conversion – Actif ». L'obligation de constituer une provision souffre des exceptions, notamment quand le risque de change est couvert par un instrument financier approprié. La dotation est classée dans les charges financières.
Provisions pour pensions et obligations similaires **(compte 153)**	Provisions relatives aux charges que peuvent engendrer des obligations légales ou contractuelles conférant au personnel des droits à la retraite.
Provisions pour restructurations **(compte 154)**	Les coûts de restructuration constituent un passif s'ils résultent d'une obligation de l'entité vis-à-vis de tiers, ayant pour origine la décision prise par l'organe compétent, matérialisée avant la date de clôture par l'annonce de cette décision aux tiers concernés, et à condition que l'entité n'attende plus de contrepartie de ceux-ci. Les coûts d'une restructuration conditionnée par une opération financière, telle qu'une cession d'activité, ne peuvent être provisionnés tant que l'entité n'est pas engagée par un accord irrévocable. Les pertes d'exploitation futures ne répondant pas à la définition d'un passif ne sont pas provisionnées. Une provision pour restructuration ne doit inclure que les dépenses nécessairement entraînées par celle-ci et qui ne sont pas liées aux activités futures. Les profits résultant de la sortie attendue d'actifs ne doivent pas être pris en compte dans l'évaluation d'une provision. Un remboursement attendu de la dépense nécessaire à l'extinction d'une obligation provisionnée ne minore pas le montant d'une provision ; il est comptabilisé distinctement à l'actif s'il est conforme aux dispositions relatives à la comptabilisation d'un actif.
Provisions pour impôts **(compte 155)**	Provisions qui correspondent à la charge probable d'impôts rattachable à l'exercice, mais différée dans le temps et dont la prise en compte définitive dépend des résultats futurs.
	Provisions pour charges à répartir sur plusieurs exercices (compte 157)
Provisions pour grosses réparations **(compte 1572)**	Charges prévisibles, telles que les frais de grosses réparations, qui, étant donné leur nature et leur importance, ne sauraient logiquement être supportées par le seul exercice au cours duquel elles seront engagées. Les conditions suivantes doivent être respectées : • les charges sont importantes, ne représentent pas un caractère annuel et ne peuvent être assimilées à des frais courants d'entretien et de réparations ; • la dépense fait l'objet d'une programmation par l'entreprise et son estimation doit être obtenue avec suffisamment de précision.
	Autres provisions pour charges (compte 158)
Provisions pour remises en état **(compte 1581)**	Dépenses futures qui auront pour seul effet de remettre en état un site dégradé (exploitation d'une carrière), ou de financer le démantèlement futur d'une installation à risque (plate-forme pétrolière, centrale nucléaire) si les conditions suivantes sont réunies : • les dépenses sont clairement identifiables ; • leur montant et le moment de leur réalisation sont prévus avec suffisamment de précision ; • la décision de les engager a été prise ; • elles ne doivent pas correspondre à des dépenses courantes.

2. Les dotations aux provisions d'exploitation et les dotations aux provisions exceptionnelles

Une dotation aux provisions doit être comptabilisée en charges d'exploitation (compte 681) ou en charges exceptionnelles (compte 687) en fonction de la nature de la charge ou du risque.

D'après le règlement PCG 2022-06, le résultat exceptionnel sera composé des produits et charges directement liés à un **événement majeur et inhabituel**.

Définition d'un événement majeur et inhabituel :

- événement majeur : événement dont les conséquences sont susceptibles d'exercer une influence sur le jugement ;
- événement inhabituel : événement non lié à l'exploitation normale et courante de l'entité.

Il est à noter qu'un événement est présumé inhabituel lorsqu'un même événement ne s'est pas produit au cours des derniers exercices comptables, et qu'il est peu probable qu'il se reproduise au cours des prochains exercices comptables.

Exemple

Une entreprise est en litige avec un salarié en raison d'un licenciement qu'il considère comme abusif.

Les éventuels dommages et intérêts à la charge de l'entreprise constituent des charges exceptionnelles si :

- les dommages et intérêts sont d'un montant suffisamment important et qu'ils pèsent sur le résultat de l'entreprise ;
- le caractère inhabituel est retenu car une condamnation à des dommages et intérêts n'est pas liée à une exploitation courante et normale de l'entité.

Ainsi, dans le cas où une dotation aux provisions serait comptabilisée pour anticiper cette indemnité de licenciement, elle devra être comptabilisée dans les charges exceptionnelles si ces deux conditions sont remplies.

3. Exemples

a - Les provisions pour risques

La société MASSON avait licencié un employé en N−2. Celui-ci avait intenté une action en justice et il était probable qu'une indemnité de licenciement de 6 000 € doive lui être versée.

Qu'a dû comptabiliser l'entreprise au 31/12/N−2 ?

	31/12/N−2		
6875	Dotations aux provisions exceptionnelles	6 000,00	
1511	Provisions pour litige		6 000,00
	Indemnité de licenciement « Litige salarié X »		

Le 10 novembre N, à l'issue du procès, une indemnité de 7 500 € est réglée par chèque au salarié.

Comptabiliser ce règlement et l'écriture de régularisation au 31/12/N.

	10/11/N		
6788	Charges exceptionnelles diverses	7 500,00	
512	Banque		7 500,00
	Ch. n° … indemnité de licenciement « Litige salarié X »		

Lors de l'inventaire au 31/12/N, la charge étant survenue, la provision est devenue sans objet. Il faut régulariser le compte de provisions :

	31/12/N		
1511	Provisions pour litige	6 000,00	
7875	Reprises sur provisions exceptionnelles		6 000,00
	« Litige salarié X » réglé		

Dans le compte de **résultat N**, il apparaît :

… Charge exceptionnelle …	7 500	… **Produit exceptionnel** **→ Charge nette** …	**6 000** **1 500**

b - Les provisions pour charges

En raison de difficultés, la société MASSON envisage d'abandonner une branche de son activité pour tenter de sauver son usine principale. Le coût de cette fermeture s'élèverait à 300 000 €.

Que doit comptabiliser l'entreprise au 31/12/N ?

	31/12/N		
6875	Dotations aux provisions exceptionnelles	300 000,00	
154	Provisions pour restructurations		300 000,00
	Abandon branche d'activité		

IV. Informations en annexe

À la fin de chaque exercice, l'entreprise doit fournir en annexe un tableau indiquant les variations des provisions.

Exemple

Nous reprenons les données concernant l'entreprise MASSON et nous présentons ci-dessous les variations des provisions, sachant qu'il existait au 1er janvier une provision pour litige avec un client d'un montant de 7 500 € et que ce litige n'est pas dénoué au 31 décembre :

Tableau des provisions exercice N

Rubriques	Provisions au début de l'exercice	Augmentations : dotations de l'exercice	Diminutions : reprises de l'exercice	Provisions à la fin de l'exercice
Provisions pour risques				
Provisions pour litiges	13 500(1)	0	6 000	7 500
Provisions pour garanties données aux clients				
Provisions pour pertes sur marchés à terme				
Provisions pour amendes et pénalités				
Provisions pour pertes de change				
Provisions pour pertes sur contrats				
Autres provisions pour risques				
Provisions pour pensions et obligations similaires				
Provisions pour restructurations	0	300 000	0	300 000
Provisions pour impôts				
Provisions pour renouvellement des immobilisations				
Provisions pour charges à répartir sur plusieurs exercices				
Autres provisions pour charges				
Total	13 500	300 000	6 000	307 500

(1) 7 500 + 6 000

FICHE RESSOURCES

2 - Les provisions réglementées

I. Principes

Les provisions réglementées sont des **provisions facultatives comptabilisées uniquement en application de dispositions fiscales :**

- elles ne correspondent pas à l'objet normal d'une provision ou d'une dépréciation selon les règles comptables ;
- elles sont facultatives et correspondent à une option fiscale de l'entreprise.

Le principal objectif est de réduire le bénéfice imposable :

- la dotation à une provision réglementée est déductible fiscalement, mais, à cet effet, elle doit être obligatoirement comptabilisée ;
- cependant, la reprise de la provision réglementée lors d'un exercice ultérieur sera imposable en fonction des règles fiscales (sauf exceptions), entraînant un impôt différé non constaté en comptabilité.

II. Traitement comptable

Les provisions réglementées sont classées en **capitaux propres**, après les subventions d'investissement.

Extrait de bilan au 31/12/N

ACTIFS	Brut	Amortissement et dépréciations (à déduire)	Net	PASSIFS	Net
				CAPITAUX PROPRES Capital Primes d'émission, de fusion, d'apport Écarts de réévaluation Écarts d'équivalence Réserves Report à nouveau Résultat de l'exercice Subventions d'investissement **PROVISIONS RÉGLEMENTÉES** … Amortissements dérogatoires … **PROVISIONS** Provisions pour risques Provisions pour charges …	

Les dotations et les reprises aux provisions réglementées sont comptabilisées **séparément,** respectivement en charges et en produits exceptionnels.

Dotations exceptionnelles aux provisions réglementées

687	Dotations aux provisions - Ch. exceptionnelles	X	
14	Provisions réglementées		X

Reprises exceptionnelles sur provisions réglementées

14	Provisions réglementées	X	
787	Reprises sur provisions - (pr. exceptionnels)		X

III. Informations en annexe

Les provisions réglementées doivent figurer dans le tableau des provisions :

Rubriques	Provisions au début de l'exercice	Augmentations : dotations de l'exercice	Diminutions : reprises de l'exercice	Provisions à la fin de l'exercice
Provisions réglementées : - -				

APPLICATIONS

CONTRÔLE DE CONNAISSANCES

Répondre par « oui » ou par « non » aux affirmations ci-dessous en donnant les explications nécessaires.

1. Une provision pour risques et charges est un passif dont l'échéance ou le montant ne sont pas fixés de façon précise.

2. Une provision est comptabilisée lorsqu'il existe notamment la certitude d'une sortie de ressources.

3. Les pertes futures sont toujours provisionnées.

4. Pour comptabiliser une provision, il est nécessaire qu'à la date de clôture des comptes l'entité ait une obligation juridique ou implicite envers un tiers connu.

5. Une entreprise peut provisionner des charges courantes de l'exercice suivant.

6. Les dépenses liées aux activités futures sont également prises en compte dans l'évaluation d'une provision pour restructuration.

7. Une dette est un passif certain dont l'échéance et le montant sont fixés de façon précise.

8. En l'absence ou en cas d'insuffisance de bénéfice, une entreprise ne doit pas constituer les provisions nécessaires.

9. L'entreprise n'est pas obligée de reprendre les provisions correspondantes lorsque les risques couverts se sont réalisés.

10. Lorsqu'il est impossible de valoriser avec fiabilité une obligation qui existe effectivement au 31/12/N, on enregistre une provision et non une dette.

11. La constitution d'une provision réglementée répond à des règles comptables.

APPLICATION 1* : PROVISION POUR CHARGES À RÉPARTIR SUR PLUSIEURS EXERCICES

15 Min

TRAVAIL À FAIRE

Sachant que la société enregistre une provision pour charges à répartir sur plusieurs exercices.

1. Comptabiliser les écritures à la clôture des exercices N, N+1 et N+2.
2. Présenter un extrait du bilan au 31/12/N+2 pour le poste de provisions pour risques.
3. Comptabiliser l'ensemble des écritures nécessaires au 01/04/N+3.

La société MÉCAP a acheté le 01/04/N un matériel industriel d'une valeur HT de 100 000 €, dont la durée d'utilisation prévue est de 5 ans. Compte tenu des obligations de sécurité qui pèsent sur l'immobilisation, des travaux de révision doivent être entrepris au moins tous les trois ans. En raison de la durée d'utilisation, les travaux sont programmés début N+3 et leur coût est estimé à 21 000 €. Le programme de révision est renouvelé le 01/04/N+3 pour un montant de 25 000 € HT (TVA au taux normal de 20 %).

APPLICATION 2** : PROVISION POUR GROSSES RÉPARATIONS

15 Min

TRAVAIL À FAIRE

1. Préciser le traitement comptable des grosses réparations.
2. Présenter les écritures pour N, dans l'hypothèse où l'entreprise enregistre une provision pour grosses réparations.

La société ROBERT a acquis une machine industrielle le 01/06/N pour 102 000 € HT, plus une TVA de 20 400 €, dont la durée de vie est de 5 ans. Cet appareil fait l'objet d'une révision tous les trois ans, estimée à 9 000 € HT (TVA au taux normal de 20 %) et programmée à la fin mai N+3.

Annexe PCG Art. 214-9

Lorsque des éléments constitutifs d'un actif sont exploités de façon indissociable, un plan d'amortissement unique est retenu pour l'ensemble de ces éléments.
Cependant, si dès l'origine, un ou plusieurs de ces éléments ont chacun des utilisations différentes, chaque élément est comptabilisé séparément et un plan d'amortissement propre à chacun de ces éléments est retenu. [...]
Les dépenses d'entretien faisant l'objet de programmes pluriannuels de gros entretien ou de grandes révisions en application des lois, règlements ou de pratiques constantes de l'entité, doivent être comptabilisées dès l'origine comme un composant distinct de l'immobilisation si aucune provision pour gros entretien ou grandes révisions n'a été constatée. Sont visées, les dépenses d'entretien ayant pour seul objet de vérifier le bon état de fonctionnement des installations et d'y apporter un entretien sans prolonger leur durée de vie au-delà de celle prévue initialement.

APPLICATION 3** : SOCIÉTÉ MARANDA

20 Min

TRAVAIL À FAIRE

1. Donner la définition d'une provision.
2. Indiquer si la société peut constituer une provision dans le cas des deux litiges auxquels elle est confrontée (salarié et fournisseur).
3. Procéder aux régularisations nécessaires concernant ces différents points.
4. Présenter les écritures pour N, sachant que l'entreprise enregistre une provision pour grosses réparations.

La société MARANDA, dont le secteur d'activité est la fabrication et l'installation de fours industriels en France, en Europe et à l'étranger, clôture son exercice comptable le 31/12.

L'inventaire au 31/12/N a mis en évidence les situations suivantes qui nécessitent des régularisations (TVA au taux normal de 20 %).

1. La SA MARANDA a effectué un gros chantier d'implantation d'un four pour un client danois. La facture a été établie le 27/11/N. Elle sera réglée au début de l'année N+1.
   Montant de la facture : 56 000 DKK
   Taux de change au 27/11/N : 1 € = 7 DKK
   Taux de change au 31/12/N : 1 € = 8 DKK
2. La société est en litige avec M. Dulin, un ancien salarié de la société qui a été licencié le 01/10/N pour faute lourde. Celui-ci conteste le motif de licenciement et a entamé une procédure auprès du conseil de prud'hommes. La société a reçu le 20/12/N une assignation devant le tribunal. Elle a fait appel à son avocat qui estime le risque à 12 000 €.
3. Dans la balance avant inventaire de l'entreprise, figure une provision pour perte de change pour un montant de 800 € concernant le client PETER. Ce dernier a réglé sa dette courant octobre N.
4. La société est en litige avec son fournisseur HENRY, elle risque d'être obligée de lui verser des dommages et intérêts pour un montant de 10 000 €.
5. La société a acheté le 01/01/N un camion pour un prix de 40 000 € HT. Un programme de révision des pneumatiques, d'un montant de 7 000 €, est nécessaire tous les 2 ans pour des raisons de sécurité. La consommation des avantages économiques procurés par le camion peut être évaluée sur une durée d'utilisation de 5 ans (mode d'amortissement constant).

MINI-CAS DE SYNTHÈSE

Compétences attendues
Le candidat doit être capable, dans un contexte professionnel donné, de procéder aux évaluations préalables à la comptabilisation des opérations d'inventaire, afin de régulariser la situation comptable avant inventaire pour qu'elle puisse correspondre avec la « réalité » de l'entreprise.
Le candidat doit non seulement connaître les règles comptables du PCG relatives aux savoirs associés, mais également maîtriser les écritures comptables qui concernent les provisions et les reprises.

SOCIÉTÉ HEXAPA ★★★ 0h60

Les dirigeants de la société HEXAPA soumettent à votre analyse les points suivants.

1. L'entreprise a vendu le 01/10/N-1 pour 24 000 $ de marchandises au client RONALD de Los Angeles. Celui-ci règle la facture le 25/11/N. Aucune écriture n'a été enregistrée au cours de l'exercice N (cours du $ le 01/10/N-1 : 0,79 €, le 31/12/N-1 : 0,76 €, le 25/11/N : 0,68 €).
2. L'entreprise est en litige avec un de ses principaux clients, ce qui risque d'entraîner le versement de dommages-intérêts pour un montant évalué à 5 000 € au 31/12/N.
3. Devant le conseil de prud'hommes, un salarié licencié réclame à la société une indemnité de 12 000 €. Cette affaire devrait se dénouer courant N+1. Selon l'avocat de l'entreprise, une condamnation au paiement d'une indemnité de 7 000 € est probable.
4. Une amende pour infraction économique risque d'être infligée à la société. Son montant serait de l'ordre de 8 000 €. Aucune écriture n'a été comptabilisée au 31/12/N.
5. La société est spécialisée dans la vente de produits de marque à prix réduit. Elle est implantée à la périphérie de la ville. Fin N, elle s'attend à une chute de 20 % de son chiffre d'affaires en raison d'importants travaux de voirie qui vont être réalisés début N+1 par la municipalité et qui vont restreindre l'accès au magasin.
6. Une restructuration est envisagée. D'après ce plan, les conséquences financières prévisibles sont les suivantes :
   - les indemnités de licenciement d'une partie du personnel : 220 000 € ;
   - une perte sur le stock des produits estimée à 15 000 € ;
   - les frais de déménagement des matériels réutilisables dans le nouveau site : 18 000 € ;
   - des actions de formation pour la réinsertion des personnels licenciés : 90 000 €, et pour l'adaptation des personnels affectés à la nouvelle unité de production : 32 000 €.

   La restructuration et son plan détaillé ont été annoncés publiquement par la direction générale le 20/12/N.

MISSION 1 ***Indiquer les conditions fixées par le PCG pour pouvoir enregistrer une provision.***

MISSION 2 ***Analyser les différents points (1 à 6) et présenter les éventuelles écritures jugées nécessaires.***
- ***Pour le point 3, indiquer à quel principe comptable on peut se référer.***
- ***Pour le point 6, dans l'hypothèse où l'annonce publique n'est faite que le 20/02/N+1, indiquer les conséquences.***

CHAPITRE 19 : LES RÉGULARISATIONS D'INVENTAIRE

COMPÉTENCE ATTENDUE

Évaluer et comptabiliser les différentes opérations d'inventaire : ajustement et rattachement des charges et des produits au résultat de l'exercice.

FICHE RESSOURCES

1 - Principe

Les comptes de gestion, au niveau de l'exploitation courante de l'entreprise, n'enregistrent que les charges ou les produits dégagés au cours de l'exercice.

En conséquence, il importe d'enregistrer les éléments concernant l'exercice et qui n'auraient pas encore été comptabilisés, mais aussi d'éliminer l'influence d'éléments déjà comptabilisés et concernant un autre exercice.

Cette procédure permet de respecter **le principe d'indépendance des exercices,** ou de **séparation des exercices,** en ne tenant compte que des charges et des produits générés par l'activité de l'entreprise pour une période donnée.

La régularisation des comptes de gestion entraîne deux catégories d'ajustement :
- les charges et les produits constatés d'avance ;
- les charges à payer et les produits à recevoir.

2 - Les charges et les produits constatés d'avance

I. Les charges constatées d'avance : compte 486

1. Principe

Ce sont des charges qui ont été comptabilisées pendant l'exercice, mais dont le montant total ou partiel ne concerne pas l'exercice. Cette partie non imputable à l'exercice est traitée comme une **créance** vis-à-vis de l'exercice suivant.

2. Exemple

Une entreprise a payé la prime annuelle d'assurance incendie, pour un montant de 360 €, le 01/09/N. La date de clôture de son exercice est le 31/12/N.

Sur ce montant de 360 €, payé pour une période de 12 mois allant du 01/09/N au 01/09/N+1, une partie n'est pas imputable à l'exercice N. Elle couvre la période du 01/01 au 31/08/N+1, soit 8 mois.

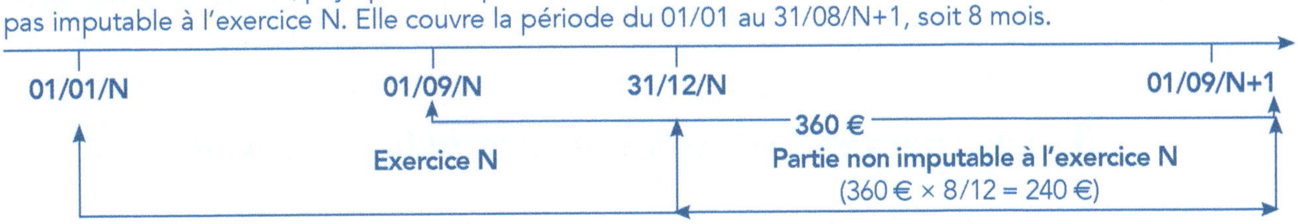

Nous remarquons que le compte de charges doit être diminué de ce montant pour n'enregistrer que le montant exact concernant l'exercice N, soit 360 × 4/12 = 120 €.

	31/12/N		
486 616	Charges constatées d'avance Primes d'assurance *8 mois sur N+2 360 × 8/12*	240,00	240,00

616 Primes d'assurance			
01/09	360	31/12	**240**
		Solde débiteur	**120**

II. Les produits constatés d'avance : compte 487

1. Principe

Il s'agit de produits comptabilisés pendant l'exercice, mais qui ne couvrent pas de façon précise cet exercice. Ils sont traités comme une **dette** vis-à-vis de l'exercice suivant.

2. Exemple

Une entreprise a vendu des marchandises le 25/12/N, la facture correspondante d'un montant de 960 € HT a été établie et comptabilisée. La marchandise n'a pas encore été livrée au client, le contrat prévoit le transfert de propriété à la livraison.

Quelle régularisation s'impose à cette date ?

À la date d'inventaire, le 31/12/N, l'entreprise doit régulariser cette écriture. En effet, les marchandises n'étant pas livrées, elles ne sont pas vendues et il ne faut pas comptabiliser cette vente à venir dans les produits de l'exercice N.

		31/12/N		
707		Ventes de marchandises	960,00	
	487	Produits constatés d'avance		960,00
		Marchandises non livrées - Facture n° V...		

707 Ventes de marchandises			
31/12	960	25/12	(X) 960
Solde créditeur	X		

III. Régularisations au début de l'exercice suivant

Il faut, à l'ouverture de l'exercice suivant, contre-passer les écritures concernant les produits et les charges constatés d'avance. En effet, ces comptes doivent être soldés puisqu'ils sont liés à l'exercice précédent.

Exemples (suite)

Contre-passer les écritures de régularisation au 01/01/N+1 :

		01/01/N+1		
616		Primes d'assurance	240,00	
	486	Charges constatées d'avance		240,00
		Contre-passation des écritures de régularisation au 31/12/N		

		01/01/N+1		
487		Produits constatés d'avance	960,00	
	707	Ventes de marchandises		960,00
		Contre-passation des écritures de régularisation au 31/12/N		

3 - Les charges à payer et les produits à recevoir

I. Les charges à payer

1. Principe

Il s'agit de charges qui n'ont pas encore été comptabilisées à la fin de l'exercice (le document justificatif n'a pas encore été reçu par l'entreprise), mais qui sont à rattacher à l'exercice clos. Les comptes qui enregistrent la dette sont les suivants :

- **4.8** pour les comptes de tiers;
- **1688 « Intérêts courus »** pour les intérêts à devoir sur emprunts.

2. Exemples

2.1. Achats

Une entreprise a réceptionné un lot de marchandises le 28/12/N, alors que la facture n'a pas encore été reçue à la clôture de l'exercice. Le taux de TVA est de 20 %.

- Montant estimé HT : 320,00
- TVA à 20 % : 64,00
- Total TTC : 384,00

Dans le cas des charges à payer, la TVA doit être prise en compte et enregistrée en **« Taxes sur le chiffre d'affaires à régulariser ».**

Régulariser cet achat au 31/12/N.

	31/12/N		
607	Achats de marchandises	320,00	
44586	État - Taxes sur le CA sur factures non parvenues	64,00	
408	Fournisseurs, factures non parvenues		384,00
	Marchandises reçues le 28/12, fournisseur X		

2.2. Les intérêts à payer

Une entreprise a emprunté le 01/07/N la somme de 24000 €, au taux d'intérêt de 7 % l'an, dont la 1re échéance est le 30/06/N+1. C'est un emprunt à moyen terme comptabilisé en 168 « Autres emprunts et dettes assimilées ».

Comptabiliser la régularisation nécessaire au 31/12/N.

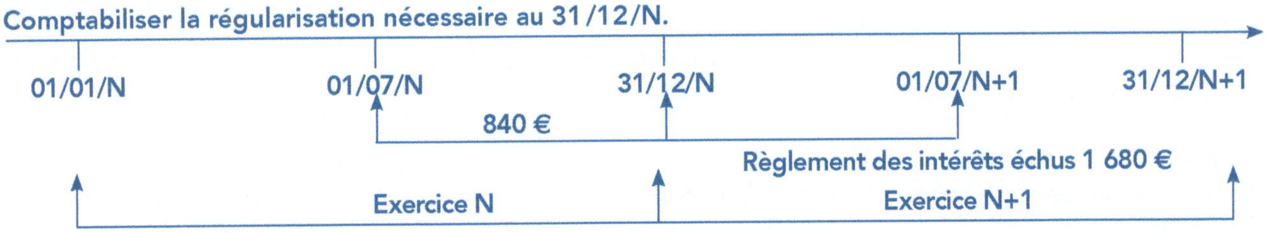

Une partie de la charge d'intérêts est imputable à l'exercice N, même si elle ne sera décaissée qu'au cours de l'exercice N+1. Il faut donc en tenir compte et passer l'écriture suivante :

	31/12/N		
661	Charges d'intérêts	840,00	
1688	Intérêts courus et non échus		840,00
	Intérêts N 24 000 × 7 % × 6/12		

2.3. Les congés payés

Le montant brut des salaires portant sur la période de référence (1er juin au 31 décembre N) pour le calcul des congés payés se sont élevés à 32000 €. Les charges sociales correspondantes sont estimées à 50 % de ce montant et les charges fiscales à 3 %.

Comptabiliser la régularisation nécessaire au 31/12/N.

L'entreprise doit calculer le montant des indemnités de congés payés acquises par chaque salarié, ainsi que les charges sociales correspondantes, afin de les rattacher à l'exercice N et les comptabiliser à la clôture de l'exercice. C'est une charge à payer de l'exercice, son montant est le suivant :

Charges à payer au 31/12/N :

- indemnités de congés payés 32000 × 1/10e = 3200
- charges sociales 3200 × 50 % = 1600
- charges fiscales 3200 × 3 % = 96

Total 4896

Écriture correspondante :

	31/12/N		
6412	Rémunération du personnel - Congés payés	3 200,00	
6455	Charges de Sécurité sociale et de prévoyance sur congés à payer	1 600,00	
632	Charges fiscales sur congés à payer	96,00	
4282	Dettes provisionnées pour congés à payer		3 200,00
4382	Organismes sociaux, charges à payer		1 600,00
4482	État, charges à payer		96,00
	Congés à payer et charges sur congés à payer exercice N		

II. Les produits à recevoir

1. Principe

Il s'agit de produits non encore enregistrés et à rattacher à l'exercice de façon totale ou partielle. Les créances correspondantes à recevoir sont comptabilisées au débit des comptes :

- **2688** et **2768 « Intérêts courus »** pour les intérêts des prêts accordés ;
- **4.8** pour les créances vis-à-vis des tiers.

2. Exemples

2.1. Ventes

Une entreprise a livré des marchandises d'une valeur de 1 100 € HT (taux de TVA à 20 %) à un de ses clients le 30/12/N. Mais à la date de clôture (31/12/N), ses services comptables n'ont pas pu établir la facture correspondante.

Comptabiliser la régularisation nécessaire au 31/12/N.

Au 31/12/N, l'entreprise doit comptabiliser cette vente puisqu'elle s'est réalisée au cours de l'exercice, ainsi que calculer le montant de la TVA.

	31/12/N		
4181	Clients - Factures à établir	1 320,00	
707	Ventes de marchandises		1 100,00
44587	Taxes sur CA sur factures à établir		220,00
	Vente client X du 30/12		

2.2. Intérêts à recevoir

Le 01/04/N, une entreprise a accordé un prêt à plus d'un an de 4 800 €, au taux de 7,5 %, dont la 1re échéance est le 01/04/N+1.

Comptabiliser la régularisation nécessaire au 31/12/N.

Représentons schématiquement sur un axe de temps la part des intérêts à recevoir à rattacher à l'exercice N et celle à rattacher à l'exercice suivant. Le total des intérêts est : 4 800 € × 7,5 % = 360.

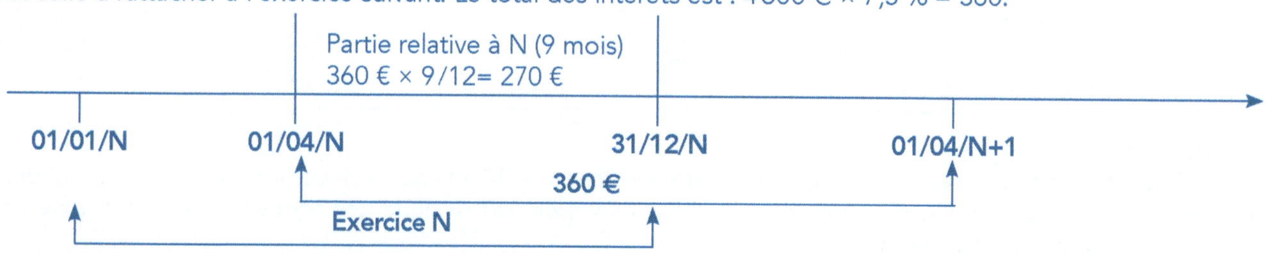

Nous remarquons que le compte de produits doit être augmenté du montant des intérêts concernant N, soit 360 × 9/12 = 270 €.

	31/12/N		
2768	Intérêts courus	270,00	
7626	Produits financiers, revenus des prêts		270,00
	Intérêts sur partie N, prêt à échéance du 01/04/N+1		

III. Cas particulier : les réductions sur achats et ventes

1. Principe

En fin d'exercice, il est possible que des réductions à obtenir des fournisseurs sur des achats ou des réductions à accorder aux clients sur des ventes ne soient pas comptabilisées, car les factures d'avoir correspondantes n'ont pas encore été établies. L'entreprise doit en tenir compte dans la détermination de son résultat et les enregistrer dans des comptes soustractifs des comptes de tiers.

2. Exemples

2.1. Les RRR à accorder : compte 4198

D'après les conditions de vente mises en place en accord avec ses clients, l'entreprise DURANT accorde une ristourne de 2 % sur le chiffre d'affaires réalisé durant l'année (en N : 320000 € HT, taux de TVA à 20 %). Les factures d'avoir n'ont pas encore été établies à la date de clôture de l'exercice (31/12).

Comptabiliser la régularisation nécessaire au 31/12/N.

	31/12/N		
7097	RRR accordés sur ventes de marchandises	6 400,00	
44587	Taxes sur le CA sur factures à établir	1 280,00	
4198	RRR à accorder et autres avoirs à établir		7 680,00
	Ristourne 2 % × 320 000 = 6 400		

2.2. Les RRR à obtenir : compte 4098

Cette entreprise doit obtenir d'un de ses fournisseurs une ristourne de 3 % sur le chiffre d'affaires réalisé en N (153600 € HT, taux de TVA à 20 %). Au 31/12, la facture d'avoir n'a pas encore été reçue.

Comptabiliser la régularisation nécessaire au 31/12/N.

	31/12/N		
4098	Fournisseurs, RRR à obtenir	5 529,60	
6097	RRR obtenus sur achats de marchandises		4 608,00
44586	Taxes sur CA sur factures non parvenues		921,60
	Ristourne 3 % × 153 600 = 4 608		

IV. Régularisations au début de l'exercice suivant

Principe

La même procédure de régularisation, vue précédemment, doit être suivie pour les charges à payer, les produits à recevoir et les réductions à accorder et à obtenir. Ces comptes doivent être soldés au 01/01/N+1.

Contre-passer les écritures de régularisation au 01/01/N+1.

	01/01/N+1		
408	Fournisseurs, factures non parvenues	384,00	
607	Achats de marchandises		320,00
44586	Taxes sur CA sur factures non parvenues		64,00
	Extourne écriture N		

	01/01/N+1		
1688	Intérêts courus et non échus	840,00	
661	Charges d'intérêts		840,00
	Extourne écriture N		

	01/01/N+1		
4282	Dettes provisionnées pour congés payés	3 200,00	
4386	Organismes sociaux, charges à payer	1 600,00	
4482	État, charges à payer	96,00	
6412	Rémunérations du personnel - Congés payés		3 200,00
645	Charges de Sécurité sociale et de prévoyance sur congés à payer		1 600,00
631	Charges fiscales sur congés à payer		96,00
	Extourne écriture N		

→

		01/01/N+1		
707	Ventes de marchandises		1 100,00	
44587	Taxes sur CA sur factures à établir		220,00	
418		Clients - Produits non encore facturés		1 320,00
	Extourne écriture N			

		01/01/N+1		
7626	Produits financiers, revenus des prêts		270,00	
2768		Intérêts courus		270,00
	Extourne écriture N			

		01/01/N+1		
4198	RRR à accorder et autres avoir à établir		7 680,00	
7097		RRR à accorder sur ventes de marchandises		6 400,00
44587		Taxes sur le CA sur factures à établir		1 280,0
	Extourne écriture N			

		01/01/N+1		
6097	RRR obtenus sur achats de marchandises		4 608,00	
44586	Taxes sur CA sur factures non parvenues		921,60	
4098		Fournisseurs, RRR à obtenir		5 529,60
	Extourne écriture N			

Remarque :

Nous pouvons reprendre l'exemple des achats de marchandises pour examiner la situation de ce compte en N+1.

Le 05/01/N+1, l'entreprise reçoit la facture de son fournisseur : marchandises à 340 €, TVA à 68,00 €. Elle l'enregistre dans ses comptes :

		05/01/N+1		
607	Achats de marchandises		340,00	
44566	État - TVA déductible sur ABS		68,00	
401		Fournisseurs		408,00
	Facture n° A… fournisseur X			

607 Achats de marchandises			
05/01/N+1	340	01/01/N+1	320
		Solde débiteur au titre de N+1	**20**

4 - Tableaux de synthèse

I. Principe général de rattachement des charges et des produits à l'exercice

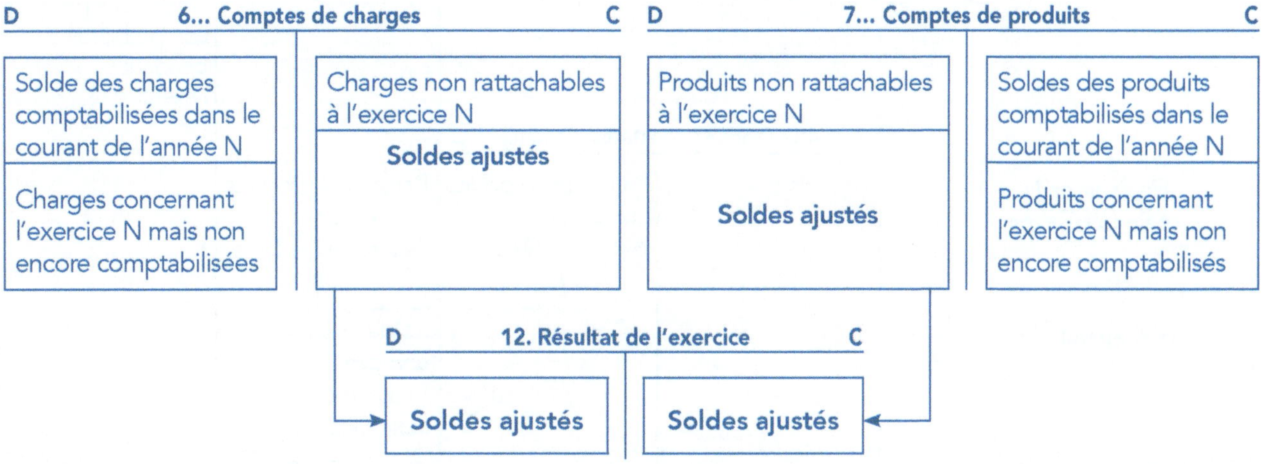

II. Les charges et produits comptabilisés et ne concernant pas l'exercice

Les charges constatées d'avance

Opérations	Comptes de bilan Actif	Comptes de gestion Charges
État des comptes avant l'inventaire N		D 6… Comptes de charges C Soldes des charges comptabilisées pendant l'exercice N
Fin exercice N • Régularisation • Virement	D 486 Charges constatées d'avance C Partie des charges concernant l'exercice N+1	Partie des charges concernant l'exercice N+1 Solde viré au compte Résultat de l'exercice
Début de l'exercice N+1 • Contrepassation	Partie des charges concernant l'exercice N+1 Compte soldé	D 6… Comptes de charges C Partie des charges concernant l'exercice N+1 Prise en compte des charges par l'exercice N+1

Les produits constatés d'avance

Opérations	Comptes de bilan Passif	Comptes de gestion Produits
État des comptes avant l'inventaire N		D 7... Comptes de produits C (crédit) Soldes des produits comptabilisés pendant l'exercice N
Fin exercice N • Régularisation • Virement	D 487 Produits constatés d'avance C (crédit) Partie des produits concernant l'exercice N+1	(débit) Partie des produits concernant l'exercice N+1 Solde viré au compte Résultat de l'exercice
Début de l'exercice N+1 • Contrepassation	(débit) Partie des produits concernant l'exercice N+1 Compte soldé	D 7... Comptes de produits C (crédit) Partie des produits concernant l'exercice N+1
	Prise en compte des produits par l'exercice N+1	

III. Les charges et produits non comptabilisés et concernant l'exercice

Les charges à payer

Période	Comptes de bilan Passif	Comptes de gestion Charges
Fin exercice N • Régularisation	**Comptes de dettes** **1688 Intérêts courus** D **4.8 Comptes de tiers** C (crédit) Dettes concernant l'exercice N et non encore comptabilisées	D 6... Comptes de charges C (débit) Charges concernant l'exercice N et non encore comptabilisées
Début de l'exercice N+1 • Contrepassation	(débit) Dettes concernant l'exercice N	(crédit) Charges concernant l'exercice N

Les produits à recevoir

Période	Comptes de bilan Actif	Comptes de gestion Produits
Fin exercice N • Régularisation	**Comptes de créances 2688 et 2788 Intérêts courus D 4.8 Comptes de tiers C** D : Créances concernant l'exercice N et non encore comptabilisées	**D 7... Comptes de produits C** C : Produits concernant l'exercice N et non encore comptabilisés
Début de l'exercice N+1 • Contrepassation	C : Créances concernant l'exercice N	D : Produits concernant l'exercice N

APPLICATIONS

CONTRÔLE DE CONNAISSANCES

Répondre par « oui » ou par « non » aux affirmations ci-dessous en donnant les explications nécessaires.

1. C'est le principe comptable de spécialisation des exercices qui est appliqué lors de l'ajustement des comptes de gestion.

2. Une charge constatée d'avance est traitée comme une dette vis-à-vis de l'exercice suivant.

3. Un produit constaté d'avance est traité comme une dette vis-à-vis de l'exercice suivant.

4. Les charges à payer sont des charges comptabilisées et qui ne concernent pas l'exercice clos.

5. Les produits à recevoir sont des produits non comptabilisés et qui doivent être rattachés à l'exercice clos.

6. Les remises, ristournes et rabais à accorder par l'entreprise doivent être comptabilisés au crédit du compte 4198.

7. Les remises, ristournes et rabais obtenus par l'entreprise doivent être comptabilisés au débit du compte 4098.

8. Toutes les écritures d'ajustement des comptes de gestion doivent être régularisées au début de l'exercice suivant.

APPLICATION 1* : AJUSTEMENT DES COMPTES DE GESTION

30 Min

TRAVAIL À FAIRE

1. Indiquer le principe comptable qui justifie l'ajustement des comptes de gestion dans le temps à la date d'inventaire et préciser son intérêt.
2. Enregistrer les opérations d'ajustement des comptes de gestion dans le temps au 31 décembre N. Le taux de TVA est de 20 %.

D'après un sujet d'examen

L'entreprise RÉMY arrête ses comptes à la fin de chaque année civile. Elle vous soumet les opérations suivantes :

- l'entreprise a comptabilisé le 1er octobre N la prime annuelle d'assurance incendie pour un montant de 480 € ;
- l'entreprise a contracté un emprunt le 1er mars N d'un montant de 10000 €, remboursable par amortissement constant sur 5 ans. Le taux d'intérêt est de 4 % l'an. Le 1er terme du remboursement interviendra le 28 février N+1 ;
- l'entreprise a livré le 28 décembre N des marchandises pour un montant de 7200 € HT. La facture sera éditée en janvier N+1 ;
- l'entreprise estime sa consommation d'électricité pour le mois de décembre N à 430 € HT ;
- l'entreprise doit accorder des ristournes sur ses ventes de marchandises à ses clients pour un montant évalué à 1440 € HT ;
- le loyer semestriel d'un local commercial que l'entreprise a mis en location pour la période du 1er novembre N au 30 avril N+1, a été réglé et comptabilisé le 1er novembre N pour un montant de 10800 € HT ;
- les ristournes que doit recevoir l'entreprise de ses fournisseurs de marchandises s'élèvent à 1500 € HT. Les factures correspondantes n'ont pas encore été reçues au 31 décembre N.

APPLICATION 2★ : DETTE PROVISIONNÉE POUR CONGÉS PAYÉS

20 Min

TRAVAIL À FAIRE

1. Calculer le montant de la dette provisionnée pour congés payés à comptabiliser au 31 décembre N.
2. Présenter les enregistrements comptables nécessaires au 31 décembre N pour cette dette provisionnée pour congés payés.

D'après un sujet d'examen

Conformément aux dispositions prévues par le Plan Comptable Général, la société MJM calcule et comptabilise à la clôture de chaque exercice comptable une dette provisionnée pour congés payés.

La SA MJM utilise la méthode du calcul approximatif à l'aide de la formule suivante :

Dette provisionnée = Masse salariale brute globale du mois de clôture × 7 × 1/10^{e}

Les charges sociales représentent 43 % des salaires bruts ; les charges fiscales représentent 2,45 % des salaires bruts. La masse salariale brute du mois de décembre N s'est élevée à 152200 €.

APPLICATION 3★ : TITRES ET RÉGULARISATIONS DIVERSES

25 Min

TRAVAIL À FAIRE

1. Compléter le tableau de l'annexe permettant le suivi des dépréciations sur les VMP.
2. Procéder à l'enregistrement des régularisations des dépréciations.
3. Passer les écritures relatives aux cessions des valeurs mobilières de placement.
4. Procéder à l'enregistrement des écritures de régularisation au journal de l'entreprise (taux de TVA de 20 %).

La société BOISVERT vous communique les informations suivantes.

A - Extrait du portefeuille de titres : VMP conservés

Nom	Date d'entrée	Nombre	Prix d'achat	Cours boursier moyen	
				31/12/N-1	31/12/N
AQUALIA	N-3	502	28	33	25
ATLANTICO	N-2	130	55	65	59
CARAIBOS	N-1	72	39	35	42
MAURICAI	N-1	108	72	69	62
POSIDONIA	N	32	95		91

B - Cessions des valeurs mobilières de placement

L'entreprise a reçu le 31/12 un avis de crédit de sa banque relatif à des cessions de VMP :

- 90 SICAV OCEANIA INVEST acquises en mars N, cotées 240 € l'une, afin d'effectuer le placement d'un excédent de trésorerie. Elle cède ses titres au 31/12 au prix unitaire de 270 € ;
- cession de 30 actions AGF pour 9300 €. Les frais bancaires sont de 1 % HT et la TVA est supposée à 20 %. Ces 30 actions figurent en VMP pour un prix d'achat de 9700 €.

C - Autres régularisations

1. l'entreprise a reçu le 26/12/N des marchandises commandées fin novembre. La facture du fournisseur SERAYA n'est pas encore parvenue, le bon de commande faisait état d'un montant global HT de la commande de 850 € (TVA 20 %) ;
2. facture d'achat de marchandises du fournisseur JAVA d'un montant de 1840 € HT reçue et comptabilisée le 23/12/N. À la suite d'un sinistre survenu chez notre fournisseur, les marchandises ne sont pas encore parvenues au 31/12 ;
3. l'entreprise a livré le 21/12/N des marchandises au client RUTENG pour un montant TTC de 1440 € (TVA 20 %). Suite à un changement de logiciel de facturation, la facture ne sera adressée au client que dans le courant janvier N+1 ;
4. le compte caisse présente un solde débiteur de 458 €. Or, l'existant réel en caisse au 31/12 est de 432 €.

Annexe Tableau de suivi des dépréciations sur les VMP

Nature des titres	Valeur d'entrée	Valeur d'inventaire au 31/12/N	Dépréciations nécessaires au 31/12/N	Dépréciations existantes au 31/12/N-1	Ajustement des dépréciations	
					Dotations	Reprises
AQUALIA						
ATLANTICO						
CARAIBOS						
MAURICAI						
POSIDONIA						
		TOTAL				

APPLICATION 4★ : AJUSTEMENT DES COMPTES DE GESTION

20 Min

TRAVAIL À FAIRE

Procéder à l'ajustement des comptes de gestion au 31/12/N (taux de TVA 20 %).

L'entreprise DELVAUX, dont l'exercice comptable coïncide avec l'année civile, vous communique les informations suivantes concernant des opérations à régulariser :

- la consommation d'électricité du mois de décembre N est estimée à 1 100 € HT ;
- un emprunt de 10000 $, remboursable par amortissement constant sur 5 ans, a été souscrit le 01/10/N au taux de 4 % l'an. Lors de la souscription, 1 € valait 1,35 $. À la clôture des comptes, le taux de change se fixe à 1 € = 1,30 $;
- les ristournes que l'entreprise doit accorder à ses clients pour le dernier trimestre N s'élèvent à 1 500 € HT. Les factures correspondantes ne seront établies qu'en janvier N+1 ;
- l'entreprise a reçu le 29/12/N des marchandises qu'elle avait commandées au début du mois, mais la facture correspondante ne lui est pas encore parvenue ; son montant devrait s'élever à 2200 € HT ;
- elle a également souscrit un contrat de maintenance relatif à un matériel informatique pour un montant de 1300 € HT. Ce contrat couvre la période du 01/10/N au 30/09/N+1 ;
- le 01/10/N, un prêt de 8000 € a été accordé à un salarié sur une durée de 2 ans, au taux de 5 % l'an. Il sera remboursé en totalité (intérêts + capital) le 01/10/N+2.

MINI-CAS DE SYNTHÈSE

SOCIÉTÉ RAPHAËL ★ 0h30

La société RAPHAËL détient des titres en portefeuille. Ces titres ont fait l'objet de plusieurs mouvements pendant l'exercice N.

Titres	Quantité	Date d'achat	Prix d'achat unitaire en €	Coupons en € encaissés en N
261. Titres de participation				
Actions SÉBASTIEN	1 200	08/10/N-8	178	14 (le 02/09/N) (dividende unitaire)
Actions LUDOVIC	2 600	04/06/N-5	212	-
273. TIAP				
Actions ARTHUR	800	05/03/N-3	88	-
Actions YANN	500	08/02/N	410	-
500. VMP				
Obligations MARJANA	50	11/04/N-1	164	-
Actions CAROLINE	35	22/05/N-1	331	-
Actions SUZANNE	60	02/01/N-1	65	-

Les cessions ont été les suivantes :

- les actions SÉBASTIEN au cours de 223 €, le 16/11/N ;
- les actions ARTHUR possédées au prix unitaire de 92 €, le 05/12/N ;
- 40 obligations MARJANA au cours unitaire de 147 €, le 26/06/N ;
- 20 actions SUZANNE au prix de 67 €, le 15/09/N. Une dépréciation de 180 € avait été constatée sur ces titres au 31/12/N-1, leur valeur d'inventaire au 31/12/N est de 63 €.

Par ailleurs, le 18/12/N, la société a renforcé sa participation dans la société LUDOVIC en portant à 5000 le nombre de titres en portefeuille. Le prix d'achat unitaire a été de 245 € et les frais d'acquisition de 3800 € HT (TVA à 20 %) comptabilisés en charges. Tous les règlements sont effectués par virement bancaire au comptant.

On peut noter également les opérations suivantes au 31/12 :

- une prime d'assurance de 1500 € concernant la période du 01/10/N au 30/09/N+1 a été enregistrée le 10/10/N ;
- un litige en cours au conseil de prud'hommes avec un des salariés de l'entreprise risque de se solder par le versement de dommages et intérêts pour un montant de 2800 € ;
- un prélèvement EDF de 1080 € TTC (dont 180 € de TVA) a été réalisé sur le compte de la société le 20/12/N, alors que la facture n'a toujours pas été reçue.

MISSIONS

1. ***Comptabiliser les opérations sur titres (acquisitions, revenus obtenus, cessions, régularisation des dépréciations) réalisées au cours de l'exercice.***

2. ***Comptabiliser les écritures d'inventaire nécessaires au 31/12/N.***

CONTEXTE PROFESSIONNEL PRESTI'JARDINS

Le cadre de l'entreprise PRESTI'JARDINS est présenté page 6.

Compétences attendues
Le candidat doit être capable, dans un contexte professionnel donné, de procéder aux évaluations préalables à la comptabilisation des opérations d'inventaire, afin de régulariser la situation comptable avant inventaire pour qu'elle puisse correspondre avec la « réalité » de l'entreprise.
Le candidat doit non seulement connaître les règles comptables du PCG relatives aux savoirs associés, mais également maîtriser les écritures comptables qui concernent l'ajustement des charges et des produits.

Le responsable comptable de la société PRESTI'JARDINS vous demande d'effectuer plusieurs travaux d'inventaire.

Annexe 1 Écritures de régularisation des comptes de gestion

1. La société a comptabilisé le 1er octobre N une facture d'abonnement à une revue professionnelle sur la période du 1er octobre N au 30 septembre N+1. Le montant de la facture est de 240 € HT (TVA 20 %).
2. La facture de l'expert-comptable pour le 4e trimestre N est datée et enregistrée en comptabilité le 15 janvier N+1. Le montant HT est de 1 500 €, avec une TVA à 20 %, mais ce montant était connu avant la fin de l'exercice N.
3. L'entreprise a contracté en N-2 un emprunt sur 5 ans pour 12 000 €, au taux de 5 %. L'emprunt est remboursable in fine. L'intérêt est à régler chaque année à terme échu, le 30 janvier.
4. La société a adressé au client ABS une facture pour 200 arbustes (5 000 € HT, TVA 20 %) le 15 décembre N. Mais au 31 décembre N, les arbustes n'ont toujours pas été livrés.

Annexe 2 Cession de titres

La société détient les titres suivants :

Titres	Remarques	Prix d'achat	Quantité	Prix cession
EUREST	Titres destinés à rester durablement en portefeuille en vue d'exercer une influence sur la société émettrice	100	250	120
SODEXHO	Titres achetés en vue d'être revendus rapidement	50	300	65

Les titres EUREST font l'objet d'une dépréciation en N-2 pour 1 500 €. Les titres EUREST et SODEXHO ont été cédés pendant l'exercice N, mais seules les ventes ont été enregistrées en compte d'attente 47100.

Annexe 3 Cession d'un bien amortissable

Le 5 février N-2, la société avait acquis une machine neuve entrée dans le patrimoine pour 12 000 € HT. Cette machine, mise en service le 1er mars N-2, sera utilisée pendant cinq années, les avantages économiques escomptés seront acquis de manière régulière dans le temps.

La machine est vendue à crédit le 13 septembre N pour 7 000 € HT (TVA à 20 %). Le règlement est prévu pour le 13 février N+1. Le comptable n'a passé aucune écriture.

Tous les nombres seront arrondis à l'euro le plus proche.

Pour le calcul de l'amortissement économique, tous les mois comptent 30 jours et l'année 360 jours.

MISSIONS

1. À partir de l'annexe 1, enregistrer les écritures de régularisation des comptes de gestion au 31 décembre N. Citer et expliquer le principe comptable justifiant ces écritures comptables d'inventaire.

2. À partir de l'annexe 2, passer les écritures de cessions de titres.

3. À partir de l'annexe 3 concernant la cession d'un bien amortissable, passer les écritures nécessaires.

CHAPITRE 20 : LA DÉTERMINATION DU RÉSULTAT, CLÔTURE, RÉOUVERTURE DES COMPTES ET AFFECTATION DU RÉSULTAT

COMPÉTENCES ATTENDUES

- **Expliquer** les mécanismes conduisant à solder les comptes de gestion et permettant la détermination du résultat.
- **Calculer et qualifier** le résultat de l'exercice.
- **Comptabiliser** les opérations de clôture des comptes de gestion.
- **Expliquer** les mécanismes de clôture et de réouverture des comptes de bilan.
- **Comptabiliser** les opérations de clôture et de réouverture des comptes de bilan.

FICHE RESSOURCES

1 - Clôture et réouverture des comptes

L'indépendance des exercices suppose qu'à l'issue de la période de **12 mois**, l'entreprise procède à un **inventaire** dans le but d'obtenir une image fidèle du patrimoine, de la situation financière (bilan) et du résultat (compte de résultat).

Le **résultat** de l'exercice provient du solde des comptes des classes 6 et 7.

L'inventaire permet une correcte appréciation des éléments de l'actif et du passif.

Le **bilan de clôture** avant répartition du résultat contient l'historique du patrimoine présenté à une date donnée (ex. : 31/12/N). Il correspond au **bilan de réouverture** (ex. : 01/01/N+1) ➔ principe d'intangibilité du bilan d'ouverture.

Le **résultat** tel qu'il apparaît au bilan doit être **affecté**. Cette opération obéit à des règles différentes selon qu'il s'agisse d'une entreprise individuelle ou d'une société.

I. Clôture des comptes de gestion

À partir d'une balance après inventaire, les comptes de gestion sont soldés pour faire apparaître le résultat net de l'exercice comptable.

1. Les écritures de regroupement

Ces écritures consistent à solder les comptes de gestion soustractifs (ceux avec un 9 en 3e position) dans les comptes d'achats et de ventes correspondants.

Ces écritures permettent d'obtenir les ventes et les achats nets de l'exercice.

Exemple

L'entreprise PRESTA accorde des réductions commerciales sur des factures d'avoir à ces clients. L'extrait de la balance après inventaire au 31/12/N présente les informations suivantes.

N° de compte	Intitulé du compte	Cumul débit	Cumul crédit	Solde débit	Solde crédit
706	Prestations de services		36 292,82		36 292,82
7096	RRR accordés sur prestations de services	500,00		500,00	

L'écriture de regroupement suivante est comptabilisée.

		31-déc		
706		Prestations de services	500,00	
	7096	RRR/prestations de services		500,00
		Regroupement du compte prestations de services		

2. Le solde des comptes de charges et de produits

Les comptes de gestion doivent être soldés pour faire apparaître le résultat de l'exercice.

Un bénéfice est enregistré au crédit du compte 120 « Résultat ».

Une perte est enregistrée au débit du compte 129 « Perte ».

L'écriture comptable de clôture des comptes de gestion a **deux conséquences** :

- **le résultat net** de l'exercice est déterminé : il apparaît dans un **bilan avant répartition des résultats** dans la catégorie des **capitaux propres** ;
- **les comptes de charges et de produits sont soldés :** l'exercice N+1 démarre avec des comptes de gestion à 0.

Exemple

L'entreprise PRESTA clôt son exercice le 31 décembre de chaque année. La balance après inventaire se présente comme suit.

N° de compte	Intitulé du compte	Cumul débit	Cumul crédit	Solde débit	Solde crédit
101	Capital		7 700,00		7 700,00
119	Report à nouveau	16 703,32	15 710,75	992,57	
218	Autres immobilisations corporelles	2 071,17		2 071,17	
275	Dépôts et cautionnements versés	620,42		620,42	
2818	Amortissements des autres immobilisations corporelles		1 853,47		1 853,47
401	Fournisseurs	10 019,16	11 936,67		1 917,51
408	Fournisseurs factures non parvenues	904,18	3 019,94		2 115,76
411	Clients	50 388,07	44 469,73	5 918,34	
416	Clients douteux ou litigieux	500,00		500,00	
431	Sécurité sociale	959,00	1 919,00		960,00
44567	Crédit de TVA à reporter	1 172,00	178,00	994,00	
44586	TVA en attente de récupération	453,94	148,18	305,76	

N° de compte	Intitulé du compte	Cumul débit	Cumul crédit	Solde débit	Solde crédit
44587	TVA en attente de collecte	1 212,11	2 263,94		1 051,83
447	Autres impôts	31,50	64,00		32,50
455	Associé compte courant	26 014,19	26 070,35		56,16
486	Charges constatées d'avance	1 735,87	848,40	887,47	
491	Dépréciations des comptes clients		418,06		418,06
514	Chèques postaux	639 445,37	636 888,44	2 556,93	
604	Achats prestations de services	15 860,94		15860,94	
6063	Fournitures d'entretien et de petit équipement	4673,51		4673,51	
611	Sous-traitance générale	47,47		47,47	
613	Locations	773,84		773,84	
616	Primes d'assurance	1 195,74		1 195,74	
6226	Honoraires	1826,08		1826,08	
625	Déplacements, missions et réceptions	483,18		483,18	
626	Frais postaux et de télécommunications	1618,75		1618,75	
627	Services bancaires	44,00		44,00	
628	Cotisations	268,49		268,49	
63	Impôts et taxes	1474,00		1474,00	
644	Rémunération du travail de l'exploitant	4500,00		4500,00	
646	Cotisations sociales personnelles	3671,25		3671,25	
658	Charges diverses de gestion courante	0,19		0,19	
681	Dotations aux amortissements	707,38		707,38	
706	Prestations de services		35792,82		35792,82
758	Produits divers de gestion courante		0,47		0,47
763	Revenus des autres créances		79,30		79,30
778	Autres produits exceptionnels		13,60		13,60
	Total	789375,12	789375,12	51991,48	51991,48

→

Exemple (*suite*)

		Débit	Crédit
	31/12/N		
129	Résultat de l'exercice	37 144,82	
604	Achats prestations de services		15 860,94
6063	Fournitures d'entretien et de petit équipement		4 673,51
611	Sous-traitance générale		47,47
613	Locations		773,84
616	Primes d'assurance		1 195,74
6226	Honoraires		1 826,08
625	Déplacements, missions et réceptions		483,18
626	Frais postaux et de télécommunications		1 618,75
627	Services bancaires		44,00
628	Cotisations		268,49
63	Impôts et taxes		1 474,00
644	Rémunération du travail de l'exploitant		4 500,00
646	Cotisations sociales personnelles		3 671,25
658	Charges diverses de gestion courante		0,19
681	Dotations aux amortissements		707,38
	Pour solde des comptes de charges		
	31/12/N		
706	Prestations de services	35 792,82	
758	Produits divers de gestion courante	0,47	
763	Revenus des autres créances	79,30	
778	Autres produits exceptionnels	13,60	
129	Résultat de l'exercice		35 886,19
	Pour solde des comptes de produits		

L'issue du solde des comptes de charges et de produits, le résultat porté au compte 129, est bien une perte : 37 144,82 – 35 886,19 = 1 258,63 €.

II. Clôture et réouverture des comptes de bilan

Les comptes de bilan sont soldés **provisoirement** à la clôture. Le résultat est incorporé dans les comptes et l'écriture est nécessairement équilibrée.

À l'ouverture de l'exercice suivant, il convient de contrepasser l'écriture précédente : tous les comptes de bilan (comptes 1 à 5) sont donc repris le 01/01/N+1 dans un journal « À nouveau ».

		Débit	Crédit
	31/12/N		
101	Capital	7 700,00	
2818	Amortissements des autres immobilisations corporelles	1 853,47	
401	Fournisseurs	1 917,51	
408	Fournisseurs factures non parvenues	2 115,76	
431	Sécurité sociale	960,00	
44587	TVA en attente de collecte	1 051,83	
447	Autres impôts	32,50	
455	Associé compte courant	56,16	
491	Dépréciations des comptes clients	418,06	
119	Report à nouveau (débiteur)		992,57
129	Résultat de l'exercice (perte)		1 258,63
218	Autres immobilisations corporelles		2 071,17
275	Dépôts et cautionnements versés		620,42
411	Clients		5 918,34
416	Clients douteux ou litigieux		500,00
44567	Crédit de TVA à reporter		994,00
44586	TVA en attente de récupération		305,76
486	Charges constatées d'avance		887,47
514	Chèques postaux		2 556,93
	Pour solde des comptes de bilan		

		01/01/N+1		
119	Report à nouveau (débiteur)		992,57	
129	Résultat de l'exercice (perte)		1 258,63	
218	Autres immobilisations corporelles		2 071,17	
275	Dépôts et cautionnements versés		620,42	
411	Clients		5 918,34	
416	Clients douteux ou litigieux		500,00	
44567	Crédit de TVA à reporter		994,00	
44586	TVA en attente de récupération		305,76	
486	Charges constatées d'avance		887,47	
514	Chèques postaux		2 556,93	
101		Capital		7 700,00
2818		Amortissements des autres immobilisations corporelles		1 853,47
401		Fournisseurs		1 917,51
408		Fournisseurs factures non parvenues		2 115,76
431		Sécurité sociale		960,00
44 587		TVA en attente de collecte		1 051,83
447		Autres impôts		32,50
455		Associé compte courant		56,16
491		Dépréciations des comptes clients		418,06
		Pour réouverture des comptes de bilan		

NB : au 01/01/N+1, tous les comptes de gestion sont donc à 0.

2 - Affectation du résultat

I. Dans l'entreprise individuelle

Le compte 101 « Capital individuel » enregistre les apports initiaux de l'exploitant.

Dans le cours de l'existence de l'entreprise, les apports ou retraits successifs sont inscrits dans le compte 108 « Compte de l'exploitant ».

En fin d'exercice, le solde du compte 108 est viré au compte 101.

Le résultat, une fois déterminé au compte 120 ou 129, est viré au compte 101 lors de la réouverture de l'exercice suivant.

Exemple

L'entreprise PLOMB enregistre au 30 juin N un bénéfice de 45 000 €.

		01/07/N		
120	Résultat de l'exercice (bénéfice)		45 000,00	
101		Capital		45 000,00
	Pour affectation du bénéfice			

II. Dans une société

L'assemblée générale des associés doit se réunir dans les six mois qui suivent la clôture de l'exercice pour statuer sur le résultat de l'exercice précédent. Ce résultat doit être doté à des comptes de réserves en fonction de dispositions légales et peut faire l'objet d'une distribution sous forme de dividendes. L'ensemble de ces dispositions est étudié en Comptabilité approfondie.

➢ **Affectation d'un bénéfice** (compte 120)

Elle consiste à répartir le bénéfice en deux parties :

➔ partie mise en réserves (comptes 106) ;

- réserve légale : imposée par la loi,
- réserve statutaire : fixée par les statuts,
- réserve facultative : décidée par l'AGO chaque année ;

➔ partie distribuée : les dividendes (compte 457).

➢ **Affectation d'une perte** (compte 129)

En règle générale, la perte (compte 129) est transférée dans le compte « Report à nouveau débiteur » (compte 119).

APPLICATIONS

CONTRÔLE DE CONNAISSANCES

Répondre par « oui » ou par « non » aux affirmations ci-dessous en donnant les explications nécessaires.

1. Les comptes de gestion correspondent aux comptes 6 et 7.
2. Les comptes de charges et de produits ne concernent qu'un seul exercice comptable.
3. Les comptes de gestion sont soldés définitivement à la clôture.
4. Les comptes de bilan sont soldés définitivement à la clôture.
5. Une perte est dégagée lorsque le total des produits est supérieur au total des charges.
6. Il existe des différences entre le bilan d'ouverture et celui de clôture.
7. L'assemblée générale des actionnaires doit se réunir dans les 9 mois qui suivent la clôture pour statuer sur les comptes.
8. L'affectation d'un bénéfice consiste à répartir le bénéfice dans différents comptes de réserves.
9. Les dividendes sont inscrits au bilan dans les capitaux propres.
10. Le compte 108 « Compte de l'exploitant » est utilisé dans les entreprises individuelles.

MINI-CAS DE SYNTHÈSE

Compétences attendues
Au regard du principe d'indépendance des exercices, le candidat doit être capable, à partir d'un contexte professionnel, d'expliquer le nécessité de solder les comptes de produits et de charges ouverts durant l'exercice et à la date d'inventaire, ainsi que d'exposer les modalités de détermination du résultat selon le système classique et dans les comptabilités informatisées.
La connaissance des règles comptables et des savoirs associés au thème doit lui permettre de procéder au calcul, à la qualification du résultat et aux enregistrements comptables conduisant aux écritures de regroupement (ou de reclassement).
Au regard des principes d'intangibilité d'ouverture et de continuité de l'activité, le candidat doit pouvoir, à partir d'un contexte professionnel, expliquer la nécessité de la transition entre les exercices.
La connaissance des règles comptables et des savoirs associés au thème doit lui permettre de procéder aux enregistrements comptables conduisant non seulement à la clôture des comptes de bilan et du journal, ainsi qu'à leur réouverture, mais également à la contrepassation des écritures de régularisation.

L'ENTREPRISE GARRI ★ 0h60

L'entreprise individuelle GARRI exerce une activité de plomberie. Cette entreprise existe depuis des années. Son activité se déploie essentiellement auprès de particuliers. La TVA facturée est de 5,5 %. Quand les entreprises sont concernées, la TVA est de 20 %.

Au 30/06/N, la balance des comptes après travaux d'inventaire se présente comme suit.

Annexe Balance des comptes après inventaire au 30/06/N

N° de compte	Intitulé du compte	Cumul débit	Cumul crédit	Solde débit	Solde crédit
108	Compte de l'exploitant	207 714,76	210 498,86		2 784,10
2182	Matériel de transport	14 910,81		14 910,81	
2183	Matériel de bureau et informatique	935,62		935,62	
275	Dépôts et cautionnements versés	3 467,61		3 467,61	
28182	Amortissements matériel de transport		5 291,26		5 291,26
28183	Amortissements matériel de bureau		935,62		935,62
310	Stocks de matières premières	727,00	312,00	415,00	
401	Fournisseurs	199 669,80	203 804,35		4 134,55
4081	Fournisseurs factures non parvenues	2 856,20	4 146,68		1 290,48
411	Clients	268 888,76	261 682,08	7 206,68	
416	Clients douteux ou litigieux	3 981,69		3 981,69	
431	Sécurité sociale		3 117,00		3 117,00
44583	Remboursement TVA demandé	12 184,00		12 184,00	
44586	TVA en attente de récupération	477,28	264,78	212,50	
44587	TVA en attente de collecte	1 463,61	1 942,64		479,03
4486	État - Charges à payer		162,82		162,82
486	Charges constatées d'avance	12 735,15	9 241,93	3 493,22	
491	Dépréciations des comptes clients		3 420,24		3 420,24
512	Banque	4 152 580,79	4 122 877,05	29 703,74	
5181	Banque Commission à payer	54,42	74,44		20,02
6031	Variations des stocks de matières premières	312,00	415,00		103,00
604	Achats prestations de services	92 952,33		92 952,33	
605	Achats de matériel, équipements	38 507,84		38 507,84	
60612	EDF	426,03		426,03	
60615	Carburant	1 233,08		1 233,08	
6063	Fournitures d'entretien et de petit équipement	1 307,48		1 307,48	
6064	Fournitures administratives	436,00		436,00	
6132	Loyers	5 667,57		5 667,57	
61351	Location de matériel	615,01		615,01	
616	Primes d'assurance	3 528,12		3 528,12	
6183	Documentation technique	370,49		370,49	
6226	Honoraires	1 623,75		1 623,75	

→

→ Annexe *(suite)* Balance des comptes après inventaire au 30/06/N

N° de compte	Intitulé du compte	Cumul débit	Cumul crédit	Solde débit	Solde crédit
6257	Réceptions	494,42		494,42	
626	Téléphone	1 112,32		1 112,32	
6261	Frais postaux	45,16		45,16	
627	Services bancaires	223,00		223,00	
628	Cotisations	346,65		346,65	
6338	CSG déductible	4 820,00		4 820,00	
63511	Taxe professionnelle	350,68		350,68	
646	Cotisations sociales personnelles	25 346,68		25 346,68	
658	Charges diverses de gestion courante	0,68		0,68	
68112	Dotations aux amortissements	4 185,76		4 185,76	
706055	Prestations de services 5,5 %	72,00	217 748,92		217 676,92
706196	Prestations de services 20 %		20 055,25		20 055,25
758	Produits divers de gestion courante		133,63		133,63
778	Autres produits exceptionnels		500,00		500,00
	Total	5 066 624,55	5 066 624,55	260 103,92	260 103,92

MISSIONS

1. Expliquer succinctement en quoi consistent la clôture et la réouverture des comptes.

2. Constater le résultat au 30/06/N à l'aide d'écritures.

3. Enregistrer l'écriture de réouverture des comptes de l'exercice N/N+1.

PARTIE 5 : COMPTABILITÉ ET ENVIRONNEMENT NUMÉRIQUE

CHAPITRE 21 : L'ORGANISATION PRATIQUE DE LA COMPTABILITÉ

COMPÉTENCES ATTENDUES

- **Passer** de la balance aux documents de synthèse.
- **Identifier et analyser** les impacts actuels de la dématérialisation et de la numérisation sur l'organisation comptable et l'évolution des pratiques comptables.

FICHE RESSOURCES

Le droit comptable impose à l'entité comptable de mettre en place une organisation qui permette :

- la saisie, l'enregistrement et la conservation des données sur des registres comptables ;
- le contrôle de l'exactitude des données et des procédures de traitement ;
- la production des documents de synthèse : bilan, compte de résultat, annexe.

La généralisation de l'informatique comme outil de tenue de la comptabilité a conduit les normalisateurs à assouplir les conditions de forme.

1 - Les systèmes traditionnels d'organisation comptable

I. Les pièces comptables

Les pièces comptables sont constituées à la fois des documents comptables et des pièces justificatives.

Les pièces justificatives sont les documents (factures d'achats, double des factures de ventes, souches de chèques, pièces de caisse, double des bulletins de paie…) qui sont à l'origine d'un enregistrement comptable. Les pièces justificatives doivent être contrôlées (vérification des erreurs éventuelles), classées par nature et référencées dans un ordre logique. Les documents comptables (livre-journal, grand-livre et livre d'inventaire) et les pièces justificatives doivent être conservés pendant dix ans. Les documents comptables relatifs à l'enregistrement des opérations et à l'inventaire sont établis et tenus sans blanc ni altération d'aucune sorte.

II. Le système classique

Les enregistrements sont réalisés chronologiquement sur le livre-journal, au fur et à mesure des opérations, à partir de pièces justificatives. Les écritures du journal sont reportées sur le grand-livre. On établit ensuite la balance qui synthétise le grand-livre, en récapitulant tous les comptes de l'entité comptable. La balance est aussi un instrument de contrôle qui permet de s'assurer de la cohérence du système comptable (voir schéma en page suivante).

III. les améliorations du système classique

1. Le système centralisateur

Le livre-journal est divisé en journaux spécialisés, appelés « journaux auxiliaires » ou « journaux divisionnaires », ainsi que le montre le schéma ci-après. Le PCG permet de détailler le livre-journal et le grand-livre en autant de journaux et de livres auxiliaires que l'importance et les besoins de l'entité comptable l'exigent. Dans cette organisation, les pièces justificatives sont ventilées en fonction de la nature des journaux auxiliaires retenus afin de procéder à leur enregistrement comptable. Les écritures portées sur les journaux et les livres auxiliaires sont centralisées au journal général et au grand-livre le plus souvent mensuellement. La division du journal permet la division du travail comptable. On peut concevoir une structure dans laquelle chaque employé de comptabilité travaille spécifiquement sur un journal ; le responsable du service comptable est alors chargé de coordonner et de contrôler l'ensemble. La division du journal présente cependant le risque d'un double enregistrement d'une même opération. En effet, une même opération peut concerner plusieurs journaux auxiliaires. Dans ce cas, l'organisation comptable doit prévoir l'utilisation de comptes de virements internes pour éviter ce risque d'erreur (voir schéma en page suivante).

1.1. Schéma général de l'organisation comptable en système classique

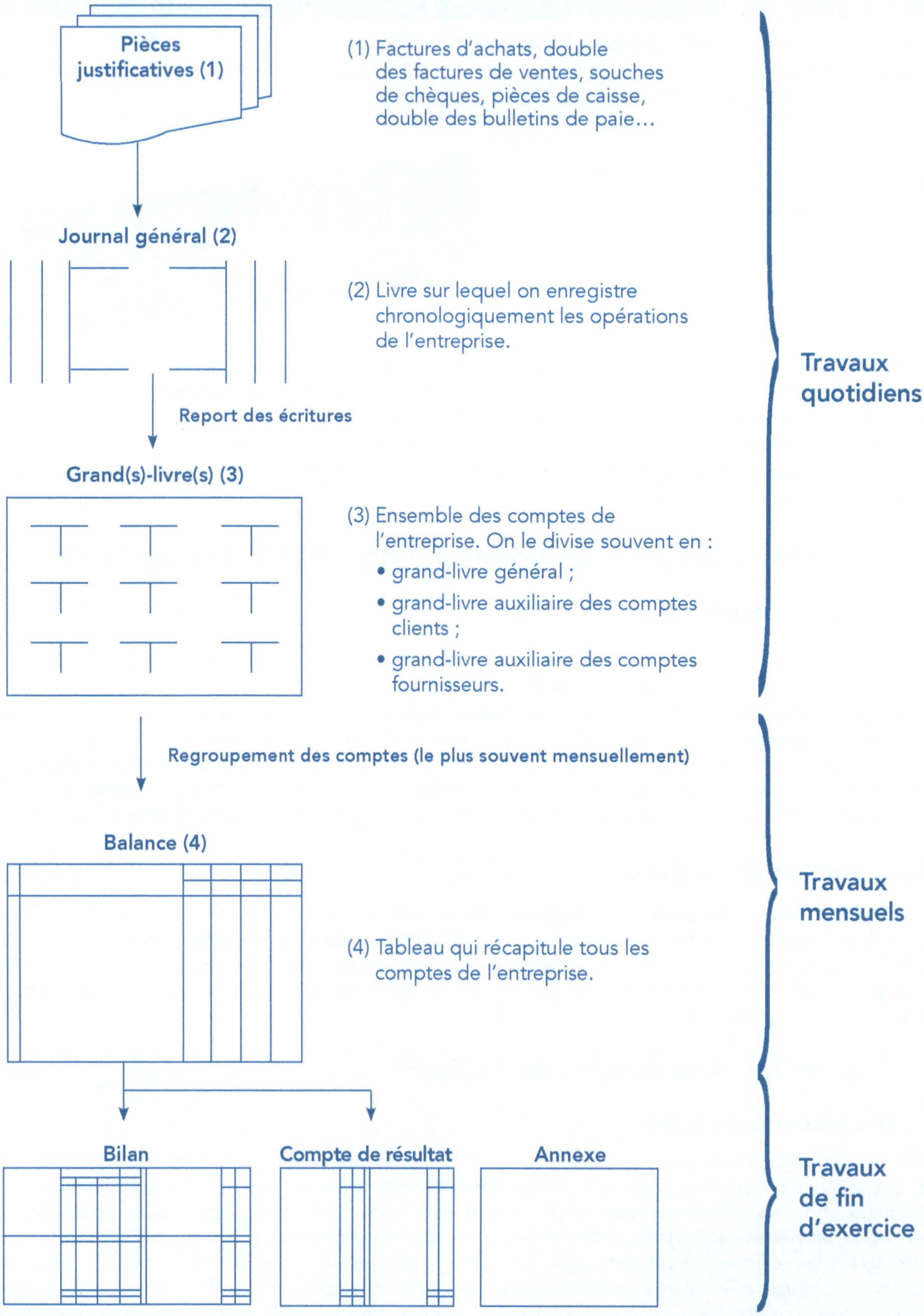

1.2. Schéma général de l'organisation comptable en système centralisateur

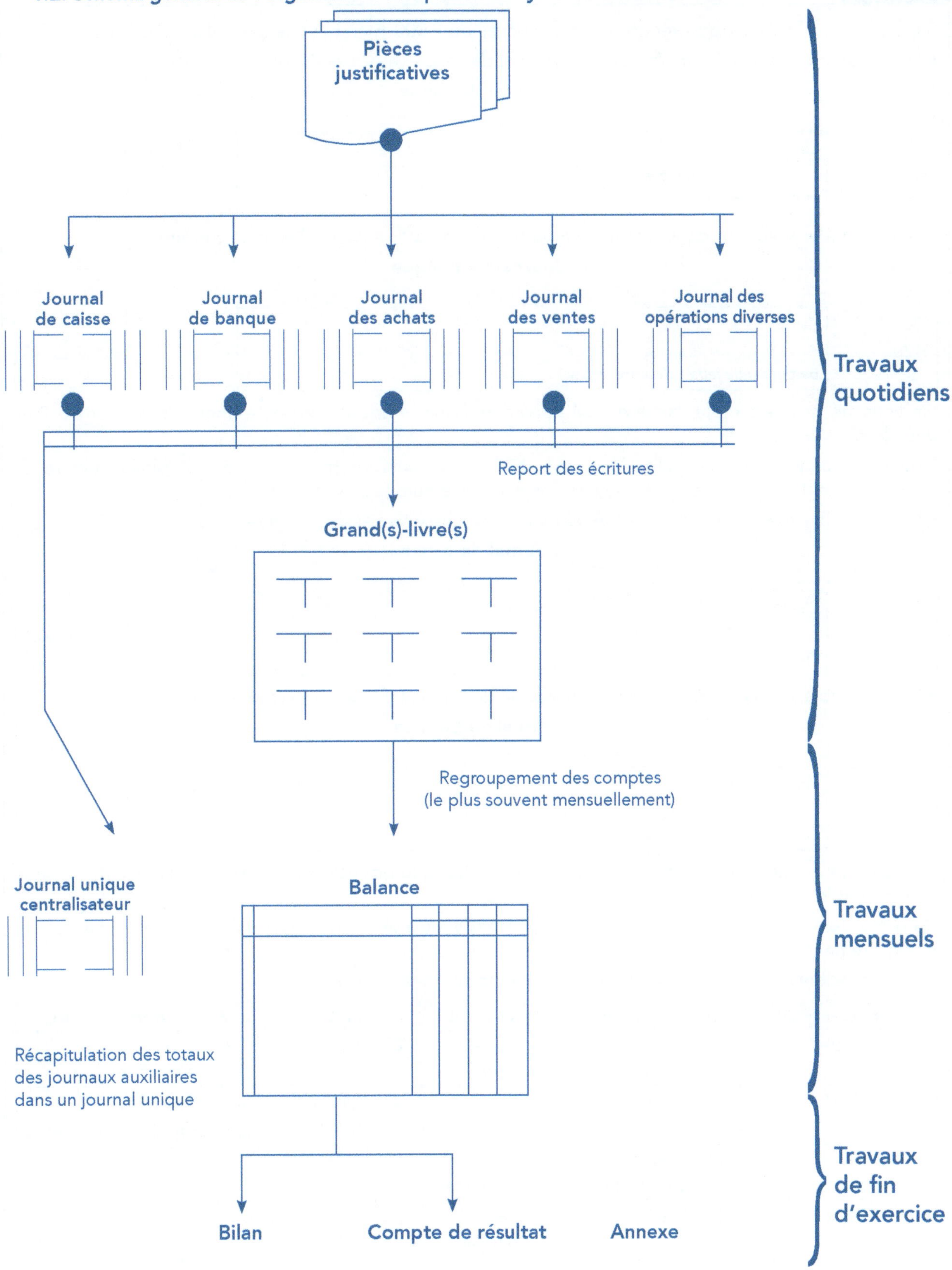

Exemple

Supposons qu'il faille enregistrer un retrait d'espèces de 2 000 € en banque pour alimenter la caisse.

• Le comptable spécialisé dans la tenue du journal de caisse va passer l'écriture suivante :

Journal de caisse

530	Caisse	2 000,00	
512	Banque		2 000,00
	Pièce de caisse n° ...		

• Le comptable spécialisé dans la tenue du journal de banque va passer l'écriture suivante :

Journal de banque

530	Caisse	2 000,00	
512	Banque		2 000,00
	Bordereau de retrait d'espèces n° ...		

On constate que le compte caisse et que le compte banque ont été respectivement débités et crédités deux fois.

Pour éviter cette erreur, on utilise le compte 580 « Virements internes ». Chaque employé utilisera ce compte en contrepartie du compte de trésorerie dont il assure le suivi comptable.

• Le comptable spécialisé dans la tenue du journal de caisse va passer l'écriture suivante :

Journal de caisse

530	Caisse	2 000,00	
580	Virements internes		2 000,00
	Pièce de caisse n° ...		

• Le comptable spécialisé dans la tenue du journal de banque va passer l'écriture suivante :

Journal de banque

580	Virements internes	2 000,00	
512	Banque		2 000,00
	Bordereau de retrait d'espèces n° ...		

On constate que le compte caisse et que le compte banque ont été respectivement débités et crédités une seule fois.

Dans tous les cas, le compte 580 « Virements internes » n'est utilisé que quand il y a un risque de double enregistrement.

➢ Il est possible de prévoir les comptes de virements internes suivants :

Journaux auxiliaires	Caisse dépenses	Banque crédit	Ventes	Effets à recevoir sorties
Caisse recettes		581 - Virements de fonds	583 - Ventes au comptant	584 - Effets en recettes
Banque débit	581 - Virements de fonds		583 - Ventes au comptant	585 - Effets négociés 586 - Effets à l'encaissement
Achats	582 - Achats au comptant	582 - Achats au comptant		
Effets à payer Entrées	587 - Effets payés	588 - Effets domiciliés		

2. La prétotalisation et la précomptabilisation des pièces justificatives

Ces travaux préalables sont souvent effectués dans une organisation comptable en milieu informatisé.

➢ **La prétotalisation** consiste à totaliser les sommes significatives relatives à des documents de même nature et faisant l'objet d'un même type d'enregistrement comptable. Il devient alors possible, par exemple, de passer une seule écriture pour enregistrer toutes les factures de ventes d'une journée.

➢ **La précomptabilisation** consiste à analyser chaque document ou un ensemble de documents prétotalisés pour indiquer les comptes à débiter et les comptes à créditer. La précomptabilisation peut se faire :
- sur un ticket comptable agrafé à la pièce justificative ;
- sur une empreinte de ticket comptable reproduit sur la pièce justificative (par exemple à l'aide d'un tampon encreur) ;
- sur un bordereau de saisie informatique.

2 - Le traitement des données comptables dans un milieu informatisé

L'utilisation de l'informatique et des progiciels de comptabilité a rendu caduque la tenue manuelle de la comptabilité, mais elle ne remet pas en cause le schéma de l'organisation comptable en offrant une possibilité supplémentaire de contrôle d'exactitude et de cohérence des données saisies. Un logiciel comptable est utilisé pour l'enregistrement des écritures, la tenue des comptes et les éditions suivantes :
- les journaux ;
- les grands-livres (général et auxiliaires : clients, fournisseurs...) ;
- les balances générales et auxiliaires ;
- le bilan et le compte de résultat.

En fonction de la mise à jour quotidienne ou périodique des comptes généraux du grand-livre général, l'utilisation du logiciel s'apparente au système classique ou au système centralisateur.

Les logiciels de comptabilité sont le plus souvent « multisociétés » : ils permettent la tenue simultanée de plusieurs dossiers ou entités comptables. Lors de la création d'un dossier, il faut procéder à des travaux de **paramétrage** (identification de l'entreprise, définition de l'exercice comptable, création d'un plan de comptes ou aménagement du plan de comptes proposé par défaut par le progiciel, choix d'un journal unique ou d'un journal auxiliaire). **La saisie des opérations** se fait dans un registre électronique appelé « **brouillard** ». Les écritures passées sont alors dites « provisoires », car elles peuvent être modifiées à tout moment. Le comptable édite quotidiennement le brouillard et contrôle les écritures passées ; il peut éventuellement corriger les erreurs d'imputation (mauvais numéros de compte, mauvais montants).

Une fois contrôlées, les écritures provisoires doivent devenir définitives. Le comptable doit alors **valider** les écritures. La validation a pour effet de supprimer les écritures du brouillard et de les reporter à titre définitif dans le grand-livre. Une écriture validée ne peut être corrigée que par contrepassation dans le nouveau brouillard et par une nouvelle validation. Une procédure de clôture destinée à figer la chronologie et à garantir l'intangibilité des enregistrements est mise en œuvre au plus tard avant l'expiration de la période suivante.

La mise à jour du plan de comptes, la consultation et l'édition sélective du journal, des comptes et des documents de synthèse deviennent extrêmement souples.

La description des systèmes de traitement et de l'organisation comptable, essentielle dans le cas de traitements informatisés, **doit apparaître obligatoirement dans un document.** Ce document doit notamment préciser le plan de comptes adopté, les supports papier et informatiques (*listings*) utilisés, les matériels mis en œuvre, et il doit définir les procédures de traitement comptables accompagnées des contrôles mis en place (voir chapitres 23 et 24).

FICHE RESSOURCES

1. Schéma des travaux comptables en milieu informatisé

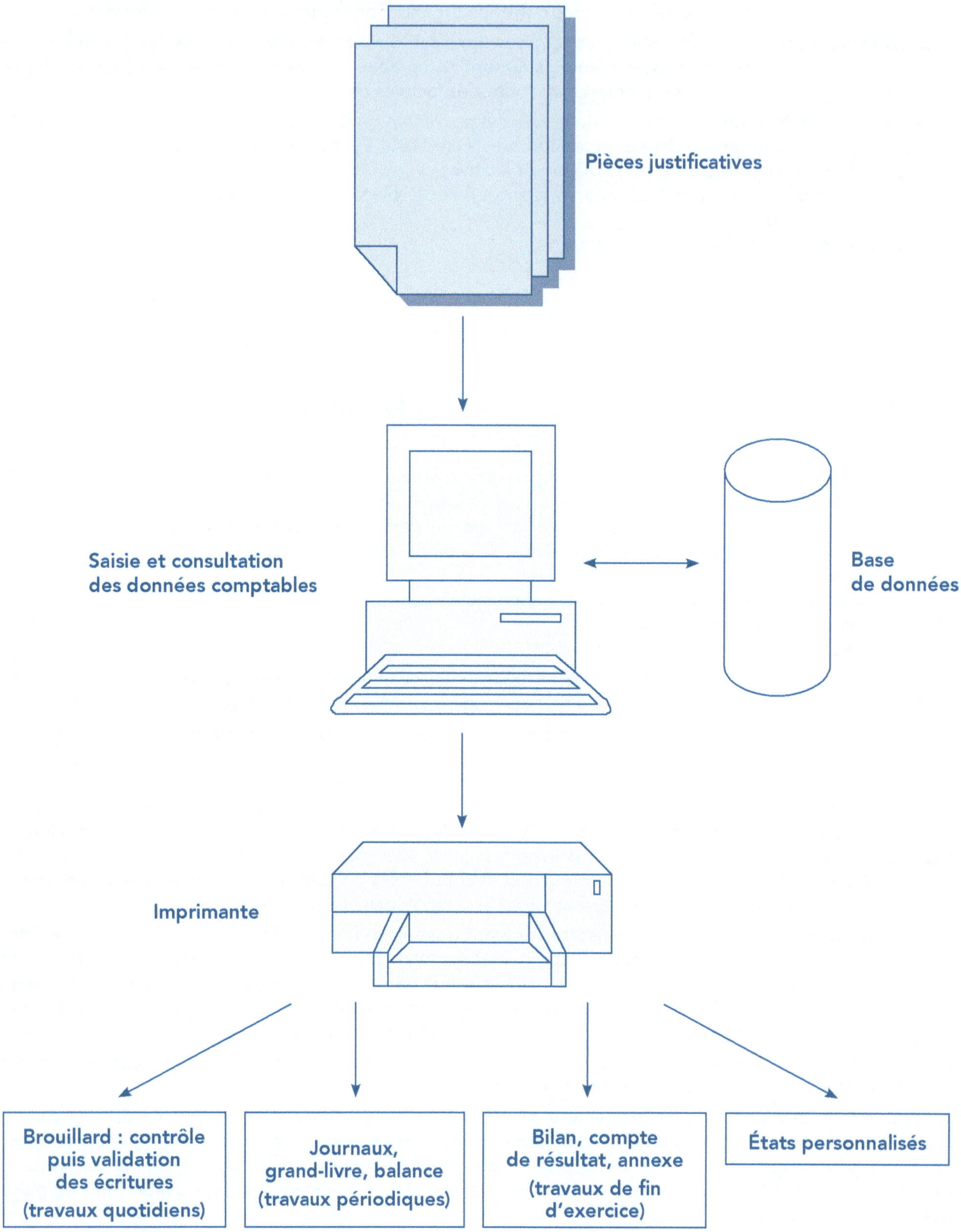

2. Schéma de validation des écritures et des travaux comptables en milieu informatisé

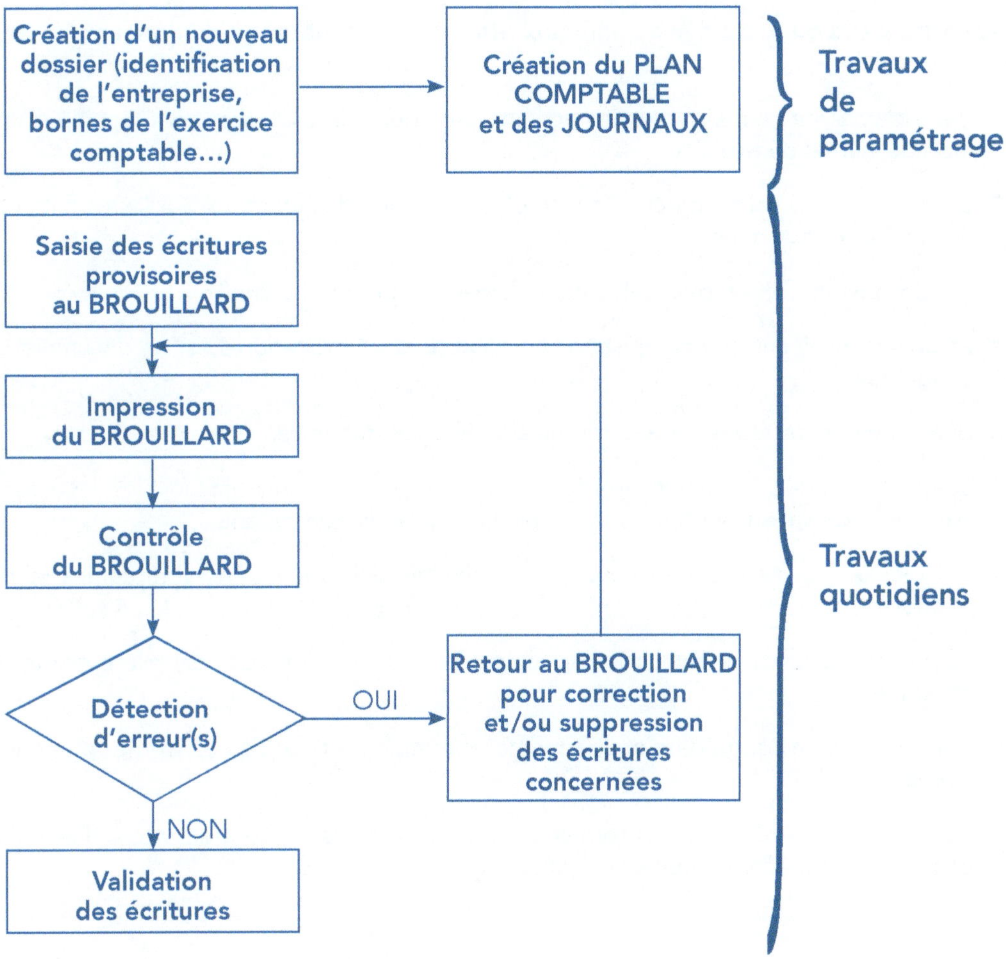

APPLICATIONS

CONTRÔLE DE CONNAISSANCES

Répondre par « oui » ou par « non » aux affirmations ci-dessous en donnant les explications nécessaires.

1. Dans le système centralisateur, les écritures des journaux auxiliaires sont recopiées une fois par mois au journal général.
2. Dans le système centralisateur, l'ensemble des totaux des journaux auxiliaires fait l'objet d'une écriture au journal général.
3. Les documents comptables doivent être conservés pendant 6 ans.
4. Le document décrivant l'organisation comptable et les procédures est un document comptable obligatoire.
5. Une écriture enregistrée dans un brouillard n'est pas définitive.
6. Une procédure de clôture destinée à figer la chronologie et à garantir l'intangibilité des enregistrements est mise en œuvre au plus tard avant l'expiration de la période suivante.
7. Les pièces comptables sont constituées à la fois des documents comptables et des pièces justificatives.
8. La précomptabilisation sur un ticket comptable peut se pratiquer dans le système comptable classique.
9. Dans le système centralisateur, une même opération ne peut pas concerner plusieurs journaux auxiliaires.
10. Le compte 58 « Virements internes » permet, en système centralisateur, d'éviter la double comptabilisation d'une même opération.

APPLICATION 1* : ENREGISTREMENT D'OPÉRATIONS COURANTES SUR BORDEREAU DE SAISIE

30 Min

TRAVAIL À FAIRE

À l'aide des annexes :

1. Extrait du plan comptable de l'entreprise BONNET et des codes libellés
2. Factures reçues et envoyées
3. Souches de chèques
4. Pièces de caisse
5. Pièces diverses

1. Comptabiliser sur le bordereau de saisie informatique (annexe A) les diverses pièces justificatives, après les avoir complétées le cas échéant.
2. En prenant l'exemple des ventes au comptant du magasin, et sachant que l'organisation comptable prévoit obligatoirement une écriture par pièce justificative, expliquer pourquoi l'utilisation d'un compte de virement interne n'est pas nécessaire.

M. Jean-Luc Bonnet est menuisier-ébéniste à Fécamp, en Seine-Maritime. En l'absence de son employé affecté à la comptabilité, il vous est demandé de participer à la tenue des documents comptables de l'entreprise. Le travail demandé devra respecter l'ordre chronologique des documents. Les codes comptables utilisés sont à six chiffres et l'organisation comptable prévoit obligatoirement une écriture par pièce justificative.

Annexe 1 Extrait du plan comptable de l'entreprise BONNET et des codes libellés

215500	Outillage industriel
404007	Fournisseur d'immobilisations MENUISI
401125	Fournisseur LEFORT
401210	Fournisseur MENUISI
401295	Fournisseur AFRICABOIS
401302	Fournisseur LECOMPTE
401303	Agence RIBOT
401999	Fournisseurs divers
411200	Client COULEURS 3 000
411999	Clients divers
512200	Banque CRÉDIT MUTUEL

Codes libellés		Codes libellés	
ACB	Avis de débit bancaire	LDC	Lettre de change à payer
ADB	Avis de crédit bancaire	PDC	Pièce de caisse
AVO	Avoir	RCH	Remise de chèques
BAO	Billet à ordre	RVT	Relevé des ventes magasin
CHB	Chèque bancaire	FAV	Facture vente
FAC	Facture achat	LCE	Lettre de change à encaisser

Annexe 2 Factures reçues et envoyées

Quincaillerie LEFORT
17 avenue Baudelaire
76000 Rouen

Menuiserie BONNET
9 rue d'Étretat
76400 Fécamp

Reçu le 04/05/N

Facture N° 817 **03/05/N**

Réf.	Désignation	Qté	PU	Montant
28D	Petits équipements	20	52,50	1 050,00
XC2	Autres matières et fournitures			452,00
	Net commercial			1 502,00
	Escompte 2 %			30,04
	Total			1 471,96
	TVA à 20 %			294,39
	Net à payer			1 766,35

Règlement par chèque à réception

Note du comptable : éléments non stockés

MENUISI
17 rue Letord
76000 Rouen

Menuiserie BONNET
9 rue d'Étretat
76400 Fécamp

Reçu le 20/05/N

Facture N° 1448 **19/05/N**

Réf.	Désignation	Montant
879	1 scie industrielle	11 246,00
	Frais de transport	78,00
	Frais d'installation	256,00
	Total	11 580,00
	TVA à 20 %	2 316,00
	Net à payer	13 896,00

Règlement par effet domicilié sous 30 jours fin de mois*

** L'effet n° 32 a été retourné, accepté le 24/05/N*

Agence RIBOT
Place du Général Leclerc
76400 Fécamp

Double

Menuiserie BONNET
9 rue d'Étretat
76400 Fécamp

Reçu le 04/05/N

Avis d'échéance n° 1844-29 2 mai N

Loyer commercial mai N : 1 785,00

Règlement par chèque au 15/05/N

LOCAT-MAT
Avenue Joliot
76000 Rouen

Double

Menuiserie BONNET
9 rue d'Étretat
76400 Fécamp

Reçu le 20/05/N

Facture N° 599 **19 mai N**

Désignation	Montant
Location d'un tour à bois	790,00
TVA à 20 %	158,00
Total TTC	948,00

Règlement par chèque sous huitaine

SARL AFRICABOIS
44 rue du Port
76400 Fécamp

Facture N° V147

Menuiserie BONNET
9 rue d'Étretat
76400 Fécamp

Reçu le 09/05/N

07/05/N

Réf.	Désignation	Qté	PU	Montant
RT8	Planche acajou	70	18	1 260,00
CV4	Planche teck	85	13	1 105,00
				2 365,00
	Remise 10 %			236,50
	Total			2 128,50
	TVA à 20 %			425,70
	Port forfaitaire (dont TVA : 42,26)			253,55
	Net à payer			2 807,75

Règlement sous 60 jours fin de mois par effet domicilié

Julien Lecompte
Expert-comptable
Rue du Centre
76400 Fécamp

Menuiserie BONNET
9 rue d'Étretat
76400 Fécamp

Reçu le 13/05/N

Note d'honoraires n° 701 - 11/05/N

	Montant TTC
Prestation du mois : tenue de comptabilité Dont TVA à 20 % : 139,53	837,20

Règlement en retour par chèque

Menuiserie BONNET
9 rue d'Étretat
76400 Fécamp

Facture N° 147

SARL COULEURS 3 000
3 rue de la Bénédictine
76400 Fécamp

22/05/N

Réf.	Désignation	Qté	PU	Montant
P2	Coffret acajou	28	130,00	3 640,00
	Remise 9 %			?
	Escompte 1 %			?
	TVA 20 %			?
	Port forfaitaire (dont TVA : 20,00)			120,00
	Net à payer			?

Règlement sous 30 jours fin de mois par effets domiciliés

L'effet 68 a été retourné accepté par le client le 26 mai N

SARL AFRICABOIS
44 rue du Port
76400 Fécamp

Avoir n° A35

Menuiserie BONNET
9 rue d'Étretat
76400 Fécamp

Reçu le 17/05/N

16/05/N

Désignation	Montant
Rabais exceptionnel sur les planches RT8 : 8 % sur le brut	?
TVA à 20 %	?
Net à votre crédit	?

Règlement sous 60 jours fin de mois par effet domicilié

APPLICATION 1* (SUITE)

Annexe 3 Souches de chèques

Crédit Mutuel
N° 771-986523
05/05/N
Ordre : *Quincaillerie LEFORT - facture 817*
Montant : *1 766,35 €*

Crédit Mutuel
N° 258-745546
15/05/N
Ordre : *Agence RIBOT*
Montant : *1 785,00 €*

Crédit Mutuel
N° 258-745547
15/05/N
Ordre : *LECOMPTE Règlement honoraires mai N– Note 701*
Montant : *837,20 €*

Annexe 4 Pièces de caisse

Pièces de caisse
N° 0054 - 15/05/N

Recettes [X]
Dépenses [ ]

Vente au comptant
1re quinzaine : 7 295,60 €

Pièces de caisse
N° 0055 - 19/05/N

Recettes [ ]
Dépenses [X]

Prélèvement de M. BONNET pour ses besoins personnels : 500 €

Pièces de caisse
N° 0056 - 25/05/N

Recettes [X]
Dépenses [ ]

Versement d'espèces :
2000 €

Annexe 5 Pièces diverses

Crédit Mutuel

Bordereau de remise de chèques à l'encaissement n° 3 159 811		
Le 17/05/N		
HSBC BNP-PARIBAS SOCIÉTÉ GÉNÉRALE	LAROCHE MONRO CLAUDE	4 544,80 7 295,60 3 588,00

RELEVÉ DES VENTES MAGASIN N° 1-05-N	
1er au 15/05/N	
Ventes par chèques : HSBC BNP-PARIBAS SOCIÉTÉ GÉNÉRALE	 4 544,80 7 295,60 3 588,00
Ventes en espèces : Du 2 mai au 15 mai N	 7 295,60

Annexe A Bordereau d'enregistrement comptable

Date	Comptes		Libellé	Débit	Crédit	Code journal
	Numéro	Intitulé				

APPLICATION 2★★ : OPÉRATIONS COURANTES ET DE FIN D'EXERCICE ENREGISTRÉES SUR BORDEREAU DE SAISIE

35 Min

La société SUPERÉLEC a une activité commerciale essentiellement tournée vers la communication (ventes de téléphones portables, talkies-walkies) et les services s'y rattachant (sécurité, étude et mise en place de systèmes de communication). La société est assujettie à la TVA au taux normal sur l'ensemble de ses activités.

La société utilise un logiciel de gestion semi-intégré. Les différents journaux auxiliaires utilisés sont :

- le journal des achats (AC);
- le journal des ventes (VT);
- le journal de banque (BQ);
- le journal de caisse (CA);
- le journal des opérations diverses (OD).

Les comptes généraux ont un numéro constitué de six chiffres (exemple : 512100 « CRÉDIT LYONNAIS »).

L'exercice comptable de la société coïncide avec l'année civile.

Le chef comptable de la société SUPERÉLEC vous confie les deux dossiers suivants :

- **dossier 1 : opérations commerciales et TVA;**
- **dossier 2 : opérations de fin d'exercice.**

DOSSIER 1 : Opérations commerciales et TVA

TRAVAIL À FAIRE

1. À l'aide des annexes 1, 2 et 3 :
   1.1. *procéder aux corrections nécessaires des enregistrements des factures de ventes et d'achats de l'annexe 2. Utiliser le bordereau de saisie figurant en annexe A;*
   1.2. *corriger en conséquence le montant total des ventes selon leur destination :*
      - *ventes en France,*
      - *exportations hors CEE,*
      - *livraisons intracommunautaires;*
   1.3. *corriger en conséquence le montant total des achats en ventilant :*
      - *achats en France,*
      - *acquisitions intracommunautaires.*
2. Le projet de déclaration CA3 figurant en annexe 4 a été établi compte tenu des écritures erronées de l'annexe 2, le montant de la TVA collectée de 220 501 € a été automatiquement calculé avec les ventes en France de 1 102 506 €. Il n'existait pas de crédit de TVA au titre du mois d'octobre et il n'y a pas eu d'acquisition d'immobilisation en novembre.
   2.1. *Déterminer la TVA à décaisser du mois de novembre N en intégrant les modifications précédentes.*
   2.2. *Enregistrer en date du 20/12/N la déclaration CA3 sur le bordereau de saisie figurant en annexe A.*

La société SUPERÉLEC a démarché de nouveaux clients aux USA et de nouveaux fournisseurs en Europe. Les premières opérations d'achats et de ventes avec l'étranger ont été effectuées en novembre N. Les extraits des journaux de ventes et d'achats (annexe 2) montrent que ces opérations n'ont pas été enregistrées conformément à la réglementation en vigueur et conformément au plan des comptes interne (annexe 3).

DOSSIER 2 : Opérations de fin d'exercice

TRAVAIL À FAIRE

1. Justifier pour l'année N le montant de l'amortissement économique du logiciel acquis le 01/12/N (annexe 5).
2. Enregistrer sur le bordereau de saisie figurant en annexe B les opérations non encore comptabilisées et les écritures de régularisation comptable nécessaires au 31/12/N (annexes 5 à 9).

La société SUPERÉLEC a quasiment achevé ses travaux comptables de fin d'exercice. Seules quelques opérations n'ont pas encore été enregistrées et, en conséquence, n'ont pas fait l'objet des régularisations nécessaires.

Votre responsable vous communique en annexes les informations utiles à leur traitement :

- annexe 5 : amortissement d'un logiciel
- annexe 6 : mise au rebut d'un mobilier de bureau
- annexe 7 : facture de la société SA P.F.T.
- annexe 8 : contrat de crédit-bail de la société STAR LEASE
- annexe 9 : emprunt contracté auprès du CRÉDIT LYONNAIS

Annexe 1 Factures relatives aux échanges hors de France

Factures de ventes

SA SUPERÉLEC
32 rue de la Jonquière
75017 PARIS
FR 16 964152784
Facture n° 11/0501

Doit
ALIBI
New York
USA

Le 05/11/N
Règlement le 31/01/N+1

Réf.	Désignation	Qté	PU	Montant
NTN7148	BATTERIES	200	190,49	38 098,00
NTN7660	MODULE /GP	15	795,39	11 930,85
	Montant net HT			50 028,85
	Total à payer			50 028,85

SA SUPERÉLEC
32 rue de la Jonquière
75017 PARIS
FR 16 964152784
Facture n° 11/0502

Doit
BORINO
Madrid
USA
Espagne
ES 568628MAD

Le 06/11/N
Règlement le 31/01/N+1

Réf.	Désignation	Qté	PU	Montant
RNKN	Câble	200	300,90	7 522,50
NTN8370	Prolongateur	15	46,87	8 342,86
	Montant net HT			15 865,36
	Total à payer			15 865,36

Factures d'achats

SA BLOCH
45789 DUISBOURG
Deutschland
DE 32 568 147 321
Fac n° 189725
Fact Ac-11/0314

Doit
SA SUPERÉLEC
32 rue de la Jonquière
75017 PARIS
FR 16 964152784

Datum 03/11/N
Verordnungsdatum 30/01/N+1

Réf.	Handelsatiked	Q	PU HT	Gesamt
RTFGS32	LGTN Artikel	10	153,95	1 539,50
PYF54	POWER Artikel	1	2 047,50	2 047,50
	Total			3 587,00

Annexe 2 Extraits du journal des ventes et du journal des achats

Journal des ventes

Date	Comptes		Libellés	Débit	Crédit
05/11/N	411000	Clients	Fact 11/0501	50 028,85	
	707000	Ventes de marchandises	Fact 11/0501		50 028,85
06/11/N	411000	Clients	Fact 11/0502	15 865,36	
	707000	Ventes de marchandises	Fact 11/0502		15 865,36

Journal des achats

Date	Comptes		Libellés	Débit	Crédit
03/11/N	607000	Achats de marchandises	Fac AC-11/0314	3 587,00	
	445660	TVA déductible sur ABS		717,40	
	401000	Fournisseurs	Fac AC-11/0314		4 304,40

- Les ventes du mois de novembre ont été enregistrées pour un montant total de 1 102 506,21 € HT (y compris les factures de l'**annexe 1**).
- Les achats de biens et services soumis à TVA du mois de novembre ont été enregistrés pour un montant total de 1 124 076,80 € HT (y compris les factures de l'**annexe 1**).

APPLICATION 2** *(SUITE)*

Annexe 3 Extrait du plan des comptes de l'entreprise

- En ce qui concerne la TVA, la société **SUPERÉLEC** utilise les comptes suivants.

445200	TVA due intracommunautaire
445660	TVA déductible sur ABS
445662	TVA sur acquisitions intracommunautaires
445670	Crédit de TVA
445710	TVA Collectée
445860	TVA sur factures non parvenues
445862	TVA sur avoirs à recevoir
445870	TVA sur factures à établir
445872	TVA sur avoirs à établir

- En ce qui concerne les opérations commerciales, la société **SUPERÉLEC** utilise les comptes suivants.

401010	Fournisseurs hors UE
401020	Fournisseurs UE
411010	Clients hors UE
411020	Clients UE
607000	Achats de marchandises France
607010	Achats de marchandises hors UE
607020	Achats de marchandises UE
707000	Ventes de marchandises France
707010	Ventes de marchandises hors UE
707020	Ventes de marchandises UE

Annexe 4 Projet de déclaration CA3 du mois de novembre

Si vous n'avez à remplir aucune ligne de ce formulaire (déclaration « néant »), veuillez cocher la case à droite 0010 ☐

A Montant des opérations réalisées

Opérations imposables (H.T.)				Opérations non imposables		
01	Ventes, prestations de services		1 102 506	04 Exportations hors CE	0032	
02	Autres opérations imposables	0981		05 Autres opérations non imposables	0033	
03	Acquisitions intracommunautaires (dont ventes à distance et/ou opérations de montage :)	0031		06 Livraisons intracommunautaires	0034	
3A	Livraisons de gaz naturel ou d'électricité imposables en France	0030		6A Livraisons de gaz naturel ou d'électricité non imposables en France	0029	
3B	Achats de biens ou de prestations de services réalisés auprès d'un assujetti non établi en France (article 283-1 du Code général des impôts)	0040		07 Achats en franchise	0037	
				7A Ventes de biens ou prestations de services réalisées par un assujetti non établi en France (article 283-1 du Code général des impôts)	0043	
3C	Régularisations .... (Important : cf. notice)	0036		7B Régularisations .... (Important : cf. notice)	0039	

B Décompte de la TVA à payer

TVA brute			Base hors taxe	Taxe due
	Opérations réalisées en France métropolitaine			
08	Taux normal 20 %	0206	1 102 506	220 501
09	Taux réduit 5 %	0105		
9B				
	Opérations réalisées dans les DOM			
10	Taux normal 8,5 %	0201		
11	Taux réduit 2,1 %	0100		
12				
	Opérations imposables à un autre taux (France métropolitaine ou DOM)			
13	Ancien taux	0900		
14	Opérations imposables à un taux particulier (décompte effectué sur annexe 3310 A)	0950		
15	TVA antérieurement déduite à reverser	0600		
16	**Total de la TVA brute due (lignes 08 à 15)**			220 501
17	**Dont TVA sur acquisitions intracommunautaires**	0035		
18	**Dont TVA sur opérations à destination de Monaco**	0038		

La ligne 11 ne concerne que les DOM. Les autres opérations relevant du taux de 2,1 % continuent d'être déclarées sur l'annexe 3310 A.

TVA déductible			
19	Biens constituant des immobilisations	0703	
20	Autres biens et services	0702	224 815
21	Autre TVA à déduire	0059	
	(dont régularisation sur de la TVA collectée [cf. notice])		
22	Report du crédit apparaissant ligne 27 de la précédente déclaration	8001	
23	*Indiquer ici le pourcentage de déduction applicable pour la période s'il est différent de 100 %* ...... %		
24	**Total TVA déductible (lignes 19 à 22)**		224 815

Crédit				Taxe à payer		
25	Crédit de TVA (ligne 24 – ligne 16)	0705	4 314	28 TVA nette due (ligne 16 – ligne 24)		
26	Remboursement demandé sur formulaire n° 3519 joint	8002		29 Taxes assimilées calculées sur annexe n° 3310 A	9979	
27	Crédit à reporter (ligne 25 – ligne 26) *(Cette somme est à reporter ligne 22 de la prochaine déclaration)*	8003	4 314	30 Sommes à imputer, exprimées en euros, y compris acompte congés	9989	
				31 Sommes à ajouter, exprimées en euros, y compris acompte congés	9999	
				32 **Total à payer (lignes 28 + 29 – 30 + 31)** *(N'oubliez pas de joindre le règlement correspondant)*		

Attention ! Une situation de TVA créditrice (ligne 25 servie) ne dispense pas du paiement des taxes assimilées déclarées ligne 29.

Les dispositions des articles 39 et 40 de la loi n° 78-17 du 6 janvier 1978 relative à l'informatique, aux fichiers et aux libertés, modifiée par la loi n° 2004-801 du 6 août 2004, garantissent les droits des personnes physiques à l'égard des traitements des données à caractère personnel.
Si vous réalisez des opérations intracommunautaires, pensez à la déclaration d'échanges de biens à souscrire auprès de la Direction Générale des Douanes et des Droits indirects (cf. notice de la déclaration CA3).

APPLICATION 2** *(SUITE)*

Annexe 5 Amortissement d'un logiciel

Un logiciel acquis et enregistré le 01/12/N sera amorti en linéaire sur 4 ans. L'entreprise souhaite bénéficier de l'amortissement exceptionnel des logiciels sur 12 mois.

Plan d'amortissement du logiciel		
Prix d'acquisition 780,00 €		
Date d'acquisition 01/12/N		
Durée d'amortissement 4 ans		
Amortissement économiquement justifié : linéaire 25 %		
Années	**Amortissements économiques**	
	Base	**Annuités**
N	780,00	16,25
N+1	780,00	195,00
N+2	780,00	195,00
N+3	780,00	195,00
N+4	780,00	178,75
	TOTAL	**780,00**

Annexe 6 Mise au rebut d'un mobilier de bureau

Une armoire devenue inutilisable a été mise au rebut le 31/03/N. La sortie de ce bien n'a pas été constatée en comptabilité.

Plan d'amortissement de l'armoire AR125l

Base amortissable	1 600,00	Durée d'amortissement	10 ans
Date d'acquisition	14/04/N–7	Taux d'amortissement	10 %
Date de mise en service	14/04/N–7	Montant de l'annuité	160,00

Années	VCN début	Dotations	VCN fin
N–7	1 600,00	112,66	1 487,34
N–6	1 487,34	160,00	1 327,34
N–5	1 327,34	160,00	1 167,34
N–4	1 167,34	160,00	1 007,34
N–3	1 007,34	160,00	847,34
N–2	847,34	160,00	687,34
N–1	687,34	160,00	527,34
N	527,34	160,00	367,34
N+1	367,34	160,00	207,34
N+2	207,34	160,00	47,34
N+3	47,34	47,34	0,00

Annexe 7 Facture de la société SA P.F.T.

La facture de la SA P.F.T. n'a pas encore été enregistrée.

SA P.F.T.

15-17 rue Montgolfier
93155 ROSNY/ BOIS
FR 25 236 147 258
Fac n° 2357

Fact Ac-12/0302

Le 03/12/N

Doit
SA SUPERÉLEC
32 rue de la Jonquière
75017 PARIS
FR 16 964152784

Désignation	Q	PU HT	Montant
Machine de production (une seule composante)	1	690,00	690,00
Frais d'installation et de mise en service			60,00
Transport			15,00
Montant brut HT			765,00
Règlement sous huitaine : escompte		2 %	15,30
Montant HT			749,70
TVA 20 %			149,94
Montant TTC			899,64
Réglé par chèque le jour même			

Annexe 8 Contrat de crédit-bail de la société STAR LEASE

Un véhicule Renault Espace a été financé par crédit-bail.

STAR LEASE
Groupe Crédit du Nord

Contrat de crédit-bail n° 000006894-00

Entre les soussignés STAR LEASE SA au capital de 10 millions €
Siège social : 59 bd Haussmann 75008 PARIS
ci-après dénommé « Le bailleur »

SA SUPERÉLEC
32 rue de la Jonquière
75017 PARIS

Ci-après dénommé « Le locataire »
Il a été convenu et arrêté ce qui suit : le bailleur donne location au locataire, le matériel désigné ci-dessous, conformément aux conditions générales et particulières, ci-après et au verso.

Le 01/12/N

Désignation du bien financé : 1 RENAULT ESPACE TOURISME
La carte grise indique la mention « véhicule particulier ».
Montant HT : 30 143 €
N° dans la série : VF8JEOSO526611445
Fournisseur : SARL RENAULT GMP
144 rue de Tocqueville
75017 PARIS

Durée du contrat : 16 trimestres
Loyers-Terme : 16 trimestrialités, payées d'avance
Montant du loyer trimestriel HT : **2 100 € (TVA à 20 %)**
Premier loyer : le 1er décembre N

APPLICATION 2** *(SUITE)*

Annexe 9 Emprunt contracté auprès du CRÉDIT LYONNAIS

Un emprunt de 10 000 € a été contracté le 10/04/N auprès du CRÉDIT LYONNAIS-LCL.

Extrait du tableau d'amortissement de l'emprunt

LCL

CREDIT LYONNAIS

TABLEAU D'AMORTISSEMENT DE L'EMPRUNT

Montant de l'emprunt	10 000,00 €	Taux mensuel	0,375 %
Taux annuel	4,50 %		
Nombre d'annuités	10	Nombre de mensualités	120
		Montant des mensualités	103,64
Date de la 1re échéance	10/05/N		

Indice des mois	Échéances	Capital restant dû	Intérêts	Amortissement	Annuités	Cumuls des intérêts
1	10/05/N	10 000,00	37,50	66,14	103,64	37,50
2	10/06/N	9 933,86	37,25	66,39	103,64	74,75
3	10/07/N	9 867,48	37,00	66,64	103,64	111,76
4	10/08/N	9 800,84	36,75	66,89	103,64	148,51
5	10/09/N	9 733,95	36,50	67,14	103,64	185,01
6	10/10/N	9 666,82	36,25	67,39	103,64	221,26
7	10/11/N	9 599,43	36,00	67,64	103,64	257,26
8	10/12/N	9 531,79	35,74	67,89	103,64	293,00
9	10/01/N+1	9 463,90	35,49	68,15	103,64	328,49
10	10/02/N+1	9 395,75	35,23	68,40	103,64	363,73
11	10/03/N+1	9 327,34	34,98	68,66	103,64	398,70
12	10/04/N+1	9 258,68	34,72	68,92	103,64	433,42
13	10/05/N+1	9 189,76	34,46	69,18	103,64	467,89

Enregistrement comptable

Concernant cet emprunt, l'entreprise a passé chaque mois l'écriture suivante (exemple pour décembre) :

Journal de banque

Date	Comptes		Libellés	Débit	Crédit
10/12/N	471000	Comptes d'attente	VRT	103,64	
10/12/N	512000	Banque	VRT		103,64

Seule l'échéance de décembre n'a pas encore été régularisée.

Annexe A Bordereau d'enregistrement comptable (dossier 1)

Date	Comptes		Libellé	Débit	Crédit	Code journal
	Numéro	Intitulé				

APPLICATION 2** *(SUITE)*

Annexe B Bordereau d'enregistrement comptable (dossier 2)

Date	Comptes		Libellé	Débit	Crédit	Code journal
	Numéro	Intitulé				

CHAPITRE 22 : LA DÉMATÉRIALISATION DU TRAITEMENT COMPTABLE

COMPÉTENCES ATTENDUES

- **Identifier et analyser** les impacts actuels de la dématérialisation et de la numérisation sur l'organisation comptable et l'évolution des pratiques comptables ;
- **Exposer** la réglementation en matière d'établissement, de dématérialisation et de conservation des factures et autres pièces comptables ;
- **Expliquer** les obligations légales relatives à l'établissement, la conservation et la transmission des fichiers informatisés obligatoires ;
- **Proposer** des modalités adaptées de sauvegarde et de confidentialité des données comptables dans une situation donnée.

FICHE RESSOURCES

1 - *Numérisation et gestion électronique des documents*

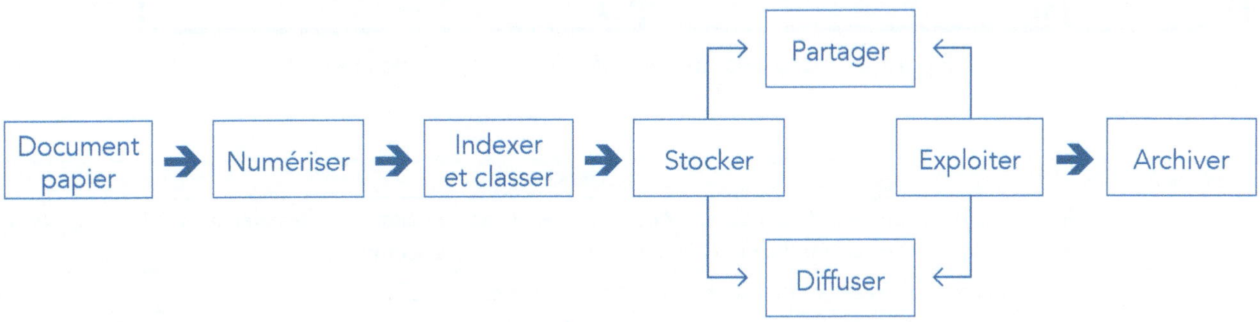

Figure 1 - Étapes d'une gestion électronique des documents (GED)

Étape	Détails
Numériser	À l'aide d'un scanner, les documents sont numérisés. Des modules de reconnaissance de caractère améliorent la qualité de la numérisation.
Indexer et classer	À l'issue de la numérisation, un index sera créé contenant des mots-clés du document. L'indexation permettra de rechercher des informations et de retrouver le document rapidement.
Stocker	Le document numérisé sera stocké dans une base documentaire ou sur un système selon l'outil de GED utilisé.
Partager	Des droits d'accès et de consultation seront donnés aux différentes personnes susceptibles d'utiliser le document.
Diffuser	Le document stocké pourra être diffusé aux différents partenaires via des outils de messagerie.
Exploiter	Des captures ou des données pourront être récupérées depuis la version numérique du document. Certaines GED ont des modules de reconnaissance de caractères permettant de restructurer et de remettre les données dans leur format originel.
Archiver	Les outils de GED donnent la possibilité d'archiver les documents selon différents critères (typologie, nature…) pour de longues périodes de conservation.

La numérisation est une action qui consiste à transférer sur un support immatériel un élément matériel (souvent un support papier). Concrètement, on utilise très souvent le terme « scanner » pour numérisation, qui décrit l'utilisation d'un scanner pour stocker numériquement un document papier (facture, document officiel, etc.). La numérisation peut être une étape d'une gestion électronique des documents (GED-Figure1).

2 - Processus de dématérialisation

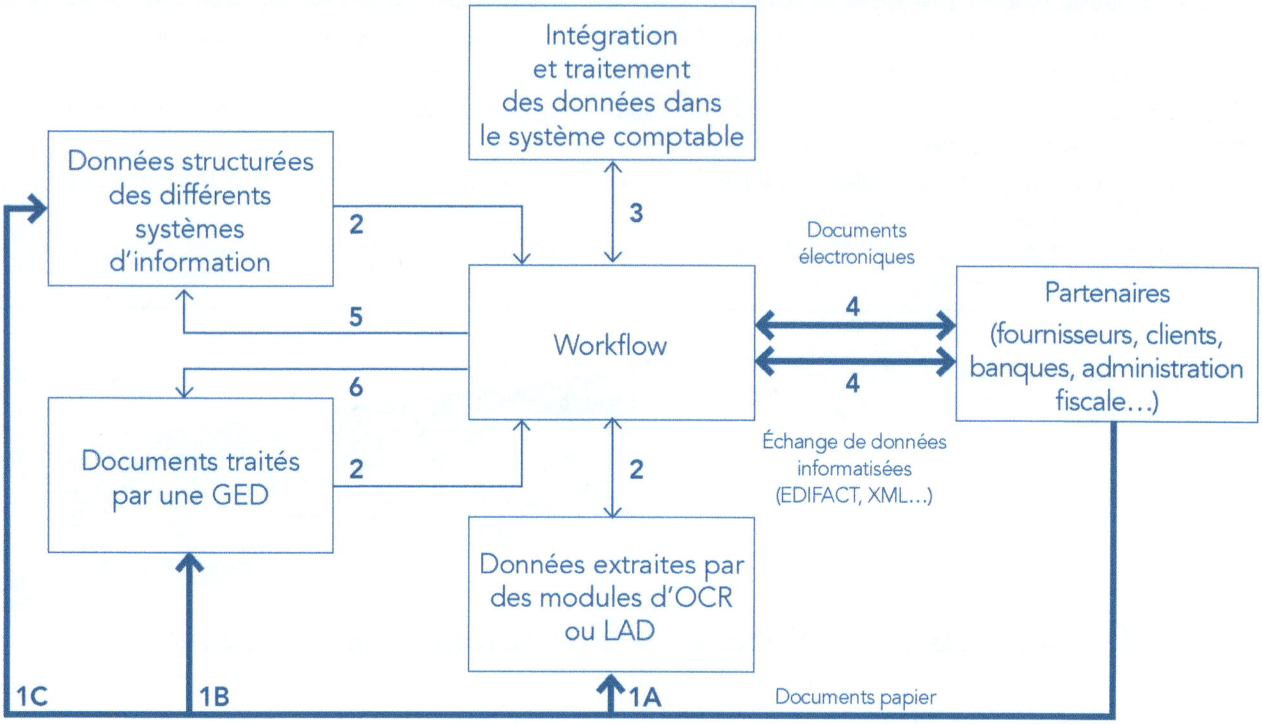

Figure 2 - Processus de dématérialisation des documents

Étape	Détails
1A	Certains logiciels de numérisation utilisent des modules de reconnaissance de caractères (OCR - *Optical Character Recognition*) ou un module LAD (lecture automatique de documents).
1B	Les documents numérisés seront traités et intégrés à un système de GED.
1C	Les données extraites des documents seront saisies par les utilisateurs et alimenteront directement les systèmes d'information.
2	Les documents et données issus de différentes sources alimentent le workflow.
3	Après leur traitement, les données alimentent le système d'information comptable via le système de workflow.
4	Après le traitement, des données pourront être envoyées sous forme de documents électroniques ou transmises via un EDI.
5	Les autres systèmes d'information métier pourront être alimentés en données issues du système de workflow.
6	Après le traitement, des documents pourront alimenter le système de GED interne via le système de workflow.

- **La dématérialisation**, qui est différente de la numérisation, consiste à produire des documents nativement numériques. Le cercle vertueux de la dématérialisation répond donc à l'objectif « zéro papier », impliquant des signatures numériques et un workflow de traitement informatisé. Dans la dématérialisation, nous identifions des processus et non des supports. Une organisation qui met en place ce type de démarche s'oriente vers une dimension digitale.
- **Le workflow** est un processus d'automatisation des tâches, permettant un enchaînement automatisé des différentes opérations et étapes de validation de documents ou d'une tâche plus ou moins complexe (procédure de commande, suivi de projet, campagne email…). La mise en place du workflow permet, par exemple, de traiter plus rapidement et à moindres coûts les factures de fournisseurs ou les commandes de clients.

3 - Impacts de la dématérialisation sur l'organisation comptable

Impacts	Conséquences	Détails
Induire des changements	• Modifier l'organisation interne.	• Favoriser une approche en processus. • Permettre une analyse des processus existants. • Cerner les besoins en matière de traitement comptable. • Supprimer et redistribuer certaines tâches. • Externaliser des tâches à faible valeur ajoutée. • Se recentrer sur les activités d'analyse et de conseil à plus forte valeur ajoutée.
Transformer les relations commerciales	• Accélérer les traitements comptables et, par voie de conséquence, améliorer la gestion de la trésorerie.	• Optimiser la trésorerie. • Maîtriser des délais de paiement. • Permettre une harmonisation des formats d'échange de données.
Participer à la recherche de performance	• Améliorer la gestion des ressources allouées et maîtriser les coûts. • Améliorer la rentabilité économique.	• Réaliser des économies dans la production de documents. Le coût d'une facture dématérialisée en émission est de 5 € contre 8 € à 9 € pour une facture papier ; et est de 7 € pour une facture entrante dématérialisée contre 13 € pour une facture papier. • Réduire des coûts indirects des traitements comptables.
Répondre à une logique concurrentielle	• Augmenter l'efficacité des traitements comptables. • Contribuer à atteindre un meilleur indice de satisfaction des clients. • Gagner des marchés potentiels.	• Optimiser la chaîne des traitements qui y sont liés et réduire le besoin en fonds de roulement. • Réduire le temps de validation des factures avant paiement par les clients. • Réduire les délais de recouvrement. Les fournisseurs peuvent ainsi raccourcir leurs délais de facturation et diminuer par la même occasion les délais de paiement pour optimiser leur trésorerie.
Répondre à une approche globale de la performance	• Améliorer le système d'information. • Contribuer à une meilleure capacité organisationnelle de l'entreprise.	• Permettre une intégration quasi instantanée des documents dans les traitements comptables. • Apporter plus de flexibilité et de réactivité. • Fluidifier les démarches et échanges de documents entre l'entreprise et ses tiers. • Permettre une meilleure traçabilité à la fois des échanges de documents et des transactions. • Faciliter le partage des informations entre les collaborateurs.
Contribuer à une recherche de performance sociale et sociétale	• Accroître le niveau de satisfaction des salariés avec plus de motivation et de productivité. • Contribuer au développement durable. • Améliorer l'image de l'entreprise. • S'engager dans une démarche éco-citoyenne.	• Décharger le comptable des tâches fastidieuses et peu valorisantes, comme la saisie et l'archivage. • Diminuer, voire supprimer totalement, le support papier.

4 - La dématérialisation des factures

Définition	La dématérialisation des factures entrantes (fournisseurs) ou sortantes (clients) consiste à faire passer des factures d'un support papier à un support électronique, conformément aux exigences légales et à la réglementation fiscale.
La numérisation des factures	Les factures sont numérisées à leur réception par le client, puis stockées et/ou traitées immédiatement. Seule la facture papier est admise sur un plan légal. La facture numérisée sera envoyée par simple email. Cette forme de dématérialisation n'est pas conforme aux exigences réglementaires et à la législation française pour s'affranchir totalement des factures papier. L'originale fiscale à prendre en compte reste la facture papier.
La dématérialisation simple	Les données de facturation sont transmises par voie électronique et peuvent être intégrées immédiatement dans les traitements comptables. Un double de la facture papier doit obligatoirement être conservé par l'acheteur et le vendeur, pour valeur légale.
La dématérialisation fiscale	La dématérialisation fiscale passe par la production d'une facture électronique qui constitue un échange structuré (EDI, XML, CSV…) ou non (PDF obligatoirement signé électroniquement), et qui s'effectue dans le respect des modalités imposées par la direction générale des Finances publiques (DGFiP). Dans le cas d'une solution de la facture électronique, l'exemplaire électronique fait foi d'original auprès de l'administration fiscale **(article 289 bis du Code général des impôts)**.

La facture électronique	Pour être qualifiée d'électronique au sens fiscal, la facture ou le flux de factures doit être créé, transmis, reçu et archivé sous forme électronique. Le processus doit être électronique dans son intégralité. L'utilisation de la facturation électronique implique d'utiliser un système permettant de garantir l'authenticité de la facture, sa bonne lisibilité et l'intégrité de son contenu. Entrée en vigueur de la facturation électronique : • émission des factures électroniques : cette obligation concernera les grandes entreprises et les ETI (entreprises de taille intermédiaire) à partir du 1er septembre 2026, et les PME/TPE à partir du 1er septembre 2027 ; • réception des factures électronique : au 1er septembre 2026, toutes les entreprises seront tenues de recevoir sous format électronique les factures émises par leurs fournisseurs ; • l'émission et la réception de la facture électronique s'effectueront soit directement, soit, au choix des entreprises, par l'intermédiaire d'un ou de plusieurs prestataires privés PDP (plateforme de dématérialisation partenaire), qui se chargeront de procéder à certains contrôles de cohérence et d'extraire les données à transmettre à l'administration fiscale ; • les entreprises seront tenues d'émettre leurs factures dans l'un des formats électroniques acceptés par le PPF (portail public de facturation), permettant l'extraction des données à communiquer à l'administration fiscale : – un fichier PDF dans lequel est encapsulé un fichier structuré au format XML (Factur-X par exemple), – une facture transmise au moyen d'un message structuré (EDI) comme EDIFACT avec l'intervention d'une PDP, – une facture en format PDF dit « natif » (un fichier PDF sans XML associé et directement issu du système d'information de l'entreprise). Cette dernière solution ayant vocation à n'être offerte qu'à titre transitoire, sauf recours à une PDP, – le recours à un PDF simple devrait être possible à titre temporaire (jusqu'au 31 décembre 2027), – il sera également possible de saisir manuellement les données d'une facture directement sur la plateforme publique. Tout recours à d'autres formats de fichiers de facture rendra impératif le recours à une PDP.

La facture électronique	Les retombées de la facturation électronique : • l'intégration des données de facturation met fin à la saisie comptable ; • la signature de la facture électronique garantit plus de sécurité et de fiabilité ; • les déclarations de TVA sont remplies automatiquement ; • un meilleur suivi des factures adressées aux clients est assuré ; • elle permet un gain de temps dans le traitement et le paiement des factures.
Règles d'émission des factures électroniques	La facture électronique doit être signée d'une manière électronique. La signature assure l'authenticité de son origine et l'intégrité de son contenu.
Signature électronique	La signature électronique ou l'empreinte digitale est une donnée générée à l'aide d'une certification et permet : • d'authentifier son origine, c'est-à-dire d'identifier son émetteur de manière certaine (l'organisation) ; • de garantir l'intégrité des données contenues dans la facture et de justifier qu'elles n'ont pas été modifiées ou que toute tentative de modification n'a pas été détectée. Le certificat numérique permet donc de s'assurer que le document n'a pas été altéré depuis sa création.
Certificat	Pour signer électroniquement une facture, il est nécessaire d'utiliser un certificat électronique. Il doit être délivré par un prestataire agréé, tiers de confiance, qui s'engage quant à l'existence du titulaire, qu'il soit une personne morale ou une personne physique. Un certificat de signature électronique est un document sous forme électronique qui a pour but d'authentifier l'identité de la personne signataire (carte d'identité), l'intégrité des documents échangés (protection contre toute altération) et l'assurance de non-répudiation (impossibilité de renier sa signature). Un certificat de signature électronique associe les données d'une signature électronique à une personne physique.

5 - Signature et transmission des factures électroniques

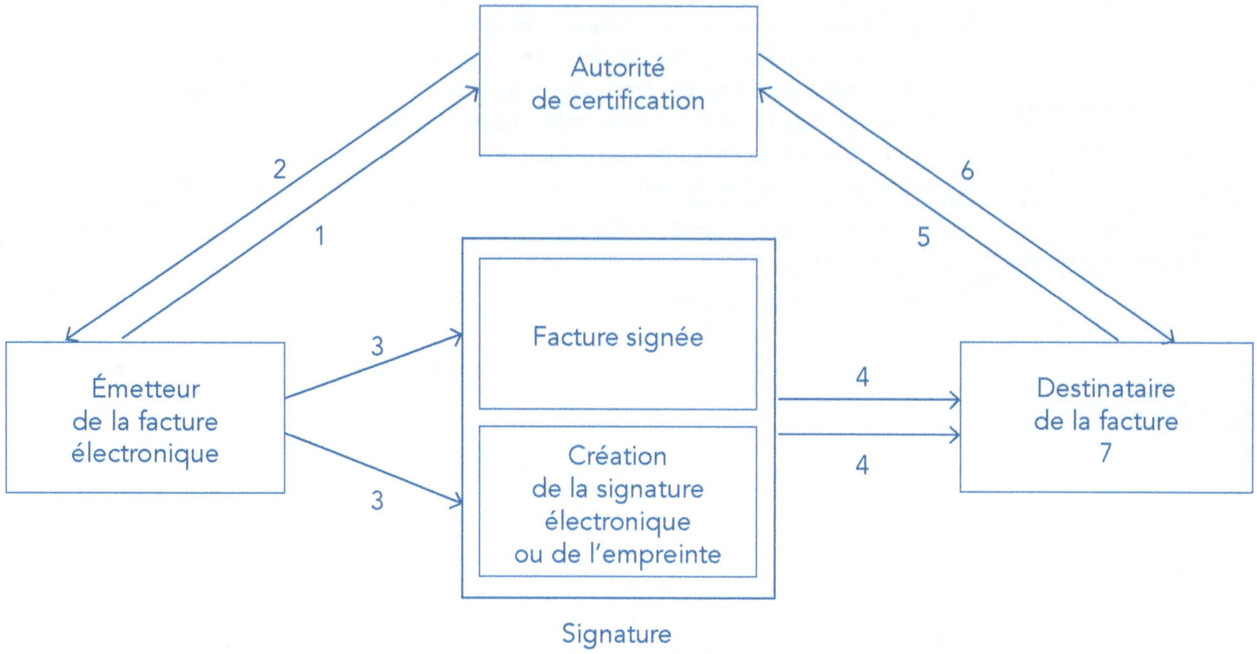

Figure 3 - Préparation et transmission des factures électroniques

Étape	Détails
1	L'entreprise du fournisseur demande un certificat numérique auprès d'une autorité de certification. Ce certificat fait office de pièce d'identité numérique du fournisseur.
2	Le certificat délivré contient la clé publique, la clé privée du fournisseur et une empreinte numérique produite par l'autorité de certification (l'équivalent du cachet d'une autorité administrative). L'empreinte permettra de vérifier l'identité de l'émetteur. Ces deux clés serviront à la protection (cryptage et décryptage) des données envoyées. Le certificat est délivré pour une période donnée et devra faire l'objet d'un renouvellement.
3	La facture électronique sera cryptée à l'aide de la clé privée du fournisseur. Une empreinte sera créée à l'aide du même certificat. Cette empreinte garantira l'intégrité des données envoyées et l'authenticité de la facture.
4	La facture électronique sera envoyée avec l'empreinte et le certificat du fournisseur. On parle maintenant d'une facture électronique signée.
5 - 6	Le logiciel du client demande et récupère le certificat du fournisseur auprès de l'autorité de certification.
7	À la réception de la facture signée, le logiciel du client procède au calcul de l'empreinte à l'aide de la facture électronique reçue et de la clé publique du fournisseur qui se trouve dans le certificat envoyé par l'autorité de certification. L'empreinte calculée sera comparée à l'empreinte reçue dans le message. Si les deux empreintes sont identiques, cela signifie que la facture est authentique et valide. Dans le cas où les deux empreintes seraient différentes, la facture reçue n'est donc pas authentique et pas conforme à l'originale.

« Aux termes de **l'article 289 du CGI, les factures transmises par voie électronique** qui se présentent sous la forme d'un message structuré selon une norme convenue entre les parties, **permettant une lecture par ordinateur et pouvant être traité automatiquement et de manière univoque, constituent des factures d'origine, à condition de respecter des conditions fixées par décret. [...]**»

FICHE RESSOURCES

6 - Échange de données informatisé (EDI)

<table>
<tr><td>Définition</td><td colspan="2">L'EDI est un échange de données informatisé visant à transférer d'application à application, à l'aide d'ordinateurs, des données structurées dans un format électronique, des messages standardisés ou des messages entre les partenaires commerciaux.
Cette automatisation des échanges de factures et autres documents respecte des normes qui garantissent alors la véracité des flux échangés. Par exemple, le pharmacien envoie des données de facturation vers la caisse primaire d'assurance maladie à l'aide de la carte vitale. Dans ce cas, les remboursements s'effectuent plus rapidement.
En passant d'un échange physique de documents commerciaux à un échange électronique, les entreprises bénéficient d'avantages significatifs tels que la réduction des coûts, l'amélioration de la vitesse de traitement, la diminution des erreurs et l'amélioration des relations avec leurs partenaires commerciaux.</td></tr>
<tr><td>EDIFACT</td><td colspan="2">La norme EDIFACT est une norme spécifique aux données de facture de la grande distribution (ou GALIA pour les échanges du secteur automobile). La norme EDIFACT (EDI pour l'administration, le commerce et le transport) contient tout un éventail de règles syntaxiques, un protocole d'échange interactif et un ensemble de messages standards permettant un échange de documents commerciaux électroniques entre plusieurs pays et plusieurs industries.
La norme EDIFACT est largement utilisée en Europe, notamment parce qu'elle a été adoptée très tôt par de nombreuses entreprises. Elle a été adoptée dans une moindre mesure dans la zone Asie-Pacifique où, à l'heure actuelle, les normes basées sur le format XML sont les plus utilisées.</td></tr>
<tr><td>XML</td><td colspan="2">Le XML, pour Extensible Markup Language, désigne un langage informatique (ou métalangage pour être plus précis) utilisé, entre autres, dans la conception des sites web et pour faciliter les échanges d'informations sur Internet. Ce langage de description a pour mission de formaliser des données textuelles.</td></tr>
<tr><td>GS1</td><td colspan="2">GS1 est l'organisation mondiale de standardisation, neutre et à but non lucratif, créée par les entreprises pour faciliter l'échange d'information et le commerce. Avec les standards GS1, les entreprises peuvent mieux vendre et digitaliser leurs produits, automatiser leurs transactions, optimiser leur logistique et améliorer la traçabilité des flux. On a tous intérêt à parler le même langage.</td></tr>
<tr><td>Téléprocédure</td><td colspan="2">Le recours aux téléprocédures, pour souscrire les déclarations professionnelles et payer les différentes échéances, est généralisé et obligatoire. La DGFiP propose deux canaux pour respecter ces obligations : la procédure EDI et la procédure EFI (échange de formulaires informatisé).</td></tr>
<tr><td>EFI</td><td colspan="2">L'EFI, ou échange de formulaires informatisé, correspond à toutes les opérations réalisables directement sur l'espace professionnel du site impots.gouv.fr. L'accès EFI est gratuit et la procédure à suivre pour s'y inscrire est décrite sur le site des impôts. Pour la procédure EDI, il faut un prestataire EDI certifié qui garantit le respect et la sécurisation des données échangées.</td></tr>
<tr><td rowspan="4">Exemples de flux - EDI</td><td>EDI - TDS</td><td>Transfert de données sociales (comme la DSN : déclaration sociale nominative)</td></tr>
<tr><td>EDI - TDFC</td><td>Transfert de données fiscales et comptables</td></tr>
<tr><td>EDI – TVA</td><td>Déclaration et paiement de la TVA</td></tr>
<tr><td>EDI – GS1</td><td>Transfert de factures électroniques</td></tr>
</table>

<table>
<tr><th>Schéma</th><th>Étape - Détails</th></tr>
<tr><td rowspan="3">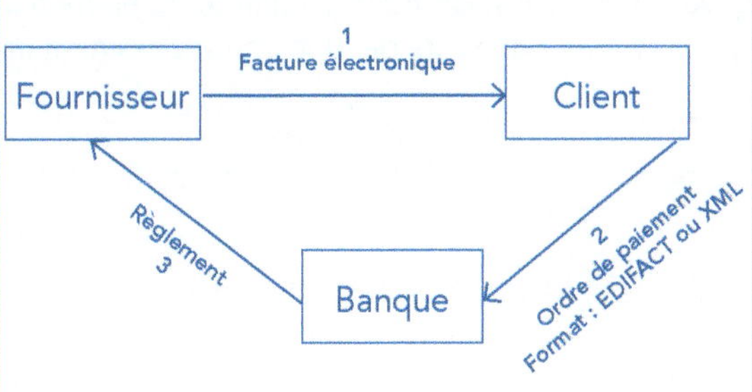

Figure 4 - Échange de données informatisé</td><td>1. L'entreprise fournisseur procède à la fabrication d'un fichier (à la norme EDIFACT ou XML) généré sur la base d'informations extraites de sa comptabilité « fournisseur » : n° de facture, montant de la facture, adresse du fournisseur, etc. La facture électronique sera transmise au client.</td></tr>
<tr><td>2. L'entreprise cliente transmet un fichier contenant les éléments de paiement à la banque via un canal sécurisé (ETEBAC, EBICS, FTPS...).</td></tr>
<tr><td>3. Réception du fichier par la banque, interprétation et traitement, édition des lettres chèques et envoi postal au fournisseur en règlement de la créance.</td></tr>
</table>

7 - Fichier des écritures comptables

Principes	Depuis le 1er janvier 2014, les entreprises qui tiennent leur comptabilité de manière informatisée doivent donc obligatoirement utiliser un logiciel de comptabilité respectant toutes les normes en vigueur et qui permet d'éditer un fichier des écritures comptables conforme. Pour cela, elles doivent établir un fichier des écritures comptables qui porte sur l'ensemble des écritures des journaux comptables au titre de chaque exercice visé dans l'avis de vérification selon les normes en vigueur. Depuis le 1er janvier 2017, le fisc peut réaliser une opération de contrôle à distance, les entreprises étant contraintes de lui adresser une copie du fichier (FEC) sous une forme dématérialisée. Si la gestion de la comptabilité est déléguée à un expert-comptable, ce professionnel établira le fichier conformément à toutes les règles en vigueur. La direction générale des Finances publiques propose un outil qui permet de vérifier la validité du fichier des écritures comptables.
Qui est concerné ?	Les entreprises soumises à l'impôt sur les sociétés ou à l'impôt sur le revenu dans la catégorie des BIC, BNC ou BA sont concernées, à l'exception de celles au régime micro-entreprise qui en sont dispensées. Une SCI soumise exclusivement aux revenus fonciers et dont les associés sont uniquement des personnes physiques doit aussi élaborer un fichier des écritures comptables.
Sanctions	Dans le cadre d'une vérification de comptabilité, l'absence de communication ou la non-conformité du fichier d'écritures comptables expose l'entreprise à plusieurs sanctions cumulables. Le défaut de transmission du fichier des écritures comptables dans le délai de 15 jours suivant la réception d'un avis d'examen de comptabilité entraîne aussi l'application d'une sanction.
Contenu	Le fichier des écritures comptables contient l'ensemble des données comptables et des écritures retracées dans tous les journaux comptables au titre d'un exercice. Les écritures y figurant doivent être classées par ordre chronologique. Chaque écriture doit reprendre l'ensemble des données comptables figurant dans le système informatisé de l'entreprise. Parmi ces informations, nous pouvons en citer quelques-unes : • le code journal de l'écriture comptable • le libellé journal de l'écriture comptable • la date de comptabilisation de l'écriture comptable • le numéro de compte, dont les trois premiers caractères doivent correspondre à des chiffres respectant les normes du plan comptable français • le libellé de compte conformément à la nomenclature du plan comptable français • la référence de la pièce justificative • la date de la pièce justificative • le libellé de l'écriture comptable • le montant au débit • le montant au crédit • la date de validation de l'écriture comptable. Selon le PCG, le caractère définitif des écritures comptables doit être assuré par une procédure de validation qui doit interdire toute modification ou suppression de l'enregistrement. De même, selon l'administration fiscale, la validation résulte d'un traitement informatique volontaire, activé grâce à une fonction du logiciel, dans le but de figer les différents éléments de l'écriture. Une fois validée, une écriture ne peut être corrigée que par une contrepassation et une nouvelle écriture.

8 - Conservation des pièces comptables

Tous les documents ayant un lien avec la comptabilité doivent être conservés pendant un certain délai. À défaut, l'entreprise encourt de nombreux risques, dont celui de rejet de la comptabilité (sanction fiscale).

Documents commerciaux

Les contrats	Au moins 5 ans
Les contrats relatifs à un bien immobilier	30 années
Bons de commandes, factures, documents bancaires	10 années à compter de la clôture de l'exercice comptable. En plus, la facture a une durée de 6 ans sur le plan fiscal.

Documents comptables et juridiques - De manière générale, le Code de commerce prévoit pour toutes les pièces comptables une durée de conservation de 10 ans.

• Les livres comptables obligatoires **• Les comptes annuels**	Au moins 10 ans à compter de la clôture de l'exercice comptable
Les divers registres juridiques obligatoires (registre des procès-verbaux du conseil d'administration)	Au moins pendant 6 ans
Les statuts	Au moins 5 ans après la radiation de la société au registre du commerce et des sociétés

Déclarations fiscales et sociales

Les déclarations fiscales, impôts sur les sociétés, TVA...	6 années civiles suivant celle au titre de laquelle la taxe est devenue exigible
Déclarations sociales Sécurité sociale...	Au moins 3 ans
Déclarations sociales Caisse de retraite complémentaire	Au moins 5 ans

Documents dématérialisés

Durée de conservation	La loi exige des entreprises qu'elles conservent les documents officiels durant un certain nombre d'années. Elle ne fait pas de différence entre les documents papier et numériques, ce qui oblige les sociétés ayant effectué leur digitalisation à trouver des moyens sécurisés pour stocker leurs fichiers digitaux. S'agissant des documents et pièces justificatives de la comptabilité établis ou reçus sur support informatique, ils doivent être conservés pendant trois ans sur ce support et les trois années suivantes sur tout support.
Forme de conservation	Il résulte des textes en vigueur que tous les documents comptables dématérialisés doivent faire l'objet d'une conservation dans leur forme originale sur support informatique pendant au moins trois ans. Le défaut de conservation, qu'il soit total ou partiel, est sanctionné par l'administration. Aucun texte ne précise les modalités d'archivage de ces documents.
Valeur juridique	Les documents comptables dématérialisés n'ont de valeur probante que sous réserve de leur conservation, dans certaines conditions, par l'entreprise. Les modalités de conservation des factures dématérialisées dépendent du système utilisé pour leur transmission. Dans le cadre de l'utilisation d'une signature électronique, les factures doivent être conservées dans leur format original. L'impression sur papier avant l'archivage fait perdre à la facture toute valeur juridique, et empêche notamment la déductibilité de la TVA. En outre, la facture doit être conservée avec la signature électronique à laquelle elle est liée et le certificat électronique attaché aux données de vérification de signature électronique. Cette obligation de conservation incombe tant à l'entreprise émettrice de la facture qu'à celle qui en est destinataire.
Cas de l'EDI	Dans le cas de l'utilisation d'un système de dématérialisation fondé sur l'EDI, les informations émises ou reçues doivent être conservées dans leur contenu originel. L'obligation de conservation porte sur l'intégralité du message facture émis ou reçu, y compris les mentions non obligatoires.

→

Sanctions	En cas de non-conservation, **les conséquences peuvent être très lourdes** : • absence de preuve en cas de litige (avec un client, un fournisseur, un salarié, etc.) ; • **condamnation** pour faux et usage de faux ; - entrepreneur individuel : 3 ans d'emprisonnement et 45 000 € d'amende, - société : 225 000 € d'amende + peines complémentaires (dissolution de la société) ; • **amende** de 1 500 € pour destruction des documents ou refus de communiquer ; • en cas de **contrôle fiscal** (prescription au bout de 6 ans), l'amende peut s'élever à 25 000 € et l'administration peut procéder à une taxation d'office sur le chiffre d'affaires assortie d'une pénalité de 40 %.

9 - Sauvegarde et confidentialité des données comptables

Un contexte	La multiplication des attaques informatiques oblige les entreprises à appliquer différentes méthodes afin de renforcer la sécurité de leurs fichiers sensibles et la protection des données des clients. Les cabinets d'expertise comptable peuvent être amenés à traiter des données sensibles dans le cadre de l'organisation interne du cabinet ou pour la réalisation des missions pour leurs clients. Avec la gestion de la comptabilité, du personnel et de la paie, ou pour les besoins de missions réalisées pour les clients, les cabinets traitent des données personnelles. Ces données peuvent comporter des données sensibles, telles que celles relatives aux enfants mineurs, à l'état de santé des personnes ou encore à l'appartenance syndicale.
Des contraintes juridiques	• Durée de conservation obligatoire des documents de comptabilité et de gestion.
	• Obligation de mise à disposition des données comptables en cas de contrôles.
	• Le règlement général sur la protection des données, ou RGPD, est le texte européen en matière de protection des données personnelles. Voté en avril 2016 et applicable depuis le 25 mai 2018, ce règlement a pour objectif de renforcer et d'unifier la protection des données en Europe. • L'article 32 impose aux responsables du traitement des données (et à tous les sous-traitants) de mettre en œuvre des « mesures techniques et organisationnelles appropriées afin de garantir un niveau de sécurité adapté au risque ». Ces mesures incluent : • la pseudonymisation et le chiffrement des données personnelles ; • une garantie de confidentialité, d'intégrité et de la disponibilité des données traitées ; • la possibilité de rétablir la disponibilité des données en cas d'incident ; • une évaluation des risques et un suivi des mesures de sécurité du traitement mises en place. La pseudonymisation consiste à scinder de manière réversible les données identifiantes des autres, en utilisant comme pivot des pseudonymes non explicites (par exemple, des chaînes de caractères aléatoires) pour faire la correspondance. Cela permet de limiter l'exposition à des données non identifiantes ou quasi identifiantes. Que les données clients soient non structurées (fichiers, images, emails, etc.), structurées (bases de données) ou un mélange des deux, le RGPD impose que l'infrastructure de protection et de stockage possède : • un contrôle centralisé et un niveau d'automatisation intégrés dans la solution de sauvegarde. Il doit être possible de choisir par inclusion ou exclusion les données à protéger et les rétentions qui s'imposent quel que soit le support de stockage ; • un catalogue centralisé qui trace toutes les actions de sauvegarde et d'archivage avec une identification fine des objets (par nom, métadonnée, date…). Une recherche multicritère des données doit être réalisable avec une cartographie des stockages associés à chaque donnée ; • un niveau de reporting permettant de démontrer la cohérence de la solution.
Des solutions techniques	• Des sauvegardes automatisées selon des stratégies programmées. • Des solutions de coffres-forts numériques pour les dossiers clients. • Des solutions de clouds privés et sécurisés.

APPLICATIONS

CONTRÔLE DE CONNAISSANCES

Répondre par « oui » ou par « non » aux affirmations ci-dessous en donnant les explications nécessaires.

1. La dématérialisation accélère le traitement comptable et, par voie de conséquence, améliore la gestion de la trésorerie.
2. La mise en place du workflow permet de traiter plus rapidement et à moindres coûts les factures de fournisseurs ou les commandes de clients.
3. La dématérialisation consiste uniquement à numériser les documents papier et à les archiver dans le système de GED (gestion électronique des documents).
4. La signature électronique assure l'authenticité de la facture électronique et l'intégrité de son contenu.
5. Les cabinets d'expertise comptable peuvent traiter des données sensibles en réalisant des missions pour leurs clients.
6. La pseudonymisation est équivalente à l'anonymisation.
7. Le Code de commerce prévoit pour toutes les pièces comptables une durée de conservation de 10 ans.
8. Une fois validée, une écriture comptable peut être corrigée.
9. L'absence de communication ou la non-conformité du fichier d'écritures comptables expose l'entreprise à plusieurs sanctions cumulables.

APPLICATION 1* : DÉMATÉRIALISATION DES MARCHÉS PUBLICS

60 Min

TRAVAIL À FAIRE

À l'aide de vos connaissances et de vos recherches sur Internet, répondre aux questions suivantes.

1. Qu'est-ce qu'un profil d'acheteur ?
2. Avec cette plateforme, tous les échanges doivent être dématérialisés. Pourquoi ?
3. La plateforme garantit la sécurité et l'intégrité des échanges par horodatage et permet une traçabilité de tous les échanges. Expliquer les principes sous-jacents.

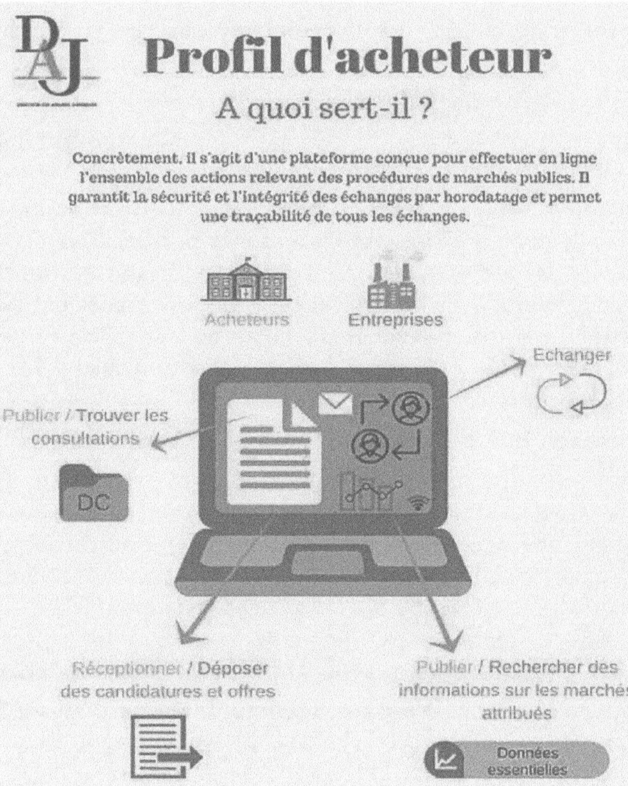

Guide pour les opérateurs économiques. Direction des affaires juridiques (DAJ) - Ministère de l'Économie et des Finances - avril 2019

APPLICATION 2** : COFFRE-FORT ÉLECTRONIQUE - POURQUOI LES EXPERTS-COMPTABLES DOIVENT-ILS S'Y INTÉRESSER ?

60 Min

TRAVAIL À FAIRE

À l'aide de vos connaissances et de vos recherches sur Internet, répondre aux questions suivantes.

1. Quel est l'intérêt d'un coffre-fort numérique ?
2. Quelles sont les différences avec un système d'archivage électronique ?
3. Que signifie la valeur probante d'un document ?
4. Comment le coffre-fort numérique peut-il garantir la valeur probante d'un document ?
5. Donner des exemples d'offres de coffre-fort numérique.

La dématérialisation des documents est à l'ordre du jour. Ce mouvement inéluctable qui tend à la disparition progressive des documents papier doit conduire à repenser la chaîne de circulation des documents au sein des différents services de l'entreprise et des cabinets. Et se pose donc la question de leur conservation en bout de chaîne.

Si les cabinets d'expertise comptable sont nombreux à disposer désormais d'une GED (gestion électronique de documents) ou d'un espace de stockage et/ou d'échange avec leurs clients, rares sont ceux qui proposent déjà de véritables solutions de coffres-forts numériques à leurs clients. Focus donc sur les notions importantes concernant le CFN (coffre-fort numérique) !

APPLICATION 3** : LE COFFRE-FORT, GARANT DE L'INTÉGRITÉ DES PROCESSUS DÉMATÉRIALISÉS

60 Min

TRAVAIL À FAIRE

1. Quelles sont les différences entre la GED (gestion électronique des documents) et le CFN (coffre-fort numérique) ?
2. Quel est l'intérêt de la normalisation dans le domaine de l'archivage ?
3. Quels sont les composants qui participent au fonctionnement du coffre-fort numérique ?

La dématérialisation des documents, que ce soit la numérisation ou la production d'originaux électroniques, est en plein essor dans les collectivités et les établissements publics français. Mais dématérialiser pose des questions. Une fois qu'une pièce l'est, comment en garantir son authenticité, son intégrité et par conséquence toute sa valeur juridique ? La conservation des documents est bel est bien la toute fin du processus de dématérialisation, mais ne pas sécuriser cette conservation remet en cause l'ensemble du processus. Entretien avec M. Gabriel Gil, expert en dématérialisation chez eDoc Group, société proposant une solution de coffre-fort numérique.

Bonjour M. Gil. Pour commencer, que dit la loi aujourd'hui en termes de conservation des documents dématérialisés ?

La réglementation évolue très vite à ce sujet et elle précise les exigences à respecter. Le cadre réglementaire précise que c'est le propriétaire des documents dématérialisés qui doit respecter les exigences imposées. Le cadre normatif permet d'apporter pour chaque exigence une réponse technique. C'est là qu'entre en jeu le coffre-fort numérique. Celui-ci, pour répondre aux exigences réglementaires liées à la conservation intègre des objets archivés, doit respecter un certain nombre de critères qui sont régis par une norme de l'Association française de normalisation (AFNOR). La dernière certification en date **étant la norme NF 203 CCFN.**

Pourquoi est-ce si important de bien conserver ses documents dématérialisés ?

Aujourd'hui, beaucoup de collectivités ou d'établissements publics conservent les documents dématérialisés sans prendre de précautions particulières. Pourtant, comme je l'ai dit précédemment, c'est leur responsabilité.

→

→ S'il y a un litige quelconque au sujet d'une pièce justificative, et que l'organisme public n'est pas en mesure de prouver la réalité de l'existence de sa pièce et que celle-ci ait été conservée dans des conditions garantissant son intégrité, alors le juge peut tout simplement la répudier. La problématique n'étant pas le contenu du document en lui-même, mais plutôt la forme : comment il a été géré durant tout son cycle de vie. **En ce sens, il faut bien distinguer la gestion électronique de documents (GED) – qui permet d'optimiser le classement et la recherche des documents – du coffre-fort numérique qui lui, en garantit la conservation et l'intégrité.** L'un et l'autre ont donc des propriétés qui lui sont propres.

Et techniquement, comment cela se passe-t-il ?

Le coffre-fort numérique s'appuie sur divers composants dont les processus cryptographiques, le calcul d'empreintes et horodatage, ainsi que la production de journaux de traçabilité signés, chaînés et archivés. Pour être plus précis, il y a différents niveaux. Le premier consiste, lors du versement dans le coffre, à calculer pour chaque document une empreinte ou un condensat. C'est une série unique de chiffres et de lettres qui permettra de vérifier son intégrité. Ensuite, la trace du versement est horodatée et mise dans un « journal » numérique (dit de séquestre) au sein du coffre-fort. Et ce « journal », qui est quotidien, est lui-même à la fin de chaque journée signé, horodaté et chaîné « au journal du lendemain ». Cette série d'éléments de sécurisation assure une intégrité parfaite aux documents dématérialisés. Pour prouver qu'une pièce existe, il suffit de vérifier dans le « journal ». Bien entendu le document a lui aussi été déposé dans le coffre-fort numérique !

Pour conclure, quels types de documents préconisez-vous de conserver dans un coffre-fort numérique ?

Il ne faut pas voir le coffre-fort numérique comme un lieu de stockage de quelques éléments que l'on considérerait plus confidentiels que d'autres. Ce serait se tromper d'utilité car, en réalité, le coffre-fort numérique permet avant tout de sécuriser des processus complets (un ensemble de pièces provenant de différents services d'une collectivité qui forment une chaîne complète et sécurisée). Le coffre-fort numérique offre un véritable système séquentiel. Prenons l'exemple de la piste d'audit fiscal. Si, pendant mon processus, j'ai bien mis dans mon coffre-fort numérique, les unes après les autres, toutes les pièces dématérialisées (appel d'offres, pièces du marché, commande, attestation de réalisation de prestation, attestation de service fait, facture et mandat), je suis en capacité d'assurer à qui de droit l'intégrité de l'ensemble de la chaîne (pas d'altération des documents) et en plus, de fournir un historique (via l'horodatage). C'est l'assurance tout risque pour les organismes publics.

Merci à vous.

https://www.cegid.com/fr/blog/coffre-fort-processus-dematerialises/ - 9 Novembre 2017

APPLICATION 4** : CHAMBERSIGN, UN INCONTOURNABLE PIONNIER DE LA CONFIANCE NUMÉRIQUE

90 Min

TRAVAIL À FAIRE

À l'aide de vos connaissances et de vos recherches sur Internet, construire un tableau comparatif entre deux ou trois prestataires de certificats électroniques sur la base de plusieurs critères : le coût, l'utilisation, la compatibilité, la signature, la technologie utilisée…

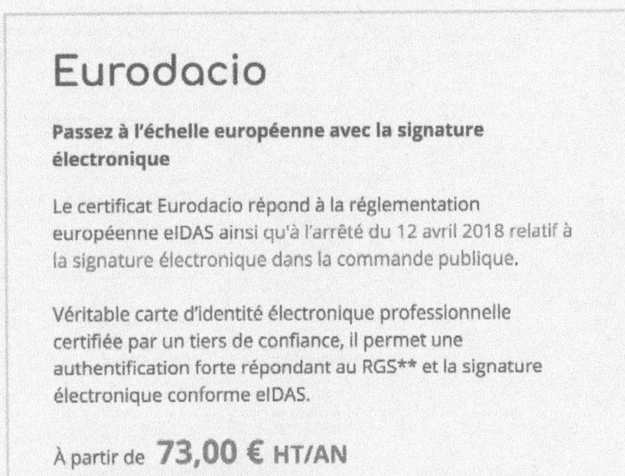

https://www.chambersign.fr/eurodacio-9.html

MINI-CAS DE SYNTHÈSE

Compétences attendues

Concernant les factures et autres pièces comptables, le candidat doit expliciter :
- **les modalités d'établissement (manuel ou informatisé);**
- **les délais de conservation (comptables, juridiques et fiscaux);**
- **la réglementation en matière de facture électronique;**
- **la signature électronique.**

À partir d'une documentation fournie au candidat, il peut lui être demandé de répondre à des questions relatives à l'établissement, la conservation et la transmission des fichiers informatisés obligatoires (fichier des écritures comptables, déclaration sociale nominative...). En outre, le candidat doit être capable d'expliquer les procédures de transmission des différentes déclarations en EDI (liasses fiscales, TVA...) auprès de certaines parties prenantes.

À partir d'une documentation fournie, il peut notamment être attendu du candidat : d'identifier les impacts de ces pratiques au sein des différentes entités (notamment les contrôles à mettre en œuvre); d'énumérer les avantages et inconvénients; d'expliquer les conséquences pour les différentes parties prenantes.

- **Proposer des modalités adaptées de sauvegarde et de confidentialité des données comptables, dans une situation donnée.**

Le candidat doit connaître, dans une situation donnée : les supports de conservation et d'archivage des données utilisées (dans un environnement dématérialisé); l'importance de la confidentialité au regard de la réglementation en matière de protection des données personnelles; la sécurité informatique.

CHORUS PRO ET DÉMATÉRIALISATION DE LA COMPTABILITÉ PUBLIQUE ★★★ 1h15

Chorus Portail Pro (CPP 2017) remplace l'outil Chorus Factures qui avait été lancé le 1er janvier 2012 pour répondre à l'obligation faite à l'État d'accepter les factures dématérialisées émises par ses fournisseurs à compter du 1er janvier 2012 par la loi de modernisation de l'économie dite LME du 4 août 2008.

Depuis 2012, l'État est dans l'obligation de recevoir toutes les factures de ses fournisseurs par voie électronique. Les émetteurs de factures dématérialisées (appelés fournisseurs) à destination de l'État, des collectivités locales et de leurs établissements publics respectifs (appelés collectivités), doivent ou devront suivre un calendrier progressif **obligatoire** (depuis janvier 2017, voir détails ci-dessous) pour émettre leurs factures via le portail Chorus Pro. Pour répondre à ce besoin, le portail **Factures Chorus Pro** a été mis en place.

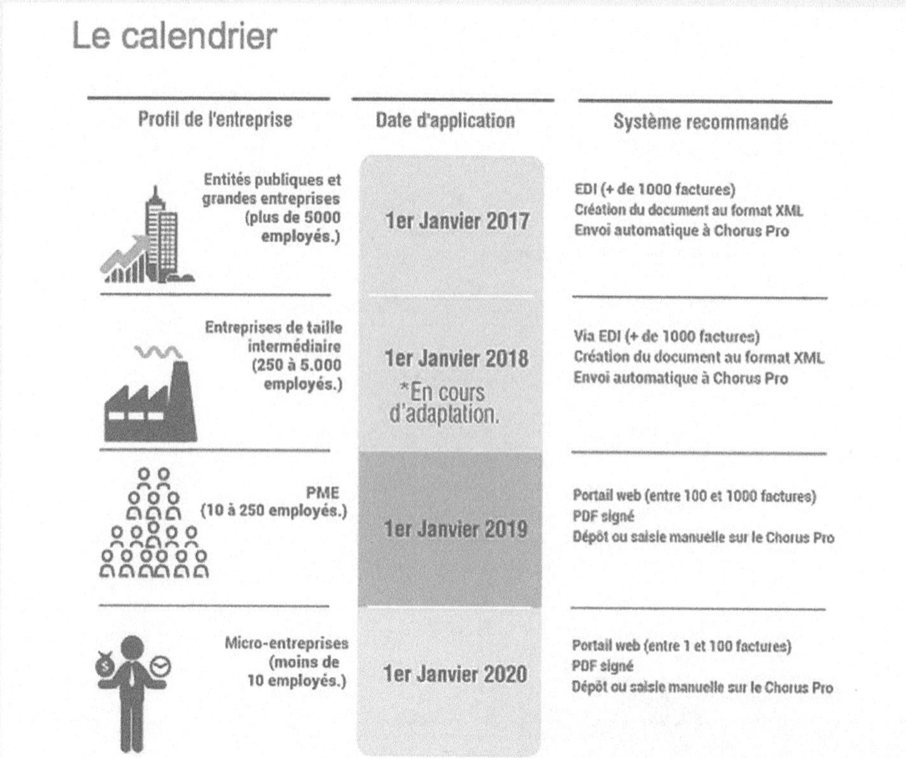

https://www.edicomgroup.com/fr_FR/solutions/Portail-Chorus-Pro/De-quoi-sagit-il.html

Chorus Pro, quesaco ?

La facture peut être enregistrée sous plusieurs formats : EDI, PDF ou un mixte XML-PDF.

Afin de s'adapter au maximum de cas, Chorus Pro propose **trois modes d'accès différents** pour émettre ou recevoir des factures via le portail :

- **mode « EDI »** qui correspond au mode le plus poussé en terme d'intégration et d'automatisation, puisque tous les échanges se font en raccordement direct ou via un opérateur de dématérialisation ;
- **mode « service »** qui permet d'accéder aux fonctionnalités du portail directement depuis le système d'information du fournisseur par appel d'API ;
- **mode « portail »** qui consiste à télécharger ou saisir manuellement les factures depuis le portail.

Si les modes « service » et « portail » permettent de bénéficier de toutes les fonctionnalités proposées par CPP, ce ne sera pas le cas avec le mode EDI qui ne permettra que d'émettre et de s'assurer de la bonne réception des factures.

Les deux autres modes pourront en plus :

- consulter les engagements et les bons de commandes émis par les services de l'État ;
- réaliser l'archivage des factures et pièces jointes pendant 10 ans ;
- gérer les utilisateurs et leurs habilitations ;
- bénéficier de l'assistance utilisateur en cas de difficultés ;
- qualifier les interfaces avec CPP avant la mise en production.

En termes de déploiement, le mode « Portail » sera rapide puisque le seul prérequis sera de créer sa fiche structure et ses utilisateurs.

En mode « service » et « EDI », vous devrez par contre établir un rétroplanning incluant les phases de spécifications, développement, qualification paramétrage et suivi du démarrage.

La dématérialisation de vos factures est synonyme de **réduction** :

- des coûts... et oui, plus besoin de timbres, d'enveloppes ou papier ;
- des tâches administratives répétitives et sans valeur ajoutée ;
- des délais de traitement et donc de paiement.

La mise en place des statuts de la facture électronique dans Chrorus Pro permet de suivre l'avancée du traitement des dossiers. En effet, la facture électronique peut être :

- déposée ;
- en cours d'acheminement vers le destinataire ;
- mise à disposition du destinataire ;
- comptabilisée ;
- rejetée, le cas échéant ;
- mise en paiement (correspondant à la transmission du fichier de virement).

Ce système de suivi en ligne de l'état de traitement des factures va non seulement améliorer la traçabilité et donc le contrôle, mais aussi la qualité de vos relations avec vos clients en apportant plus de fluidité dans vos échanges. Fini les relances téléphoniques intempestives pour savoir si la facture a bien été réceptionnée et où en est le paiement... Vous pourrez vous consacrer à 100 % à la satisfaction de vos clients en écartant les questions administratives potentiellement source de tensions.

La dématérialisation des factures peut aussi constituer un **avantage concurrentiel**, car on retrouve de plus en plus souvent des clauses de dématérialisation obligatoires dans les contrats fournisseurs.

https://www.gestimum.com/conseils/comptabilite/chorus-pro-quesaco/

MISSIONS

1. ***Quels sont les gains attendus du système Chorus Pro ?***
2. ***Quels sont les formats pris en charge par la solution Chorus Pro ?***
3. ***Selon quelles modalités un fournisseur peut-il avoir recours au mode « service » ? Comment choisir entre le mode de transmission « EDI » et le mode « service » (via API) ?***
4. ***Est-ce que la dématérialisation peut entraîner un changement dans le nombre de factures émises par le fournisseur à destination de son client ?***
5. ***Comme tout système, Chorus Pro n'est pas sans inconvénients. Quels sont-ils ?***

CHAPITRE 23 : PROGICIEL DE GESTION INTÉGRÉ ET TRAITEMENT COMPTABLE

COMPÉTENCES ATTENDUES

- **Indiquer** les principales fonctionnalités des logiciels comptables et des modules comptables de progiciels de gestion intégrés.
- **Expliquer** les modalités pratiques de validation et de clôture des écritures comptables.
- **Indiquer** les modalités de passage d'un exercice à un autre.
- **Appréhender** les conséquences de ce passage sur le bilan d'ouverture.

FICHE RESSOURCES

1 - PGI et comptabilité informatisée

PGI	Le PGI est défini comme étant un progiciel regroupant différents modules de gestion, gérés au sein d'une même application et pouvant couvrir la totalité des besoins métiers de l'entreprise. Il est d'ailleurs communément admis qu'un PGI couvre au minimum trois grandes fonctions de l'entreprise (par exemple, les finances, la gestion commerciale ou encore la gestion de production). Le cœur d'un PGI repose sur une base de données centralisée garantissant l'unicité des informations. Le PGI vise ainsi à répondre aux problèmes posés par les systèmes d'information présentant des redondances, incohérences ou problématiques de communication. Il s'appuie sur un système de workflow qui permet d'automatiser des processus formalisés de circulation de l'information. Lorsqu'une donnée est entrée dans le système d'information, celui-ci la propage dans tous les modules du système qui en ont besoin, selon une programmation prédéfinie. L'établissement d'une facture de vente entraîne une écriture qui va être automatiquement enregistrée dans le journal de vente. Le stock sera automatiquement décrémenté et une alerte de réapprovisionnement sera éventuellement déclenchée si le stock atteint le niveau d'alerte. La facture est inscrite dans les tableaux de bord commerciaux, et mise à la disposition du service financier en attente d'encaissement. En cas d'annulation, elle pourra être transformée en avoir et le stock sera automatiquement réincrémenté.
Comptabilité informatisée	La comptabilité informatisée concerne l'ensemble des systèmes qui contribuent à la production des écritures comptables. Depuis le 1er janvier 2014, une présentation papier des écritures comptables n'est plus jugée recevable pour les contribuables en raison de l'obligation de fournir une version informatisée. Depuis le 1er janvier 2017, le fisc peut réaliser une opération de contrôle à distance, les entreprises étant contraintes de lui adresser une copie du **fichier des écritures comptables** (FEC) sous une forme dématérialisée. Le Plan Comptable Général transpose aux comptabilités informatisées les principes obligatoires de tenue des comptabilités « manuelles ». Le respect de ces principes est la condition nécessaire des caractères régulier, sincère et probant des comptabilités informatisées. L'obligation d'absence de tout blanc ou altération imposée aux comptabilités manuelles par l'**article 420-5 du Plan Comptable Général**, s'applique aux comptabilités informatisées sous forme d'une procédure de validation interdisant toute modification ou suppression. Les fonctions d'un logiciel permettant la suppression d'une écriture validée ou sa modification s'opposent au principe d'irréversibilité de l'enregistrement des écritures comptables. Un logiciel comptable qui ne garantit pas l'irréversibilité et l'intangibilité des écritures validées, conformément à l'article 420-5 du Plan Comptable Général, pourra constituer un élément conduisant à s'interroger sur les caractères régulier et probant de la comptabilité. Une fois les comptes clôturés, le logiciel comptable doit proposer une fonctionnalité d'exportation du fichier des écritures comptables au bénéfice de tiers, dont le fisc, dans un format aisément exploitable **(article A. 47 A-1 du Livre des procédures fiscales - LPF)**.

2 - Organisation de la comptabilité informatisée

Principe

Art. 410-4 du PCG : « l'organisation de la comptabilité tenue au moyen de systèmes informatisés implique l'accès à la documentation relative aux analyses, à la programmation et à l'exécution des traitements, en vue, notamment, de procéder aux tests nécessaires à la vérification des conditions d'enregistrement et de conservation des écritures.

Toute donnée comptable entrée dans le système de traitement est enregistrée, sous une forme directement intelligible, sur papier ou éventuellement sur tout support offrant toute garantie en matière de preuve ».

La plupart des progiciels comptables sont organisés en système centralisateur.

Le paramétrage du progiciel pour l'adapter aux besoins de l'entreprise nécessite une analyse de l'organisation et une définition précise des méthodes de travail (liste des journaux nécessaires et opérations concernées, codification des comptes de tiers, codification des pièces…).

Après **imputation** sur un **bordereau de saisie** ou sur le document comptable de base lui-même, les informations sont **saisies** au clavier dans un journal provisoire ou un **brouillard de saisie**. Après contrôle, les écritures saisies font l'objet d'une validation qui entraîne la mise à jour automatique des comptes.

Par la suite, la base de données ainsi constituée est utilisée pour les éditions des documents comptables (journaux, comptes, balances), les consultations à l'écran des comptes et les traitements comptables situés en aval (compte de résultat, bilan, préparation des déclarations fiscales, tableau d'analyse…).

Procédure

- Il est possible d'utiliser plusieurs **journaux auxiliaires** regroupant les opérations identiques : journal des achats, journal des ventes, journal de banque, journal de caisse, journal des opérations diverses.
- Chaque jour, les enregistrements sont saisis dans les différents journaux auxiliaires (journal des achats, journal des ventes, journal de banque, journal de caisse, journal des opérations diverses) avec une mise à jour des comptes individuels des clients et des fournisseurs.

Après totalisation des différents journaux auxiliaires, les totaux ainsi obtenus sont reportés ou transférés, par centralisation, globalement dans un journal unique en fin de mois : **le journal général**.

Les comptes de tiers : clients et fournisseurs peuvent être regroupés en fin de mois sous forme de relevés nominatifs des clients ou balance des clients, de relevés nominatifs des fournisseurs ou balance des fournisseurs. La mise à jour permanente des comptes et les performances des logiciels spécialisés permettent la connaissance en temps réel de la situation de l'ensemble des comptes par simple consultation avec possibilité d'édition.

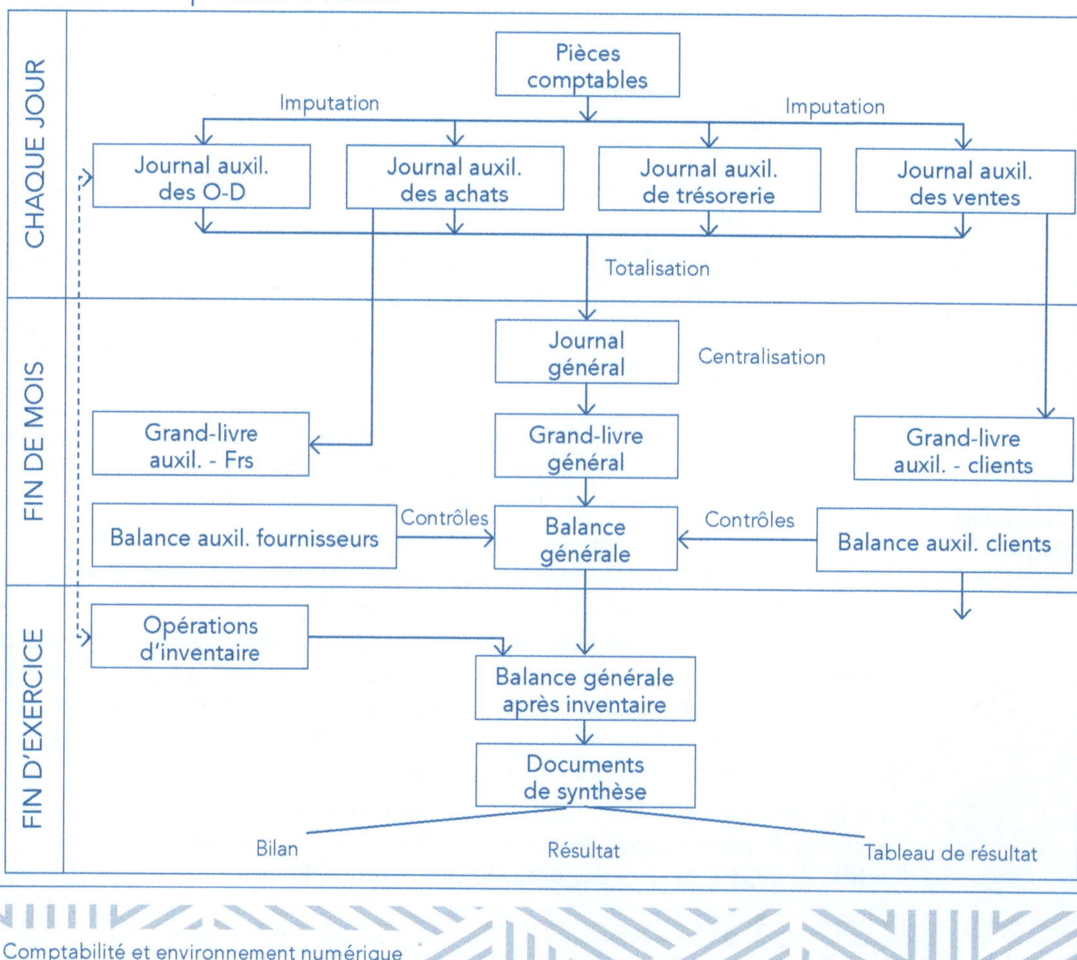

3 - Les fonctionnalités des logiciels comptables

Fonctions de base

L'organisation comptable et les traitements vus précédemment se retrouvent dans les fonctionnalités des différents progiciels de comptabilité, disponibles actuellement dans les entreprises et les administrations publiques et privées.

La tenue de la comptabilité est la fonctionnalité de base de tout logiciel comptable. Pour l'effectuer dans de bonnes conditions, le logiciel doit notamment permettre de :

- créer son propre plan comptable ou d'adapter un plan fourni par défaut ;
- créer ses journaux comptables (journal des achats, journal des ventes, journal de banque…), et gérer les journaux auxiliaires ;
- renseigner toutes les informations nécessaires lorsque l'on enregistre une écriture (date, nature, comptes, libellé, lien avec la pièce justificative, montant (HT, TVA, TTC)).

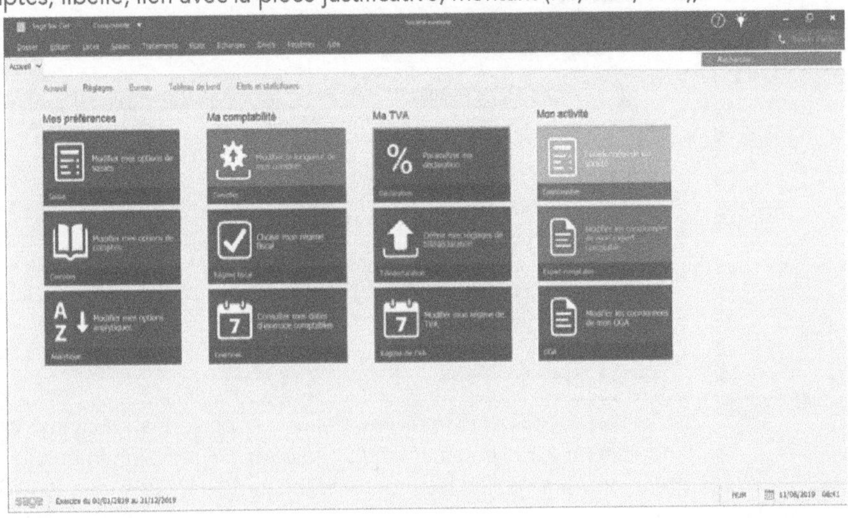

Source : auteur

La gestion des comptes généraux et comptes auxiliaires

Dans certains cas, notamment s'il y a de nombreux comptes clients ou fournisseurs, des comptes auxiliaires peuvent être utiles. On pourra alors obtenir des balances comptables avec uniquement les comptes généraux pour une vision synthétique de la situation. Cela permet de créer un compte comptable auxiliaire pour chaque fournisseur ou pour chaque client, évitant ainsi une gestion sur un seul et unique compte. Les comptes auxiliaires ainsi créés sont ensuite rattachés à un compte centralisateur.

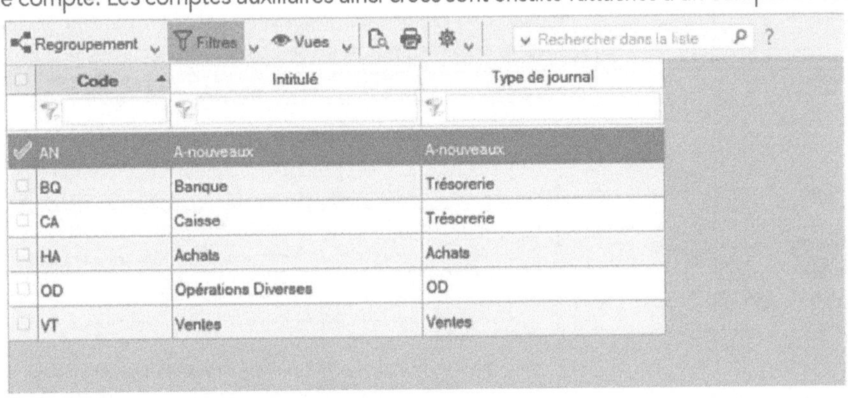

Code	Intitulé	Type de journal
AN	A-nouveaux	A-nouveaux
BQ	Banque	Trésorerie
CA	Caisse	Trésorerie
HA	Achats	Achats
OD	Opérations Diverses	OD
VT	Ventes	Ventes

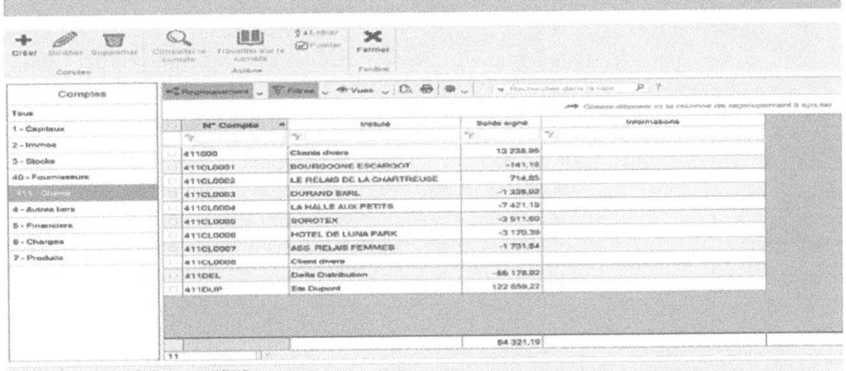

→

L'édition et lettrage des comptes auxiliaires

Le lettrage des comptes auxiliaires est extrêmement précieux pour gérer dans le détail les en-cours clients et les relances.

Le lettrage des comptes de tiers permet de rapprocher les montants qui figurent dans un compte de tiers (fournisseurs et clients notamment). Par exemple :

- une dette provenant d'une facture d'un fournisseur est reliée à son règlement ;
- une créance provenant d'une facture émise à un client est reliée à son règlement.

Ainsi, la comptabilité est « nettoyée », les comptes de tiers ne comporteront que les mouvements non lettrés. C'est également plus simple pour gérer les paiements fournisseurs et les relances clients d'après les informations issues de la comptabilité. Elle permet d'avoir une gestion plus précise de la trésorerie.

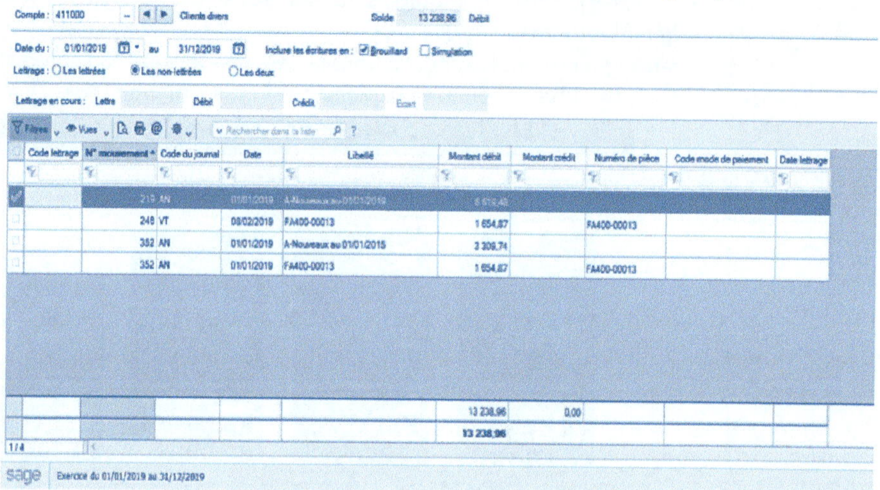

La création de modèles d'enregistrements comptables

Une fois les modèles comptables réalisés, la personne en charge de l'enregistrement des pièces comptables n'aura seulement qu'à indiquer les renseignements nécessaires (date, référence de l'opération…), ainsi que les montants figurant sur la facture à leurs emplacements sur le modèle. Les modèles de saisies comptables apportent une grande simplicité de travail, une grande fiabilité et un gain de temps très important (écriture d'achat de marchandises, écriture de loyer immobilier, écriture d'abonnement téléphonique…).

La sauvegarde des données comptables

Pour plus de sécurité, le logiciel comptable devra proposer un module de sauvegarde et de restauration des données.

La version en ligne du logiciel de comptabilité doit aussi permettre de réaliser des sauvegardes de la comptabilité pour des raisons de sécurité. Il est aussi conseiller de dupliquer les sauvegardes sur un support qui sera stocké dans un endroit sécurisé (physique ou en ligne).

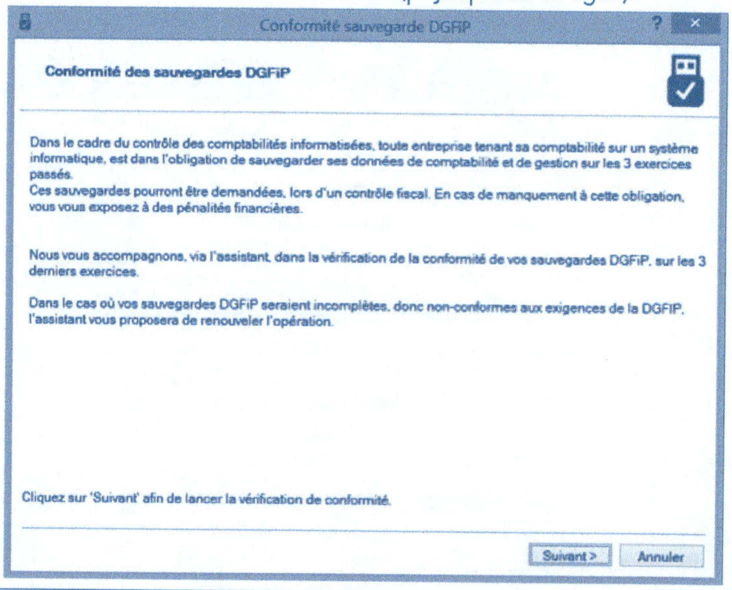

→

La possibilité d'importer et d'exporter les écritures comptables	La possibilité d'importer des données comptables ou de les exporter est une fonctionnalité importante, notamment lorsque l'entreprise travaille avec un expert-comptable ou en cas de changement de logiciel comptable. Ainsi, il doit être possible de générer des fichiers d'écritures sous un format informatique permettant leur import dans d'autres logiciels de comptabilité (celui de l'expert-comptable notamment). 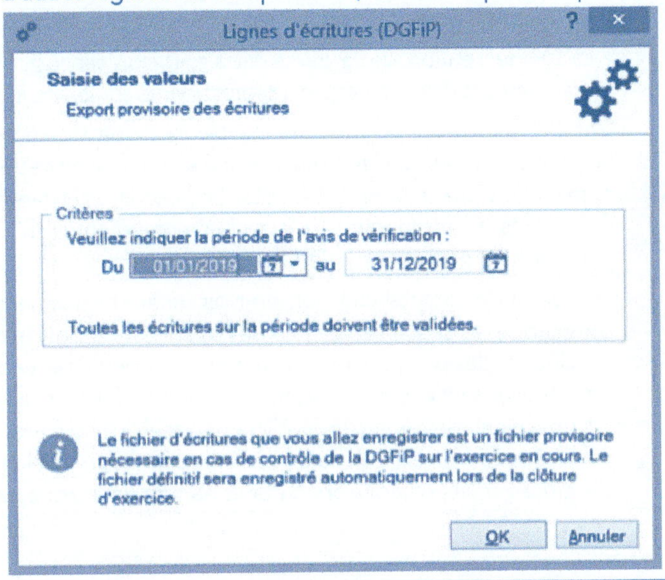
Intégration des données bancaires	L'intégration des données bancaires permet à l'entreprise de transférer automatiquement les informations de ses relevés bancaires en comptabilité, ce qui se traduit par un gain de temps et un risque d'erreur moindre. Plusieurs logiciels de comptabilité permettent l'intégration des données bancaires. 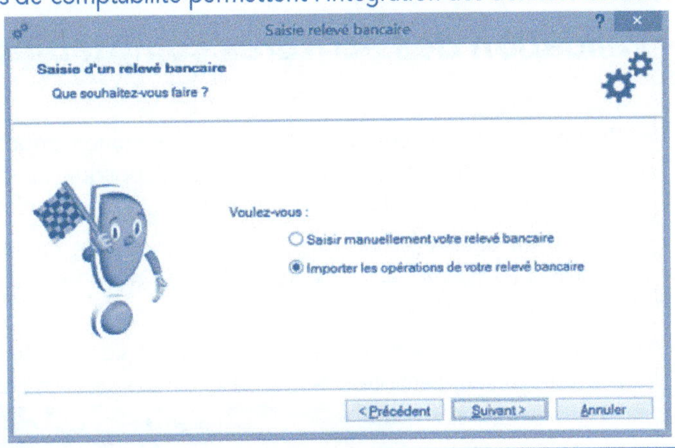
Générer le fichier des écritures comptables	Les entreprises soumises à un régime réel d'imposition doivent être en mesure de transmettre à l'administration fiscale leur fichier informatique des écritures comptables. Ce fichier est généré grâce au logiciel de comptabilité.
Proposer l'édition des livres comptables obligatoires	Toute entreprise soumise à un régime réel d'imposition doit également tenir des livres comptables obligatoires : un livre-journal, un grand-livre et un livre d'inventaire (ce dernier est néanmoins supprimé pour les exercices ouverts à compter du 1er janvier 2016). Ces livres sont générés à partir du logiciel de comptabilité.
Permettre d'éditer un bilan et un compte de résultat	Toute entreprise soumise à un régime réel d'imposition doit produire des comptes annuels (bilan, compte de résultat et annexe dans certains cas). Il faut donc que le logiciel utilisé permette de produire ces documents comptables et d'éditer à tout moment une balance comptable générale, une balance ciblée par comptes (balances auxiliaires clients et fournisseurs) et/ou par date, ou un extrait de compte.

Connecté à la gestion commerciale	Dans le cas de l'utilisation d'une application de gestion commerciale externe au logiciel de comptabilité, il est recommandé d'utiliser une solution permettant de connecter les deux applications pour pouvoir déverser automatiquement dans la comptabilité les écritures comptables provenant de la gestion commerciale (facturations clients, voire certains fournisseurs).
Déclarations	• La télédéclaration de la TVA peut être effectuée gratuitement dans son espace professionnel sur le site impôt.gouv.fr . • La télédéclaration de la liasse fiscale, lorsqu'elle est simple, peut également être effectuée gratuitement dans son espace professionnel sur le site impôt.gouv.fr . Une des autres grandes fonctionnalités que doit posséder un bon logiciel de comptabilité est la génération des déclarations destinées à l'administration fiscale parfaitement conformes aux normes en vigueur. Il devrait faciliter l'édition des déclarations de TVA, ainsi que l'ensemble des documents à transmettre aux autorités compétentes. S'il est bien paramétré, il devrait même permettre de gérer l'intégralité du processus déclaratif (gestion des taxes et des impôts).
Les ouvertures et clôtures d'exercices	Le logiciel de comptabilité doit pouvoir gérer efficacement les ouvertures et clôtures d'exercices comptables, ainsi que l'archivage des données. Le logiciel doit ainsi offrir la possibilité de : • clôturer des périodes provisoirement puis définitivement; • travailler sur l'exercice suivant sans devoir clôturer celui en cours; • pouvoir consulter la comptabilité des exercices clôturés définitivement; • bloquer l'exercice en cours pour interdire tout nouvel enregistrement comptable; • procéder aux éditions obligatoires au titre de chaque exercice et à l'archivage des données.

4 - Validation des écritures comptables informatisées

Principes	L'obligation d'absence de tout blanc ou altération imposée aux comptabilités manuelles par l'article 921-3 du Plan Comptable Général, s'applique aux comptabilités informatisées sous forme d'une procédure de validation qui interdit toute modification ou suppression.
Avant validation	L'utilisateur peut modifier tout élément de l'écriture comptable. En effet, tant que la validation n'est pas demandée par l'utilisateur, les écritures en mode brouillard présentent un caractère tangible de la comptabilité. Les éditions faites à partir de ce mode de saisie constituent simplement des listes de contrôle appelées couramment brouillard de saisie, procès-verbal d'entrée, accusé de réception de saisie, etc. 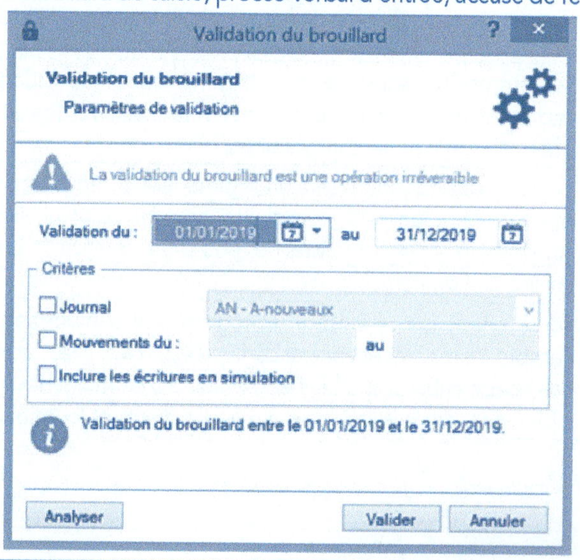

→

Validation	Il s'agit d'une phase de traitement informatique volontaire, activée grâce à une fonction du logiciel, qui consiste à figer les différents éléments de l'écriture de telle façon que toute modification ultérieure de l'un de ses éléments soit impossible. L'article 921-2 du Plan Comptable Général précise que les écritures des journaux doivent être récapitulées au livre-journal au jour le jour, ou à défaut une fois par mois.
Après validation	Le livre-journal d'une comptabilité informatisée ne présente les caractères régulier, sincère et probant qu'après validation des écritures comptables. Les fonctions d'un logiciel qui permettent la suppression d'une écriture validée ou sa modification s'opposent au principe d'irréversibilité de l'enregistrement des écritures comptables. À ce titre, l'utilisation de telles fonctions est prohibée. Un logiciel comptable qui ne garantit pas l'irréversibilité et l'intangibilité des écritures validées, conformément à l'article 921-3 du Plan Comptable Général, pourra constituer un élément conduisant à s'interroger sur les caractères régulier et probant de la comptabilité. Le caractère explicite de la validation pourra se traduire, pour l'utilisateur du logiciel, par un message d'avertissement relatif au caractère irréversible de cette procédure. La validation implique de respecter plusieurs conditions essentielles au regard des principes comptables : • associer à chaque écriture la date de valeur comptable ou la date de validation, ainsi que la référence à la pièce justificative qui l'appuie (article 922-1 du Plan Comptable Général) ; • permettre d'assurer la permanence du chemin de révision entre les pièces justificatives et la comptabilité (article 911-3 du Plan Comptable Général) ; • rendre irréversible le contenu d'une écriture comptable validée en interdisant toute modification ou suppression (article 921-3 du Plan Comptable Général).

5 - Clôture de l'exercice comptable informatisé

Principes	La clôture de l'exercice comptable donne une synthèse annuelle et apporte une vision analytique de la santé économique de l'entreprise. Par défaut, la clôture de l'exercice se fait au 31 décembre, mais une autre date peut être choisie en fonction des choix stratégiques de l'entreprise. Le troisième alinéa de l'**article L. 123-12 du Code de commerce** énonce que toute personne physique ou morale ayant la qualité de commerçant « doit établir des comptes annuels à la clôture de l'exercice au vu des enregistrements comptables et de l'inventaire. Ces comptes annuels comprennent le bilan, le compte de résultat et une annexe, qui forment un tout indissociable ». Pour les comptabilités informatisées, lorsque la date de l'opération correspond à une période déjà figée par la clôture, l'opération concernée est enregistrée à la date du premier jour de la période non encore clôturée, avec la mention expresse de sa date de survenance. La clôture peut donc intervenir à l'issue d'une période ou au terme de l'exercice. On définit la période comme un intervalle de temps durant laquelle des écritures sont enregistrées de manière chronologique, conformément à l'article 921-2 du Plan Comptable Général et à l'**article L. 123-12 du Code de commerce**, en vue de leur centralisation (par mois ou trimestre par exemple) afin d'établir des situations intermédiaires en cours d'exercice comptable. Avant toute clôture d'exercice, le système de comptabilité informatisée devrait, pour le moins, rappeler l'obligation de validation de l'ensemble des écritures enregistrées. Après la clôture, les fonctions du logiciel doivent permettre la consultation des écritures, l'édition ou la réédition des états comptables. Le logiciel comptable devra donner la possibilité d'exporter le fichier des écritures comptables au bénéfice de tiers ou de l'administration fiscale, dans un format aisément exploitable indépendamment du logiciel de comptabilité, conformément aux normes prévues à l'**article A. 47 A-1 du LPF**. La réouverture d'un exercice clôturé à des fins de modification ou de suppression des écritures comptables est interdite conformément aux articles 921-3 et 921-4 du Plan Comptable Général.

→

<table>
<tr>
<td>Principes
(suite)</td>
<td>
La permanence du chemin de révision :
Conformément à l'article 911-3 du Plan Comptable Général, les comptabilités informatisées doivent permettre de reconstituer, à partir des pièces justificatives appuyant les données entrées, les éléments des comptes, états et renseignements soumis à la vérification, ou, à partir de ces comptes, états et renseignements, de retrouver ces données et les pièces justificatives.

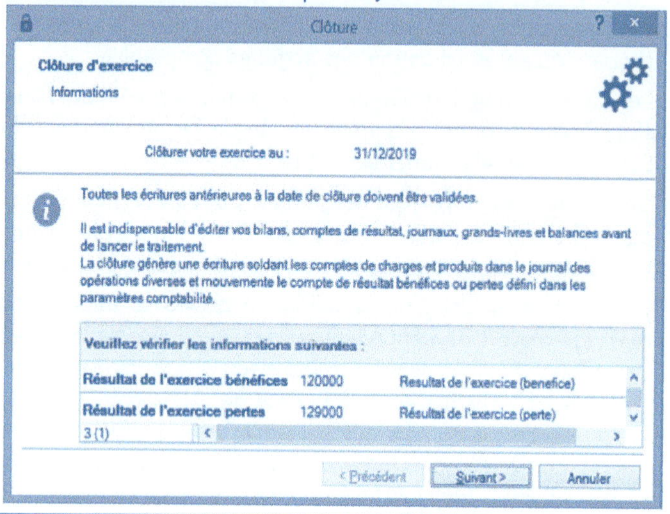

</td>
</tr>
</table>

6 - Processus de clôture et d'ouverture de l'exercice comptable informatisé

Phase de clôture	Lors de la clôture, tous les comptes de produits et charges doivent être soldés, les comptes du grand-livre et les écritures des journaux doivent être arrêtés. Avant de procéder à cette clôture, une sauvegarde de la comptabilité de l'exercice doit être effectuée pour pouvoir la restaurer et l'exploiter en cas de besoin. Pour procéder à la clôture de l'exercice comptable, toutes les écritures qui ont été saisies sur l'année doivent être validées. Des documents doivent être édités et conservés pour pouvoir les produire en cas de contrôle fiscal : balances générale et auxiliaire, grands-livres général et auxiliaire, journal centralisateur, journaux auxiliaires. Avant la clôture définitive de la comptabilité, le logiciel pourra afficher à l'écran le résultat comptable correspondant à la période ; il faut alors bien vérifier que ce résultat est celui qui figure sur le bilan et la liasse fiscale. Après cette clôture et ces éditions, il est conseillé de faire une autre sauvegarde de l'exercice clôturé.
Phase d'ouverture	À l'ouverture de l'exercice comptable suivant, la date proposée sera celle de la précédente clôture comptable avancée de douze mois. Lors de cette ouverture, le logiciel permet une reprise avec des « à nouveau ». Dans ce cas, toutes les opérations non soldées à la fin du dernier exercice seront reprises dans la comptabilité. Dans la négative, il n'y aura pas les éléments initiaux de la comptabilité ; tous les comptes seront remis à zéro (compte bancaire à zéro, aucune dette fournisseurs, aucune créance clients).
Phase de lancement	Après la phase d'ouverture précédente, il convient d'annuler les écritures d'inventaire passées par l'expert-comptable en fin d'exercice. Elles doivent être comptabilisées de nouveau mais en sens inverse (le débit passe en crédit et inversement).

APPLICATIONS

CONTRÔLE DE CONNAISSANCES

Répondre par «oui» ou par «non» aux affirmations ci-dessous en donnant les explications nécessaires.

1. Le lettrage des comptes auxiliaires permet de gérer dans le détail les en-cours clients et les relances.

2. Un logiciel comptable ne garantit pas l'irréversibilité et l'intangibilité des écritures validées.

3. L'intégration des données bancaires est une opération complexe, elle se traduit par une perte de temps, ainsi qu'un risque d'erreur et de perte des données.

4. L'utilisateur peut modifier ou supprimer tout élément de l'écriture comptable.

5. La clôture peut intervenir uniquement à l'issue de l'exercice comptable.

6. L'obligation d'absence de tout blanc ou altération imposée aux comptabilités manuelles par l'article 420-5 du Plan Comptable Général, ne s'applique pas aux comptabilités informatisées.

7. Une présentation papier des écritures comptables est toujours recevable pour les contribuables.

APPLICATION 1★ : SAISIE DES ÉCRITURES COMPTABLES SUR LOGICIEL CEGID

15 Min

TRAVAIL À FAIRE

Expliquer les trois lignes du tableau.

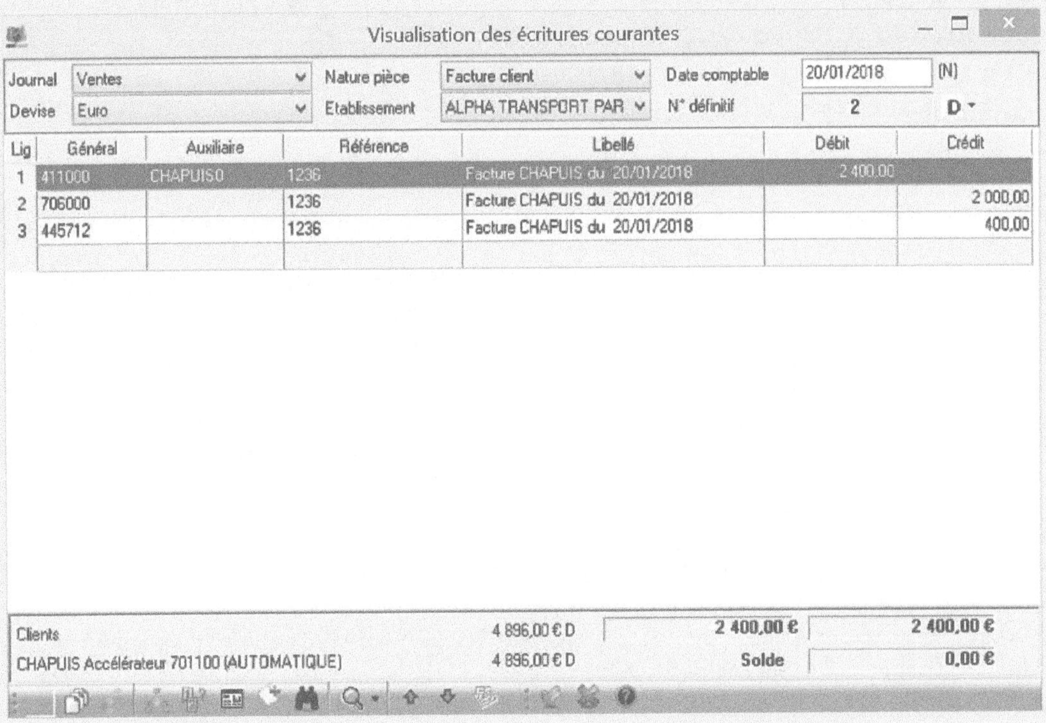

Visualisation des écritures courantes

Journal : Ventes — Nature pièce : Facture client — Date comptable : 20/01/2018 (N)
Devise : Euro — Etablissement : ALPHA TRANSPORT PAR — N° définitif : 2 D

Lig	Général	Auxiliaire	Référence	Libellé	Débit	Crédit
1	411000	CHAPUIS0	1236	Facture CHAPUIS du 20/01/2018	2 400,00	
2	706000		1236	Facture CHAPUIS du 20/01/2018		2 000,00
3	445712		1236	Facture CHAPUIS du 20/01/2018		400,00

Clients	4 896,00 € D	2 400,00 €	2 400,00 €
CHAPUIS Accélérateur 701100 (AUTOMATIQUE)	4 896,00 € D	Solde	0,00 €

APPLICATION 2** : LE LETTRAGE COMPTABLE DANS UN LOGICIEL : INTÉRÊT ET ASTUCES

25 Min

TRAVAIL À FAIRE

1. Quel est l'intérêt du lettrage comptable dans un logiciel ?
2. Quel est le paramétrage du logiciel à réaliser pour effectuer le lettrage ?
3. L'opération inverse nommée délettrage est-elle possible dans le logiciel ? Dans quels cas ?

Le lettrage comptable, ou lettrage des comptes, est une opération très importante en comptabilité.

Tous les logiciels de comptabilité ont cette fonction de lettrage comptable qu'il est important de savoir utiliser parce qu'elle permet de repérer erreurs et anomalies. Lettrer les comptes, c'est rapprocher les écritures de comptabilisation des factures des écritures de règlement, ou de paiement, correspondantes. Cela permet de vérifier qu'une facture a été payée et de faire ressortir uniquement les factures non réglées.

L'utilisation de la fonction de lettrage du logiciel comptable

Dans un logiciel comptable, il existe généralement deux fonctions de lettrage des comptes : le lettrage manuel et le lettrage automatique. Utiliser l'une ou l'autre fonction est une simple question de paramétrage du logiciel, et donc de choix de l'utilisateur.

Les comptes lettrables sont les comptes dits de tiers, les comptes dont le numéro commence par un 4, autrement dit, au minimum tous les comptes clients et fournisseurs.

Lorsque le logiciel est paramétré en lettrage comptable manuel, il suffit d'ouvrir les comptes fournisseurs ou clients, de sélectionner les factures qui apparaissent et leur règlement, et de demander au logiciel de lettrer les écritures sélectionnées, souvent par la fonction CTRL + CLIC, pour sélectionner plusieurs lignes d'écritures.

Lorsque le logiciel est paramétré pour un lettrage comptable automatique, à chaque fois que le solde du compte est à zéro à une date donnée, les écritures qui composent ce solde à zéro – factures et règlements – seront lettrées sans aucune intervention particulière.

APPLICATION 3** : LE FEC, OU FICHIER DES ÉCRITURES COMPTABLES, À REMETTRE LORS D'UN CONTRÔLE FISCAL

30 Min

TRAVAIL À FAIRE

À l'aide de vos connaissances et de vos recherches sur Internet, répondre aux questions suivantes.

1. Qu'est-ce qu'un fichier des écritures comptables (FEC) ?
2. Quelle est son utilité ?
3. Comment générer un FEC ?
4. Quand générer un FEC ?

Le cadre juridique du contrôle fiscal des comptabilités informatisées ne cesse de se préciser depuis 2006, et le législateur a renforcé le dispositif réglementaire au service de l'administration fiscale. La loi impose la remise d'une copie du fichier des écritures comptables (autrement dit le FEC) sous forme dématérialisée et dans un format bien défini pour la présentation de la comptabilité lors d'un contrôle fiscal.

Votre entreprise ou votre activité professionnelle peut faire l'objet, à tout moment, d'un contrôle fiscal. Il peut s'agir d'un contrôle sur place, dans votre entreprise ou au lieu de votre activité professionnelle (appelé « vérification de comptabilité »), ou d'un contrôle à distance réalisé depuis les bureaux de l'administration (appelé « examen de comptabilité »). Dans les deux cas, si votre comptabilité est informatisée, vous êtes dans l'obligation de remettre votre comptabilité au vérificateur sous la forme d'un fichier des écritures comptables (FEC) pour chacune des périodes concernées par le contrôle.

Lors d'une vérification de comptabilité, cette remise doit avoir lieu lors de la première intervention sur place du vérificateur. À défaut, vous êtes passible d'une amende de 5 000 € ou, en cas de rectification à l'issue de la vérification et si le montant est plus élevé, d'une majoration de 10 % des droits mis à votre charge.

Lors d'un examen de comptabilité, vous devez adresser les FEC au vérificateur dans les 15 jours suivant la réception de l'avis par lequel il vous a notifié ce contrôle. À défaut, vous êtes passible d'une amende de 5 000 €. Ces sanctions sont applicables à chaque année contrôlée.

APPLICATION 4** : INTÉGRATION DES DONNÉES BANCAIRES EN COMPTABILITÉ

60 Min

TRAVAIL À FAIRE

À l'aide de vos connaissances et de vos recherches sur Internet, répondre aux questions suivantes.

1. Quelles sont les étapes préliminaires pour réaliser la collecte automatique des relevés bancaires ?
2. Quels sont les apports de cette collecte automatique des relevés en comptabilité ?
3. Qu'est-ce qu'un virement SEPA ?

Les questions que vous vous posez sur le virement SEPA

(informations extraites du site du CFONB «comité français d'organisation et de normalisation bancaire»)

L'intégration européenne, déjà perceptible pour le citoyen par des mesures telles que la mise en place de l'euro, se poursuit avec la mise en place de l'Europe des paiements.

Dans ce contexte, les banques européennes se sont organisées en un espace unique de paiements en euro, le «SEPA» (en anglais, *Single Euro Payments Area*). «SEPA sera en Europe (actuellement définie comme les États membres de l'UE plus l'Islande, la Norvège, le Liechtenstein et la Suisse) la zone à l'intérieur de laquelle les citoyens, les entreprises et les autres acteurs économiques pourront effectuer et recevoir des paiements en euro aux mêmes conditions et avec les mêmes droits et obligations, que ce soit au-delà ou à l'intérieur de frontières nationales et où qu'ils se trouvent».

Les 28(1) pays de l'Union Européenne sont : l'Allemagne, l'Autriche, la Belgique, la Bulgarie, Chypre, la Croatie, le Danemark, l'Espagne, l'Estonie, la Finlande, la France, la Grèce, la Hongrie, l'Irlande, l'Italie, la Lettonie, la Lituanie, le Luxembourg, Malte, les Pays-Bas, la Pologne, le Portugal, la République Tchèque, le Royaume-Uni, la Roumanie, la Slovaquie, la Slovénie et la Suède.

(1) Mise à jour d'après le site accueil-étrangers.gouv.fr - septembre 2019

4. Comment se présentent les coordonnées bancaires d'un bénéficiaire ?
5. Dans quelle devise s'effectue un virement SEPA ?

MINI-CAS DE SYNTHÈSE

Compétences attendues
- Identifier et analyser les impacts actuels de la dématérialisation et de la numérisation sur l'organisation comptable et l'évolution des pratiques comptables.
- Appréhender les apports de l'intégration automatique des données bancaires dans l'accomplissement de procédures comptables.

LE RAPPROCHEMENT BANCAIRE ★★★ 1h00

ETAT DE RAPPROCHEMENT BANCAIRE

BANQUE : **BANQUE SG** Compte :

Date	N° pièce	Libellé	Débit	Crédit	Date	Libellé	Débit	Crédit
		Livre de banque en comptabilité				**Relevé de compte en banque**		
Solde initial :	**30/04/2018**		**36 425,21**		Solde initial :	**31/04/2018**		**36 425,21**
Solde final :	**31/05/2018**		**98 391,16**		Solde final :	**31/05/2018**		**92 988,66**
				ECART :	5 402,50			
				ECRITURES RAPPROCHEES				
18/05/2018	CHQ003742	Paiement Fournisseur EDF		508,04	18/05/2018	Chèque n° 003742 EDF	508,04	
24/05/2018		DUPONT Salaire 05/18		1 423,63	24/05/2018	Virmt émis DUPONT	1423,63	
24/05/2018		DURAND salaire 05/18		1 546,87	24/05/2018	Virmt émis DURAND	1546,87	
26/05/2018	CHQ003621	Paiement Fournisseur CHQ Ménage		413,30	26/05/2018	Chèque n° 003621 MAD	413,3	
28/05/2018	VIR	Enc. Client MARTIN	60 000,00		28/05/2018	Virmt reçu MARTIN		60 000,00
30/05/2018	CHQ012254	Règlement Client SCHMITT CHQ	647,79	0,00	30/05/2018	Enc CHQ SCHMITT		647,79
				ECRITURES NON RAPPROCHEES				
10/05/2012	CHQ41122	Enc. Client FREMONT	5 210,00		16/05/2012	TELERGLT TVA 05/18	179,00	
					14/05/2018	Rejet prel. 000332 Provision insuff.	13,50	
		TOTAL RAPPROCHE	60 647,79	3 891,84	TOTAL RAPPROCHE		3 891,84	60 647,79
		SOLDE RAPPROCHE	**93 181,16**		**SOLDE RAPPROCHE**			**93 181,16**
		ECART A RAPPROCHER	5 210,00	0,00	ECART A RAPPROCHER		192,50	0,00
		SOLDE A RAPPROCHER	**5 210,00**		**SOLDE A RAPPROCHER**			**-192,50**
				ECART :	5 402,50			

https://www.appvizer.fr/magazine/finance-comptabilite/etat-rapprochement-bancaire

MISSIONS

1. *Présenter l'intérêt de l'état de rapprochement bancaire et donner quelques éléments importants du document.*

2. *Expliquer les étapes du rapprochement bancaire.*

3. *Peut-on faire le rapprochement bancaire avec Excel ? Quels sont les avantages et inconvénients ?*

4. *Quels sont les apports de la collecte automatique des relevés dans le cadre du rapprochement bancaire ?*

5. *En quoi consiste l'intégration des données bancaires en comptabilité ?*

PARTIE 6 : DOCUMENTS DE SYNTHÈSE

CHAPITRE 24 : LA PRÉSENTATION DES DOCUMENTS DE SYNTHÈSE

COMPÉTENCES ATTENDUES

- **Établir et lire** les documents de synthèse conformément aux dispositions du PCG.
- **Élaborer** les principaux tableaux de l'annexe (immobilisation, amortissements, dépréciations et provisions).
- **Justifier** l'utilisation des documents de synthèse dans le cadre de la communication financière et/ou de l'obtention d'un financement.

FICHE RESSOURCES

1 - Définition, objectifs et principes

I. Les documents annuels

- **Les documents (ou comptes) annuels comprennent le bilan, le compte de résultat et l'annexe,** comme le montre l'exemple de la page suivante. Ils sont établis à la clôture et forment un tout indissociable.
- **Les documents annuels font partie des documents de synthèse.**

  Les documents de synthèse sont des états périodiques présentant la situation financière et les résultats passés ou prévisionnels de l'entreprise.

II. Obligation légale d'information financière

- **Les obligations légales concernant les comptes annuels et leur présentation** dépendent de la taille de l'entreprise et de son régime fiscal, comme le montre l'exemple de la page suivante.
- **Les comptes annuels doivent être :**
  - réguliers, sincères et présenter une <u>image fidèle</u> de la situation financière et du résultat de l'entreprise ;
  - respecter le **principe de** <u>non-compensation</u> au niveau de la présentation des postes.

  Les montants sont à donner en euros en négligeant les centimes d'euros.
- **Ils sont établis sous la responsabilité des dirigeants** dans les sociétés ou du commerçant individuel dans les entreprises individuelles, en respectant les délais légaux et les délais fiscaux.
- **Ils sont communiqués :**
  - aux administrateurs (ou aux membres du conseil de surveillance) dans les SA ;
  - au commissaire aux comptes éventuel, qui les contrôle ;
  - au comité social et économique éventuel ;
  - aux associés des sociétés commerciales et également aux actionnaires des sociétés par actions qui les demandent.

  La liasse fiscale transmise à l'administration fiscale reprend la plupart des informations des documents annuels.
- **Ils sont approuvés par l'assemblée générale annuelle des associés ou actionnaires des sociétés commerciales** dans les 6 mois suivant la clôture de l'exercice.
- **Dans le cas des sociétés par actions et des SARL, les comptes annuels doivent être déposés au greffe du tribunal de commerce** et sont alors librement accessibles au public. Les micro-entreprises ne sont pas obligées de publier leurs comptes annuels et les petites entreprises ne sont pas obligées de publier leur compte de résultat.

III. Objectifs de communication financière

- **Les documents annuels vont servir de support à l'entreprise pour communiquer volontairement des informations financières,** par exemple aux banquiers, fournisseurs et clients qui ont besoin d'apprécier la solvabilité financière de l'entreprise.

- **De plus, les grandes entreprises utilisent les documents annuels dans le cadre d'une véritable stratégie de communication financière.**

  L'objectif général est d'obtenir une bonne appréciation des analystes financiers et des investisseurs institutionnels (fonds de pension, banques, assureurs, organismes et sociétés de placements collectifs), dans le but de **renforcer l'image de marque financière de l'entreprise**, ce qui permet :
  - de fidéliser les actionnaires et d'attirer de nouveaux actionnaires, afin de faire monter la valeur de l'action ;
  - de faciliter les augmentations de capital ou les émissions d'emprunts obligataires ;
  - d'attirer les meilleurs salariés, notamment en leur attribuant des actions ou des stock-options.

IV. Les systèmes de présentation des comptes annuels

Le Code de commerce distingue quatre catégories d'entreprise en fonction du total du bilan, du chiffre d'affaires et du nombre de salariés.
Une entreprise relève d'une catégorie lorsqu'elle ne dépasse pas ou cesse de dépasser deux des trois seuils du tableau ci-après pendant deux exercices consécutifs.

	Critères	Total du bilan	Chiffre d'affaires	Nombre de salariés
Micro-entreprises	En dessous des deux seuils	450 000 €	900 000 €	10
Petites entreprises	En dessous des deux seuils	7,5 millions d'€	15 millions d'€	50
Moyennes entreprises	En dessous des deux seuils	25 millions d'€	50 millions d'€	250
Grandes entreprises	Au-dessus des deux seuils	25 millions d'€	50 millions d'€	250

Exemple

- Une entreprise ayant un CA de 45 millions, un total bilan de 25 millions et employant 220 salariés est une grande entreprise.
- Une entreprise ayant un CA de 38 millions, un total bilan de 45 millions et employant 220 salariés est une moyenne entreprise.

Le tableau suivant récapitule les obligations légales pour la présentation des comptes annuels.

	Micro-entreprises	Petites entreprises	Moyennes entreprises	Grandes entreprises
Bilan	Présentation simplifiée	Présentation simplifiée	Système de base	Système de base
Compte de résultat	Présentation simplifiée	Présentation simplifiée	Présentation simplifiée	Système de base
Annexe	Non obligatoire	Présentation simplifiée	Système de base	Système de base

Sous réserve de respecter l'ordonnancement général des rubriques et postes, l'entreprise a la faculté d'établir des documents plus détaillés que ceux correspondant à l'obligation minimale à laquelle elle est soumise.

2 - Le compte de résultat et le bilan en présentation de base

I. Le compte de résultat en présentation de base

- **Le compte de résultat présente les différentes charges et produits.**

  Il s'agit d'une comptabilité d'engagement : les dates d'encaissement et de décaissement ne sont pas prises en compte.
  Les charges et les produits sont classés par catégorie, selon leur nature.
  L'entreprise a le choix entre la présentation en tableau ou la présentation en liste, dans les deux cas :

Résultat du compte de résultat = Produits – Charges	Résultat positif (solde créditeur) = bénéfice de l'exercice Résultat négatif (solde débiteur) = perte de l'exercice

- **La présentation en tableau, schématisée ci-dessous, met mieux en évidence** les postes ayant un solde débiteur (charges) et les postes ayant un solde créditeur (produits).

Comptes de classe 6 : soldes débiteurs
Comptes de classe 6 : soldes créditeurs :
- rabais, remises et ristournes obtenus sur achats ;
- certaines variations de stocks.

Comptes de classe 7 : soldes créditeurs
Comptes de classe 7 : soldes débiteurs :
- rabais, remises et ristournes accordés par l'entreprise ;
- production stockée dans certains cas (déstockage).

CHARGES HT	Ex. N	Ex. N–1	PRODUITS HT	Ex. N	Ex. N–1
Charges d'exploitation			Produits d'exploitation *sous-total : montant du chiffre d'affaires*		
Charges financières			Produits financiers		
Charges exceptionnelles			Produits exceptionnels		
Impôts sur les bénéfices					
Total des charges			**Total des produits**		
Solde créditeur = **bénéfice**			Solde débiteur = **perte**		
TOTAL GÉNÉRAL			**TOTAL GÉNÉRAL**		

Les 2 totaux généraux sont égaux

Le résultat, soit un bénéfice soit une perte, apparaît également dans les capitaux propres au passif du bilan

- **La présentation en liste, schématisée ci-dessous, permet :**
  - de connaître les différents résultats intermédiaires ;
  - de se rapprocher de la présentation du compte de résultat de la liasse fiscale qui est en liste.

	Ex. N	Ex. N–1	
Produits d'exploitation			= Ventes de marchandises + Production de biens et services
Montant net du chiffre d'affaires			
Charges d'exploitation			
RÉSULTAT D'EXPLOITATION			= Produits d'exploitation – Charges d'exploitation
Produits financiers			
Charges financières			
RÉSULTAT FINANCIER			= Produits financiers - Charges financières
RÉSULTAT COURANT AVANT IMPÔTS (RCAI)			= Résultat d'exploitation + Résultat financier
Produits exceptionnels			
Charges exceptionnelles			
RÉSULTAT EXCEPTIONNEL			= Produits exceptionnels - Charges exceptionnelles
Impôts sur les bénéfices			
Total des produits			
Total des charges			
Bénéfice ou perte			= RCAI + Résultat exceptionnel - Impôts sur les bénéfices = Total des produits - Total des charges

FICHE RESSOURCES

La présentation complète du compte de résultat en tableau, en système de base, est donnée ci-après.

Précisions concernant les charges :

Postes d'achats = Postes nets =	+ Achats - Rabais, remises et ristournes obtenus sur achats + Frais accessoires éventuellement incorporés aux achats
Variations des stocks =	+ Stock initial - Stock final Les soldes débiteurs (stock initial > stock final) apparaissent en plus Les soldes créditeurs (stock initial < stock final) apparaissent en moins
Autres achats et charges externes	Comptes 60 autres que les achats de marchandises, matières premières et autres approvisionnements Comptes 61 et 62 « Services extérieurs »
Autres charges d'exploitation	Comptes 65 « Autres charges de gestion courante »

Précisions concernant les produits :

Postes de ventes = Postes nets =	+ Ventes – Rabais, remises et ristournes accordés par l'entreprise
Production stockée =	+ Stock final - Stock initial Les soldes créditeurs (stock final > stock initial) apparaissent en plus Les soldes débiteurs (stock final < stock initial) apparaissent en moins
Autres produits d'exploitation	Comptes 75 « Autres produits de gestion courante »

Document 1

Système de base **Compte de résultat** **Exercice N et exercice N–1**

Charges	N	N–1	Produits	N	N–1
Charges d'exploitation :			**Produits d'exploitation :**		
Achats de marchandises			Ventes de marchandises		
Variations des stocks			Production vendue de biens		
Achats de matières premières et autres approvisionnements			Production vendue de services		
Variations des stocks			**Sous-total A - Montant net du chiffre d'affaires**		
Autres achats et charges externes			Production stockée		
Impôts, taxes et versements assimilés			Production immobilisée		
Salaires et traitements			Subventions d'exploitation		
Charges sociales			Reprises sur dépréciations et provisions		
Dotations aux amortissements, dépréciations et provisions :			Autres produits		
Sur immobilisations : dotations aux amortissements					
Sur immobilisations : dotations aux dépréciations					
Sur actifs circulants : dotations aux dépréciations					
Dotations aux provisions					
Autres charges					
			Sous-total B		
Total I			Total (A + B) (I)		
Quote-part de résultat sur opérations faites en commun (DSCG) (II)			Quote-part de résultat sur opérations faites en commun (DSCG) (II)		
Charges financières :			**Produits financiers :**		
Dotations aux amortissements, dépréciations et provisions			De participation		
Intérêts et charges assimilées			D'autres valeurs mobilières et créances de l'actif immobilisé		
Différences négatives de change			Autres intérêts et produits assimilés		
Charges nettes sur cessions de VMP			Reprises sur dépréciations et provisions		
Total III			Différences positives de change		
Charges exceptionnelles :			Produits nets sur cessions de VMP		
Sur opérations de gestion			**Total III**		
Sur opérations en capital			**Produits exceptionnels :**		
Dotations aux amortissements, dépréciations et provisions			Sur opérations de gestion		
Total IV			Sur opérations en capital		
Participation des salariés aux résultats de l'entreprise (UE 10) (V)			Reprises sur dépréciations et provisions		
Impôts sur les bénéfices (VI)			**Total IV**		
Total des charges (I+II+III+IV+V+VI)			**Total des produits (I + II + III + IV)**		
Solde créditeur = bénéfice			**Solde débiteur = perte**		
TOTAL GÉNÉRAL		0	TOTAL GÉNÉRAL		

II. Le bilan en présentation de base

- **Le bilan est présenté avant l'affectation du résultat,** mais une présentation après l'affectation du résultat est prévue également par le PCG. Selon le principe d'intangibilité du bilan d'ouverture, le bilan d'ouverture de l'exercice correspond au bilan de clôture de l'exercice précédent.
- **Le bilan est en général présenté en tableau, comme le montre le schéma ci-dessous,** mais une présentation en liste est possible.

Comptes de classes 1 à 5

Soldes débiteurs → Brut

Soldes créditeurs → Amortissements et dépréciations

Soldes créditeurs (sauf report à nouveau et résultats éventuellement débiteurs) → Passif Ex. N

ACTIF	Exercice N			Ex. N−1	PASSIF	Ex. N	Ex. N−1
	Brut	**Amortissements et dépréciations (à déduire)**	**Net**	**Net**			
ACTIF IMMOBILISÉ Immobilisations incorporelles, corporelles et financières					**CAPITAUX PROPRES** y compris résultat de l'exercice (bénéfice ou perte)		
ACTIF CIRCULANT Notamment : stocks et en-cours, créances, disponibilités					**PROVISIONS**		
					DETTES Notamment : emprunts et dettes		
Total					**Total**		
Écart de conversion Actif					Écart de conversion Passif		
TOTAL GÉNÉRAL					**TOTAL GÉNÉRAL**		

Actif brut − Amortissements et dépréciations = Actif net

L'ex. N−1 est donné en net uniquement

Résultat identique à celui du compte de résultat (en négatif si perte)

Total général de l'actif net = Total général du passif

- **La présentation complète du bilan en tableau, en système de base, est donnée à la page suivante.**

Précisions concernant l'actif :

Pour chaque poste de l'actif	Les intérêts courus éventuels sont inclus dans le poste de l'actif. **Exemple** Les prêts incluent les intérêts courus sur prêts.
Postes clients et comptes rattachés	Les comptes rattachés comprennent tous les comptes débiteurs commençant par 41.

Précisions concernant le passif :

Pour chaque poste du passif	Les intérêts courus éventuels sont inclus dans le poste du passif. **Exemple** Les emprunts incluent les intérêts courus sur emprunts.
Poste emprunts et dettes auprès des établissements de crédit	+ Emprunts + Solde créditeur des banques + Concours bancaires courants y compris tous les intérêts courus
Postes fournisseurs et comptes rattachés	Les comptes rattachés comprennent tous les comptes créditeurs commençant par 40 et ne concernant pas les immobilisations.

Document 2
Système de base

Bilan à la clôture de l'exercice N et de l'exercice N–1 avant affectation du résultat (répartition)

ACTIF	Exercice N			Ex. N–1
	Brut	Amortissements et dépréciations (à déduire)	Net	Net
Capital souscrit - non appelé (UE 10)				
ACTIF IMMOBILISÉ				
Immobilisations incorporelles				
Frais d'établissement				
Frais de recherche et de développement				
Concessions, brevets, licences, marques, procédés, logiciels...				
Fonds commercial				
Autres				
Immobilisations incorporelles en cours				
Avances et acomptes				
Immobilisations corporelles				
Terrains				
Constructions				
Installations techniques, matériels et outillages industriels				
Autres				
Immobilisations corporelles en cours				
Avances et acomptes				
Immobilisations financières				
Participations				
Créances rattachées à des participations				
Titres immobilisés de l'activité du portefeuille				
Autres titres immobilisés				
Prêts				
Autres				
Total I				
ACTIF CIRCULANT				
Stocks et en-cours				
Matières premières et autres approvisionnements				
En-cours de production (biens et services)				
Produits intermédiaires et finis				
Marchandises				
Avances et acomptes versés sur commandes				
Créances				
Créances clients et comptes rattachés				
Autres				
Capital souscrit - appelé non versé (UE 10)				
Valeurs mobilières de placement				
Actions propres (UE 10)				
Autres titres				
Instruments de trésorerie (DSCG)				
Disponibilités				
Charges constatées d'avance				
Total II				
Charges à répartir sur plusieurs exercices (III)				
Prime de remboursement des emprunts (UE 10) (IV)				
Écart de conversion Actif (V)				
TOTAL GÉNÉRAL (I + II + III + IV + V)				

PASSIF	Ex. N	Ex. N–1
CAPITAUX PROPRES		
Capital (dont versé ....) (UE 10)		
Primes d'émission, de fusion, d'apport (UE 10)		
Écarts de réévaluation (UE 10)		
Écarts d'équivalence (DSCG)		
Réserves (UE 10)		
• réserve légale		
• réserves réglementées		
• autres		
Report à nouveau		
Résultat de l'exercice (bénéfice ou perte)		
Subventions d'investissement		
Provisions réglementées		
Total I		
PROVISIONS		
Provisions pour risques		
Provisions pour charges		
Total II		
DETTES		
Emprunts obligataires convertibles (UE 10)		
Autres emprunts obligataires (UE 10)		
Emprunts et dettes auprès des établissements de crédit		
Emprunts et dettes financières divers		
Avances et acomptes reçus sur commandes en cours		
Dettes fournisseurs et comptes rattachés		
Dettes fiscales et sociales		
Dettes sur immobilisations et comptes rattachés		
Autres dettes		
Instruments de trésorerie (DSCG)		
Produits constatés d'avance		
Total III		
Écart de conversion Passif (IV)		
TOTAL GÉNÉRAL (I + II + III + IV)		

3 - Le compte de résultat et le bilan en présentation simplifiée

I. Le compte de résultat en présentation simplifiée (système abrégé)

La présentation complète du compte de résultat en tableau, en système abrégé, est donnée ci-dessous :

Charges	Exercice N	Exercice N–1	Produits	Exercice N	Exercice N–1
Charges d'exploitation			**Produits d'exploitation**		
Achats de marchandises			Ventes de marchandises		
Variations des stocks (marchandises)			Production vendue (biens et services)		
Achats d'approvisionnements			Production stockée		
Variations des stocks (approvisionnements)			Production immobilisée		
(1) Autres charges externes			Subventions d'exploitation		
Impôts, taxes et versements assimilés			Autres produits		
Rémunérations du personnel					
Charges sociales					
Dotations aux amortissements					
Dotations aux dépréciations					
Dotations aux provisions					
Autres charges			**Produits financiers**		
Charges financières (II)			**Total I**		
Total I			dont à l'exportation		
Charges exceptionnelles (III)			**Produits exceptionnels (II)**		
Impôts sur les bénéfices (III)					
Total des charges (I + II + III)			**Total des produits (I + II)**		
Solde créditeur = bénéfice			Solde débiteur = perte		
TOTAL GÉNÉRAL			**TOTAL GÉNÉRAL**		
(1) Y compris : - redevances de crédit-bail mobilier ; - redevances de crédit-bail immob.					

II. Le bilan en présentation simplifiée (système abrégé)

La présentation complète du bilan en tableau, en système abrégé, est donnée en page suivante.

Document 3
Système abrégé

Bilan à la clôture de l'exercice N et de l'exercice N–1

ACTIF	Exercice N			Ex. N–1	PASSIF	Ex. N	Ex. N–1
	Brut	Amortissements et dépréciations (à déduire)	Net	Net			
ACTIF IMMOBILISÉ					**CAPITAUX PROPRES**		
Immobilisations incorporelles					Capital		
• fonds commercial					Écarts de réévaluation		
• autres					Réserves		
Immobilisations corporelles					• réserve légale		
Immobilisations financières					• réserves réglementées		
Total I					• autres		
ACTIF CIRCULANT					Report à nouveau		
Stocks et en-cours (autres que marchandises)					**Résultat de l'exercice** (bénéfice ou perte)		
Marchandises					Provisions réglementées		
Avances et acomptes versés sur commandes					**Total I**		
Créances					**PROVISIONS (II)**		
• clients et comptes rattachés							
• autres					**DETTES**		
Valeurs mobilières de placement					Emprunts et dettes assimilées		
Disponibilités (autres que caisse)					Avances et acomptes reçus sur commandes en cours		
Caisse					Fournisseurs et comptes rattachés		
					Autres		
Total II					**Total III**		
Charges constatées d'avance (III)					**Produits constatés d'avance (IV)**		
TOTAL GÉNÉRAL (I + II + III)					**TOTAL GÉNÉRAL (I + II + III + IV)**		

4 - L'annexe

I. Principe

- **Les informations doivent être obligatoirement données en annexe, mais uniquement si elles sont significatives,** selon le principe d'importance relative. Elles sont jugées significatives si elles sont susceptibles d'avoir une influence sur le jugement des lecteurs.

II. Principaux éléments de contenu de l'annexe en présentation simplifiée et de base

- **Informations générales :**

Événements importants : • de l'exercice ayant des incidences comptables : par exemple, une importante dépréciation pour client douteux ; • ou survenus après la clôture avec ou sans incidence comptable : par exemple, un sinistre incendie concernant une partie des stocks survenu après la clôture.
Le plan comptable retenu : par exemple le PCG.
La présentation retenue : simplifiée ou de base.
La justification de la méthode comptable retenue, lorsqu'il existe plusieurs options : par exemple, l'activation ou non des frais de recherche et développement.

- **Informations concernant le bilan :**

Tableau des immobilisations (page suivante) Tableau des amortissements (page suivante) Tableau des dépréciations (page suivante) Tableau des provisions (page suivante)
Tableau des échéances des créances et des dettes : • actif : échéances à moins d'1 an, échéances à plus d'1 an ; • passif : échéances à moins d'1 an, échéances à plus d'1 an et à plus de 5 ans.
Circonstances empêchant de comparer les postes d'un exercice à l'autre et moyens d'en assurer la comparaison. Informations concernant les immobilisations détenues en crédit-bail. Méthodes d'évaluation des stocks. Options choisies pour les amortissements. Incidence des amortissements dérogatoires (pas nécessaire en présentation simplifiée). Méthodes de détermination des dépréciations.

- **Informations concernant le compte de résultat :**

Circonstances empêchant de comparer les postes d'un exercice à l'autre et moyens d'en assurer la comparaison. Ventilation de l'impôt sur les bénéfices entre l'impôt sur le résultat courant et l'impôt sur le résultat exceptionnel (pas nécessaire en présentation simplifiée).

Document 4

Tableaux de l'annexe

• Tableau des immobilisations — Rubriques à ventiler autant que nécessaire

Rubriques	Valeur brute à l'ouverture de l'exercice	Augmentations	Diminutions	Valeur brute à la clôture de l'exercice
Immobilisations incorporelles				
Frais d'établissement				
Frais de recherche et dév.				
Concessions, brevets…				
Fonds commercial				
Autres immob. incorp.				
Avances et acomptes				
Immobilisations corporelles				
Terrains				
Constructions				
Installations techniques, matériels et outillages ind.				
Autres immob. corporelles				
Immo. corporelles en cours				
Avances et acomptes				
Immobilisations financières				
Participations				
Autres titres immobilisés				
Prêts				
Autres immob. financières				

Valeur brute à la clôture de l'exercice → Au bilan de fin d'exercice

Valeur brute à l'ouverture de l'exercice → Au bilan de fin d'exercice précédent en brut et non en net

Augmentations :
- Acquisitions d'immobilisations
- Virement de poste à poste : acomptes et immobilisations en cours

  Exemple : la transformation d'une immobilisation corporelle en cours en immobilisation définitive est une augmentation pour les immobilisations corporelles

Diminutions :
- Cessions d'immobilisations et mises au rebut
- Virement de poste à poste : acomptes et immob. en cours

  Exemple : la transformation d'une immobilisation corporelle en cours en immobilisation définitive est une diminution pour les immobilisations corporelles en cours

Valeur brute à l'ouverture de l'exercice + Augmentations – Diminutions = Valeur brute à la clôture de l'exercice

• Tableau des amortissements — Rubriques à ventiler comme les immobilisations

Rubriques	Amortissements cumulés au début de l'exercice	Augmentations : dotations de l'exercice	Diminutions d'amortissements de l'exercice	Amortissements cumulés à la fin de l'exercice
Immobilisations incorporelles				
Immobilisations corporelles				

Amortissements cumulés à la fin de l'exercice → Au bilan de fin d'exercice

Amortissements cumulés au début de l'exercice → Au bilan de fin d'exercice précédent

Augmentations : dotations de l'exercice → Au compte de résultat de l'exercice

Diminutions d'amortissements de l'exercice → Suite cessions d'immobilisations et mises au rebut

Amortissements cumulés au début de l'exercice + Augmentations – Diminutions = Amortissements cumulés à la fin de l'exercice

- **Tableau des dépréciations** — Rubriques à ventiler autant que nécessaire

Rubriques	Dépréciations au début de l'exercice	Augmentations : dotations de l'exercice	Diminutions : reprises de l'exercice	Dépréciations à la fin de l'exercice
Immobilisations incorporelles Immobilisations corporelles Immobilisations financières Stocks Créances				
	↑ Au bilan de fin d'exercice précédent	↑ Au compte de résultat de l'exercice	↑ Au compte de résultat de l'exercice	← Au bilan de fin d'exercice

Dépréciations au début de l'exercice + Augmentations – Diminutions = Dépréciations à la fin de l'exercice

- **Tableau des provisions** — Rubriques à ventiler autant que nécessaire

Rubriques	Provisions au début de l'exercice	Augmentations : dotations de l'exercice	Diminutions : reprises de l'exercice	Provisions à la fin de l'exercice
Provisions réglementées Amortissements dérogatoires Provisions pour risques Provisions pour litiges Provisions pour risques de change Provisions pour charges Provisions pour gros entretien				
	↑ Au bilan de fin d'exercice précédent	↑ Au compte de résultat de l'exercice	↑ Au compte de résultat de l'exercice	← Au bilan de fin d'exercice

Provisions au début de l'exercice + Augmentations – Diminutions = Provisions à la fin de l'exercice

III. Les documents complémentaires en système de base

Ces deux documents sont étudiés en détail en UE 6 Finance d'entreprise : ils ne font donc que l'objet d'une présentation rapide dans cet ouvrage.

- **Le tableau de financement du PCG est présenté dans l'ouvrage UE6 de FontainePicard,** car il s'agit également de l'un des documents liés à la prévention des difficultés de l'entreprise.
- **Le tableau des soldes intermédiaires de gestion (SIG) est donné en page suivante.**

Coût d'achat des marchandises vendues =	Achats de marchandises +/- Variations des stocks de marchandises

Consommation de l'exercice en provenance des tiers =	Achats de matières premières et d'autres approvisionnements +/- Variations des stocks de matières premières et autres approvisionnements + Autres achats et charges externes

Les principales relations du tableau des SIG sont résumées ci-dessous :

Marge commerciale =	Ventes de marchandises – Coût d'achat des marchandises vendues
Production de l'exercice =	Production vendue + Production stockée + Production immobilisée
Valeur ajoutée =	Marge commerciale + Production de l'exercice – Consommation de l'exercice en provenance des tiers
Excédent brut d'exploitation =	Valeur ajoutée + Subventions d'exploitation – Impôts et taxes – Charges de personnel
Résultat d'exploitation =	Excédent brut d'exploitation + Autres produits d'exploitation + Reprises sur dépréciations d'exploitation – Dotations aux amortissements, dépréciations et provisions, charges d'exploitation – Autres charges d'exploitation
Résultat courant avant impôts =	Résultat d'exploitation + Produits financiers - Charges financières
Résultat exceptionnel =	Produits exceptionnels – Charges exceptionnelles
Résultat net de l'exercice =	Résultat courant avant impôts + Résultat exceptionnel – Impôts sur les bénéfices

Document 5

Tableau des soldes intermédiaires de gestion

Produits (Colonne 1)		Charges (Colonne 2)		Soldes intermédiaires (Colonne 1 – Colonne 2)	N	N–1
Ventes de marchandises		Coût d'achat des marchandises vendues		• Marge commerciale		
Production vendue Production stockée Production immobilisée Total		ou Déstockage de production (a) Total		• Production de l'exercice		
• Production de l'exercice .... • Marge commerciale .... Total		Consommation de l'exercice en provenance de tiers		• Valeur ajoutée produite		
• Valeur ajoutée produite .... Subventions d'exploitation .... Total		Impôts, taxes et versements assimilés (b)........ Charges de personnel Total		• Excédent brut (ou insuffisance brute) d'exploitation........		
• Excédent brut d'exploitation .... Reprises sur charges Autres produits Total		• Ou insuffisance brute d'exploitation .... Dotations aux amortissements, aux dépréciations et aux provisions Autres charges Total		• Résultat d'exploitation (bénéfice ou perte)		
• Résultat d'exploitation .... Quotes-parts de résultats sur opérations faites en commun Produits financiers Total		• Ou résultat d'exploitation .... Quotes-parts de résultats sur opérations faites en commun Charges financières Total		• Résultat courant avant impôts (bénéfice ou perte)		
Produits exceptionnels		Charges exceptionnelles		• Résultat exceptionnel (bénéfice ou perte)........		
• Résultat courant avant impôts .... • Résultat exceptionnel .... Total		• ou Résultat courant avant impôts .... • ou Résultat exceptionnel .... Participation des salariés Impôts sur les bénéfices Total		• Résultat de l'exercice (bénéfice ou perte) (c)		
Produits des cessions d'éléments d'actif........		Valeur comptable des éléments cédés		• Plus-values et moins-values sur cessions d'éléments d'actif		

(a) En déduction des produits dans le compte de résultat.
(b) Pour le calcul de la valeur ajoutée, sont assimilés à des consommations externes, les impôts indirects à caractère spécifique inscrits au compte 635 « Impôts, taxes et versements assimilés » et acquittés lors de la mise à la consommation des biens taxables.
(c) Soit Total général des produits – Total général des charges.

APPLICATIONS

CONTRÔLE DE CONNAISSANCES

Répondre par « oui » ou par « non » aux questions ci-dessous en donnant les explications nécessaires.

1. L'établissement des documents annuels répond-il uniquement à une obligation légale ?
2. Dans le cas où l'entreprise respecte la loi, les comptes annuels sont-ils toujours accessibles au public ?
3. Quels sont les deux types de présentation possibles du compte de résultat en présentation de base ?
4. Dans quels postes des comptes annuels apparaissent les intérêts courus ?
5. Dans quels postes apparaissent les charges ou les produits liés à l'escompte ?
6. Dans quels postes apparaissent les pertes sur créances irrécouvrables ?
7. Certaines personnes morales doivent-elles adopter une présentation développée ?
8. Quelles sont les principales différences entre la présentation de base et la présentation simplifiée du compte de résultat ?
9. Quelles sont les principales différences entre la présentation de base et la présentation simplifiée du bilan ?

APPLICATION 1* : COMPTE DE RÉSULTAT ET BILAN, SYSTÈME ABRÉGÉ

30 Min

TRAVAIL À FAIRE

1. Établir le compte de résultat en système abrégé.
2. Construire le bilan en système abrégé.

L'entreprise PIERROT vous communique sa balance à la clôture au 31/12/N.

Balance des comptes au 31/12/N **Entreprise PIERROT**

N°	Intitulés des comptes	Soldes débiteurs	Soldes créditeurs
101	Capital		37 000
145	Amortissements dérogatoires		3 500
15	Provisions		4 000
160	Emprunts et dettes assimilées		80 000
207	Fonds commercial	13 000	
210	Immobilisations corporelles	48 000	
230	Immobilisations en cours	4 000	
270	Immobilisations financières	2 300	
281	Amortissements des immobilisations corporelles		24 000
290	Dépréciations des immobilisations incorporelles		3 000
291	Dépréciations des immobilisations corporelles		4 000
310	Stocks de matières premières	20 000	
320	Stocks d'autres approvisionnements	15 600	
33	En-cours de production de biens	4 500	
34	En-cours de production de services	3 000	
35	Stocks de produits	3 700	

→

→ Balance des comptes au 31/12/N *(suite)* **Entreprise PIERROT**

N°	Intitulés des comptes	Soldes débiteurs	Soldes créditeurs
37	Stocks de marchandises	32 050	
391	Dépréciations des stocks d'approvisionnements		600
392	Dépréciations des stocks d'autres approvisionnements		700
393	Dépréciations des en-cours de production de biens		500
395	Dépréciations des stocks de produits		790
397	Dépréciations des stocks de marchandises		980
400	Fournisseurs et comptes rattachés		15 000
4091	Fournisseurs - Avances et acomptes versés sur commandes	12 000	
410	Clients et comptes rattachés	56 900	
4191	Clients - Avances et acomptes reçus sur commandes		4 000
421	Personnel - Rémunérations dues		3 000
428	Personnel - Charges à payer et produits à recevoir		1 200
430	Sécurité sociale et autres organismes sociaux		1 500
445	État - Taxes sur le chiffre d'affaires		6 000
447	État - Autres impôts, taxes et versements assimilés		4 000
460	Débiteurs et créditeurs divers	5 000	
486	Charges constatées d'avance	4 600	
487	Produits constatés d'avance		2 300
491	Dépréciations des comptes clients		4 000
500	Valeurs mobilières de placement	16 000	
510	Banque, établissements financiers et assimilés	3 500	
53	Caisse	500	
590	Dépréciations des valeurs mobilières de placement		600
600	Achats	80 000	
6030	Variations des stocks (approvisionnements)	1 500	
6037	Variations des stocks de marchandises		2 000
607	Achats de marchandises	60 000	
610	Services extérieurs	10 000	
620	Autres services extérieurs	9 000	
630	Impôts, taxes et versements assimilés	4 000	
641	Rémunération du personnel	50 000	
645	Charges de Sécurité sociale et de prévoyance	22 000	
65	Autres charges de gestion courante	1 000	
66	Charges financières	670	
67	Charges exceptionnelles	30 000	
6810	Dotations aux amortissements - Charges d'exploitation	12 000	
6815	Dotations aux provisions d'exploitation	2 000	
6816	Dotations aux dépréciations des immobilisations - Charges d'exploitation	2 000	
6817	Dotations aux dépréciations des actifs d'exploitation - Charges d'exploitation	950	
686	Dotations aux amortissements, aux dépréciations et aux provisions - Charges financières	1 500	
687	Dotations aux amortissements, aux dépréciations et aux provisions - Charges exceptionnelles	2 000	
701	Ventes de produits finis		140 000
706	Prestations de services		6 000
707	Ventes de marchandises		150 000
708	Produits des activités annexes		3 000
7091	Rabais, remises et ristournes accordés par l'entreprise	3 500	
713	Variations des stocks (en-cours de production, produits)	3 400	
72	Production immobilisée		7 000
74	Subventions d'exploitation		2 600
76	Produits financiers		700
77	Produits exceptionnels		25 000
781	Reprises sur amortissements, dépréciations et provisions (produits d'exploitation)		1 400
786	Reprises sur amortissements, dépréciations et provisions (produits financiers)		600
787	Reprises sur amortissements, dépréciations et provisions (produits exceptionnels)		1 200
	TOTAL	540 170	540 170

APPLICATION 2** : COMPTE DE RÉSULTAT, SYSTÈME DE BASE

20 Min

TRAVAIL À FAIRE

1. Établir le compte de résultat en système de base.
2. Indiquer si l'entreprise peut choisir une présentation développée.

La SARL ZITA vous communique un extrait de sa balance à la clôture au 31/12/N.

Extrait de la balance des comptes au 31/12/N

N°	Intitulés des comptes	Soldes débiteurs	Soldes créditeurs
601	Achats stockés - Matières premières	260 000	
602	Achats stockés - Autres approvisionnements	10 000	
6031	Variations des stocks de matières premières		2 000
6032	Variations des stocks des autres approvisionnements	3 000	
6037	Variations des stocks de marchandises	8 000	
606	Achats non stockés de matières et fournitures	5 000	
607	Achats de marchandises	80 000	
6097	Rabais, remises et ristournes obtenus sur achats de marchandises		4 000
612	Redevances de crédit-bail	6 000	
616	Primes d'assurance	2 000	
621	Personnel extérieur	80 000	
622	Rémunérations d'intermédiaires et honoraires	7 000	
623	Publicité	7 000	
627	Services bancaires	4 000	
630	Impôts, taxes et versements assimilés	2 500	
641	Rémunérations du personnel	330 000	
645	Charges de Sécurité sociale et de prévoyance	140 000	
654	Pertes sur créances irrécouvrables	1 500	
661	Charges d'intérêts	700	
665	Escomptes accordés	600	
666	Pertes de change	1 500	
667	Charges nettes sur cession de VMP	800	
678	Autres charges exceptionnelles	50 000	
6811	Dotations aux amortissements sur immobilisations	10 000	
6815	Dotations aux provisions d'exploitation	4 200	
6816	Dotations aux dépréciations des immobilisations	3 500	
6865	Dotations aux provisions financières	2 400	
6875	Dotations aux provisions exceptionnelles	5 000	
701	Ventes de produits finis		800 000
707	Ventes de marchandises		100 000
7091	Rabais, remises et ristournes accordés sur ventes de produits finis	8 000	
7135	Variations des stocks de produits	4 600	
740	Subventions d'exploitation		7 000
751	Redevances pour concessions, brevets, licences...		11 000
765	Escomptes obtenus		950
766	Gains de change		1 700
778	Autres produits exceptionnels		90 000
7817	Reprises sur dépréciations des actifs circulants		7 500
	TOTAL	1 037 300	1 024 150

APPLICATION 3** : COMPTE DE RÉSULTAT, SYSTÈME DE BASE

20 Min

TRAVAIL À FAIRE

Présenter le bilan en système de base.

La SA LILAS vous communique un extrait de sa balance à la clôture au 31/12/N.

Extrait de la balance des comptes au 31/12/N

N°	Intitulés des comptes	Soldes débiteurs	Soldes créditeurs
101	Capital		50 000
1061	Réserve légale		5 000
12	Résultat de l'exercice (bénéfice ou perte)	13 150	
145	Amortissements dérogatoires		4 000
151	Provisions pour risques		4 000
157	Provisions pour charges		3 100
164	Emprunts auprès des établissements de crédit		120 000
16884	Intérêts courus sur emprunts auprès des établissements de crédit		8 400
205	Concessions et droits similaires, brevets, logiciels…	10 000	
211	Terrains	20 000	
213	Constructions	120 000	
215	Installations techniques, matériels et outillages industriels (ITMO)	105 000	
2183	Matériel de bureau et matériel informatique	30 000	
238	Avances et acomptes versés sur commandes d'immobilisations corporelles	5 000	
261	Titres de participation	8 000	
273	Titres immobilisés de l'activité du portefeuille	10 500	
274	Prêts	7 000	
27684	Intérêts courus sur prêts	420	
2805	Amortissements des concessions, brevets, licences, logiciels…		2 500
2813	Amortissements des constructions		100 000
2815	Amortissements des installations techniques, matériels et outillages industriels		21 000
28183	Amortissements du matériel de bureau et matériel informatique		10 000
2905	Dépréciations des concessions, brevets, licences, logiciels…		2 000
2913	Dépréciations des constructions		5 000
2915	Dépréciations des ITMO		4 500
2961	Dépréciations des titres de participation		1 200
311	Stocks de matières premières	50 000	
321	Stocks de matières consommables	10 000	
322	Stocks de fournitures consommables	5 000	
326	Stocks d'emballages	4 000	
331	Produits en cours	6 000	
355	Stocks de produits finis	35 000	
37	Stocks de marchandises	10 000	
3955	Dépréciations des stocks de produits finis		550
397	Dépréciations des stocks de marchandises		450
401	Fournisseurs		87 600
403	Fournisseurs - Effets à payer		5 600
404	Fournisseurs d'immobilisations		12 000
4091	Fournisseurs - Avances et acomptes versés sur commandes	3 500	
4096	Fournisseurs - Créances pour emballages à rendre	1 500	
411	Clients	115 000	
413	Clients - Effets à recevoir	6 000	
416	Clients douteux ou litigieux	7 000	
4181	Clients - Factures à établir	3 500	
4196	Clients - Dettes pour emballages et matériels consignés		1 500

→

→ **Extrait de la balance des comptes au 31/12/N** ***(suite)***

N°	Intitulés des comptes	Soldes débiteurs	Soldes créditeurs
421	Personnel - Rémunérations dues		90 000
428	Personnel - Charges à payer et produits à recevoir		8 500
431	Sécurité sociale		29 000
437	Autres organismes sociaux		10 000
4455	État - TVA sur le chiffre d'affaires à décaisser		30 000
4458	État - TVA sur le chiffre d'affaires à régulariser		580
447	Autres impôts, taxes et versements		6 000
462	Créances sur cessions d'immobilisations	50 000	
476	Différences de conversion – Actif	4 000	
486	Charges constatées d'avance	3 700	
487	Produits constatés d'avance		5 600
491	Dépréciations des comptes de clients		4 200
503	Actions	5 000	
506	Obligations	4 700	
512	Banque		11 000
519	Concours bancaires courants		10 490
53	Caisse	1 300	
5903	Dépréciations des actions		500
	TOTAL	654 270	654 270

APPLICATION 4*** : PRÉSENTATION DU BILAN - RUBRIQUES DÉTAILLÉES

30 Min

TRAVAIL À FAIRE

Présenter un bilan avec les rubriques suivantes.

Actif immobilisé (trois sous-rubriques), actif circulant (trois sous-rubriques), capitaux propres, provisions pour risques et charges, dettes financières et dettes.

La SA LAZO vous communique un extrait de sa balance à la clôture au 31/12/N.

Balance des comptes de bilan au 31/12/N (les comptes ne sont pas classés)

Capital	à déterminer
Mobilier	10 000
Prêt	5 000
Stocks de matières premières	25 000
Valeurs mobilières de placement	15 000
Caisse	3 000
Banque (découvert bancaire)	12 000
Brevet	15 000
Dépréciations des valeurs mobilières de placement	2 000
Réserves	10 000
Résultat de l'exercice (perte)	-25 000
TVA collectée	25 000
TVA déductible sur biens et services	20 000
Crédit de TVA à reporter (M-1)	5 000
Subventions d'investissement	6 000
Dépréciations du mobilier	2 000
Amortissements du mobilier	5 000
Constructions	100 000
Amortissements des constructions	50 000
Fonds commercial	14 000
Fournisseurs	10 000
Intérêts courus sur emprunts	2 000
Matériel de transport	20 000
Stocks de marchandises	14 000
Amortissements du matériel de transport	8 000
Titres de participation	2 000
Dettes fiscales et sociales	1 200
Provisions pour risques et charges	1 000
Emprunts auprès des établissements de crédit	90 000

APPLICATION 5** : TABLEAUX DE L'ANNEXE

30 Min

TRAVAIL À FAIRE

Présenter les tableaux des immobilisations, des amortissements, des dépréciations et des provisions de l'annexe.

La SA PULY vous communique les éléments suivants :

Actif du bilan	N–1			N		
	Brut	Amortissements et dépréciations	Net	Brut	Amortissements et dépréciations	Net
Logiciel	9 000	3 000	6 000	9 000	6 000	3 000
Matériel industriel	400 000	140 000	260 000	750 000	210 000	540 000
Prêts	4 000	0	4 000	3 000	0	3 000
Créances clients	1 000 000	20 000	980 000	1 200 000	50 000	1 150 000
Stocks de matières premières	200 000	15 000	185 000	190 000	10 000	180 000
Disponibilités	3 000	0	3 000	3 500	0	3 500

Passif du bilan	N–1	N	
Provisions réglementées	4 000	1 500	concerne des amortissements dérogatoires
Provisions pour risques	3 000	4 000	concerne une provision pour pertes de change

Extrait de la balance N	N		
Dotations aux amortissements sur immobilisations	173 000	dot. aux amort. du logiciel :	3 000 €
Dotations aux dépréciations des actifs circulants	30 000	concerne des créances clients	
Dotations aux provisions financières	1 000	concerne la provision pour pertes de change	
Reprises sur dépréciations des actifs circulants	5 000	concerne les stocks de matières premières	
Reprises sur dépréc. et provisions, produits excep.	2 500	concerne les amortissements dérogatoires	

Indications complémentaires :

- Une machine-outil acquise pour 100 000 € et entièrement amortie a été cédée en N.
- Une broyeuse a été acquise en N pour une valeur de 450 000 €.
- Il n'y a pas de dépréciations concernant les immobilisations.
- Aucun nouveau prêt n'a été effectué en N.

ENTRAÎNEMENT À L'ÉPREUVE

DÉFINITIONS À RETENIR

- **Actif**
  Un actif est un élément identifiable du patrimoine ayant une valeur économique positive pour l'entité, c'est-à-dire un élément générant une ressource que l'entité contrôle du fait d'événements passés et dont elle attend des avantages économiques futurs.

- **Actif immobilisé amortissable**
  Un actif immobilisé est amortissable si la durée d'utilisation est déterminable et limitée.

- **Amortissement d'un actif**
  Répartition systématique de son montant amortissable en fonction de son utilisation.

- **Annexe**
  L'annexe complète et commente l'information donnée par le bilan et le compte de résultat. L'annexe comporte toutes les informations d'importance significative destinées à compléter et à commenter celles données par le bilan et par le compte de résultat. Une inscription dans l'annexe ne peut pas se substituer à une inscription dans le bilan et le compte de résultat.

- **Base amortissable d'un actif**
  Le montant amortissable d'un actif (base amortissable) est sa valeur brute sous déduction de sa valeur résiduelle.

- **Bilan**
  Le bilan décrit séparément les éléments actifs et passifs de l'entité et fait apparaître de façon distincte les capitaux propres et, le cas échéant, les autres fonds propres. Les éléments d'actif et de passif sont évalués séparément. Aucune compensation ne peut être opérée entre les postes d'actif et de passif. Le bilan d'ouverture d'un exercice correspond au bilan de clôture avant répartition de l'exercice précédent.

- **Charges**
  Les dépenses qui ne répondent pas aux conditions cumulées de définition et de comptabilisation des actifs, et qui ne sont pas attribuables au coût d'acquisition ou de production doivent être comptabilisées en charges.

  Les charges comprennent :
  - les sommes ou valeurs versées ou à verser ;
  - les dotations aux amortissements, aux dépréciations et aux provisions ;
  - la valeur d'entrée diminuée des amortissements des éléments d'actif cédés, détruits ou disparus.

- **Charges constatées d'avance**
  Les charges constatées d'avance sont des actifs qui correspondent à des achats de biens ou de services dont la fourniture ou la prestation interviendra ultérieurement.

- **Compte de résultat**
  Le compte de résultat récapitule les charges et les produits de l'exercice, sans qu'il soit tenu compte de leur date de paiement ou d'encaissement. Selon le régime juridique de l'entité, le solde des charges et des produits constitue :
  - le bénéfice ou la perte de l'exercice ;
  - l'excédent ou l'insuffisance de ressources. Aucune compensation ne peut être opérée entre les postes de charges et de produits.

- **Comptes annuels**
  Le bilan, le compte de résultat et l'annexe, qui forment un tout indissociable, sont établis à la clôture de l'exercice au vu des enregistrements comptables et de l'inventaire.

- **Dette**
  Une dette est un passif certain dont l'échéance et le montant sont fixés de façon précise.

- **Immobilisation corporelle**
  Une immobilisation corporelle est un actif physique détenu, soit pour être utilisé dans la production ou la fourniture de biens ou de services, soit pour être loué à des tiers, soit à des fins de gestion interne et dont l'entité attend qu'il soit utilisé au-delà de l'exercice en cours.

- **Immobilisation incorporelle**
  Une immobilisation incorporelle est un actif non monétaire sans substance physique. Une immobilisation incorporelle est identifiable :
  - si elle est séparable des activités de l'entité, c'est-à-dire susceptible d'être vendue, transférée, louée ou échangée de manière isolée ou avec un contrat, contre un autre actif ou passif ;
  - ou si elle résulte d'un droit légal ou contractuel, même si ce droit n'est pas transférable ou séparable de l'entité ou des autres droits et obligations.

- **Mode d'amortissement**
  C'est la traduction du rythme de consommation des avantages économiques attendus de l'actif par l'entité.

- **Passif**
  Un passif est un élément du patrimoine ayant une valeur économique négative pour l'entité, c'est-à-dire une obligation de l'entité à l'égard d'un tiers dont il est probable ou certain qu'elle provoquera une sortie de ressources au bénéfice de ce tiers, sans contrepartie au moins équivalente attendue de celui-ci. L'ensemble de ces éléments est dénommé « passif externe ».

- **Plan d'amortissement**
  Traduction de la répartition de la valeur amortissable d'un actif selon le rythme de consommation des avantages économiques attendus en fonction de son utilisation probable.

- **Produits**
  Les produits comprennent :
  - les sommes ou valeurs reçues ou à recevoir : en contrepartie de la fourniture par l'entité de biens, travaux, services, ainsi que des avantages qu'elle a consentis ; en vertu d'une obligation légale existant à la charge d'un tiers ; exceptionnellement, sans contrepartie ;
  - la production stockée ou déstockée au cours de l'exercice ;
  - la production immobilisée ;
  - les reprises sur amortissements et provisions ;
  - le prix de cession des éléments d'actifs cédés.

- **Provision**
  Une provision est un passif dont l'échéance ou le montant n'est pas fixé de façon précise.

- **Stocks**
  Un stock est un actif détenu pour être vendu dans le cours normal de l'activité, en cours de production pour telle vente, ou destiné à être consommé dans le processus de production ou de prestation de services, sous forme de matières premières ou de fournitures.

- **Subvention d'investissement**
  Aide accordée dans le but de permettre à l'entreprise de financer l'acquisition d'immobilisations (dans ce cas, ce sont des subventions d'équipement) ou des activités à long terme (activité de recherche-développement).

- **Titres de participation**
  Constituent des participations les droits dans le capital d'autres personnes morales, matérialisés ou non par des titres, qui, en créant un lien durable avec celles-ci, sont destinés à contribuer à l'activité de la société détentrice. Sont présumés être des participations les titres représentant une fraction du capital supérieure à 10 %.

- **Valeur brute d'un actif**
  Valeur d'entrée dans le patrimoine ou sa valeur de réévaluation (coût d'achat ou de production).

- **Valeur nette comptable**
  Valeur brute sous déduction des amortissements et des dépréciations.

- **Valeur résiduelle**
  La valeur résiduelle est le montant, net des coûts de sortie attendus, qu'une entité obtiendrait de la cession de l'actif sur le marché à la fin de son utilisation. La valeur résiduelle d'un actif n'est prise en compte pour la détermination du montant amortissable que lorsqu'elle est à la fois significative et mesurable.

MÉTHODOLOGIE

FICHE MÉTHODE 1 - CONSEILS DE PRÉPARATION

DÉFINITION DE L'ÉPREUVE UE 9 DU DCG

Épreuve écrite portant sur l'étude d'une ou de plusieurs situations pratiques et/ou un ou plusieurs exercices et/ou une ou plusieurs questions.

L'UE Comptabilité a pour objectif la maîtrise des bases de la comptabilité nécessaires à la tenue de la comptabilité d'une organisation.

L'analyse des différentes opérations et leurs enregistrements dans le système d'information comptable doivent permettre d'acquérir les notions et mécanismes fondamentaux.

CONSEILS DE PRÉPARATION

1. Objectifs de l'épreuve : elle vise six objectifs principaux

1.1. Vérifier les connaissances comptables de base des candidats à partir de questions de cours ou d'applications, des principes et règles comptables.

1.2. Tester la capacité du candidat à appliquer des principes et la technique comptables à des situations ou contextes spécifiques.

1.3. Évaluer les capacités du candidat à mobiliser ses connaissances ou des ressources fournies en matière de savoirs et de méthodes (documentation) pour répondre à la tâche contextualisée demandée, déclinée éventuellement en sous-tâches.

1.4. Susciter la réflexion du candidat dans la mise en œuvre d'une démarche pour effectuer des contrôles ou procéder à des comptabilisations complexes. Exemples : justifier des écritures par l'application des principes comptables, faire le lien entre une étape d'un processus juridique et l'écriture comptable.

1.5. Apprécier l'aptitude du candidat à utiliser une documentation fournie pour résoudre une difficulté comptable. Exemples : article du PCG, extrait de revue professionnelle…

1.6. Prendre en compte les qualités de rigueur, de cohérence dans la réflexion et la capacité à présenter en temps limité un travail clair, synthétique dans les réponses et soigné.

2. Comment travailler ?

2.1. Un travail régulier et tenace est indispensable pendant toute l'année scolaire.

2.2. Nécessité de bien assimiler les concepts et principes généraux sous-jacents à une technique ou à une méthode avant d'aborder le détail des calculs. Une très bonne connaissance du cours et des règles du PCG sur les thèmes figurant au programme est indispensable. Le questionnement renvoie très souvent aux articles du PCG et à leur analyse avant de demander des écritures.

2.3. S'entraîner à donner des réponses courtes et précises à des questions, en utilisant les contrôles de connaissances proposés après les fiches ressources en fin de chapitre.

2.4. Les sujets proposés en comptabilité UE9 depuis la première session du DCG n'autorisent plus l'usage de la calculatrice afin d'évaluer les connaissances personnelles du candidat. Les sujets proposés demandent donc beaucoup plus de réponses rédigées. Il faut connaître parfaitement les définitions et les conditions de comptabilisation des différentes opérations et transactions comptables. Des compétences rédactionnelles sont exigées. Il peut être demandé de démontrer et de justifier sa réponse. S'entraîner à la rédaction selon le type de questions (question de cours, application des règles comptables : évaluation et schémas d'écritures, question d'analyse, de réflexion ou de synthèse) est par conséquent nécessaire.

2.5. Préparer des fiches tout au long de l'année pour faciliter ses révisions (voir fiche méthode 3 : les fiches de synthèse).

2.6. S'entraîner durant l'année dans les conditions d'examen en réalisant des sujets type de trois heures (en principe, les notes données en classe évaluent le niveau. Mais il ne faut pas se contenter de viser un 10. Prévoir une marge pour assurer l'UE 9 et compenser d'éventuelles défaillances dans d'autres UE).

FICHE MÉTHODE 2 - MÉTHODOLOGIE DE L'ÉPREUVE D'EXAMEN
(OU DU DEVOIR DE SYNTHÈSE EN TEMPS LIMITÉ)

I. Comment aborder et traiter l'épreuve elle-même ?

- Le sujet est composé généralement de trois à quatre dossiers indépendants d'importance variable. Le barème figurant sur la page de présentation donne une indication précieuse sur l'importance à accorder à chaque partie.
- On peut discerner trois grands types de questions :
  - les **questions** visant à **évaluer la connaissance du cours** par le candidat : définitions, concepts, règles juridiques et comptables, soit les connaissances de base du candidat (le savoir) ;
  - les **questions plus techniques** : résolution d'une application nécessitant calculs, enregistrements comptables...Ces questions permettent de tester les capacités du candidat à mettre en œuvre ses connaissances (le savoir-faire), et à démontrer une compétence ;
  - les **questions d'analyse, plus synthétiques ou de réflexion** qui cherchent au-delà des connaissances du cours à évaluer des capacités de type relations professionnelles : aptitude à expliquer, à démontrer, à communiquer les idées essentielles sur un problème, à donner des conseils dans un contexte fourni... (savoir-faire et savoir-être). Il s'agit ici d'évaluer directement une compétence professionnelle.

II. Conseils pour optimiser sa performance

Phase1

Lire rapidement le sujet pour apprécier sa longueur et ses différentes parties, repérer les thèmes abordés, distinguer les parties, voire les questions indépendantes, et dénombrer les annexes.

Phase 2

Élaborer un **budget de temps par dossier et s'y tenir** : pour optimiser sa performance, il est nécessaire de traiter toutes les questions, même partiellement. Il faut absolument éviter un piège classique : le candidat traite avec le maximum de soin et de développement les premiers dossiers... et manque de temps pour aborder les derniers dossiers (le candidat est alors noté sur 12 ou 14 au lieu de 20 points et la moyenne est donc rarement atteinte dans cette hypothèse). Il est possible de se baser sur le barème figurant sur la page de présentation du sujet.

Exemple Sujet E9 - DCG-2010

DOSSIER 1 - Normalisation et réglementation comptable .... (1,5 point)
DOSSIER 2 - Opérations courantes.. (5,5 points)
DOSSIER 3 - État de rapprochement bancaire............ .... (4 points)
DOSSIER 4 - Travaux d'inventaire.. (9 points)

Soit environ le budget temps suivant :

DOSSIER 1 - Normalisation et réglementation comptable .... (10 min)
DOSSIER 2 - Opérations courantes.. (45 min)
DOSSIER 3 - État de rapprochement bancaire......................... (35 min)
DOSSIER 4 - Travaux d'inventaire.. (1 h 20)

Relecture finale, finition de la mise en page, classement des intercalaires... (environ 10 min).

Certains candidats « oublient » dans le stress de la fin de l'épreuve de rendre une copie ou une annexe à compléter.

III. Conseils utiles avant l'épreuve

Phase 3

- Commencer par les parties que l'on maîtrise le mieux; prévoir autant de copies que de dossiers : 4 copies doubles dans l'exemple. Si une question est difficile à cerner, ne pas perdre de temps, passer à la suivante en laissant l'espace nécessaire. Vous pourrez y revenir après avoir traité les questions que vous maîtrisez.
- Respecter avec soin la numérotation des questions dans le but de faciliter le travail des correcteurs.
- Rédiger directement sur la copie. La durée accordée pour traiter le sujet ne permet pas l'utilisation de brouillons.
- Répondre aux questions posées et seulement à celles-ci !
- Mettre en évidence les réponses : encadrer les résultats chiffrés, souligner les mots importants...

- Adapter les développements consacrés aux réponses à leur nature (question de cours, d'analyse ou de réflexion), aux indications du cas, au barème et à ses capacités.
- Réaliser des contrôles de cohérence pour apprécier les réponses et les résultats, mais éviter de perdre du temps pour rechercher une erreur de calcul ou d'équilibrage. Un court commentaire peut signaler au correcteur la nature de l'erreur.

IV. Remarque finale

Le soin, la lisibilité, la clarté et tout ce qui facilitera la double correction future ne fera qu'améliorer le score du candidat. N'oubliez pas qu'il s'agit de communiquer vos compétences par écrit à vos correcteurs afin d'obtenir une certification.

FICHE MÉTHODE 3 - LES FICHES DE SYNTHÈSE

Les fiches de synthèse permettent d'organiser vos connaissances. Elles contiennent dans un minimum d'espace un maximum d'informations (concepts clés, méthode d'évaluation, méthodes de calcul, schémas d'écritures comptables, etc.). Elles sont très utiles au moment des révisions soit des devoirs en temps limité soit de l'examen final, et ce n'est donc pas du temps perdu !

Pour faire une fiche de synthèse, il est nécessaire au préalable d'apprendre son cours et surtout de le comprendre.

- Quel est l'objectif de ce chapitre ou le thème traité ?
- Quelles sont les notions essentielles à retenir ?
- Quels sont les mécanismes comptables ?
- Quelles sont les écritures types ?

En second lieu, il faut relire son cours en surlignant les éléments importants.

Il existe deux types de fiches :

- fiche de cours ;
- fiche de définitions.

I. La fiche de cours

La fiche de cours suit le plan du chapitre. C'est le squelette de votre fiche.

Avoir compris et transcrit le plan, avec à l'intérieur quelques notions clés, vous permettra de maîtriser l'essentiel du chapitre.

ATTENTION ! Ne pas rédiger de phrases, mais utiliser de préférence des tirets. Il faut être synthétique. Vous pouvez utiliser des couleurs différentes pour distinguer les éléments importants.

Par exemple, vous pouvez noter :

- en **ROUGE** : les concepts clés (inscrire juste le mot-clé). Si ces concepts donnent lieu à une définition, il faut la rédiger (ou la rédiger dans la fiche de définitions) ;
- en **VERT** : les méthodes de calcul ou d'évaluation ;
- en **BLEU** : les schémas d'écritures par exemple.

II. La fiche de définitions

Vous pouvez :

- soit mettre les définitions dans la fiche de cours (§ 1) ;
- soit faire une fiche de définitions. Dans ce cas, il est préférable d'utiliser un répertoire. Penser à préciser le chapitre dans lequel apparaît cette notion.

FICHE MÉTHODE 4 - LA TYPOLOGIE DU QUESTIONNEMENT

On distingue trois types de questions :

- les questions visant à évaluer les savoirs du candidat : définitions, concepts, règles juridiques et comptables… ;
- les questions plus techniques : résolution d'une application nécessitant calculs, enregistrements comptables ;
- les questions d'analyse, plus synthétiques ou de réflexion.

I. Les questions portant sur les savoirs

Ces questions portent sur les définitions, les règles comptables de base (y compris les règles juridiques ayant des conséquences comptables) ou les concepts clés. Elles sont donc très précises. Vous devez mobiliser votre connaissance des fiches ressources (les fiches de synthèse sont d'une utilité évidente pour ce type de question). Votre réponse doit utiliser le vocabulaire comptable adapté à la question.
Dans certains cas, il est possible d'illustrer votre définition par un ou des exemples.

Exemple

Expliquer le principe comptable conduisant à constater une dépréciation sur le stock de marchandises.
Il s'agit ici de définir le principe de prudence.

II. Les questions de technique comptable (savoir-faire) : évaluation et écritures comptables

Il s'agit ici de présenter la solution d'une application nécessitant calculs, et enregistrements comptables. **Un entraînement à la résolution d'exercice d'application est indispensable.** La répétition permet de mémoriser les schémas comptables. Vous devez cependant toujours adapter votre solution au cas proposé. Vous pouvez refaire les exercices réalisés en classe sans le corrigé, puis vérifier votre solution. Une lecture attentive des annexes et des indications complémentaires du sujet est donc nécessaire. Vous devez montrer que vous maîtrisez la technique comptable approfondie.

Exemples

- Calculer le coût d'acquisition de l'immobilisation.
- Enregistrer les opérations liées à l'acquisition de cette immobilisation.

III. Les questions de compréhension, de réflexion et d'aptitude au conseil (savoir-être)

Ces questions sont plus complexes et nécessitent une réflexion personnelle dans la réponse. À l'aide des connaissances acquises en cours et des ressources communiquées éventuellement en annexe du sujet, vous devez rédiger une réponse détaillée.
Ces questions peuvent commencer par un verbe d'action :

- **Expliquer :** il s'agit de faire comprendre une question, de l'éclaircir en donnant les éléments nécessaires, en faire connaître la cause ou la raison, et donner les points essentiels d'un problème comptable ou d'un système comptable.

  Exemples

  - Expliquer l'impact de cet enregistrement comptable sur le bilan et le compte de résultat.
  - Expliquer la différence entre le brut et le net financier sur une facture de doit.
  - Expliquer pourquoi la plus-value latente sur la créance en monnaie étrangère à l'inventaire est enregistrée dans un compte d'attente…

- **Caractériser, préciser, justifier, classer ou vérifier :** il s'agit de déterminer clairement si une règle comptable doit s'appliquer au cas proposé ou si un élément doit être classé dans une catégorie comptable et pourquoi, c'est-à-dire d'indiquer s'il remplit les critères prévus par les textes comptables ou juridiques.

  Exemples

  - Pourquoi les intérêts courus non échus sont-ils classés dans les dettes financières ?
  - Caractériser chacune des situations décrites dans l'annexe 4 et préciser quelles sont les conséquences pour l'arrêté des comptes de l'exercice.
  - Donner votre avis sur l'enregistrement indiqué en annexe.

IV. Les questions mixtes

Certaines questions relèvent de plusieurs catégories. Dans ce cas, plusieurs verbes d'action sont utilisés. La réponse devra être décomposée pour bien montrer que votre réponse est complète.

Exemple

Analyser et justifier au regard des principes comptables cet enregistrement.

FICHE MÉTHODE 5 - L'UTILISATION DES ANNEXES DOCUMENTAIRES

Les annexes des sujets se décomposent en deux catégories :

- les annexes indiquant le détail des opérations et les données chiffrées pour la présentation des solutions techniques aux cas proposés (questions de type 2) ;
- les annexes documentaires.

Les annexes documentaires peuvent être l'occasion d'interroger le candidat sur l'actualité comptable et d'apprécier son aptitude à utiliser une documentation fournie pour résoudre une difficulté comptable.

LA DÉMARCHE D'ANALYSE DES DOCUMENTS

I. Identifier la nature du ou des documents et leur contexte

- Titre : il permet d'identifier le phénomène étudié.
- Source : PCG, avis ou recommandations de l'ANC, extrait d'une documentation fiscale ou juridique, extrait d'une procédure interne d'une entreprise, site web, etc.
- Date : elle permet de situer historiquement le texte étudié et d'en déterminer l'ancienneté.

II. Repérer les idées principales du document

Vous pouvez, par exemple, souligner les éléments importants et écrire en marge de votre document vos remarques.

III. Rédiger la réponse aux questions

Les questions peuvent être :

- soit des questions techniques : l'annexe est à utiliser comme une aide à la résolution ou comme un rappel de cours ;

  Exemple

  Évaluer et comptabiliser l'entrée de l'actif X à l'aide des annexes.

- soit des questions de réflexion : dans ce cas, la réponse à la question doit être structurée.
  Les documents présentent des éléments de réflexion, mais vous ne devez pas vous limiter à cela. Vous devez aussi mobiliser vos connaissances théoriques. Une synthèse entre vos connaissances et les éléments du document peut être demandée.

  Exemple

  Justifier l'enregistrement d'un passif à l'aide des annexes pour l'opération 3 et préciser son classement comptable en utilisant des critères précis (provisions pour risques et charges, dettes, charges à payer).

SUJET D'ENTRAÎNEMENT À L'ÉPREUVE

CABINET COMPTABLE GEPHIL FIDUCIAIRE

LE SUJET SE PRÉSENTE SOUS FORME DE 4 DOSSIERS INDÉPENDANTS
•**Dossier 1 :** Opérations courantes
•**Dossier 2 :** État de rapprochement bancaire
•**Dossier 3 :** Travaux d'inventaire
•**Dossier 4 :** Acquisition et cession de titres

Le cabinet comptable GEPHIL FIDUCIAIRE vous emploie en tant que collaborateur stagiaire. Afin de tester vos connaissances, l'expert-comptable vous confie 4 dossiers indépendants.

DOSSIER 1 : OPÉRATIONS COURANTES

La société à responsabilité limitée ARISTIDE est spécialisée dans l'importation de produits textiles, artisanaux et alimentaires en provenance d'Inde du Sud. Les produits sont revendus en France et dans la plupart des pays européens à des détaillants spécialisés, ainsi qu'à des grandes surfaces dans le cadre des semaines thématiques.

Tous les produits textiles et artisanaux sont soumis au taux normal de TVA de 20 % et les produits alimentaires (essentiellement du thé et du café) sont soumis au taux réduit de 5 %.

À l'aide de l'annexe 1, comptabiliser au journal de la SARL ARISTIDE les opérations relatives au mois de mars N.

DOSSIER 2 : ÉTAT DE RAPPROCHEMENT BANCAIRE

L'entreprise DUFFEUX a pour activité le conditionnement de fruits et légumes dans la région nantaise.

Elle a transmis au cabinet GEPHIL FIDUCIAIRE son relevé bancaire, ainsi qu'un extrait de son grand-livre relatif au compte banque.

À l'aide des annexes 2 et 3.

1. **Calculer et justifier la différence des soldes initiaux qui apparaissent dans les documents des annexes 2 et 3.**
2. **Réaliser l'état de rapprochement au 31/12/N.**
3. **Enregistrer au journal de la société DUFFEUX les écritures nécessaires au 31/12/N.**
4. **Indiquer le solde initial qui doit figurer sur le compte banque tenu par la société DUFFEUX au 01/01/N+1 et le solde initial qui doit apparaître sur le relevé bancaire à la même date.**

Remarque :
En cas de différence d'imputation des sommes, il est précisé que les erreurs proviennent de l'entreprise.

DOSSIER 3 : TRAVAUX D'INVENTAIRE

L'entreprise ATLANT est une entreprise de vente d'accessoires pour bateaux de plaisance. Elle confie au cabinet GEPHIL FIDUCIAIRE la comptabilisation de ses opérations d'inventaire au 31/12/N.

L'exercice comptable de l'entreprise ATLANT coïncide avec l'année civile.

À l'aide de l'annexe 4.

1. **Établir le tableau d'amortissement du bien.**
2. **Enregistrer l'écriture de dotation aux amortissements pour l'année N.**

À l'aide de l'annexe 5.

3. **Indiquer le principe comptable qui justifie l'ajustement des comptes de gestion dans le temps à la date d'inventaire et préciser son intérêt.**
4. **Enregistrer les opérations d'ajustement des comptes de gestion dans le temps au 31/12/N.**

DOSSIER 4 : ACQUISITION ET CESSION DE TITRES

La SA PARLOR est une holding qui, parmi ses activités, gère toute la trésorerie du groupe. Elle a procédé au titre du premier semestre à des acquisitions de titres, réglées immédiatement par virement bancaire.

À l'aide de l'annexe 6, enregistrer toutes les écritures nécessaires concernant les diverses opérations décrites. Les frais sur achats de titres sont intégrés dans leur coût d'acquisition.

Annexe 1 Opérations réalisées au cours du mois de mars N

5 mars *Facture n° 530 adressée au client DUBOIS (installé en France) :*
- *statuettes (brut hors taxes) : 4 000 €;*
- *remise de 2 %;*
- *port forfaitaire : 5 % du net commercial hors taxes;*
- *les statuettes sont emballées dans cinq caisses (non identifiables) consignées 12 € HT la caisse (la consignation est exonérée de TVA);*
- *un escompte de 5 % sera accordé en cas de règlement sous huitaine (l'escompte est calculé sur le net commercial).*

6 mars *Chèque bancaire n° 126 de 210 € TTC reçu du client SIDATI (installé en France). Ce chèque correspond à une avance sur une commande de thé.*

8 mars *Facture n° 531 adressée au client MOELLER (installé en Allemagne) :*
- *lot de chemisettes (brut hors taxes) : 2 500,00 €;*
- *numéro intracommunautaire du client : DE 811524968.*

9 mars *Facture d'avoir n° AV23 adressée au client DUBOIS :*
- *retour de trois des cinq caisses consignées le 5 mars. Les deux autres caisses ont été abîmées par le client. Elles doivent être considérées comme vendues;*
- *la déconsignation s'effectue au prix de 10 € la caisse.*

12 mars *Facture n° 532 adressée au client SIDATI :*
- *10 lots de thé facturés 540,00 € HT le lot;*
- *remise de 10 %;*
- *port forfaitaire : 5 % du net commercial hors taxes;*
- *cette vente avait fait l'objet d'une avance le 6 mars;*
- *règlement par lettre de change n° 524 à échéance du 30 avril. La lettre de change est acceptée le jour même par le client.*

13 mars *Chèque n° 2543 reçu du client DUBOIS. Le montant du chèque tient compte de la facture d'avoir n° AV23, ainsi que de l'escompte prévu dans les conditions de règlement de la facture n° 530 du 5 mars.*
La SARL ARISTIDE adresse à son client une facture d'avoir n° AV24 correspondant à l'escompte.

15 mars *Remise à l'escompte de la lettre de change n° 524 sur le client SIDATI. Valeur nominale : 5 148,15 €.*

17 mars *Avis de crédit de la banque concernant la traite n° 524 (date de valeur : 16/03). Commission HT : 4,50 €. Les intérêts sur l'escompte s'élèvent à 58,70 €.*

18 mars *Virement au fournisseur indien LAXMI en règlement d'une dette de 2 100 USD relative à l'achat d'un lot de tuniques effectué en février 2007.*
- *Au moment de l'achat, le taux de conversion du dollar était le suivant : 1 € = 1,25 USD*
- *Le 18 mars, le taux de conversion du dollar est le suivant : 1 € = 1,30 USD.*

22 mars *Facture n° 1257 reçue du garage PETRUS AUTO. Cette facture concerne l'entretien d'un véhicule de tourisme (pour 90 € HT) et l'entretien d'un véhicule utilitaire (pour 130 € HT). La SARL ARISTIDE a payé immédiatement par chèque n° 3652. L'entreprise a opté pour les débits. La TVA sur la réparation du véhicule de tourisme n'est pas déductible.*

→

Annexe 1 (*suite*) Opérations réalisées au cours du mois de mars N

24 mars *Facture n° F1215 relative à l'acquisition d'un nouvel équipement informatique auprès de la société AMS qui a également procédé à sa mise en service. L'ensemble comprend les éléments suivants :*
- *l'ordinateur utilisé comme serveur du réseau informatique : 3 100 € HT;*
- *le logiciel réseau indissocié : 1 300 € HT;*
- *le câblage : 2 600 € HT.*

27 mars *Facture n° F38 reçue de la société LOGAP pour l'acquisition de nouveaux logiciels d'application :*
- *logiciel de gestion de stock : 1 800,00 € TTC (dont TVA 300,00 €);*
- *logiciel de comptabilité : 3 000,00 € TTC (dont TVA 500,00 €).*

30 mars *Facture n° 7 reçue du fournisseur DAVID pour l'acquisition d'une photocopieuse :*
- *prix d'achat : 4 580 € HT;*
- *escompte de règlement : 2 % sur le prix catalogue;*
- *transport : 170 € HT;*
- *montage et installation : 250 € HT;*
- *règlement sous huitaine.*

Annexe 2 Extrait de compte de l'entreprise DUFFEUX tenu par la BANQUE POPULAIRE

BANQUE POPULAIRE ATLANTIQUE Rue du pont du Cens 44000 NANTES	**Titulaire du compte :** Client DUFFEUX 25 boulevard Paul Bellamy 44000 Nantes		
	Débit	**Crédit**	**Solde**
01/12 Solde initial			- 2 431,18
03/12 Remise de chèques n° 842		2 876,23	445,05
04/12 Remise de chèques n° 256		9 875,52	10 320,57
04/12 Domiciliation LCR échues	1 369,16		8 951,41
05/12 Chèque n° 4586 émis	168,85		8 782,56
05/12 Virement du client MARTIN		12 564,00	21 346,56
08/12 Frais de tenue de compte titres (dont TVA : 2,94 €)	17,94		21 328,62
08/12 Remises de chèques n° 658		14 389,56	35 718,18
09/12 Mensualité d'emprunt (dont 542 € d'intérêts)	2 456,54		33 261,64
14/12 Traite revenue impayée	457,78		32 803,86
14/12 Frais d'impayés (dont 3,92 € de TVA)	23,92		32 779,94
16/12 Prélèvement EDF	471,00		32 308,94
19/12 Effet remis à l'encaissement		7 542,00	39 850,94
20/12 Virement du client DUPONT		7 491,25	47 342,19
23/12 Chèque n° 4589 émis (FRANCE TÉLÉCOM)	5 648,58		41 693,61
25/12 Remise de chèque n° 12547		145,97	41 839,58
27/12 Virement de cartes bleues		2 465,45	44 305,03
27/12 Chèque n° 4588 émis (loyer de septembre)	1 235,00		43 070,03
28/12 Chèque n° 706 impayé du client DURAND	450,00		42 620,03
29/12 Encaissement de coupons		940,00	43 560,03
30/12 Virement de salaires	28 645,69		14 914,34

Annexe 3 Compte 5121 BANQUE POPULAIRE tenu par l'entreprise DUFFEUX

		Somme		Solde	
		Débit	Crédit	Débiteur	Créditeur
01/12	Solde initial			78,56	
01/12	Virement du client RENÉ	197,64		276,20	
02/12	Chèque n° 256 du client PIERRE	9 875,52		10 151,72	
02/12	Virement du client MARTIN	12 564,00		22 715,72	
03/12	Chèque n°4587 au fournisseur FÉBUR		895,98	21 819,74	
04/12	Chèque n° 658 du client HENRI	14 389,56		36 209,30	
05/12	Chèque n° 4588 loyer de septembre		1 235,00	34 974,30	
05/12	Chèque n° 4589 à FRANCE TÉLÉCOM		5 648,58	29 325,72	
05/12	Effet remis à l'encaissement	7 577,88		36 903,60	
05/12	Prélèvement EDF		471,00	36 432,60	
08/12	Virement au client DUPONT	7 941,25		44 373,85	
14/12	Chèque n° 12547 du client HONORÉ	145,97		44 519,82	
22/12	Chèque n° 372 du client CHARLES	4 844,88		49 364,70	
27/12	Virement de cartes bleues en notre faveur	2 465,45		51 830,15	
30/12	Virement des salaires		28 645,69	23 184,46	

Annexe 4 Informations concernant le bien acquis en N

Le matériel industriel est acquis le 01/08/N pour un montant de 20 000 € HT. Les frais supportés pour la mise en fonction s'élèvent à 1 500 € HT pour le transport et 500 € HT pour l'installation.

L'utilisation du bien est déterminable. Les avantages économiques attendus sur les cinq exercices de N à N+4 sont mesurés par le nombre d'unités fabriquées, respectivement : 800, 3 000, 6 000, 9 000 et 1 200. Fin N-4, il est prévu que le bien sera revendu au prix du marché, soit 600 € HT. Cette valeur est considérée comme significative.

Annexe 5 Informations relatives à l'ajustement des comptes de gestion

1. L'entreprise a comptabilisé le 01/10/N la prime annuelle d'assurance pour un montant de 480 €.
2. L'entreprise a contracté un emprunt le 01/03/N d'un montant de 10 000 €, remboursable par amortissement constant sur 5 ans. Le taux d'intérêt est de 4 % l'an. Le premier terme du remboursement interviendra le 28/02/N+1.
3. L'entreprise a livré le 28/12/N des marchandises pour un montant de 7 200 € HT. La facture sera éditée en janvier N+1.
4. L'entreprise estime sa consommation d'électricité pour le mois de décembre N à 430 € HT.
5. L'entreprise doit accorder des ristournes à ses clients pour un montant évalué à 1 440 € HT.

Annexe 6 Informations relatives à l'ajustement des comptes de gestion

15/01 *Achat de 2 000 actions BATEAU à 45 € l'une, dans le but de les conserver durablement mais sans volonté d'intervention dans la gestion de la SA BATEAU.*

05/02 *Souscription de 100 parts de 200 € émises par la BRED, condition nécessaire à l'obtention d'un emprunt auprès de cette banque.*

01/04 *Achat de 3 000 obligations CARYONE d'une valeur nominale de 15 € et au taux d'intérêt de 4 %. Cours à l'acquisition : 100 %. Les obligations CARYONE sont acquises pour placer temporairement de la trésorerie.*

4/05 *Achat de 8 000 actions JARDINERIE (société cotée en bourse) au cours de 65,12 € dans une perspective de placement de trésorerie à court terme ; les frais bancaires sont non soumis à la TVA et représentent 0,15 % du montant de la transaction.*

17/05 *Acquisition pour 250 000 € de 17 000 parts de la SARL COSSEC au capital de 20 000 parts ; cette prise de participation relève de la stratégie industrielle du groupe.*

1/06 *Encaissement des coupons d'intérêts sur les obligations CARYONE.*

2/06 *Achat de 500 actions ALEXIN (entreprise non cotée) au prix de 32,52 € en vue de placer temporairement sa trésorerie.*

30/06 *Cession de 300 actions ALEXIN au prix de 35,20 €.*

Achevé d'imprimer sur les presses de l'imprimerie CPI BUSSIÈRE
Imprimé en France
Dépôt légal 2e trimestre 2024
N° d'impression : 2081198